छत्तीसगढ़ में मुक्तिबोध

छत्तीसगढ़ में मुक्तिबोध

सम्पादक
राजेन्द्र मिश्र

राजकमल प्रकाशन
नयी दिल्ली पटना इलाहाबाद कोलकाता

संस्कृति विभाग, छत्तीसगढ़ सरकार के सहयोग से प्रकाशित

ISBN : 978-81-267-2716-2

मूल्य : ₹ 550

पहला संस्करण : 2014

प्रकाशक : राजकमल प्रकाशन प्रा.लि.
1-बी, नेताजी सुभाष मार्ग, दरियागंज
नई दिल्ली-110 002

शाखाएँ : अशोक राजपथ, साइंस कॉलेज के सामने, पटना-800 006
पहली मंजिल, दरबारी बिल्डिंग, महात्मा गांधी मार्ग, इलाहाबाद-211 001
36 ए, शेक्सपियर सरणी, कोलकाता-700 017

वेबसाइट : www.rajkamalprakashan.com
ई-मेल : info@rajkamalprakashan.com

मुद्रक : बी.के. ऑफ़सेट
नवीन शाहदरा, दिल्ली-110 032

CHHATTISGARH MEIN MUKTIBODH
Edited by Rajndra Mishra

स्व. श्रीमती शांता मुक्तिबोध
को
प्रणाम पूर्वक

छत्तीसगढ़ में, जहाँ मुझे मेरे प्यारे छोटे-छोटे लोग मिले, जिन्होंने मुझे बाँहों में समेट लिया, और बड़े भी मिले, जिन्होंने मुझे सम्मान और सत्कार प्रदान करके, संकटों से बचाया। मैं उन्हीं के कारण—आप सबके कारण—हाँ आपके कारण, मनुष्य में विश्वास खो नहीं पाता—मैं सैद्धान्तिक बात नहीं बता रहा हूँ।

उस छत्तीसगढ़ का ऋणी हूँ जिसने मुझे और मेरे बाल-बच्चों को शान्तिपूर्वक जीने का क्षेत्र दिया।

—गजानन माधव मुक्तिबोध

श्रीकान्त वर्मा को 14 नवम्बर, 1963 को लिखे गए पत्र का एक अंश।

यह पुस्तक

याद रखो,
कभी अकेले में मुक्ति नहीं मिलती,
यदि वह है तो सबके ही साथ है।

मैं क्या करता हूँ? ज़्यादा-से-ज़्यादा ढीमरों (कहारों), महारों और कुनबियों के मुहल्ले में चाय पीता हूँ। जी हाँ, मैंने वहाँ के दृश्य देखे हैं, लेकिन साफ़ बात है कि मैं ख़ुद महार, कुनबी धीमर, मुसलमान या ईसाई नहीं हो सकता...जी हाँ, मेरे हमदर्दों ने मुझे हज़ार बार कहा कि यह छोटा शहर है, तुम यहाँ के बड़े आदमी हो, वहाँ जाकर चाय बग़ैरह न पिया करो। लेकिन मुझे वहाँ आराम मिलता है। कॉफ़ी-हाउसों में यूँ ही मेरे दिमाग़ में तनाव पैदा हो जाता है, और मुझे टी.एस. ईलियट की कुछ पंक्तियाँ याद आती हैं—

We are the hollow men
We are the stuffed men
(हम पोले-पोले आदमी हैं, हम भुसभरे लोग हैं)
We measure our life with coffee spoons
(हम कॉफ़ी के चम्मचों से अपनी ज़िन्दगी मापते हैं)

गजानन माधव मुक्तिबोध

छत्तीसगढ़ कवि मुक्तिबोध के जीवन का आख़िरी पड़ाव था। शुजालपुर, उज्जैन, कलकत्ता, इंदौर, बम्बई, बनारस, जबलपुर और नागपुर आदि स्थानों में भटकते और नौकरी बदलते हुए स्थिर जीवनचर्या और स्थायी नौकरी की तलाश में अन्ततः वे राजनांदगाँव पहुँचे थे। यह 1958 का वर्ष था जब दिग्विजय महाविद्यालय में वे प्राध्यापक नियुक्त हुए। यहाँ उन्हें प्राचार्य पं.

किशोरीलाल शुक्ल का संरक्षण प्राप्त हुआ और लिखने-पढ़ने के लिए वांछित सुकून भी। सृजन की आकुलता से भरे कवि की रचनाशीलता को जैसे नए पंख लग गए। लगभग 6 वर्ष के संक्षिप्त राजनांदगाँव-प्रवास में मुक्तिबोध ने पर्याप्त लेखन किया। उनकी क्लासिक कविता **अँधेरे में** यहीं पूरी हुई।

यूँ कहें कि मुक्तिबोध का मालवी मन छत्तीसगढ़ में आकर रम गया। उन्हें छत्तीसगढ़ ने मानो सहारा दिया। यहाँ उन्हें श्रीकान्त वर्मा जैसे समधर्मा सहचर मिले, जिनके साथ वे एक बौद्धिक और रागात्मक सम्बन्ध के आत्मीय सूत्र में मृत्यु पर्यंत बँधे रहे। श्रीकान्त वर्मा को लिखे एक पत्र में मुक्तिबोध ने उन्हें **छत्तीसगढ़ का यह मेरा प्यारा कवि** कहा है। यह उनके विकल अनुराग की सहज प्रतिक्रिया थी। उसी पत्र में छत्तीसगढ़ के प्रति भी ऐसा ही अनुराग और कृतज्ञता व्यक्त करते हुए उन्होंने कहा है—**छत्तीसगढ़ में जहाँ मुझे प्यारे-प्यारे, छोटे-छोटे लोग मिले, जिन्होंने मुझे बाँहों में समेट लिया, और बड़े भी मिले जिन्होंने मुझे सम्मान और सत्कार प्रदान करके, संकटों से बचाया। मैं उन्हीं के कारण—आप सबके कारण—हाँ, आपके कारण मनुष्यता में विश्वास खो नहीं पाता। मैं सैद्धान्तिक बात नहीं बता रहा हूँ। उस छत्तीसगढ़ का मैं ऋणी हूँ, जिसने मुझे और मेरे बाल-बच्चों को शान्तिपूर्वक जीने का क्षेत्र दिया।** बौद्धिक रूप से अत्यन्त सुदृढ़ किन्तु भावात्मक रूप से उतने ही द्रवणशील मुक्तिबोध की यह भी सहज प्रतिक्रिया थी। अगाध कृतज्ञता में ही ऐसे मार्मिक उद्गार सम्भव हैं। छत्तीसगढ़ को मुक्तिबोध ने हृदय की गहराइयों से महसूस किया था। अनुमान किया जा सकता है कि छत्तीसगढ़ के जिन छोटे-बड़े लोगों को उन्होंने याद किया है, उनमें राजनांदगाँव की क़स्बाई ज़िन्दगी के बिल्कुल मामूली लोगों से, जो रानीसागर या बसन्तपुर के आसपास किसी गली-सड़क में, चाय-दुकान या पान-ठेलों में उन्हें अनायास ही मिल जाते होंगे, उनका कैसा आत्मीय सम्पर्क था। और फिर दिग्विजय कॉलेज के प्राध्यापक, कम्युनिस्ट पार्टी के कार्यकर्त्ता और शरद कोठारी, रमेश याज्ञिक, जसराज जैन आदि शहर के पढ़े-लिखे लोग तो थे ही, जिनके साथ मुक्तिबोध का सक्रिय संवाद था।

मुक्तिबोध ने विनोद कुमार शुक्ल की कविताएँ **कृति** में प्रकाशन के लिए श्रीकान्त वर्मा के पास भेजते हुए उन्हें लिखा :

मेरे ख़याल से श्री विनोद कुमार शुक्ल मेधावी तरुण हैं और उनमें विशेष काव्य प्रतिभा है।... फिर भी, हीरे को गढ़ना होगा, चोटें ज़रूरी हैं। इसीलिए, मैं आपसे एक बार पढ़वा लेना चाहता हूँ। यदि पसन्द आईं, तो आप अवश्य प्रकाशित कीजिएगा। पत्र लिखिएगा। मुझे भी और एक चिट्ठी उन्हें भी। छपने के बाद जिस तरह विनोदजी प्रसन्न थे, उसी तरह मुक्तिबोध जी भी।

यह संयोग था कि अलग-अलग समयों के दो लेखक एक ही समय दिग्विजय महाविद्यालय में अध्यापन कर रहे थे। महाविद्यालय के परिसर में निबन्ध लेखक और **सरस्वती** के पूर्व सम्पादक पदुमलाल पुन्नालाल बख़्शी भी रहते थे। मुक्तिबोध उनका पूरा सम्मान करते। बीड़ी, सिगरेट के दोनों शौक़ीन। बीमार मुक्तिबोध को देखने गए बख़्शी जी ने उन्हें बीड़ी देते हुए कहा : **पी कर देखें। स्वाद आए तो समझ लीजिए आप बीमार नहीं हैं।**

राजनांदगाँव अपने लेखकों के प्रति कृतज्ञ है। रमेश याज्ञिक और शरद कोठारी अब नहीं हैं। वे मुक्तिबोध को तरह-तरह से याद किया करते थे। इसका साक्ष्य है : दिग्विजय महाविद्यालय के पिछवाड़े दो सरोवरों **रानी सागर** और **बूढ़ा सागर** के बीच स्थित वह जगह जिसे त्रिवेणी परिवार नाम दिया गया है। यहीं पदुमलाल पुन्नालाल बख़्शी, गजानन माधव मुक्तिबोध और राम-काव्य के मर्मज्ञ बलदेव प्रसाद मिश्र की मूर्तियाँ स्थापित की गई हैं। खँडहर हो गए उस महल का जीर्णोद्धार किया गया है, जहाँ कभी मुक्तिबोध रहते थे। यह अनुमान लगाना मुश्किल है कि वे जहाँ कहीं भी हों, अपनी इस मूर्ति को देख कर क्या सोच रहे होंगे? थोड़ी मुसकान के साथ शायद किसी से कह रहे हों : **पार्टनर, देखा न आपने, फ़ैंटेसी में गज़ब की ताक़त होती है।**

मुक्तिबोध के देहावसान के पचास वर्ष बाद यह पुस्तक उनके प्रति छत्तीसगढ़ की विनम्र श्रद्धांजलि है।

इस पुस्तक में सन् 1958 के बाद लिखी-रची गई मुक्तिबोधजी की कुछ प्रतिनिधि रचनाएँ संकलित हैं। उन पर एकाग्र लेख हैं। संस्मरण हैं। उन्हें लिखे तथा मित्रों को उनके द्वारा लिखे पत्र हैं। मैं सहयोग के लिए सभी लेखकों का आभार मानता हूँ। पुस्तक के समूचे विन्यास में निरन्तर सहायता देने के लिए रमेश मुक्तिबोध के प्रति अनुगृहीत हूँ। राजकमल प्रकाशन के निदेशक अशोक

महेश्वरी ने जिस तत्परता के साथ इस पुस्तक का प्रकाशन किया है, उसके लिए, आभार!

छत्तीसगढ़ शासन, संस्कृति एवं पुरातत्त्व विभाग ने हिन्दी के शीर्ष स्थानीय कृतिकार मुक्तिबोध का स्मरण करते हुए जिस तरह इस उपक्रम को सम्भव बनाया, उसके लिए मैं कृतज्ञ हूँ।

11 सितम्बर, 2014

—राजेन्द्र मिश्र

अनुक्रम

विविध

मुक्तिबोध पर एकाग्र

मुक्तिबोध की कविता

—श्रीकान्त वर्मा

कविता का प्रत्येक युग अपने सन्दर्भ-ग्रन्थ की तलाश करता है। बीट कवियों ने अपने सन्दर्भ के रूप में विलियम कार्लोस विलियम की लगभग खोती हुई कविता को ढूँढ़ निकाला और युवा सोवियत कवियों ने अपने युग की 'ट्रेजेडी' के गवाह के रूप में पॉस्तेरनाक को स्वीकार किया। यूरोप और अमेरिका के युवा चित्रकारों को पिकासो और मातीस में नहीं, पाल क्ले में अपने युग का चरित्र नज़र आता है।

मुक्तिबोध के साथ भी 11 सितम्बर, 1964 को उनकी भयावह मृत्यु के बाद से कुछ ऐसा ही हुआ है। इन चार वर्षों में मुक्तिबोध हिन्दी के युवा कवियों का सन्दर्भ-ग्रन्थ बन गए। उनके जीवन और मृत्यु में युवा कवियों ने अपने लिए एक अर्थ प्राप्त किया और उनकी कविता में उन्होंने वे सभी चुनौतियाँ पाईं जो कि उनके मन में अस्पष्ट रूप से मौजूद थीं।

किसी भी कवि के मसीहा बनने में उसके नष्ट होने का ख़तरा होता है। मुक्तिबोध के साथ भी यह ख़तरा है। मगर इस ख़तरे से न कोई बचाव है और न ही इसकी कोई ख़ास चिन्ता ही होनी चाहिए। अपने युग को अर्थ देने से अधिक सार्थक कार्य कोई कवि क्या कर सकता है! अगर कविता के ज़रिए इस युग के प्रश्नों से जूझने की कोशिश में मुक्तिबोध की कविता नष्ट हो भी गई तो क्या फ़र्क़ पड़ता है! केवल साधारण कवियों की जगह 'सुरक्षित' होती है—महान कवि केवल अपने युग का कवि होता है। इतिहास के क्रम में वह बनता और नष्ट होता चलता है। शताब्दियों के अन्तराल में वह सैकड़ों बार बनता और सैकड़ों बार नष्ट होता है। अंग्रेज़ी साहित्य के इतिहास में वर्ड्सवर्थ और टेनीसन के 'स्थान' को कौन चुनौती दे सकता है—ऑक्सफ़ोर्ड या कैम्ब्रिज में हमेशा उनकी कुर्सी बनी रहेगी, जबकि मिल्टन या जॉन डन, येट्स या एलियट पर बार-बार निर्णय होता रहा है और होता रहेगा।

अपने जीवनकाल में या मृत्यु के बाद बुत की तरह स्थापित हो जाना नहीं बल्कि आनेवाले युगों के लिए चुनौती के रूप में बना रहना अमरता है। अनिर्णीत साहित्य ही इतिहास की कड़ियों में बार-बार जुड़नेवाला साहित्य है। मुक्तिबोध का साहित्य अब

भी अनिर्णीत है और आगे भी रहेगा—एक चुनौती के रूप में बना रहना ही उसकी नियति है।

शंका केवल महान साहित्य को लेकर की जाती है। केवल महान साहित्य को लेकर यह प्रश्न उठता है कि वह साहित्य है या नहीं ? केवल 'यूलीसिस' ही यह प्रश्न उत्पन्न करता है कि वह उपन्यास है या नहीं ? अपनी 'सतही प्रामाणिकता' से सबको या बहुतेरों को आश्वस्त करनेवाली कृति अपने विषय में शंकाएँ नहीं पैदा करती। उसकी एक निश्चित और नियत संगति होती है। महान साहित्य की ऐसी कोई निश्चित संगति नहीं होती। विशिष्ट सन्दर्भों में ही उसकी संगति होती है। सन्दर्भ से हटते ही वह असंगत और ग़ैर-साहित्य प्रतीत होने लगता है।

मुक्तिबोध का साहित्य भी विशिष्ट सन्दर्भों का साहित्य है। ये सन्दर्भ हैं वे तमाम प्रश्न जो कि मुक्तिबोध ने अपने समूचे साहित्य, कविता, कहानी और डायरी में उठाए हैं। जिनके लिए ये सवाल महत्त्वपूर्ण नहीं, उन्हें स्वाभाविक है, मुक्तिबोध का साहित्य भी महत्त्वपूर्ण नहीं लगेगा। मगर इसके साथ ही यह प्रश्न उठता है कि जिन्हें ये सवाल संगत नहीं लगते स्वयं उनकी संगति क्या है ? या तो ये प्रश्न असंगत हैं या इन प्रश्नों को असंगत माननेवाले आलोचक, अध्येता, कवि असंगत हैं।

स्वयं को प्रमाणित करने के अलावा एक लेखक के साहित्य में उठाए गए प्रश्न उन तमाम लेखकों के साहित्य को असंगत कर देते हैं जो कि इन प्रश्नों से कतराते रहे हैं या कि इन्हें झुठलाते रहे हैं। कविता केवल रचना नहीं बल्कि ध्वंस भी है।

मुक्तिबोध की कविता भी केवल कविता न होकर ध्वंस भी है। मुक्तिबोध की कविता के साथ ही जो परिवर्तन हुआ उसमें मान्यताओं के बहुत-से दुर्ग गिर गए। इसमें कुछ भी अप्रत्याशित नहीं। जो भी कविता लिखता है उसे समझ लेना चाहिए कि कविता क्षुद्र प्राप्तियों का संसार नहीं। यह 'धर्मयुद्ध' की दुनिया है, जिसमें कवि अपने प्रश्नों की अकेली और बहुत हद तक अमूर्त लड़ाई लड़ता है। अपनी साहित्यिक परिणतियों में ये प्रश्न उन सब साहित्यिक मूल्यों का संहार करते हैं जो कि अपने युग के द्वन्द्व, नैराश्य और आकांक्षा से पैदा नहीं हुए थे। वास्तव में संघर्ष साहित्यिक परिणतियों का नहीं, प्रश्नों का होता है।

नई कविता की शुरुआत ग़लत नहीं हुई थी। 'तार सप्तक' एक सही शुरुआत था। वह भाषा के कर्त्तव्यों को पहचानने का हिन्दी कविता में पहला प्रयत्न था। भाषा और अनुभव, दो अलग चीज़ें नहीं बल्कि एक ही चीज़ है, इस तथ्य को पहली बार 'तार सप्तक' ने ही पहचाना था। भाषा और अनुभव के अविभाज्य हो जाने के बाद ही कविता के प्रश्न शुरू होते हैं। इन प्रश्नों को, जिन पर कि छायावादी कवियों ने ग़ौर नहीं किया था, 'तारसप्तक' ने उठाया। 'तार सप्तक' का सम्पादकीय और अज्ञेय, गजानन मुक्तिबोध, नेमिचन्द्र जैन तथा भारतभूषण अग्रवाल के वक्तव्यों और कविताओं में कविता तथा मनुष्य की स्थिति से सम्बन्धित शंकाओं ने पहली बार हिन्दी कविता को

एक वयस्क धरातल प्रदान किया। हिन्दी कविता की यह सबसे बड़ी दुर्घटना है कि कुछ 'तार सप्तक' के और कुछ 'तारसप्तक' के बाद के कवियों ने छायावाद के अदृश्य आक्रमण के आगे घुटने टेकते हुए रचना का यह जटिल धरातल छोड़ दिया और भाषा तथा मनुष्य से सम्बन्धित बुनियादी प्रश्नों से पलायन कर रचना के लिए एक अपेक्षाकृत सरल स्तर चुना, जिसमें विविधता चाहे जितनी हो, सार्थकता कम है।

'दूसरा सप्तक' के प्रकाशन के साथ ही कविता का एक 'टाइप' बन गया। वह 'टाइप' नई कविता के नाम से जाना जाने लगा और एक विशिष्ट मुहावरे में कविता की जाने लगी। 'दूसरा सप्तक' और उसके कवियों की कविताएँ इतनी कामयाब हुईं कि अपने परवर्तियों की कामयाबी से घबराकर और आतंकित होकर स्वयं 'तार सप्तक' के अधिकतर कवि नई कविता के मुहावरे में कविता करने लगे।

'सप्तकों' की परम्परा बनाने का एक ख़तरनाक नतीजा यह हुआ कि 'दूसरा सप्तक' और 'तार सप्तक' को एक-दूसरे से जोड़ दिया गया, जबकि वास्तविकता यह है कि रचना के स्तर पर दोनों का एक-दूसरे से कोई सम्बन्ध नहीं। 'तार सप्तक' एक शुरुआत है और एक शुरुआत का अन्त है। 'तार सप्तक' के कवियों ने 'तार सप्तक' को दफ़नाकर उन प्रश्नों से छुट्टी पा ली, जिनसे जूझता हुआ कवि कविता को नष्ट करता है।

'तार सप्तक' के प्रति अपनी निष्ठा को आख़िर तक निबाहते हुए मुक्तिबोध ने जीवन-भर कविता को नष्ट किया। जब तक नई कविता केवल संयोजनधर्मी रही तब तक मुक्तिबोध की प्रतिष्ठा एक भाषा-विरोधी कवि के रूप में रही। लेकिन जैसे ही भाषा ने करवट ली और यह तथ्य उभरकर आया कि आज की कविता के लिए संयोजन आवश्यक नहीं बल्कि स्वयं भाषा और इस तरह कविता का संहार ज़रूरी है, मुक्तिबोध की कविता अपने युग का सबसे प्रामाणिक स्वर हो गई।

नौजवान कवियों को यदि आज नई कविता का बहुत-सा हिस्सा छायावादी और रूमानी जान पड़ता है, तो इसमें कुछ भी अप्रत्याशित नहीं। नई कविता का एक महत्त्वपूर्ण अंश सचमुच ही रूमानी और छायावादी है। छायावाद से मुक्ति पाने के लिए भाषा का संहार ज़रूरी था। मगर अधिकतर नए कवियों ने भाषा का संहार न कर, उनका संस्कार किया। नई कविता के गठन और छायावादी कविता के अन्त:संगठन में ऊपरी फ़र्क़ कितना ही अधिक हो, भीतर बहुत-सी समानताएँ हैं। यह आकस्मिक नहीं है कि नई कविता की कामयाबी का कारण उसका वह भावबोध है जिसकी परिणति संगीत में हुई है। नई कविता अपने युग की प्रतिनिधि विधा, चित्रकला की शर्तों को नहीं बल्कि परम्परा से प्राप्त संगीत की शर्तों को निबाहती है।

मुक्तिबोध का काव्य संगीत का निषेध करता है। यही नहीं बल्कि वह संगीत को कविता-विरोधी मानता है। संगीत कविता की अमूर्त परिणति है। मुक्तिबोध जिन प्रश्नों से जूझ रहे थे उनकी अमूर्त परिणति क्या हो सकती थी ? मनुष्य के नरक को उपस्थित

करनेवाले काव्य की परिणति संगीत कैसे हो सकता है? अपने युग के बर्बर सवालों को उठानेवाली कविता का गठन संगीतात्मक कैसे हो सकता है? इस तरह की कविता भाषा में संगीत के मूल्यों को नष्ट करती है, उसे सख़्त, नुकीली और चट्टानी बनाती है।

संगीत के न रहने से कविता में शून्य पैदा हो जाता है और कविता, कविता नहीं रह जाती। मुक्तिबोध ने संगीत से पैदा हुए शून्य को तनाव से भरा। संगीत का स्थान तनाव ने ले लिया। छायावादी कविता के संगीत से मुक्तिबोध का यह तनाव अधिक सच्चा और सार्थक है। सुमित्रानन्दन पन्त के 'परिवर्तन' और जयशंकर प्रसाद की कामायनी की निस्सारता मुक्तिबोध की कविता 'अँधेरे में' पढ़ने के बाद ही मालूम होती। 'परिवर्तन' और कामायनी का कविता-संसार नाट्य-कौशल और संगीत की बुनियाद पर खड़ा है—'अँधेरे में' कविता में न कोई कौशल है न कोई संगीत—केवल एक तनाव उसके अन्तर्विरोधों से भरे हुए संसार को जोड़े हुए है। इस तनाव के कारण ही यह कविता, कविता है। अन्यथा, उसके अभाव में, उसमें और गद्य में कोई फ़र्क़ नहीं रह जाता। नई कविता की चरम परिणति गद्य की लय में हुई। मुक्तिबोध की कविता गद्य की लय नहीं, गद्य का तनाव है।

क्यों नहीं मुक्तिबोध ने संगीत की दुनिया को अपनाया? क्यों उन्होंने तनाव को अपने लिए आवश्यक माना? क्यों उन्होंने भाषा को नष्ट करते हुए अपने को नष्ट कर डाला? क्यों नहीं उन्होंने भाषा से समझौता किया?

इसका एकमात्र उत्तर यह है कि मुक्तिबोध के लिए कविता की नियति का प्रश्न मनुष्य की नियति के प्रश्न से जुड़ा हुआ था। कविता स्थूल स्तरों पर समाज को परिवर्तित नहीं करती, लेकिन कर्त्तव्यवश नहीं बल्कि स्वाभाववश कविता संकट का, मृत्यु का अहसास कराती है। मनुष्य का भीतरी संकट ही कला का कर्म-क्षेत्र है; दूसरे शब्दों में, रचनाकार का रचना-क्षेत्र है। जिस कवि की कविता में संकट-बोध जितना ही गहरा और व्यापक होता है, वह अपने युग का उतना ही समर्थ प्रतिनिधि होता है।

मुक्तिबोध की कविता मनुष्य की दशा को सैकड़ों स्तरों पर और सैकड़ों रूपों में उपस्थित करती है। ये कविताएँ अभिव्यक्तियाँ नहीं हैं,मनुष्य के आत्मसंहार की भयानक और आक्रामक तस्वीरें हैं। मुक्तिबोध की कविता में शब्दों का कोई अर्थ नहीं रह गया। शब्द केवल समूह होकर रह गए हैं; अर्थ उनसे अलग जा पड़ा है। शब्द और अर्थ के अलग-अलग हो जाने से एक असंगत संसार पैदा हो गया है जो कि जितना ही पैशाचिक है उतना ही मानवीय है।

मनुष्य और पिशाच, अर्थरहित शब्द और शब्दहीन अर्थ का संघर्षपूर्ण सहअस्तित्व ही मुक्तिबोध का रचना-संसार है। वास्तविकता यह है कि यही हमारा असली संसार भी है, जिसे मुक्तिबोध ने अपनी अपूर्व प्रतिभा से इतना काल्पनिक बना दिया कि वास्तविकता और काल्पनिकता का फ़र्क़ नष्ट हो गया। मुक्तिबोध का दावा भी था कि यथार्थ अपनी कलात्मक परिणति में 'फेंटेसी' में परिणत हो जाता है। कम-से-

कम मुक्तिबोध का यथार्थ ज़रूर इतना भयानक है कि फ़ैंटैसी के स्तर पर ही उससे साक्षात्कार किया जा सकता है।

समकालीन मनुष्यता का यथार्थ सचमुच ही इतना भयावह है कि उसे देखकर आदमी अन्धा हो सकता है, सम्बोधित कर गूँगा हो सकता है और उससे साक्षात्कार करते हुए आत्मघात कर सकता है। कविता इस यथार्थ को देखने योग्य, सम्बोधन योग्य और संवाद योग्य बनाती है। गूँगे और अन्धे हो जाने के भय से हिन्दी की 'यशस्वी' कवि-पीढ़ी ने जिस यथार्थ से साक्षात्कार करने से इनकार किया, मुक्तिबोध ने उसे संवाद योग्य बनाया।

'यथार्थ' का नाम लेते ही कई तरह की प्रत्याशाएँ पैदा हो जाती हैं। कवि से यह उम्मीद की जाने लगती है कि वह अपने युग का ब्यौरा देगा या उसका कोई स्थूल ख़ाका तैयार करेगा। कविता इस तरह की किसी स्थूल परिणति को अपना निर्दिष्ट मानकर नहीं चलती। अपनी बनावट के ज़रिए वह अपने युग की मानसिक बनावट का आभास कराती है।

मुक्तिबोध की प्रतिनिधि कविता 'अँधेरे में' अपने युग की घटनाओं से नहीं, बल्कि उसकी बनावट से सामना कराती है। इस कविता में वे सभी ख़तरे हैं जो कि उसे कविता की जगह उपन्यास में परिणत कर सकते थे। 'अँधेरे में' के अनुभव की समग्रता चरित्रों और घटनाओं में बिखरकर स्थूल अर्थों में एक यथार्थवादी उपन्यास बन सकती थी। मुक्तिबोध ने इस ख़तरे को पहचानते हुए अपने अनुभव को और भी गुमनाम होने दिया।

इस कविता के विषय में यह ठीक ही कहा गया है कि इसका एक काव्य-नायक है। काव्य-नायक मुक्तिबोध नहीं हैं। यह काव्य-नायक बेचैन, खंडित, जर्जर, व्यग्र हिन्दुस्तान है। यह स्वाधीनता के बाद का भारतवर्ष है, जिसका शरीर और मन क्षत-विक्षत हैं। उसके चेहरे पर इतिहास की झुर्रियाँ, सीने पर गोली के घाव और अन्तर्रात्मा में बेचैनी है :

ज़िन्दगी के...
कमरों में अँधेरे
लगाता है चक्कर
कोई एक लगातार,
आवाज़ पैरों की देती है सुनाई
बार-बार....बार-बार,
वह नहीं दीखता...नहीं ही दीखता
किन्तु, वह रहा घूम
तिलिस्मी खोह में गिरफ़्तार कोई एक,
भीत-पार आती हुई पास से,
गहन रहस्यमय अन्धकार ध्वनि-सा

अस्तित्व जनाता
अनिवार कोई एक,
और मेरे हृदय की धक्-धक्
पूछती है, वह कौन
सुनाई जो देता, पर नहीं देता दिखाई।
इतने में अकस्मात् गिरते हैं भीतर से
फूले हुए पलस्तर
खिरती है चूने-भरी रेत
खिसकती हैं पपड़ियाँ इस तरह
ख़ुद-ब-ख़ुद
कोई बड़ा चेहरा बन जाता है,
स्वयमपि
मुख बन जाता है दिवाल पर
नुकीली नाक और
भव्य ललाट है,
दृढ़ हनु,
कोई अनजानी अन-पहचानी आकृति।
कौन वह दिखाई जो देता, पर
नहीं जाना जाता है।
कौन मनु?

हिन्दुस्तान केवल नक़्शे में नहीं कविता में भी है। और शायद कविता का हिन्दुस्तान ज़्यादा सच है। इस हिन्दुस्तान को पहचानने में हिन्दी कविता को लगभग पचास वर्ष लग गए। और जब इस प्रश्नाहत 'मनु' को पहचाना गया तब तक देश सचमुच ही 'अँधेरे में' जा चुका था। मुक्तिबोध की सार्थकता इसमें है कि उन्होंने इतिहास के प्रश्नों को केवल 'इतिहास के प्रश्न' कहकर नहीं छोड़ दिया, बल्कि उन्हें कविता के प्रश्नों में बदल दिया।

(आलोचना, जुलाई-सितम्बर 1968, में 'मुक्तिबोध की सार्थकता' शीर्षक से प्रकाशित।
बाद में जिरह में 'मुक्तिबोध की कविता' शीर्षक से संकलित)

उनकी कविता भविष्य में भी समकालीन है

विनोद कुमार शुक्ल से बातचीत

राजेन्द्र मिश्र : मुक्तिबोधजी से आपके परिचय की शुरुआत कब हुई। उस परिचय की आरम्भिक प्रतिक्रिया क्या थी? परिचय पहचान में किस तरह बदला।

विनोद कुमार शुक्ल : मुक्तिबोधजी से परिचय सन् 1958 में कभी हुआ। इसके पहले मेरे साथ ऐसा नहीं था कि किसी से उनके नाम को सुनने या पढ़ने का भी परिचय हुआ हो। मैं मुक्तिबोधजी को पहले नहीं जानता था।

मेरे बड़े भाई सन्तोष कुमार शुक्ल नांदगाँव के दिग्विजय महाविद्यालय में उनके विद्यार्थी थे। उनके ही कारण मैं मुक्तिबोधजी से मिला था। घर के कोने में बैठकर कविता करता था। मेरे कविता करने की बात वे मुक्तिबोध तक ले गए थे। मुक्तिबोधजी ने कहा कि उससे कहो अपनी कविता लेकर मुझसे मिले।

बड़े भाई की एक वर्ष पहले मृत्यु हो गई। घर में बड़ों के छोटों पर तरह-तरह के बड़प्पन होते हैं। मुक्तिबोधजी से मिलने के लिए मुझे कहना, बड़े भाई का सबसे बड़ा बड़प्पन था। कुछ दिन तक तो नहीं गया। मैं संकोच करता था।

परन्तु, उनसे पहली बार मिलने में मुझे उनके पहचान का पुरातन मिला था। और यह उतना ही पुरातन था जितनी संसार की पहली कविता होगी। कुछ मैं बदल गया। और दो एक बार मिलने के बाद मुझे लगा कि मैं वह नहीं। मैं दूसरा हो चुका हूँ। यह दूसरा होना जैसे उनकी प्रतीक्षा कर रहा था।

राजेन्द्र मिश्र : आपकी आरम्भिक कविताओं को पढ़ते हुए मुक्तिबोधजी ने क्या कहा, कौन से सवाल पूछे, आपने क्या कहा?

विनोद कुमार शुक्ल : पहली मुलाक़ात में तो कविता देखकर मेरी कविता के बारे में कुछ नहीं कहा। उन्होंने बस कहा कि कविता लिखना एक कठिन काम है। मुझे पढ़-लिखकर पहले नौकरी कर परिवार की सहायता करनी चाहिए। लगा कि मेरे परिवार की उन्हें जानकारी थी। शायद बड़े भाई ने बताया हो। कविता के सम्बन्ध में कोई सवाल भी नहीं पूछे। कविताएँ ख़राब रही होंगी। अच्छी कविता की हमेशा प्रतीक्षा होती है जो बाद में होने को रही आती है। और सबसे अच्छी कविता कभी

लिख नहीं पाते। हम जो लिखते हैं अपना अच्छा कभी नहीं होता।

मैं तो रचना के संसार के प्रवेश के पहले दरवाज़े पर बाहर खड़ा था। और मुक्तिबोधजी मेरे खटखटाने पर, दरवाज़ा खोलने उस संसार के ऊँचे पर्वत शिखर से उतरे होंगे।

वे नांदगाँव से लगे बसन्तपुर में, जो एक पड़ोसी गाँव था, रहते थे। जाफरी लगा छोटा-सा बरामदा था। संध्या के बाद का अँधेरा हो चुका था। वे कंदील लेकर आए थे। मैंने कहीं इसी को लेकर ऐसा कुछ कहा था कि हिलते-डुलते कंदील के साथ उनका आना जैसे उजाला पूँछ हिलाते उनके साथ आया। उजाला उनका पालतू था। हम बरामदे में, बोरे पर बैठे थे। अभी फिर कहता हूँ कि एक दिन उनसे मिला था। और वह दिन मेरे साथ, आज भी है।

राजेन्द्र मिश्र : आपकी कविताओं को 'कृति' के लिए भेजते हुए चयन किसका था? आपका या मुक्तिबोधजी का?

विनोद कुमार शुक्ल : मैं जब उनसे मिलता तो कोशिश करता, कुछ नई कविताएँ साथ हों। उनसे मिलने के लिए कविता के साथ की तैयारी के साथ मिलता। जब पूछते कविताएँ लिखीं तब उनको दिखाता। एक दिन कविता देखकर 'कृति' को भेजने का मन हुआ। आठ कविताएँ श्रीकान्तजी को अपने पत्र के साथ भेजीं। चयन उनका था। सभी प्रकाशित हुईं। यह मेरा पहला छपना था। तब नांदगाँव में था। कविताएँ प्रकाशित होने के बाद जाने से वे बहुत ख़ुश हुए थे। कहा—तुम्हारा संग्रह प्रकाशित हुआ है।

मैं समझ नहीं पाया। पहली बार में इकट्ठे आठ कविताओं के प्रकाशित होने पर कहा हो। फिर शांताजी से कहा—विनोद का मुँह मीठा कराओ।

और शांताजी ने रवे का हलवा बनाकर खिलाया।

वहाँ होने पर रोज़ आने को कहते थे। मैं शाम को जाता। पर जाने में ऐसा ज़रूर लगता कि कल तो गया था, व्यस्त होंगे। उनके घर के आस-पास कुछ देर घूमता कि देख लें और बुला लें। कभी लौट आता। या मिलने चला भी जाता।

इसके बाद जबलपुर से कुछ कविताएँ भेजी थीं कि कविताएँ छपने योग्य हैं या नहीं और कहाँ भेजूँ। तब पत्र लिखा था कि इसका निर्णय मुझे करना होगा।

राजेन्द्र मिश्र : मुक्तिबोध क्या कभी आपके सामने कविता-पाठ करते थे? समकालीन कविता के परिदृश्य को लेकर क्या कोई बातचीत आपसे की?

विनोद कुमार शुक्ल : बाद-बाद में उन्हें लगा था कि कविता को मुझे सुनाकर देखें। मुझे सुनाना दीवाल को सुनाने जैसा था, या दीवाल से कुछ बेहतर। और सुनाने में ख़ुद भी तो सुनते हैं। किसी पत्थर को भी सुनाएँ, अपने से तटस्थ तो होते हैं। कविता लिखनेवाला अपनी कविता ख़ुद सुननेवाला हो जाता है। अपनी कविता सुनाएँ ऐसा विश्वास उनको हुआ था। उन्होंने कई बार अपनी कविता सुनाई। कविता का मैं समझदार श्रोता नहीं, यह वे जानते थे और मैं तो जानता था। पर विश्वसनीय श्रोता था।

पहले दिनों में मैंने एक बड़े कवि से कविताएँ सुनी थीं।

कविता में, संसार के लोगों की सामूहिकता का अनुभव रहता है। और कविता पाठकों को अलग–अलग अभिव्यक्त होती है। दूसरों को होनेवाली अभिव्यक्तियाँ छूट जाती हैं। प्रत्येक अपने लिए अपनी तरह से कविता को पाता है। अपनी क्षमता की ज़रूरत की तरह। कविता में एक समय तक उसकी अभिव्यक्तियाँ वैसी ही बनी रहतीं। अर्थ भी ख़त्म हो जाते या बदल जाते हैं। मुक्तिबोधजी की कविता में मनुष्यता का एक अमरत्व है। और यह रहेगा। और उनकी कविता भविष्य में भी समकालीन है।

मुक्तिबोधजी पूछते ज़रूर थे कि क्या पढ़ रहा हूँ। वे बहुत पढ़नेवाले व्यक्ति थे। मुझे पढ़ने को कहते कि पढ़ते रहने से लिखना बना रहता है। पुस्तकालय जाने को कहते। घनानन्द, ग़ालिब, निराला, प्रसाद, कबीर, तुलसी, शमशेर, सोवियत लेखकों, कहीं भी अच्छा लिखा सब। उनके पास कहने को बहुत था। उनका मुझे कहा कान फूँकने जैसा था। मेरे चुप रहे आने ने से भी वे चुप नहीं होते थे। और लगातार बोलते हुए अचानक चुप हो जाते। नांदगाँव में उनके लिए उनकी बराबरी का अकेलापन था। वे संसार–भर के साहित्य और विश्व राजनीति के बहस के बातूनी थे। वे बैठकर घंटों पढ़ सकें ऐसे पुस्तकालय दुनिया में कम होंगे। और नांदगाँव के भरकापारा में एक कमरे का महात्मा गांधी पुस्तकालय था। मैं वहाँ जाया करता था।

जब कविता पढ़ते, पाठ के समय, लय में कविता के साथ जुगल–बन्दी में होते थे। कभी जाँघ पर ताल ठोंकते। और उनके पाठ के शब्दों में लोहे जैसी भारी धातु की टकराहट की गूँज सुनाई देती। इससे बहुत भार का अहसास होता। लगता ज़िन्दगी के इस क़ाफ़िले जैसे मरुस्थल–सफर में यह भार अपने और दूसरों के लिए ज़रूरी सामान है।

मुक्तिबोध का काव्य-संसार

—प्रभात त्रिपाठी

फिर वही यात्रा सुदूर की
फिर वही भटकती हुई खोज भरपूर की
कि वही आत्मचेतस अन्त:सम्भावना
जाने किन ख़तरों में जूझे ज़िन्दगी...

मुक्तिबोध की समग्र काव्य-साधना इसी खोज की साधना है। कैसी है यह खोज? क्या इसका कोई विषय है? क्या इसमें दूसरों के लिए कोई दिशा-निर्देश है? अगर यह अभिव्यक्ति की खोज है—तो क्या यह अभिव्यक्ति मान्य कविता लिखने की कुशलता में दक्ष हो जाना है? सच तो यह है कि ऊपर के हर प्रश्न का उत्तर 'हाँ' भी है और 'नहीं' भी। एक कवि की हैसियत से मुक्तिबोध शब्द खोज रहे थे। शब्द तो शब्दकोश में मौजूद थे। शब्द को कविता में बदलने की मान्य विधियाँ भी मौजूद थीं। मुक्तिबोध ने इन विधियों को उस तरह से मसीहा या विद्रोही की तरह अस्वीकार भी नहीं किया था जिस तरह आधुनिक कहे जानेवाले अनेक लेखक प्राप्त भाषा को अस्वीकारते हैं। फिर ऐसी कौन-सी बात थी जिसने शब्दों की खोज की, इस बेहद बेडौल कविता को महत्त्वपूर्ण बना दिया? महत्त्वपूर्ण सिर्फ़ इस अर्थ में नहीं कि अकादमियों से लेकर विश्वविद्यालयों तक में वे स्वीकृत हुए बल्कि इस अर्थ में कि उन्होंने समकालीन सर्जनात्मकता और बौद्धिक बहस में एक बिलकुल ही नया अध्याय जोड़ा। इस अर्थ में नहीं कि उनके सृजन में परम्परा का योगदान नहीं है। ऐसा तो सम्भव ही नहीं है। मुक्तिबोध की महत्त्वपूर्णता के पीछे एक तरह समूची रचनाशीलता के पीछे हिन्दी की सर्जनात्मक परम्परा का योगदान सबसे प्रमुख है, पर मुक्तिबोध ने इस परम्परा को प्राप्त करने के लिए संघर्ष किया। उनका संघर्ष एक काल विशेष में किया जानेवाला संघर्ष था, उनका संघर्ष एक व्यक्ति विशेष के द्वारा भी किया जानेवाला संघर्ष था। संघर्ष शब्द को चारों तरफ़ मौजूद पाने के बावजूद उसे इस रूप में खोजना था, कि वह उनकी बेचैनी, उनके उत्साह, उनकी भावुकता, उनकी बौद्धिकता, उनकी निराशा, उनके आत्मविश्वास को धारण करनेवाला शब्द बन सके। मुक्तिबोध अपने कभी न चुकनेवाले 'आवेग' को लिए-लिए निरन्तर भटकते रहे। उनकी कविता के संसार में

कितने क़िस्म के भाव या विषय हैं; यह जानने के बदले सबसे पहले इसी तथ्य से परिचित होना चाहिए कि जिन शब्दों को वे अपनी कविता लिखने के लिए खोज रहे थे; वे उनके आत्मीय थे। दरअसल मुक्तिबोध की समूची कविता आत्मीय बातचीत का एक विलक्षण दस्तावेज़ है। उनको जानने के लिए, उनकी कविता के निकट होने के लिए अगर एकदम उन्हीं की तरह नहीं—क्योंकि यह तो सम्भव भी नहीं है, तो कम-से-कम अपनी तरह, अपनी सीमाओं में ही हमें भी इसी तरह की दम्भरहित जिज्ञासा के साथ उनकी कविता के संसार में प्रवेश करना होगा और तब उनकी कविता की खोज का मर्म हम अपने अनुभव में, अपनी गहरी सहानुभूति में, अपनी विशिष्ट भारतीय अस्मिता के भीतर जान सकेंगे।

भरपूर की खोज करनेवाले मुक्तिबोध की कविता एकदम पारम्परिक शब्दावली या अज़ीबोग़रीब नएपन के बावजूद एक विलक्षण प्रभाव पैदा करती है। कुछ ऐसा यह प्रभाव है कि चतुर से चतुर पंडित भी उनकी कविता की व्याख्या के सिलसिले में पारिभाषिक शब्दावली की सीमा से बाहर निकलकर उन्हें जानने और पाने की कोशिश करता है। इसका कारण यह है कि निरन्तर एक लम्बी कविता के अनवरत सिलसिले में बल्कि उसके तीव्र प्रवाह में अपने को झोंक देनेवाले मुक्तिबोध ने अनेक ज़िन्दगियों की कविता लिखी है और सिर्फ़ एक ज़िन्दगी की भी। उनकी कविता में साधारण मनुष्य का असाधारण विराट अन्तस्तल सम्पूर्ण रूप से उजागर हुआ है। यही कारण है कि उनकी कविता के प्रभाव को किसी सुनिश्चित प्रभाव की तरह रेखांकित करना असम्भव नहीं, तो मुश्किल ज़रूर लगता है। उनकी प्रसिद्ध लम्बी कविता 'अँधेरे में' की बात छोड़ भी दें जिसमें अनुभव की सान्द्रता और उसका विस्तार सम्पूर्ण कलात्मकता के साथ उपस्थित है तो भी उनकी लगभग सभी कविताएँ एक बहुत बड़ी और अनेक रंगों—स्वरों से भरी दुनिया की रचना करती हैं।

इतने में समुन्दर में कहीं डूबी हुई
जो पुण्य गंगा वह
अचानक कूच करती सागरी तल से
उभर ऊपर
भयानक स्याह बादल पाँत बनकर
फन उठाती है दिशाओं में
व मेरे कुन्द कमरे के अँधेरे में
निरन्तर गूँजती तड़ तड़ तड़ातड़ तेज़
बाहर धूल में भी शब्द गड़ते हैं
कि टाइप कर रहा है आसमानी हाथ
तिरछी मार छींटों की...

इन्हीं पंक्तियों के विश्लेषण से यह बात स्पष्ट होती है कि इनका अर्थ इनकी लय

के बिना निपट साधारण और काफ़ी हद तक प्रभाव शून्य हो जाएगा। पर यह लय, न तो शब्दालंकार की लय है और न ही तथाकथित अर्थ की लय। इसके पीछे स्वतन्त्र और सतर्क कल्पनाशीलता का एक खेल है। अपने समय को कहने के लिए उसके आन्दोलन को सशरीर उपस्थित करने के लिए, मुक्तिबोध जिस रूपक का सहारा लेते हैं उसमें आदिमता है; परम्परा का गहरा अवबोध और समकालीन जीवन का प्रामाणिक अर्थवान् चित्र भी। सबसे बड़ी बात यह है कि ये सारी विशेषताएँ कविता में एकदम घुल गई हैं। 'पुण्य गंगा' शब्द हमें एक संस्कारी आदर्श के साथ स्पर्श करता है; तो भयानक स्याह बादल, कल्पना की स्वच्छन्दता के एक दूसरे आयाम का परिचय देता है। उसकी रोमानियत को ज़मीन पर टिकाने के लिए ही मुक्तिबोध वहाँ एक ऐसे बिम्ब को घोलते हैं जिसकी कल्पना स्वच्छन्दतावाद या छायावाद के दिनों में की ही नहीं जा सकती थी। यह बिम्ब है 'टाइप कर रहा है आसमानी हाथ'। यह स्याह बादल समन्दर, पुण्य गंगा जैसे शब्दों के बीच रहकर कोई स्थिर प्रतीक ही नहीं रह जाता। इसलिए नहीं रह जाता कि इस पूरी कविता के पीछे मुक्तिबोध के आवेग की संयमित लय है। यह मुक्तिबोध की कविता की एक महत्त्वपूर्ण विशेषता है कि सुदूर की, और गहराई की खोज को वे कहीं भी अमूर्त और चालाक ढंग से कालातीत नहीं बनने देते।

यही कारण है कि मुक्तिबोध का कोई भी संवेदनशील पाठक उनकी कविता के संसार में रहने की अपनी प्रतिक्रिया, प्रभावाभिव्यंजक शैली के बिना कर ही नहीं सकता या अगर करेगा, तब वह मुक्तिबोध की कविता की सृजनात्मक अनेकार्थता को नष्ट ही करेगा। उदाहरण के लिए मुक्तिबोध रचनावली के सम्पादक और उनके अनन्य मित्र नेमिचंद्र जैन के अभिमत को ही देखें—

'एक निर्मल निश्छल आत्मीयता मुक्तिबोध के स्वभाव की लुभावनी ख़ूबी थी, इसके साथ ही थी एक बेचैनी, अपने आपको जानने की, अपने आस-पास की दुनिया और उसके लोगों को, उनके और अपने, उनके और दूसरों के सम्बन्धों के समझने की। दूसरे शब्दों में सच्चाई को ज़िन्दगी के अर्थ को हासिल कर लेने की झड़प।

उनकी सारी रचनाओं को पढ़कर मेरे मन पर जिस चीज़ की गहरी छाप पड़ी वह इसी तड़प और बेचैनी की है, जो ज़िन्दगी की असलियत को पहचानने के लिए उनके मन में थी। मुझे लगता है उनका सारा लेखन इसी तलाश को ज़ाहिर करता है—एक केन्द्रीय तलाश ज़िन्दगी के अर्थ की।'

यह अलग से कहने की ज़रूरत नहीं है कि समझने की इस भाषा में भी एक गहरी आत्मीयता ही है। यह कविता की समीक्षा या परीक्षा नहीं है, बल्कि अपने अन्तरात्मिक अनुभव के आईने में मानो दूसरे की भाषा में, अपनी सर्जनात्मकता और मूल्य-चेतना को पाना है। अपनी ज़िन्दगी को जानने की इस भाषा में तलाश शब्द का प्रयोग नेमिजी ने अकारण नहीं किया है। मुक्तिबोध की यह खोज एक सम्पूर्ण शब्द की खोज ही है पर यह सम्पूर्ण शब्द न तो यथार्थवाद है न मार्क्सवाद, न प्रगतिवाद न नई कविता।

आन्दोलन–विशेष के सन्दर्भ में स्वीकृत किए गए इन धुँधले पारिभाषिक शब्दों से मुक्तिबोध के काव्य संस्कार के वैशिष्ट्य को ओझल ही किया जा सकता है, उनकी प्रगतिशीलता और उनकी कलात्मकता दोनों, प्रथमतः उनके व्यक्तित्व के भीतर चलनेवाली जानलेवा जिज्ञासा और बहस को उपस्थित करनेवाले साक्ष्य हैं। यही कारण है कि मुक्तिबोध की कविता को चतुर पंडित की तरह पढ़ा ही नहीं जा सकता। वह एक ही झटके में सारी चतुराई को तोड़ देती है। उसकी आवाज़ में इतनी ताक़त होती है कि पाठक अपने भीतर और अपने बाहर फैले संसार को नए सिरे से देखना और समझना चाहता है। इसका एक कारण यह भी है कि इस कविता का सम्बोधन पाठक के ज्ञान–संकाय और भाव–संकाय को एक साथ है। यह सम्बोधन आत्मीय भी है। इसी आत्मीयता के कारण उनकी खोज को रूपाकार देनेवाले शब्दों का अनगढ़पन या यथार्थ से उनकी दूरी, हमें खटकती नहीं है। जैसा कि पहले भी कहा गया कि मुक्तिबोध की तलाश का कोई एकमात्र निश्चित विषय नहीं है।

उदाहरणार्थ—

> उपेक्षित काल पीड़ित सत्य के समुदाय
> लेकर साथ
> मेरे लोग
> असंख्य स्त्री पुरुष बालक भटकते हैं
> किसी की खोज है उनको
> अटकना चाहते हैं द्वार देहली पर किसी के
> किन्तु मीलों दूरियों के डैश खिंचते हैं।

यह मुक्तिबोध की 'मेरे लोग' नामक कविता का एक अंश है। अपने लोगों की खोज की विकलता और कहीं से कुछ पाने की उम्मीद को लिखनेवाली इन पंक्तियों में साधारण गद्य की–सी सपाटता है। वस्तुतः मुक्तिबोध की कविता की दुनिया की यह एक रोचक विशेषता है कि उनके यहाँ गद्य का यह इस्तेमाल अनेक स्तरों पर किया गया है। यों तो छायावाद–प्रगतिवाद के बाद लिखी जानेवाली अधिकांश कविता पद्य के स्थान पर गद्य के प्रयोग का प्रमाण ही प्रस्तुत करती है; पर मुक्तिबोध ने नए युग की सार्वजनिक भाषा की तरह गद्य का प्रयोग नहीं किया। उनके यहाँ गद्य का इस्तेमाल कभी तो सीधे–सपाट वर्णन के रूप में आता है और कभी विश्लेषण और व्याख्या के स्तर पर। इस इस्तेमाल को सार्थक बनानेवाली शक्ति उनके भीतर ही है। 'गद्य' उनके लिए समय का गद्य है। प्राचीन शब्दावली का इस्तेमाल करें, तो यह वाच्यार्थ है और अभिधा की शक्ति है, पर इसके अलावा इसमें एक गूँजनेवाली लय भी है।

इस गद्य में मौजूद लय की एक अद्‌भुत विशेषता यह है कि यह लय बड़ी देर तक दिल–दिमाग़ में बजती रहती है। साधारण बोलचाल के स्वीकृत आधुनिक शब्दों से अलग काफ़ी दूर रहनेवाले विस्मृत प्राचीन शब्दों से भी मुक्तिबोध एक जगानेवाली

भीतर को घेर लेनेवाली लय का निर्माण करते हैं। गद्य का स्पष्ट स्वभाव और कल्पना की उड़ान का रोमानी स्वभाव दोनों मिलकर मुक्तिबोध के काव्य को एक ऐसे प्रभाव से पूर्ण कर देते हैं कि संक्षिप्त व्याख्या के आधार पर उन्हें ठीक-ठीक समझा ही नहीं जा सकता। एक उदाहरण दृष्टव्य है—

ईमानदार संस्कारमयी
सन्तुलित नई गहरी विवेक चेतना
अभय होकर अपने
वास्तविक मूलगामी निष्कर्षों तक पहुँची
ऐसे निष्कर्ष के जिनके अनुभव अस्त्रों से
वैज्ञानिक मानव शस्त्रों से,
मेरे सहचर हैं ढहा रहे
वीरान विरोधी दुर्गों की अखंड सत्ता
उनके अभ्यन्तर के प्रकाश की कीर्ति कथा
जब मेरे भीतर लहराई
मेरी अख़बारनवीसी ने
भीतर सौ सौ आँखें पाईं।

इन पंक्तियों का गद्यात्मक चरित्र एकदम स्पष्ट है। इसमें व्यवहृत शब्द अपने शब्दकोशीय अर्थ के अतिरिक्त किसी प्रकार का दूसरा संकेत सम्प्रेषित नहीं करते। पर कविता का सस्वर पाठ किया जाए तो यह महसूस होगा कि इस आवाज़ के पीछे सचमुच का एक आदमी है। एक जीवित आदमी जिसके स्वर की आत्मीयता के कारण ही यह लय पैदा हुई है। गहरी आत्मीयता के इस अनुभव के कारण ही मुक्तिबोध शब्द की खोज को, निरा तकनीकी कर्म नहीं बनने देते।

मुक्तिबोध के लिए शब्द की खोज, शिल्प का तटस्थ कला-कर्म नहीं था। वह एक ऐसा रास्ता था जिसके सहारे वे अनुभव के बीहड़तम प्रदेशों की यात्रा करते थे। इसका यह अर्थ नहीं कि शब्द मुक्तिबोध के लिए निर्जीव माध्यम की तरह की कोई चीज़ था। वह आदमी की तरह ठोस और जीवित एक समूचा संसार था। इस बात को गहराई से समझने के लिए केवल यह कहना अपर्याप्त है कि उन्होंने अपने समय की यातना को कहने के लिए, फ़ैंटेसी का माध्यम अपनाया था—क्योंकि इस कथन से शब्द के साथ उनके गम्भीर अन्तरात्मिक रिश्ते का चरित्र साफ़ नहीं होता। मुक्तिबोध की कविता में हरकत करता हुआ, सोचता हुआ, परेशान होता हुआ तथा अपनी सारी तकलीफ़ों के बावजूद परेशानी को अतिक्रमित करता हुआ एक मनुष्य हर जगह मौजूद है। इस मनुष्य को केवल उनकी निजी हिस्सेदारी की तरह देखा जाना उचित नहीं है। दरअसल यह मनुष्य, अगर प्रतीक की तरह उसे समझना ज़रूरी ही हो—समूची मनुष्यता की अन्त:सम्भावना का प्रतीक है। यह अकारण ही नहीं है कि भरपूर की खोज को

उन्होंने अन्त:सम्भावना की खोज से जोड़ा है।

यह एक ऐसा व्यक्ति है जिसकी सिर्फ़ कल्पना नहीं है, सिर्फ़ अनुभव या संस्कार नहीं है, जिसका काम सिर्फ़ कुछ देखना या दिखाना नहीं है—यह मनुष्य ऐसा है जिसके भीतर एक समूची सृष्टि मौजूद है। बुद्धि, कल्पना, स्मृति, पर्यवेक्षण, अनुभव, संस्कार, बचपन, जवानी, पड़ोसी, बच्चे, गोली, तिलिस्म, जुलूस, गुफा, कितनी विविध रंगी, कितनी आदमियत से भरी दुनिया है कविता की। किसी आदमी की तरह सामान्य, किसी आदमी की तरह अद्वितीय। जब हम मुक्तिबोध की कविता में गद्य के सार्थक इस्तेमाल की बात करते हैं तो इसी समावेशीपन को रेखांकित करने के लिए ही करते हैं, अपने रचनानुभवों के द्वार मुक्तिबोध ने हमेशा उन्मुक्त रखे। उन्होंने भाषण, विश्लेषण, निष्कर्ष जैसी ठोस गद्यात्मक स्थितियों को मज़े में स्वीकार किया। मुक्तिबोध का काव्य उस चालाक सन्देह का काव्य नहीं है जिसे 'नॉन कन्फर्मिज्म' जैसे गहन अर्थवान् शब्द की आड़ में पोसा जाता है। हिस्सेदारी की जिस ज़मीन पर वे खड़े थे, वहाँ उनके निकट कलात्मकता का कोई स्थिर प्रतिमान प्रमुख नहीं था। उनके साथ मनुष्य की अशेष सम्भावनाओं तक जानेवाली ज़बर्दस्त यूटोपिया की अविश्वसनीय ताक़त थी। वे इस ताक़त को ऐंद्रिक स्तर पर पा लेने के अति मानवीय उत्साह से भरे थे। यह आकस्मिक ही नहीं है कि उनकी कविता की गूँज में मन्त्र की शक्ति भी है और लाउड स्पीकर का प्रचार भी—

घनान्धकार के कठोर वक्ष
दंश चिन्ह से
गम्भीर लाल बिम्ब प्राण ज्योति के
गम्भीर लाल इन्दु से
सगर्व भीम शान्ति में उठे अयास मुस्करा
घनान्धकार की भिदी परम्परा

यह मुक्तिबोध की प्रसिद्ध कविता, 'मुझे पुकारती हुई पुकार' का एक अंश मात्र है। इसे यहाँ उद्धृत करने का आशय इसके अर्थ की व्याख्या करना नहीं है बल्कि यह बताना है कि इसकी लय में संस्कृति के ऊर्जस्वित श्लोक की सी गति है। यह सिर्फ़ इस कारण नहीं है कि मुक्तिबोध अपनी रचनाशीलता के प्रारम्भिक दौर में छायावादी काव्य से प्रभावित थे बल्कि इस कारण है कि वे अपने सुदीर्घ काव्य की गद्यात्मक स्पष्टता को असरदार बनाना चाहते थे। परम्परा से प्राप्त पद्यात्मकता का पिष्टपेषण उन्होंने नहीं किया लेकिन पद्य की परम्परा के सर्जनात्मक प्रभाव की उपेक्षा उन्होंने कभी नहीं की। याने उन्होंने युग की तथा अपने मन की हलचल को पूर्ण तथा समग्र रूप से रचने के लिए 'गद्य' की जो ज़रूरत महसूस की थी वह अधिकांश नए कवियों की तरह 'अर्थ की लय' अथवा विचार की लयवाला गद्य नहीं था। यह वह गद्य था, जिसके बल पर वे कविता की चिकनी-चुपड़ी दुनिया को समकालीन बना

रहे थे। पर इसमें सावधानी की ज़रूरत बहुत ज़्यादा थी। यह ख़तरा कि कहीं वह निरा विवरण न बन जाए, यह ख़तरा कि कहीं नह शुष्क और उबाऊ न हो जाए तथा यह ख़तरा भी कि कहीं इसकी शब्दावली से प्राचीन मोहों को बल न मिल जाए, मुक्तिबोध लगातार महसूस करते थे। इसलिए ही उन्होंने शुद्ध विश्लेषणात्मक वाक्यों को भी अपनी कविता में जगह दी।

एक कारण और भी था। मुक्तिबोध प्रसाद की तरह समय की सम्पूर्ण चुनौती को लिखना चाहते थे। वे प्रसाद की तरह आत्मलीन कवि भी थे। सौन्दर्य की भूख उनमें प्रबल थी पर जीवन जगत् की समस्याओं को समझने की जिज्ञासा भी उनमें कम प्रबल नहीं थी। इस समानता के कारण और सम्भवत: प्रसाद जैसा महत्त्वपूर्ण कवि बन सकने की सृजनात्मक प्रतिस्पर्धा और महत्त्वाकांक्षा के कारण भी उन्होंने समकालीन संसार की भयानकता को लिखने के लिए यथार्थ की ब्यौरे-भरी भाषा के बजाय—एक ऐसी भाषा का चुनाव किया जो छायावाद के निकट पड़ती थी, पर उनका दृष्टिकोण छायावाद के कवियों से एकदम भिन्न बल्कि किसी हद तक विरोधी था; पर उनके सृजनात्मक सोच की भाषा उनके बिम्ब, उनके प्रतीक, उनकी कल्पना की उड़ान मध्य वर्ग के दैनिक अनुभवों की भाषा से बहुत दूर थी। एक तरह से मुक्तिबोध की कविता छायावाद के नज़दीक थी। इस सामीप्य का एक नतीजा यह भी हो सकता था कि वे रामकुमार वर्मा या जानकी वल्लभ शास्त्री जैसे कवि हो जाते। उनकी एकदम आरम्भिक कविताओं के पाठ से कहीं भी ऐसा नहीं लगता कि उनमें प्रतिभा की ऐसी चिनगियाँ छिपी हुई हैं, जो आगे चलकर एक विस्फोट की तरह स्वीकृत की जाएँगी। ध्यान से देखा जाए तो प्रसाद की कविता का आरम्भ भी, एक तरह की मैथिलीशरणीय इतिवृत्तात्मकता से होता है, पर विकसित रूप में वह एक ऐसी भाषा में परिणत होता है, जिसमें आत्मलीन और स्वच्छन्द कल्पना ही नहीं, बल्कि युग की समस्याओं के ऊपर एक गहरा चिन्तन है।

मुक्तिबोध ने गद्य के साथ जो मुठभेड़ की वह इसी चिन्तन के कारण थी, पर अपनी मुठभेड़ और अपने चिन्तन में वे प्रसाद के अनुयायी नहीं थे। केवल एक साम्य था दोनों में कि यह चिन्तन और लगभग गद्य में उसकी अभिव्यक्ति, उनकी आत्मलीनता को तोड़ती थी। विश्लेषण की जो पद्यात्मकता प्रसाद ने कामायनी में उपलब्ध की थी—एक तरह से सुस्वादु और सुन्दर कविता की क़ीमत पर उपलब्ध की थी—वह मुक्तिबोध के यहाँ भी मौजूद है। हालाँकि मुक्तिबोध और प्रसाद की दृष्टि का फ़र्क़ भी बहुत स्पष्ट है। मुक्तिबोध के यहाँ गद्यात्मक स्पष्टीकरण के पीछे यह महत्त्वपूर्ण स्वीकृति है कि ज्ञान के रास्ते आनेवाला विश्लेषणधर्मी गद्य भी उनके व्यक्तित्व और अस्तित्व का एक ज़रूरी हिस्सा है। अपने व्यक्तित्व के इस महत्त्वपूर्ण अंश को वे अपनी कविता से पृथक रख भी नहीं सकते थे। अलावा इसके अपनी रचना की भाषा को व्यक्त यथार्थ के आँकड़े-भरे वर्णनों तथा दब्बू संकेतों से मुक्त रखते हुए, वह लगभग उसी शब्दावली

का इस्तेमाल करते हैं, जिसका इस्तेमाल करके छायावादी कविता ने एक विशेष दार्शनिकता की प्रतिष्ठा की। इसका एहसास उन्हें था और इसलिए ही उन्होंने इसकी काट भी पैदा की। यह ज़रूर है कि कई बार उनका विश्लेषण उनके काव्य को अनावश्यक रूप से बोझिल बनाता है पर अनेक स्थल ऐसे हैं जो रोमानी लय में बहते हुए पाठक की चेतना पर विचार का आघात पहुँचाकर उसे सचेत करते हुए से प्रतीत होते हैं।

एक उदाहरण लें—

मुझे मालूम अनगिन सागरों के क्षुब्ध कूलों पर
पहाड़ों, जंगलों में मुक्तकामी लोक सेवाएँ
भयानक वार करतीं शत्रु मूलों पर
व मेरे स्पष्ट बालों में उलझता और
चेहरे पर लहरता है
उन्हीं का अग्निक्षोभी धूम
मुझे मालूम
वैसी विश्व घटनात्मक सघन वातावरण में
विचारों और भावों का कहाँ क्या काम
कब वह वंचना का एक साधक अस्त्र
कब वह ज्ञान का प्रतिरूप।

इन पंक्तियों में उनका उद्देश्य कथन की स्पष्टता और असर केन्द्र के बारे में काफ़ी सचेत है, उनका प्राथमिक सम्बोधन यहाँ 'अर्थ' समझनेवाले केन्द्र को है। मुक्तिबोध की कविता में ऐसे बयानधर्मी शब्दों या पंक्तियों की हैसियत महत्त्वपूर्ण है। मुक्तिबोध ऐसी पंक्तियों का इस्तेमाल दब्बू या कल्पनाहीन ढंग से नहीं करते। 'मुझे मालूम' कहते हुए वे जिन शब्दों को उचारते हैं, उन शब्दों के साथ उनका तादात्म्य काफ़ी गहरा है। 'मुझे मालूम' शब्दों से न तो किसी प्रकार की सैद्धान्तिकता व्यक्त होती है—और न ही नेतृत्व का दम्भ। ये शब्द पहले तो एक विनम्र विश्वास की सृष्टि करते हैं जिससे अन्ततः रचनाकार की आस्था को शरीर और वाणी दोनों प्राप्त होती है। मुक्तिकामी लोग सेनाओं के साथ वह लगभग एक ऐन्द्रिक लगाव की सृष्टि करते हैं। वैसे हम इसे अपने राजनैतिक विश्वास के चलते, मुक्तिसेना के प्रति उनकी प्रतिबद्धता भले ही मान लें, और मान लेने में कोई हर्ज भी नहीं है, लेकिन फिर हम देखेंगे कि दुबारा 'मुझे मालूम' कहते हुए वह, हमारे भीतर सतत् मौजूद नैतिक-विवेक की धार को बौद्धिक स्तर पर सक्रिय करते हैं। यह आकस्मिक ही नहीं है कि अपने समय और संसार को परिभाषित करने या बेहतर शब्दों में कहें तो उनकी समूची कविता बनाने के दौरान वे बड़ी बेबाक स्पष्टता के साथ 'गद्य के इस्तेमाल' की ज़रूरत को रेखांकित करते हुए कहते हैं—

स्वरकार या वादक
तजुर्बेकार साज़िन्दे
ख़यालों के उमड़ते दौर में सहसा
निजी रफ़्तार इतनी तेज़ करते हैं
थपाथप पीटते हैं ज़ोर से तबला ढपाढप और
झंकृत नाद गतियों को गगन में थाम
तुम तुम तोम तम्बूरे
विलक्षण भोग अपनी वेदना के क्षण
मिलाते सुर हवाओं से
कि बिल्डिंग गूँजती है काँप जाती है
दिवालें ले रहीं आलाप
पत्थर गा रहे हैं तेज़
तूफ़ानी हवाएँ धूम करती गूँजती रहतीं
उखड़ते चौखटों में ही खड़ाखड़
खिड़कियाँ नचतीं
भड़ाभड़ सब बजा करते सब बेडोल दरवाज़े
व बाहर के पहाड़ी पेड़ जड़ में जम
भयानक नाचने लगते
विलक्षण गद्य संगीतावली की सृष्टि होती है
अचानक हो गई बरख़ास्त मानो आज
अत्याचार की सरकार

इस लम्बे उद्धरण में संगीत का एक रूपक है। हवाओं के स्वर से बिल्डिंग गूँजती है, दीवारें आलाप लेती हैं, पत्थर गाते हैं—चौखटों पर खड़ाखड़ की आवाज़ करती खिड़कियाँ ही नहीं, बाहर अपनी जड़ें जमाए हुए पेड़ भी नाचते हैं। इन सबसे जो पूरा दृश्य बनता है उसके लिए मुक्तिबोध के शब्द हैं—भयानक गद्य संगीतावली की सृष्टि होती है। अगर प्रस्तुत कविता के ही सन्दर्भ में मुक्तिबोध के कथन को सीमित कर दिया जाए तो केवल इतना ही कहा जाएगा यह पूरा दृश्य; आन्दोलन के शोर-धमाकों, नारों और हलचल को व्यक्त करने के लिए ही आया है, पर मुक्तिबोध के समग्र रचनाशील व्यक्तित्व में यह 'गद्य संगीतावली' केवल भावानुकूल भाषा जैसी चीज़ नहीं है। उसके पीछे एक साथ कई उद्देश्य और अन्त:प्रेरणाएँ काम कर रही हैं। वे उस संगीत और रोमान से घबराए हुए या ऊबे हुए नहीं हैं, जिसकी सृष्टि छायावाद ने की थी, पर उन्हें उस संगीत का, विशेषकर उस गद्य का भी सतत् स्मरण है जो उन्हें आधुनिक युग के प्रथम पुरखों से प्राप्त हुआ था। हिन्दी की सर्जनात्मक परम्परा में खड़ी बोली का पद्यात्मक संस्कार और गद्यात्मक व्यवहार दोनों की भूमिकाएँ महत्त्वपूर्ण हैं। इसलिए अपने काव्य में आदिमता

और प्राकृतिकता द्योतित करनेवाले प्राचीन अर्थवान् शब्दों का निरन्तर प्रयोग करते रहने के बावजूद मुक्तिबोध ने, गद्यात्मक चलतू कर्ण-कर्कश शब्दों का प्रयोग भी लगातार किया, क्योंकि वे स्थापित संगीतात्मकता के सौकुमार्य को भी तोड़ना चाहते थे। सच तो यह है कि इसे तोड़े बग़ैर वे वह कविता नहीं लिख सकते थे—जो गद्य के युग की मानसिक बनावट को एक ऐसी काव्य-संरचना में ढाल सके, कि जो काव्य-संरचना 'शब्द' से परहेज़ या शब्द के निश्चित तयशुदा उपयोगों में सीमित नहीं है।

यहाँ रुककर इस तथ्य का स्मरण कर लेना उचित है कि मुक्तिबोध के काव्य के विषय में टिप्पणी करते हुए श्रीकान्त वार्मा ने लिखा है—मुक्तिबोध की कविता ने संगीत के मूल्यों का संहार किया। श्रीकान्त के इस कथन को निरे शाब्दिक अर्थ में लिया जाना उचित नहीं है, क्योंकि तब यह बात झूठ होगी। इसलिए कि विचित्र लगनेवाली मुक्तिबोध की कविताओं का गायन बाक़ायदे सुर और ताल के साथ किया जा सकता है। असल में मुक्तिबोध के समय में, जो सुकुमार छन्दोबद्ध कविता प्रचलित तथा स्थापित थी, मुक्तिबोध ने उसके संगीत को नष्ट किया। उस संगीत के अभ्यस्त अधिकांश नए कवियों से भिन्न मुक्तिबोध ने 'लय' को ख़त्म करने या रखने, अथवा विशेष शब्दों के व्यवहार करने या न करने का रास्ता नहीं अपनाया। उन्होंने कविता की सुकुमारता, मंथरता, मसृणता के पिष्टपेषित स्वरूप को अपने अनुभव के लिए नाकाफ़ी पाया। उनका तरीक़ा यह नहीं था कि छायावादी संस्कार काम के हैं या नहीं हैं। दरअसल उनका कोई तरीक़ा नहीं था, सिवा इसके कि वे अपनी वर्गीय दुनिया के अन्धकार और पस्ती को उत्तीर्ण करना चाहते थे, साथ ही यह भी चाहते थे कि उनका वैसा करना उन्हें हवाई आदर्शवादी या रहस्यवादी न बना दें। इस उद्देश्य की पूर्ति के लिए गद्य की विभिन्न भंगिमाओं का सार्थक सर्जनात्मक इस्तेमाल ज़रूरी है।

लेकिन मुक्तिबोध की लम्बी कविताओं में गद्य का यह इस्तेमाल क्या हमेशा ही सर्जनात्मक होता है। क्या कई बार ऐसा नहीं लगता कि समझाने की अतिशयता, एकदम अजीबोग़रीब तत्सम शब्द या विश्लेषण का तरीक़ा,—अगर बहाववाली लय में घुल नहीं गए हैं तो कविता को बेवजह खींचने के अलावा कोई दूसरा काम नहीं कर रहे हैं। उदाहरण के लिए—

> यह ब्रहम चक्र
> दृढ़ है उसकी अनिवार्य प्रगति की अरा
> तुम्हारे साथ तुम्हारे हाथ
> मित्रों फटे हाल रहकर भी
> मिट्टी-भरे बाल रखकर भी
> दिए चलो
> ओ दिए चलो
> सहचारी को विचार की जीवन—धुरा

इन पंक्तियों की ही नहीं बल्कि इस पूरी कविता की भी निष्प्रभता स्पष्ट है। ऐसा नहीं कि मुक्तिबोध में ऐसी पंक्तियाँ यदाकदा मिलती हैं। शुष्क अनावश्यक गद्यात्मक पंक्तियों तथा तुकों के मोह पर टिकी पद्यात्मकता की शिकायत तो मुक्तिबोध के अधिकांश काव्य के साथ की जा सकती है। इसलिए यह भी लगता है कि अपने समय की समस्याओं को समझाने के लिए या अपने स्वयं के मन्तव्य को स्पष्ट करने के लिए उन्होंने एक ऐसा ख़तरा मोल लिया जिसके चलते उनकी कविताएँ उन्हीं के शब्दों में 'विकृताकृति हिडिम्बा' हो गईं। ज़ाहिर है कि उनकी इन लम्बी कविताओं में 'गद्य' का इस्तेमाल हमेशा इस तरह का नहीं हुआ है कि उसे सार्थक रचनात्मक इस्तेमाल कहा जा सके।

मुक्तिबोध की इस सीमा को ध्यान में रखते हुए कई बार मन में यह ख़याल आता है कि मुक्तिबोध के भीतर सतत् विद्यमान् विश्लेषक आलोचक ने उनकी कविता को क्षति भी पहुँचाई है। उनकी कविता की एकतानता टूटी है। वे बेवजह फैली हुई भी लगती हैं। दिलचस्प यह है कि वे अपनी एक-एक कविता को कई-कई बार सुधारते थे। यह और भी अधिक रोचक तथ्य है कि इन संशोधनों के बावजूद उनकी कविताएँ छोटी नहीं हो पाती थीं। उनका अपना तर्क यह है कि यथार्थ के स्तर परस्पर गुम्फित हैं। इस अनेकस्तरीय गुम्फित यथार्थ के प्रस्तुतीकरण के लिए अपेक्षाकृत सुदीर्घ कविता की ज़रूरत से इनकार नहीं किया जा सकता। उनकी कविता की दीर्घता के ऊपर टिप्पणी करते हुए कुँअर नारायण ने स्वयं उनका मत उद्धृत करने के बाद लिखा है—'यथार्थ को इस तरह परस्पर गतिशील और गुम्फित देखना हमें मुक्तिबोध की कविताओं की बुनावट का पहला संकेत देता है। उनकी लम्बी और आदि-अन्त रहित-सी कविताओं की भाषा की बेसब्र गति परस्पर गुम्फित खंडों की याद दिलाती है। बारीक तराश और पच्चीकारी उनकी कविता की ख़ास पहचान नहीं है, न वे अपनी कविताओं द्वारा उस तरह का असर ही पैदा करना चाहते हैं, जैसा छोटी कविताओं द्वारा पैदा किया जाता है। शब्द, बिम्ब, अर्थ-ध्वनियाँ आदि भी परस्पर गुम्फित भँवर की तरह चक्कर खा आगे बढ़ते हैं। अक्सर एक ही बिम्ब, शब्द या अर्थ एक ही कविता में घूम-फिर कर वापस आता है, मगर टेक की तरह नहीं, चक्राकार घूमते हुए छोटे-छोटे पहियों की गति की तरह।'

इस विश्लेषण के द्वारा कुँअर नारायण ने मुक्तिबोध की कविता की सुदीर्घता का विवेकपूर्ण औचित्य सिद्ध किया है पर उनकी कविता के सुदीर्घ होने के प्रसंग में उन्होंने जिस घुमाव या आवृति का ज़िक्र किया है, उसमें उन्होंने कविता के मान्य उपकरणों के बार-बार लौटने की ओर ही संकेत किया है। जबकि मुक्तिबोध के यहाँ एक और बात भी है जिसे अगर उन्हीं के शब्दों में कहा जाए तो कुछ इस तरह का होगा—

> वह ज्योति अनजानी सदा को सो गई
> यह क्यों हुआ

क्यों यह हुआ
मैं ब्रह्मराक्षस का सजल उर शिष्य
होना चाहता
जिससे कि उसका वह अधूरा कार्य
संगत, पूर्ण निष्कर्षों तलक पहुँचा सकूँ।

इन पंक्तियों से यह बात सहज ही प्रमाणित होती है कि मुक्तिबोध उस 'अनजानी ज्योति' को वापस लाना चाहते थे और वास्तव में अपनी कविता में उसका पुनर्वास करना चाहते थे जो ब्रह्मराक्षस से खो गई थी। उस ब्रह्मराक्षस से जो किसी आदिम गुफा में क़ैद था, और अपनी निस्संगता में एकदम अकेला भी। इस अकेलेपन के बावजूद, जो 'मार्क्स, एंजेल्स, हीडेग्गर, टॉयनबी, रसेल, सार्त्र और गांधी' के विचारों का ही नहीं सुमेरी—बेबीलौनी जन-कथाओं, मधुर वैदिक ऋचाओं का भी नया व्याख्यान करना चाहता था। इस ब्रह्मराक्षस का 'सजल उर शिष्य' होकर मुक्तिबोध, उसके अधूरे कार्य को, उसकी वेदना के स्रोत को संगतपूर्ण निष्कर्षों तलक पहुँचाना चाहते थे। ध्यातव्य है कि मुक्तिबोध की कविता की बनावट की व्याख्या करते हुए कुँअर नारायण ने, उनकी सुदीर्घ कविता में सतत् मौजूद गद्य के इस स्पष्ट विश्लेषणात्मक रूप को तो नज़रअन्दाज़ किया है, इसके साथ ही 'जन कथाओं' तथा वैदिक ऋचाओं तक दौड़ लगाती उनकी कल्पना और उनकी चिन्तनशीलता को भी रेखांकित नहीं किया है—जबकि मुक्तिबोध यथार्थ के जटिल और गुम्फित स्तरों की बात करते हैं, तो उन्हें अपनी इस बेचैन कर देनेवाली दौड़ का एहसास लगातार बना रहता है।

हमने इतने विस्तार के साथ मुक्तिबोध के काव्य के सन्दर्भ में अनेक स्तरीय गद्य की उपस्थिति का ज़िक्र अकारण नहीं किया है। यह इस तथ्य का संकेत है कि यह मुठभेड़ सिर्फ़ समसामयिकता के साथ मुठभेड़ नहीं थी, बल्कि आधुनिक युग की नई सृजनात्मक परम्परा को, अपने युग की वास्तविक मानव-समस्या के रूप में देखने का नतीजा था। इस गद्य ने पारम्परिक पद्य के स्वरूप और स्वभाव को बदलने में गहरा प्रभाव डाला था। यहाँ यह भी स्मरण रखना उचित है कि भारतेन्दु ने—जो कि आधुनिक गद्य के निर्माता थे; कविता के सम्बन्ध में लोक-शैलियों के प्रयोग पर ज़ोर दिया है।

यह ध्यान देने की बात है कि मुक्तिबोध ने आधुनिक खड़ी बोली के निर्माता भारतेन्दु की इस सीख को एक क्षण के लिए भी विस्मृत नहीं किया। उन्होंने पद्य को 'ललित' बनाने के बजाय, अपनी सुदीर्घ और जटिल अन्तर्यात्रा में उसे इतना खुला और समावेशी बनाया कि उसमें हिन्दी के बिल्कुल आरम्भिक युग के स्वर की अनुगूँज साफ़ सुनाई पड़ती है।

उदाहरण दृष्टव्य है—

लोकहित पिता को घर से निकाल दिया
जन–मन करुणा–सी माँ को हकाल दिया
स्वार्थों के टेरियर कुत्तों को पाल लिया
भावना के कर्त्तव्य...त्याग दिए
हृदय के मन्तव्य—मार डाले
बुद्धि का भाल ही फोड़ दिया
तर्कों के हाथ उखाड़ दिए
जम गए जाम हुए फँस गए
अपने ही कीचड़ में धँस गए।

अगर पूरी कविता से ये पंक्तियाँ निकालकर अलग रख दी जाएँ, तो इसका असर भारतेन्दु युग न सही द्विवेदी युग की आरम्भिक कविताओं जैसा ज़रूर होगा। यह सहज प्रश्न उठता है कि आधुनिक युग की इस जटिल कविता में आख़िर मुक्तिबोध ने एक सिरफिरे पागल के 'करुणा रसाल हृदय स्वर का गद्यानुवाद' देने की ज़रूरत क्यों महसूस की ? इस प्रकार की 'आऊट ऑफ़ फ़ैशन' पद्यात्मकता को अपनी महत्त्वपूर्ण आधुनिक कविता में शामिल करते हुए उन्होंने अपने आधुनिक प्रश्नों को, अपनी सर्जनात्मक परम्परा की प्रश्नाकुलता से जोड़ना चाहा था। यह एक वास्तविकता है कि मुक्तिबोध अपने सर्जनात्मक व्यक्तित्व में, अपनी समूची भारतीय परम्परा को आत्मसात् कर लेना चाहते थे। यह बात बलपूर्वक रेखांकित करने योग्य है कि मुक्तिबोध के लिए यह भारतीय परम्परा पोथियों में उपलब्ध परम्परा मात्र नहीं थी। उतने ही बलपूर्वक यह तथ्य भी रेखांकित करने योग्य है कि मुक्तिबोध के लिए परम्परा का अर्थ साहित्य की परम्परा या इतिहास जैसी चीज़ ही नहीं है। ज़ोर 'ही' पर है। साहित्य की इस परम्परा को वे गहरे में जानते थे और इसके सर्जनात्मक इस्तेमाल को आवश्यक भी समझते थे। इन पंक्तियों के लेखक ने मुक्तिबोध के आत्मीय मित्र हिन्दी के प्रसिद्ध कवि और समीक्षक प्रमोद वर्मा से इस जटिल और सुदीर्घ कविता की सम्पूर्ण आवृत्ति सुनी है। वे जिस तरह के ठेके (ताल के अर्थ में) के साथ इसे पढ़ते हैं उससे हिन्दी के एक पारम्परिक—लेकिन हिन्दी के छायावाद युग में लगभग उपेक्षित—छन्द की स्मृति ताज़ा हो जाती है। बेशक यह सही है कि छन्द की इस स्मृति में निरा पिष्टपेषण नहीं है। इसलिए नहीं है कि मुक्तिबोध ऐसा नहीं करना चाहते थे। उन्होंने छन्द के नियम का पालन करने के बदले, उसके प्रासंगिक उपयोग पर अधिक ज़ोर दिया। यही कारण है कि अपनी इसी कविता में, उन्होंने बिल्कुल बाद की ही पंक्तियों में उसी तरह की लयात्मकता के बावजूद एकदम भिन्न और आधुनिक भाव प्रसंग को बेखटके और पूरी ताक़त के साथ उपस्थित किया है—

निजत्व भाफ है—बेचैन
क्या करूँ, किससे कहूँ

कहाँ जाऊँ—दिल्ली या उज्जैन ?
...   .
हाय हाय उसने भी यह क्या गा दिया
यह उसने क्या नया ला दिया
प्रत्यक्ष मैं खड़ा हो गया ख़ुद ही के सामने
निज ही की घन छाया मूर्ति सा गहरा
होने लगी बहस और
लगने लगे परस्पर तमाचे
छिः पागलपन है
वृथा आलोचन है
गलियों में अन्धकार भयावह
मानो मेरे कारण ही लग गया
मार्शल लॉ वह
मानो मेरी निष्क्रिय संज्ञा ने संकट बुलाया
मानो मेरे कारण ही दुर्घट
हुई यह घटना...

यह ध्यान देने योग्य तथ्य है कि पूर्वोक्त उद्धरण तथा उपरोक्त उद्धरण के बीच की लयात्मकता में कोई चारित्रिक फ़र्क़ नहीं है पर भावबोध की दृष्टि से यह दूसरा उद्धरण एकदम भिन्न अनुभव देता है। अपराध-बोध की यह गहरी आत्मस्वीकृति एक आधुनिक मनुष्य की मानसिक व्याकुलता को व्यक्त करती है। इसमें मनुष्य के निर्मानवीयकरण का पद्यात्मक रूपकीय विवरण भर नहीं है, एक बेचैन हिस्सेदारी है। इसे मुक्तिबोध की व्यक्तिगत आत्मस्वीकृति के ही रूप में लेना उचित नहीं। सम्पूर्ण मध्यवर्ग के नैतिक स्खलन और राजनैतिक उदासीनता को, अपने अन्तरात्मिक अनुभव की तरह जाननेवाले मुक्तिबोध ने अपने अपराध और अपनी दायित्वहीनता की स्वीकृति न तो अस्तित्ववादी सिद्धान्त की प्रेरणा से की है और न ही नई कविता में समाहृत आत्मदया या आत्मग्लानि के फ़ैशनपरस्त मुहावरे के कारण ही यह रचना सम्भव हुई है। जिस तरह 'लोकहित, पिता और जन मन करुणा माँ' का ज़िक्र मुक्तिबोध अपनी काव्य-परम्परा के भीतर से करते हैं, यह आत्मालोचन भी उसी परम्परा की देन है। यह सारी चीज़ों के लिए अपने को अपराधी मानने की निराशा नहीं है बल्कि भाव का सहज प्रवाह है, कल्पना की गति है जो आत्मखोज के दौरान भी क्षण भर के लिए भी यह नहीं भूलती कि यह खोज आत्मा की ही नहीं, परम-अभिव्यक्ति की भी है और इस खोज को किसी सैद्धान्तिकता में या किसी एक स्थायी भाव-प्रसंग में घटा सकना सम्भव नहीं है।

धूल के भूरे गरम फैलाव

(मुक्तिबोध : कुछ विचार/सन्दर्भ : 'चकमक की चिनगारियाँ')

—एकांत श्रीवास्तव

'सूनी दूरियों के बीच रहकर भी
जगत् से आत्म-संयोगी
उपस्थित हूँ

प्रतीकों और बिम्बों के
असंवृत रूप में रह
हमारी ज़िन्दगी है यह
जहाँ पर धूल के भूरे गरम फैलाव
पर, पसरीं लहरतीं चादरें
बेथाह सपनों की
जहाँ पर पत्थरों के सिर
ग़रीबी के उपेक्षित श्याम चेहरों की
दिलाते याद
टूटी गाड़ियों के साँवले चक्के
दिखें तो मूर्त होते आज के धक्के
भयानक बदनसीबी के
जहाँ सूखे बबूलों की कँटीली पाँत
भरती है हृदय में धुँध-डूबा दुःख
भूखे बालकों के श्याम चेहरों साथ
मैं भी घूमता हूँ शुष्क
आती याद मेरे देश भारत की।'

मुक्तिबोध की कविता स्वयं उन चक्करदार सीढ़ियों की तरह है जो हमें वीरान खँडहरों,

भयानक क़िलों और उपेक्षित-तिरस्कृत भू-खंडों के यथार्थ के बीच छोड़ आती है, फिर वहाँ से बाहर निकलने का मार्ग हमें तुरन्त नहीं मिलता। यह वह काव्य-संसार है जहाँ 'सुन्दर' के लिए प्राय: प्रवेश निषेध की तख़्ती टँगी है। यहाँ यातनाबोध ही काव्य है। यह प्राय: एक भयावह संसार है जिसका असली चेहरा सूरज डूबने के बाद दिखाई देता है। इन कविताओं में आदि से अन्त तक जैसे नीम अँधेरा फैला-पसरा है। मुक्तिबोध की प्रसिद्ध और प्रतिनिधि कविता ही 'अँधेरे में' शीर्षक से है। इस अन्धकार का सामना भी वे प्राय: लालटेन से करते हैं। अपने एक निबन्ध में वे लिखते भी हैं कि 'यह लालटेन समूचे पथ को पहले से उद्‌घाटित करने में असमर्थ है। केवल थोड़ी-सी जगह पर ही उसका प्रकाश है। ज्यों-ज्यों वह पग बढ़ाता जाएगा, थोड़ा उद्‌घाटन होता जाएगा।' मुक्तिबोध का समग्र काव्य ही जैसे एक अँधेरे समय और समाज को उद्‌घाटित करने का सृजनात्मक प्रयत्न है। यह प्रदीर्घ प्रयत्न प्रदीर्घ कविताओं के रूप में सामने आता है। उनकी कविता का कृष्ण पक्ष हमें शुक्ल पक्ष के लिए अधीर करता है। अँधेरे में एकमात्र लक्ष्य रोशनी ही हो सकती है और वही उनकी कविता का लक्ष्य है भी। मुक्तिबोध जैसी कविता मुक्तिबोध के पहले और मुक्तिबोध के बाद भी यदि दूर-दूर तक देखने को नहीं मिलती तो इसका एक सीधा कारण सम्भवत: आलोक धन्वा के शब्दों में 'मुक्तिबोध का हिन्दी की परम्परा का कवि न होना' ही हो सकता है। मराठी भाषी मुक्तिबोध हिन्दी में लिखते हुए कविता के लिए जो कच्चा माल लेकर आए, वह हिन्दी के लिए प्राय: नया था। उनके काव्य-उपकरण उनसे पहले हिन्दी कविता में कभी इस तरह इस्तेमाल हुए ही नहीं। उनकी फ़ैंटेसी ही नहीं, वह टूटी-फूटी, विशृंखलित-सी कथा भी जिसे कवि-सूत्रधार अपने पाठकों को सुनाता हुआ एक लम्बी यात्रा पर ले चलता है। यह रहबर बीच-बीच में अचानक ग़ायब हो जाता है—पाठक को राही के साथ रहबर बनने को भी जैसे बाध्य करता था।

और यह काव्य-कथा आश्चर्यजनक रूप से लयात्मक है—लिरिकल। ऊपर से गद्य के सूखे पत्तों को ज़रा हटाते ही कैसा पारदर्शी जल कहीं शान्त और कहीं कलकल करता बह रहा है—गद्य काव्य की माँग करनेवाले कविता के आधुनिक पुरोधाओं को यह नोट करना चाहिए। संवेदना का जल यहाँ जितना गहरा है, विचारों की भूमि उतनी ही ठोस और कठोर। मुक्तिबोध 'संवेदनात्मक ज्ञान' की चर्चा यों ही नहीं करते। मकड़ी जैसे पूरी तन्मयता से अपना जाल बुनती है, मुक्तिबोध कविता बुनते हैं—विकट धैर्य और प्रज्ञा के साथ। व्यग्रता और अधीरता यहाँ नहीं है। इस काव्य-महल में कवि-वक्तव्य भी 'वक्तव्य परकता' के दोष से मुक्त होकर जैसे काव्य में बदल जाता है जैसे आकाशवाणी हो रही हो—मिथ कथाओं के संसार में और जैसे कविता न हो, पाठकों की अपनी ही आवाज़ की अनुगूँज हो जो बार-बार दीवारों से टकराकर और विकराल होती जाती है—और उस एक आवाज़ के अतिरिक्त—जो मुक्तिबोध की कविता की आवाज़ है—फिर आप कुछ सुन ही नहीं सकते।

जन-सम्पृक्ति प्राथमिक धरातल पर मन-सम्पृक्ति ही है—'कि सूनी दूरियों के बीच रहकर भी/जगत् से आत्म-संयोगी/उपस्थित हूँ/' सूनी दूरियों के बीच रहकर भी जगत् से संयोगी होकर यदि मुक्तिबोध का 'काव्य नायक' उपस्थित होता है तो केवल इसलिए कि वह उन मुखौटाधारियों से पृथक है जो समाज में रहते हुए जनता के बीच भी अपने चरित्र में जनविरोधी और जनशत्रु होते हैं।

यदि रचना-शैली और जीवन-शैली एक ही सिक्के के दो पहलू हैं तो क्या कविता और जीवन की अन्तर्वस्तु में साम्य नहीं होना चाहिए? पर ऐसा है कहाँ। इस अन्तर्विरोध के कारणों की पड़ताल कुछ कम सनसनीखेज़ नहीं है। कला प्राय: यथार्थलोक का सिर्फ़ विवरण ही नहीं देती बल्कि वह इस लोक का अतिक्रमण कर एक स्वप्न-लोक (यूटोपिया) भी रचती है। यह स्वप्न-लोक यथार्थलोक की ही प्रतिक्रिया है। यथार्थ के अन्धकार को हटाने के लिए स्वप्नलोक में सूर्योदय हो रहा है। भविष्य में कभी यह 'झूठमूठ' का सूर्य 'सचमुच' का सूर्य बनेगा—एक कलाकार का जीवन इसी उम्मीद और संघर्ष में चलता है। कला (कलाकार) का संघर्ष अपने आप में कोई मूल्य नहीं रखता यदि वह समाज और जनता के संघर्ष में एकमेक नहीं होता। देश और समाज के अग्नि पथ से गुज़रकर ही कला अपने कुन्दन बनने का संघर्षपूर्ण सफ़र तय करती है। मुक्तिबोध के शब्दों में 'ये ज़िन्दगी के गर्म रास्ते' हैं—

'अधूरी और सतही ज़िन्दगी के गर्म रास्तों पर
अचानक सनसनी भौंचक
कि पैरों के तलों को काट खाती कौन-सी यह आग?
जिससे नच रहा-सा हूँ
खड़ा भी हो नहीं सकता, न चल सकता
भयानक, हाय, अन्धा दौर
ज़िन्दा छातियों पर और चेहरों पर
क़दम रखकर
चले हैं पैर!'

'आग' और 'गर्म' जैसे शब्दों की मुक्तिबोध की कविता में यदि आवृत्ति होती-सी दिखाई पड़ती है तो यह सकारण है—भयानक और अन्धे दौर में। कहीं 'आग' काट खाती है, कहीं 'झनझनाती' है तो कहीं तन-मन और आत्माएँ ही 'अग्निमय' हैं। मन की टीन-छत भी गर्म है—

'भयानक नाचता हूँ, शून्य
मन के टीन-छत पर गर्म
हर पल चीख़ता हूँ, शोर करता हूँ
कि वैसी चीख़ती कविता बनाने में लजाता हूँ।'

'चीख़ना' मगर 'चीख़ती कविता बनाने में लजाना' कविता और जीवन की

अन्तर्वस्तु की उसी फाँक की तरफ़ एक अर्थगर्भा संकेत है जिसकी चर्चा अभी ऊपर की गई है। ऐसा क्या हो जाता है, एक कवि और कलाकार के जीवन में कि उसकी चीख़ कला और कविता में आकर एक सचेत आवाज़ में तब्दील हो जाती है और अपनी धार, अपनी प्रखरता खो देती है। कला में इस तराशी हुई आवाज़ के क़द्रदान भी कुछ कम नहीं हैं मगर बकौल रघुवीर सहाय 'जहाँ बहुत कला होगी/परिवर्तन नहीं होगा।' स्पष्ट है, परिवर्तनकामी आवाज़ अनगढ़, हिंसक और चीख़ती हुई जंगली आवाज़ होगी—सभ्यता के तथाकथित स्कूलों के बाहर से उठती हुई आवाज़। वरना मध्यवर्गीय कुंठाएँ और सीमाएँ आदमी को समूचा—उसकी कला सहित–जिबह करने को तैयार बैठी हैं। मुक्तिबोध कला की कुलीनतावादी ख़तरे की पहचान यदि कर सके तो सिर्फ़ इसलिए कि उनकी कविता के केन्द्र में विचारधारा की तीक्ष्ण दृष्टि रचना सक्रिय है। और यह विचारधारा मार्क्सवाद है। आज बहुतों को विचारधारा की चर्चा 'बासी कढ़ी में उबाल' की तरह प्रतीत हो सकती है लेकिन समर्पित कलाकारों और कार्यकर्ताओं के लिए यह जीवन–मरण का प्रश्न है। मुक्तिबोध की कविता को विचारधारा से काटकर देखना वृक्ष को जड़ों से या फूल को वृंत्त से पृथक करके देखने के समान है।

और जीवन में इस कुलीनतावाद—जो लोकवाद और जनवाद का विलोम है—की पहचान क्या है?

'चकमक की चिनगारियाँ' का आरम्भ ही इन पंक्तियों से होता है—

> 'अधूरी और सही ज़िन्दगी के गर्म रास्तों पर
> हमारा गुप्त मन
> निज में सिकुड़ता जा रहा
> ... ...
> दिल का ख़ून
> जो भीतर
> हमेशा टप्प टपकर टपकता रहता
> तड़पते–से ख़यालों पर
> ... ...
> समझदारी और समझौते
> विकट गड़ते
> हमारे आपके रास्ते अलग होते।'

'गुप्त मन का निज में सिकुड़ना' अर्थात् स्वयं को निजता या व्यक्तिवाद के खोल में क़ैद कर लेना है। मनुष्य का एक निजी जीवन बेशक हो सकता है। वह अनिवार्य भी है। निजता भी व्यक्तित्व निर्माण में एक आवश्यक कारक हो सकती है पर ध्यान दें कि निज में रहना और निज में सिकुड़ना—दो अलग–अलग चीज़ें हैं। कभी–कभी निज में रहना ठीक है लेकिन निज में सिकुड़ जाना असामाजिक हो जाना है। निजता

अपनी प्रकृति में सामाजिक है भी नहीं। भूमंडलीकरण और वित्तीय पूँजी के इस दौर में जहाँ गलाकाट प्रतिद्वन्द्विता है और व्यक्ति केवल दो जून की रोटी और भौतिक विकास के लिए पैसा कमाने की मशीन में तब्दील हो चुका है—व्यक्ति का निज में सिकुड़ जाना सकारण है। नव्य उपनिवेशवाद बाज़ार के रास्ते से आता है और व्यक्तिवाद इसकी स्वाभाविक प्रकृति है। यह मनुष्य को समाज से काटकर तराशता है। अनगढ़ चीज़ें जहाँ लोक-समाज में पाई जाती हैं वहीं तराशी हुई चीज़ें अभिजात्य और कुलीन जीवन का हिस्सा बनने लगती हैं। कुलीनतावादी प्रवृत्तियों के घर करते ही मनुष्य 'समाज' और 'सामाजिक' का महत्त्व जानते हुए भी निज में सिकुड़ता चला जाता है और तब पैदा होता है अपराधबोध—'दिल का ख़ून/जो भीतर/हमेशा टप्प टपकर टपकता रहता/तड़पते-से ख़यालों पर' ये तड़पते-से ख़याल कभी क्रियान्वित नहीं हो पाते। तब मन और आत्मा में 'समझदारी और समझौते विकट गढ़ते'। जन-संघर्ष के रास्तों पर 'सन्धियों' की कोई भूमिका नहीं होती। ऐसे में स्वाभाविक ही 'हमारे आपके रास्ते अलग होते।' मुक्तिबोध की कविता यह याद दिलाती है कि जिस रास्ते को तुम छोड़ आए वह टूटी गाड़ियों के साँवले चक्कों ओर बबूलों की कँटीली पाँत से भरा रास्ता था जिससे होकर हमारे जन गुज़रते हैं। तब स्पष्ट घोषणा सुनने को मिलती है—

'अरे! जन-संग-ऊष्मा के
बिना, व्यक्तित्व के स्तर जुड़ नहीं सकते
....
कि अपनी मुक्ति के रास्ते
अकेले में नहीं मिलते।'

जीवन ही कविता की अन्तर्वस्तु है। उसे पूरी ईमानदारी के साथ अभिव्यक्त करना ही सच्चा कवि-कर्म है। मुक्तिबोध ने यह किया है। जीवन और कविता का मर्म ज़िन्दगी के गर्म रास्तों से बचकर कभी समझा नहीं जा सकता। मुक्तिबोध को पढ़ते हुए बार-बार यह लगता है। मुक्तिबोध की कविता कुलीनतावाद के शिकार हो रहे मध्यवर्ग को बार-बार आगाह करती है। यहाँ मनुष्य अपने ही वीराने में भटकता रहता है। उसकी परिणति एक महत्त्वाकांक्षी मगर असन्तुष्ट फलस्वरूप 'दुःखी' मनुष्य के रूप में होती है जिसके पैर की आवाज़ स्वयं से ही नाराज़ है—

'किसी वीरान टॉवर की
अँधेरी भीतरी गोलाइयों के बीच
चक्करदार ज़ीना एक चढ़ता हूँ, उतरता हूँ
धपाधप पैर की आवाज़
है नाराज़ निज से ही।'

जन से असम्पृक्त यह असामाजिक जीवन मनुष्य को चलती-फिरती लाश में बदल देता है। वह जैसे सिर्फ़ 'रूह' रह जाता है, हाड़-मांस का जीता-जागता आदमी नहीं—

'पुराने रोशनी-घर की
अँधेरी एक है मीनार
उसमें आज मेरी रूह फिरती है।'

लेकिन मनुष्य की यह परिणति निर्विकल्प नहीं है। मुक्तिबोध जैसे कवि यह जानते हैं कि मनुष्य यदि चकमक पत्थर है तो निस्सन्देह उसके भीतर भी अग्नि सोई हुई है—चिनगारियों की शक्ल में। उसे केवल रगड़ने की ज़रूरत है। शताब्दियों से कलाकारों ने और बुद्ध, मार्क्स और गांधी जैसे महापुरुषों ने यही प्रयास किया है। मुक्तिबोध की कविता भी मनुष्य को उस बिन्दु तक, उस मोड़ तक, उस तट तक ले जाने की सघन और पुरज़ोर कोशिश करती है जहाँ मनुष्यता के बोध की अग्नि पैदा होती है—

'हृदय में प्राकृतिक जो मूल
मानव-न्याय संवेदन
कभी बेचैन व्याकुल हो
तुम्हें क्या ले गया उस तट
जहाँ उसने तुम्हारे मन व आत्मा को
समझकर श्वेत चकमक के घने टुकड़े
परस्पर तड़ातड़ तेज़ दे रगड़ा
कि उससे आग पैदा की
व हर अंगार में से एक
जीवन-स्वप्न चमका और
तड़पा ज्ञान।'

मुक्तिबोध की अनेक काव्य-पंक्तियाँ दुर्दिन में दोस्त की तरह याद आती हैं, कौंधती हैं—मार्गदर्शक की तरह, अँधेरी रात में लालटेन, जुगनू और आकाश गंगा बनकर—'मानव न्याय संवेदन/तुम्हें क्या ले गया उस तट?' प्रश्न-चिह्न मूल कविता में नहीं है पर यह प्रश्न-चिह्न हम स्वयं लगा लेते हैं—इसे पढ़ते और याद करते हुए और तब यह प्रश्न बेचैन करता है, व्याकुल करता है, अधीर करता है—जीवन-स्वप्न के लिए। और हम उन बेथाह सपनों को पूरा करने के लिए जैसे कृतसंकल्पित हो उठते हैं जिनकी लहरती चादरें ज़िन्दगी की धूल के भूरे गरम फैलाव पर पसरी हुई हैं।

मुक्तिबोध के सहचर : श्रीकान्त वर्मा

—जय प्रकाश

वेदना में हम विचारों की / गुँथे तुमसे / बिंधे तुमसे
व आवेष्टित परस्पर हो गए!! कर्मण्य क्षिप्रा तीर पर!!
कोई नहीं थे हम तुम्हारे किन्तु
सहचर हो गए

—मुक्तिबोध

मुक्तिबोध मालवा से निकले थे। जगह–जगह भटकते हुए आख़िर में विदर्भ पहुँचे थे। तंगहाली और मुफ़लिसी झेलते, किसी तरह गृहस्थी की गाड़ी खींचते, अधूरी इच्छाओं और दैनंदिन जीवन के छोटे–छोटे सपनों के साथ वे नागपुर जा टिके थे। शायद नियति की लहर ने चुपचाप उन्हें यहाँ छोड़ दिया था। मगर रोज़ी–रोटी के संघर्ष में तो वे कहीं भी जा सकते थे—इन्दौर, उज्जैन, शुजालपुर, जबलपुर, बनारस या फिर नागपुर। उन्हें चुनने की स्वतन्त्रता नहीं थी। यह एक और लहर थी जो उन्हें नागपुर से भोपाल फेंक देना चाहती थी। इस बार मुक्तिबोध ने उसका पुरज़ोर प्रतिरोध किया। न जाने नागपुर में कोई खिंचाव था या जीवन के दैनंदिन संघर्ष की दुर्दान्त विवशता कि वे भोपाल जाने को राज़ी नहीं हुए और रेडियो की नौकरी छोड़ दी। खिंचाव या विवशता के बजाए शायद यह आत्मसम्मान का प्रश्न था। श्रीकान्त वर्मा को उन्होंने लिखा कि 'अपमानजनक शर्तों पर भोपाल जाना उचित न समझा। दिल्ली आना बिलकुल असम्भव है।' नागपुर में आजीविका मिली थी, लेकिन वे आजीविका के संघर्ष में घिर गए थे। फिर भी यदि वे वहाँ रम गए थे तो उसके दो कारण थे—आर्थिक मोर्चे पर क़दम–क़दम पराजय झेलने के बावजूद नागपुर में उन्हें मित्रों और सुहृद जनों का भरा–पूरा संसार मिला था; दूसरे, मित्रों के सौहार्द और समर्थन के बल पर ज़िन्दगी से मुठभेड़ करते हुए वे बौद्धिक मोर्चे पर अपनी नैतिक विजय का सुख–सन्तोष पाते थे। इसलिए घोर पराजय और अवसाद के क्षणों में श्रीकान्त वर्मा को उन्होंने लिखा कि 'नागपुर से उकताने की मुझे फ़ुर्सत ही नहीं मिलती।'

हाड़तोड़ मेहनत और घर-गृहस्थी की कठिन होती ज़िम्मेदारियों के बाद भी वे कमोबेश ख़ुश थे, क्योंकि नागपुर उनकी ख़ुद्दारी को बचाए हुए था। फिर नागपुर के बाहर भी मित्र थे जो उनकी फ़िक्र किया करते थे। श्रीकान्त वर्मा को उन्होंने लिखा था कि 'आपको मेरी गहरी चिन्ता है। इतना स्नेह पा कर मैं अभेद्य हो जाता हूँ। लड़ाई लड़ लूँगा। ज़रा अच्छे ढंग से लड़ूँ, यही इच्छा है।' मुक्तिबोध अपने मित्रों के साथ 'हार्दिक और मनोवैज्ञानक सम्बन्ध' का अनुभव करते थे। उन्हें लगता था कि "सब दोस्तों से अपने ऐसे ही सम्बन्ध हैं। दोस्तों में 'बड़ा आदमी' कोई नहीं।" गहरे मध्यवर्गीय आत्मबोध से घिरे मुक्तिबोध 'बड़े आदमी' को सहज रूप से स्वीकार नहीं कर सकते थे। वह उनकी मैत्री के क़ाबिल नहीं हो सकता था।

नागपुर में ही उन्हें श्रीकान्त वर्मा मिले थे। अन्य मित्रों में जीवन लाल वर्मा 'विद्रोही', प्रमोद वर्मा, नरेश मेहता, अनिल कुमार, रामकृष्ण श्रीवास्तव, हरिशंकर परसाई आदि थे। नियति ने इन सब उदीयमान लेखकों को किसी योजना के तहत मानो नागपुर में एक साथ इकट्ठा कर दिया था। क्या यह इतिहास का संयोग था कि इलाहाबाद, बनारस, दिल्ली या लखनऊ—जैसे हिन्दी के प्रमुख केन्द्रों से अलग नागपुर में हिन्दी की ये मध्यप्रदेशीय प्रतिभा अपने निर्माण-काल में एकत्र हुईं और बाद में हिन्दी के आकाश में नक्षत्रों की तरह जगमगाने लगीं ? क्या नागपुर स्वतन्त्र भारत में हिन्दी के एक साहित्यिक उन्मेष की भूमि नहीं है ? यदि है, तो इसके केन्द्र में निस्सन्देह मुक्तिबोध हैं। वे 'महागुरु' हैं। उनके साथ मित्रों ने न जाने कितनी शामें बहस में बिताई होंगी। क्या यह उन बहसों का ही परिणाम न था कि हिन्दी साहित्य का संसार इतिहास में दूसरी बार—कलकत्ता में निराला के केन्द्रीय व्यक्तित्व के साथ सक्रिय 'मतवाला मंडल' के बाद—उत्तर भारत के हिन्दी क्षेत्र से अपकेन्द्रित हुआ ? नागपुर हिन्दी साहित्य का स्थिर केंद्र भले न बन पाया हो लेकिन वहाँ लगभग एक दशक के छोटे से दौर में सक्रिय रचनाकार आगे चल कर महत्त्वपूर्ण लेखक के रूप में स्थापित हुए। नागपुर रहते हुए ही इन लेखकों की रचनात्मकता में मुक्तिबोध को साहचर्य और सहधर्मिता का बोध हुआ। मुक्तिबोध ने वस्तुतः 'मध्यप्रदेश की कहन-शैली' के रूप में इस साहचर्य और सहधर्मिता को ठीक ही पहचाना था। नागपुर में, संयोगवश और अस्थायी तौर पर, एकत्र इन लेखकों की सक्रियता में सचमुच किसी हद तक समधर्मिता मौजूद थी तो कांति कुमार जैन द्वारा प्रस्तावित 'मुक्तिबोध-मंडल'—जैसे लेखकीय समवाय की कल्पना अनुचित नहीं होगी। परसाई, नरेश मेहता, श्रीकान्त वर्मा, प्रमोद वर्मा, अनिल कुमार, जीवन लाल वर्मा 'विद्रोही', रामकृष्ण श्रीवास्तव आदि लेखक यदि मुक्तिबोध मंडल के सदस्य माने जाएँ तो इन सबके बीच उनका सामान्य गुणधर्म था, उनकी विशिष्ट 'कहन-शैली' जो मुक्तिबोध के मुताबिक़ इस अर्थ में अनूठी है कि उसमें 'कहन अधिक और अलंकरण कम है।'

मुक्तिबोध ने अपने मध्यप्रदेशीय सहधर्मियों में जिस दूसरी विशेषता को लक्षित

किया, वह थी 'प्रगतिवादी और प्रयोगवादी प्रवृत्तियों की परस्पर पूरकता।' इस विशेषता को उन्होंने 'अत्यन्त महत्त्वपूर्ण' माना है। ज़ाहिर है, स्वयं मुक्तिबोध को उस दौर के साहित्यिक शीत-युद्ध में प्रगतिवाद की बहिर्मुखता और प्रयोगवाद की अन्तर्मुखता के बीच एक सार्थक सन्तुलन की तलाश थी। रामकृष्ण श्रीवास्तव की कविता का विश्लेषण करते हुए वे इस सन्तुलन की चर्चा करते हैं। लेकिन इसका सबसे निखरा हुआ रूप वे श्रीकान्त वर्मा की कविता में पाते हैं, और कहते हैं—'प्रगतिवाद और प्रयोगवाद का जितना अच्छा समन्वय वर्मा जी में है, वह अन्यत्र दुर्लभ है।' मुक्तिबोध ने 'मध्यप्रदेश की कहन शैली' शीर्षक लेख में श्रीकान्त वर्मा का विशेष रूप से उल्लेख सम्भवत: इसलिए किया है कि न सिर्फ़ उनकी काव्य-प्रतिभा को वे पहचान रहे थे बल्कि श्रीकान्त वर्मा के रूप में उन्हें अपना बौद्धिक सहचर मिल गया था। इस तथ्य को अपने अवसान के कुछ माह पूर्व श्रीकान्त वर्मा को लिखे पत्र में उन्होंने स्वीकार किया है कि 'नागपुर के मित्रों में सर्वाधिक विश्वास (काव्य-सम्बन्धी) मेरा आप पर ही रहा है, यह कहने की ज़रूरत नहीं।'

मुक्तिबोध-मंडल के लेखकों में साहचर्य, बौद्धिक और आत्मिक, दोनों स्तरों पर था। सभी मुक्तिबोध के 'मेरे युवजन, मेरे प्रियजन' थे। उनके बीच साहचर्य का मुख्य आधार यह था कि सभी प्रवासी थे; नौकरी या पढ़ाई के सिलसिले में नागपुर आए थे। सभी मध्य प्रदेश के विभिन्न स्थानों से सम्बन्धित थे। मुक्तिबोध, परसाई, श्रीकान्त वर्मा, प्रमोद वर्मा सभी निम्नमध्य वित्तीय थे। सब पर अपने परिवार की ज़िम्मेदारी थी। भविष्य अस्थिर था लेकिन सबकी आँखों में उसे सँवारने का सपना था। अपने-अपने तईं सभी किसी-न-किसी तरह के भीतरी संकट से जूझ रहे थे। यह मुक्तिबोध की सूझ थी कि उन सबके बौद्धिक व्यक्तित्व और सर्जनात्मक वैशिष्ट्य को वे मध्यप्रदेश की भू-सांस्कृतिक अस्मिता के भीतर बाँध सके। मध्यप्रदेश के लेखकों की एक साझा पहचान का उन्होंने इसरार किया और उसे प्रतिष्ठापित करने का प्रयत्न भी। प्रमोद वर्मा को लिखा कि 'हमारे मध्यप्रदेश में लेखकों और विचारकों की कमी नहीं है।' याद किया जा सकता है कि मुक्तिबोध की पहल पर मध्यप्रदेश के कवियों के एक साझा संकलन 'नर्मदा की सुबह' के प्रकाशन की योजना बनी थी। लेकिन दुर्भाग्यवश वह क्रियान्वित नहीं हो पाई। इसके प्रकाशन से म.प्र. की एक साहित्य-पहचान निश्चय ही स्थापित होती। शायद इस साहित्यिक पहचान का ही आग्रह था कि श्रीकान्त वर्मा के पहले काव्य-संकलन 'भटका मेघ' के प्रकाशन के उपरान्त मुक्तिबोध उन्हें प्रोत्साहित करते हैं, जबकि स्वयं उनका अपना काव्य-संकलन प्रकाशित नहीं हुआ था और जो उनके जीवन-काल में भी प्रकाशित नहीं हो पाया। प्रमोद वर्मा को उन्होंने लिखा कि 'श्रीकान्त को अभी रिकॉग्निशन मिलना बाक़ी है। (ऐसा मेरा ख़याल है) इसलिए फ़िलहाल उनकी पैरवी और वकालत आवश्यक है।' 'भटका मेघ' पर वे स्वयं समीक्षात्मक लेख लिखना चाहते थे लेकिन लेखकीय नैतिकता के चलते

उन्हें ऐसा करना अनुचित जान पड़ा था, क्योंकि श्रीकान्त वर्मा ने 'भटका मेघ' मुक्तिबोध को ही समर्पित किया था।

मुक्तिबोध और श्रीकान्त वर्मा में विलक्षण परस्परता थी। उनके बीच हुए पत्राचार से गुज़र कर सहज ही अनुभव किया जा सकता है कि मुक्तिबोध श्रीकान्त वर्मा से बहुत स्नेह करते थे और श्रीकान्त भी उनका आदर करते थे। बिलासपुर में श्रीकान्त एक तरफ़ स्कूल मास्टरी करते हुए परिवार सम्हाल रहे थे, वहीं दूसरी ओर नई कविता के कवि होने का अभिशाप भुगतते हुए प्रतिक्रियावादियों के विरोध का सामना भी कर रहे थे। तंग आ कर उन्होंने 'नई दिशा' निकाल कर प्रतिवाद आरम्भ किया, लेकिन विरोध थमा नहीं। उधर नागपुर में मुक्तिबोध भी आर्थिक मोर्चे पर नाकामी से लगातार जूझते हुए और कवि के रूप में उपेक्षा का दंश सहते हुए अपनी दुर्दम्य जिजीविषा के साथ लम्बी-लम्बी बीहड़ कविताएँ लिख रहे थे। नई कविता को लेकर लड़े जा रहे महाभारत में दोनों अपनी-अपनी जगह अप्रतिहत योद्धा की तरह थे। 1954 में जब वे मिले तो निश्चय ही नई कविता के उपेक्षित और विरोधग्रस्त कवि के रूप में दोनों के बीच साझेदारी का अनुभव और समवेदना का ताप ज़रूर रहा होगा। शायद यही उनके बीच परस्परता और साहचर्य का मूल आधार भी है।

कहने की आवश्यकता नहीं कि दोनों के बीच स्नेह और सम्मान का भाव गहरी आत्मीयता के धरातल पर टिका था। 22-23 वर्ष की कच्ची उम्र के प्रतिभाशाली कवि श्रीकान्त को मुक्तिबोध ने अपना लिया था। फिर तो श्रीकान्त पर जीवन-भर उनका स्नेह बना रहा। उन्होंने 'सारथी' तथा अन्य पत्रिकाओं में श्रीकान्त की कविताएँ पहले ही पढ़ रखी थीं। श्रीकान्त के नागपुर आने पर वे उनसे मिलने को उत्सुक थे। जब वे मिले तो उनका कवि-संवाद एक आत्मीय साहचर्य में ढलने लगा। 1980 में दिए एक साक्षात्कार में श्रीकान्त वर्मा ने इसे याद करते हुए कहा है 'मुक्तिबोध की कविता ने आरम्भ में मुझे थोड़ा-सा आकर्षित किया, लेकिन जब मैं उनके नज़दीक पहुँचा तो उनके व्यक्तित्व में इतनी गहरी काली आँच थी कि जिसको सह सकना कठिन था। एक भयानक आँच—एक तपस्वी की आँच। इस आँच ने मुझे खींचा। इसी आँच ने, बहुत सम्भव है, बहुत से उनके सम्ब्रन्धियों को, मित्रों को उनसे अलग कर दिया होगा। पर चूँकि मैं एक साहित्यिक था, जिसके मन में स्वाभाविक रूप से तपस्वियों, ऋषियों के प्रति एक श्रद्धा होती है, तो मैं उनकी ओर खिंचा। और फिर उसके बाद मैंने उनकी और भी कविताएँ पढ़ीं और उनके अन्दर जो बौद्धिक प्रखर व्यक्तित्व था, उससे मैं बँध और बिन्ध गया। मुक्तिबोध की जो टोटल पर्सनेलिटी है—उनकी कविता और जीवन—उसने मुझे बाँधा और आज भी मुक्तिबोध से मैं मुक्त नहीं हो पाया हूँ।'

मुक्तिबोध के भीतर की उस गहरी-काली आँच ने आख़िर श्रीकान्त वर्मा के भीतर जाने किस तन्तु का स्पर्श किया था कि वे आजीवन उसके प्रभाव में उत्तप्त रहे। यह एक जादुई बन्धन था जो एक साथ दोनों को बाँधे हुए था। उसमें बौद्धिक संवेग और

आत्मीय राग, दोनों एक साथ थे। अपने सभी मित्रों के साथ मुक्तिबोध के ऐसे ही सम्बन्ध थे—'हार्दिक और मनोवैज्ञानिक सम्बन्ध।' अपने सहचर-संसार के साथ मुक्तिबोध के सम्बन्धों की यह हार्दिकता ही थी कि प्राय: अचर्चित और उपेक्षित कवि की जीवन-रक्षा के लिए हिन्दी के तमाम साहित्यिक एकजुट हो कर प्रार्थना कर रहे थे। दिल्ली में उनके इलाज के लिए अभियान चल रहा था, जिसकी अगुआई श्रीकान्त वर्मा कर रहे थे। नागपुर में मुक्तिबोध को पाने का अर्थ वे जान चुके थे। उन्हें खो देने के अर्थ से भी अनजान नहीं थे। शायद यह उन्हें बचाने के अभियान का ही हिस्सा था कि मुक्तिबोध अपने कविता-संग्रह को प्रकाशित देख सकें। श्रीकान्त वर्मा ने इसके लिए अथक उद्यम किया।

2

मुक्तिबोध में प्रचंड बौद्धिकता थी। उनके मनोजगत् के भीतर गहराइयों से उठ कर पछाड़ खाती लहरों की तरह उद्दाम तार्किक संवेग उठते थे। उनके साथ संवेदना आकाश में उछाल मारती थी। मुक्तिबोध की कविताएँ, और गद्य भी, उनके बौद्धिक अन्तर्द्वन्द्व और बेचैनी के साक्ष्य हैं। यह बौद्धिक उद्विग्नता उनके साहित्य तक सीमित नहीं थी, बल्कि उनकी जीवन-शैली में समाहित थी। राजनांदगाँव के उनके मित्र शरद कोठारी बताते हैं कि मुक्तिबोध निरन्तर बौद्धिक रूप से सक्रिय रहा करते थे। नियमित मिलने-जुलने वालों से संवाद में उनकी चिन्तनशीलता और वैचारिक उत्तेजना बराबर छलकती थी।

श्रीकान्त वर्मा भी प्रखर बुद्धिजीवी थे। उनकी कविताओं में भी तीव्र बौद्धिक संवेग हैं। उनमें गहरी संवेदनात्मक बेचैनी है। मुक्तिबोध की तरह वे अपने समकालीन समाज और राजनीति के सवालों से सीधी मुठभेड़ करते हैं। दोनों ही कवियों ने बीसवीं शताब्दी के हॉरर को उसकी भयावह मुद्रा को अपने-अपने ढंग से रचा है। श्रीकान्त वर्मा के यहाँ तो 'बीसवीं शताब्दी एक बीज शब्द है, जो कवि के रूप में उनकी मनोदशा को, या बौद्धिक के रूप में उनकी नैतिक पोज़िशन को कविता में प्रकट करने का ज़रिया बन जाता है। उनके यहाँ एक और बीज शब्द है नरक। यह वर्तमान के तीखे बोध को, बीसवीं शताब्दी के समूचे विद्रूप को—उसकी क्रूरता, हिंसा-वृत्ति और मनुष्यता के निर्मम दमन की सच्चाई को प्रकट करता है। श्रीकान्त वर्मा की बीसवीं शताब्दी अगर 'नरक' के रूप में व्यक्त हुई है तो मुक्तिबोध अपने समय के आतंक को 'अँधेरे' की प्रतीकवृत्ता में पकड़ते हैं। 'अँधेरा' हो या 'नरक'—सच पूछा जाए तो ये दोनों शब्द अपने सत्य से असहमति और प्रतिवाद के रूपक हैं। मुक्तिबोध शताब्दी के अन्धकार और आशंका की कथा कहते हैं; श्रीकान्त वर्मा उसकी नरक-गाथा गढ़ते हैं। दोनों की कविता बीसवीं शताब्दी का प्रत्याख्यान है—उनके अपने वर्तमान का ज्वलन्त वृत्तान्त। हिन्दी कविता के समूचे इतिहास में अपने समय को इतने तीखे ढंग से—उससे लगभग जिरह करते हुए—पहली बार इन दोनों कवियों ने देखा। हिन्दी कविता को स्पष्ट

समकालीन भंगिमा दी।

ग़ौर करें कि 1935 के आस-पास मुक्तिबोध की कविताओं में छायावादी काव्याभास स्पष्ट था। लेकिन 'तार सप्तक' के दौर में, समय के दंश को महसूस करने के बाद उनकी कविता धीरे-धीरे वर्तमान की वास्तविकता पर एकाग्र होती गई। पचास के दशक में वे छायावाद से मुक्त हुए, लेकिन उनकी स्व-चेतना उनके इतिहास-बोध के साथ एक तरह के तनाव में विन्यस्त हो गई। मुक्तिबोध वर्तमान के विद्रूप को तीव्र आत्म-चेतना के साथ ग्रहण करने को अभिशप्त थे। यह तनाव इतना प्रबल था कि सम्भवत: छोटी कविताओं में उसे समेट पाना मुश्किल था। उसका विन्यास प्रदीर्घ वृत्तान्त में ही सम्भव था। नई कविता के कवियों में अपने समय के प्रति सजगता और एकाग्रता सबसे ज़्यादा थी।

उन दिनों श्रीकान्त वर्मा नई कविता की मूलत: रूमानी संवेदना के क़रीब रह कर आत्मीयता, कोमलता और लोक-सम्पृक्ति की कविताएँ लिख रहे थे जो 1957 में प्रकाशित उनके पहले संग्रह 'भटका मेघ' में संकलित हैं। 1954 में मुक्तिबोध के सम्पर्क में आने के बाद उनकी काव्य-यात्रा में निर्णायक मोड़ आया। मुक्तिबोध की 'गहरी-काली आँच' में जैसे उनकी रुमानियत और कोमलता पिघल गई। अब एक जलता हुआ वर्तमान—जो 1956 में उनके दिल्ली जाने के साथ ही लगातार क्रूर, निर्मम और आवेगपूर्ण होता चला गया—सहसा उनकी कविता में प्रकट हुआ। दरअसल श्रीकान्त वर्मा की कविता में दिल्ली का यथार्थ प्रकट हुआ था। लेकिन दिल्ली का रास्ता उन्हें नागपुर में मिला था। दिल्ली उनकी कविता में व्यवस्था से विद्रोह, समय के प्रति विक्षोभ और सत्ता की अमानवीयता के प्रति खौलते आक्रोश के मुहावरे में ठहर गई। वे आजीवन दिल्ली की कथा लिखते रहे। दिल्ली उनके लिए दरअसल कोसल, अवन्ती, हस्तिनापुर या मगध की ही समकालीन मुद्रा थी। दिल्ली जो भारत के बर्बर वर्तमान का ज्वलन्त प्रतीक है, जिसकी नियति ही देश की नियति है, श्रीकान्त वर्मा की कविता में बार-बार, और अनेक रूपों में, भंगिमाओं में उजागर हुई है।

अगर मुक्तिबोध के प्रभाववश श्रीकान्त वर्मा नई कविता की रूमानी संवेदना से मुक्त हो कर अपनी समकालीन वास्तविकता के ज्वलन्त बोध के क़रीब आए तो कहना होगा कि श्रीकान्त वर्मा एक ख़ास अर्थ में मुक्तिबोध-मंडल के कवि हैं—इस ख़ास अर्थ में कि समय की क्रूरता कविता में प्रत्यक्षत: और उत्तेजनापूर्ण मुहावरे में घटित की जा सकती है, कि कविता समय का मुकम्मल साक्ष्य बन सकती है। कविता को दोनों ने इसी रूप में अर्जित किया था। तभी श्रीकान्त वर्मा दिल्ली के यथार्थ की गवाही देते हुए तिलमिला कर कह उठे—'देश को खो कर ही/प्राप्त की थी मैंने कविता।' श्रीकान्त वर्मा ने देश को खो कर कविता को पाया था, तो मुक्तिबोध ने, स्वयं श्रीकान्त वर्मा की दृष्टि में, कविता को हासिल करने के लिए 'भाषा का संहार' किया। 'तारसप्तक' के यथार्थ-बोध और 'दूसरा सप्तक' के छायावादी स्वैर भाव को एक-

दूसरे से अलगाते हुए श्रीकान्त वर्मा ने मुक्तिबोध को 'तारसप्तक' के यथार्थ-बोध से जोड़ा है। वे मानते थे कि 'तारसप्तक के प्रति अपनी निष्ठा को अन्त तक निबाहते हुए मुक्तिबोध ने जीवन-भर कविता को नष्ट किया।' इस प्रयत्न में 'छायावाद से मुक्ति पाने के लिए भाषा का संहार ज़रूरी था। मगर अधिकतर नए कवियों ने भाषा का संहार न कर, उसका संस्कार किया।' ज़ाहिर है, श्रीकान्त वर्मा की दृष्टि में यथार्थ के उद्धार या कविता-सार्थकता का एक ही उपाय था—भाषा का संहार।

क्या 'भटका मेघ' के बाद की कविताओं को पढ़ते हुए ऐसा नहीं लगता कि उस दौर के युवा कवियों में श्रीकान्त वर्मा ही थे जो मुक्तिबोध की तरह कविता को नष्ट करने के लिए उद्धत जान पड़ते हैं? मुक्तिबोध की कविता, और स्वयं श्रीकान्त वर्मा की 'कविता भी, केवल कविता न हो कर ध्वंस भी है।' वइ नई कविता के रूमान का प्रचंड प्रत्याख्यान है। यथार्थ के पैशाचिक रूप का साक्षात्कार मुक्तिबोध ने ही नहीं, श्रीकान्त वर्मा ने भी किया। दोनों ने नई कविता के भीतर रह कर उसके ख़िलाफ़ लड़ाई लड़ी। दोनों ने 'तार सप्तक' के यथार्थ-बोध का विकास 'दूसरा सप्तक' की सफलता के मिथक को भंग करने के प्रयत्न में किया। श्रीकान्त वर्मा ने ठीक कहा था कि 'दूसरा सप्तक' के छायावादी भावबोध की सफलता से नई कविता की ग़लत पहचान बनी जबकि नई कविता की सार्थकता 'तार सप्तक' के यथार्थ-बोध को विकसित करने में थी। सफलता से ज़्यादा महत्त्वपूर्ण है सार्थकता।

पूछा जा सकता है कि नई कविता के रूमानी उन्मेष की कोई संगति स्वतन्त्रता-प्राप्ति के छलकते आवेग में उठे नेहरू-युगीन रूमान के साथ बैठती है? अगर ऐसी संगति सचमुच थी, तो विडम्बना नहीं थी कि नेहरू के व्यक्तित्व के सम्मोहन में बँधे मुक्तिबोध नेहरू-युग के स्वप्न को अपनी कविता में छिन्न-भिन्न कर देते हैं? निस्सन्देह मुक्तिबोध भारत के नवजात लोकतन्त्र के स्वप्नपात के कवि हैं। उन्होंने और परसाई ने, यह ठीक ही कहा जाता है कि, राष्ट्र-निर्माण के नेहरूकालीन प्रोजेक्ट के भीतर उभरते अन्तर्विरोधों को पहले-पहल पहचाना था। क्या ठीक यही बात श्रीकान्त वर्मा के लिए भी नहीं कही जा सकती? जिस तरह उन्नीसवीं सदी के यथार्थ के भीतर पनप रहे अन्तर्विरोधों को भारतेन्दु-मंडल के लेखक अपने-अपने ढंग से समझने की चेष्टा कर रहे थे, उसी तरह स्वतन्त्र भारत के विरोधाभासी यथार्थ को मुक्तिबोध-मंडल के लेखक अपकूटित करने में जुटे थे जबकि इस यथार्थ की माया—राष्ट्र-निर्माण का यूटोपिया—अपने समूचे सम्मोहन के साथ विद्यमान था। 'भटका मेघ' की कविताओं में कोमलता और लोक-सम्पृक्ति को देख पाना कठिन नहीं है, लेकिन उसके भीतर ही मध्यवर्गीय बेचैनी को नज़रअन्दाज़ नहीं किया जाना चाहिए। 'डूब रहा गाँव कहीं/ डगमग दो पाँव कहीं' लिखते हुए श्रीकान्त वर्मा किसी स्वैर संसार के सम्मोहन में नहीं हैं, बल्कि उससे बाहर आ कर उम्मीदों के डगमगाने की सच्चाई का बयान कर रहे होते हैं। 'भटका मेघ' के कवि के भीतर अपने समकाल का वैसा उत्कट बोध नहीं

है, जैसा 1957 में मुक्तिबोध या परसाई में था। लेकिन दस वर्ष बाद 1967 में 'दिनारम्भ' और 'मायादर्पण' का कवि अपने ही रचे रोमान की धूल झाड़ कर गहरे क्षोभ और आक्रोश में कहने लगता है—'मैं बकता नहीं हूँ कविताएँ / ईजाद करता हूँ /गाली/ फिर उसे बुदबुदाता हूँ।' इस विक्षोभ की जड़ें कवि के समकालीन जीवन के यथार्थ में है और उसका सन्दर्भ स्वतन्त्र भारत का निष्फल हो रहा लोकतन्त्र है। मुक्तिबोध की तरह श्रीकान्त वर्मा भी इस लोकतन्त्र का भाष्य करते हैं—बेशक आपने मौलिक अन्दाज़ में, गहरे तनाव और आक्रोश के साथ, जो देखते-ही-देखते एक क़िस्म के सिनिसिज़्म में बदल जाता है। यह एक विद्रोही कवि-मुद्रा है। उस दौर में यह इतनी अतिक्रामक, शक्तिशाली और मारक ढंग से प्रकट हुई थी कि उसके प्रभाव से अनेक युवा कवि बच न सके। आगे जा कर इन कवियों ने ऊब, खीझ, संत्रास, संशय और आक्रोश की जो विद्रोही कविताएँ लिखीं, उनकी पूर्व-पीठिका श्रीकान्त वर्मा की कविता में मिलती है। श्रीकान्त वर्मा अकविता आन्दोलन में शामिल नहीं थे, लेकिन अकविता का वैचारिक उद्‌गम उनकी कविता में है।

मगर मुक्तिबोध श्रीकान्त वर्मा की कविता में उभरे इस नैराश्य और सिनिसिज़्म से चिन्तित हुए, यद्यपि उसके विद्रोही गुण (मिलिटेंट क्वालिटी) की उन्होंने प्रशंसा की। 'लहर' के विश्व काव्य-अंक में श्रीकान्त की कविता पढ़ कर उन्होंने तत्काल एक मार्मिक पत्र लिखा—'उस कविता को पढ़ कर आपकी ज़िन्दगी का ख़याल आना स्वाभाविक था। छत्तीसगढ़ का यह मेरा प्यारा कवि क्या का क्या हो गया। (आपके जीवन के सम्बन्ध में चिन्ता सताने लगी) उस छत्तीसगढ़ में जहाँ मुझे प्यारे, छोटे-छोटे लोग मिले, जिन्होंने मुझे बाँहों में समेट लिया, और बड़े भी मिले, जिन्होंने मुझे सम्मान और सत्कार प्रदान करके, संकटों से बचाया। मैं उन्हीं के कारण—आप सबके कारण, मनुष्यता में विश्वास खो नहीं पाता। मैं सैद्धान्तिक बात नहीं बता रहा हूँ। उस छत्तीसगढ़ का मैं ऋणी हूँ, जिसने मुझे और मेरे बाल-बच्चों को शान्तिपूर्वक जीने का क्षेत्र दिया। उस छत्तीसगढ़ की भूमि ने जो अत्यन्त प्रतिभाशाली पुत्र पैदा किया, वह दिल्ली जा कर—इतना अधिक विपद-ग्रस्त हो गया कि दुःख होता है।' आगे उन्होंने लिखा—'अपना रोना नहीं रोऊँगा। तीव्रतम मनुष्य-निर्मित निराशात्मक परिस्थितियों में रहने वाले मुझ-जैसे के हार्दिक अन्धकार की जो आँखें हैं, वे उस कविता के दर्द को पहचानती हैं, लेकिन नहीं चाहतीं कि ऐसी हालत में आप रहें।' मुक्तिबोध का यूँ फ़िक्रमन्द और संवेदनशील होना श्रीकान्त के प्रति उनके लगाव और आत्मीयता को प्रकट करता है। उनके बीच वैचारिक साहचर्य दरअसल आत्मिक साहचर्य की धुरी पर विकसित हुआ था।

कहने की आवश्यकता नहीं कि श्रीकान्त वर्मा के प्रति मुक्तिबोध के भीतर संरक्षण-भाव था। तभी तो उनकी मनोदशा का अनुमान कर वे विचलित हुए थे और उन्हें लिखा था—'काश, मैं आपके पास होता तो ज़्यादा जान सकता।' वे इतने व्याकुल

थे कि श्रीकान्त की मन:स्थिति को लेकर किंचित कठोर टिप्पणी करने के बाद उनके सिनिसिज़्म के कारणों की खोज में जुट गए। उन्हें लगा कि उनके समय में 'मनुष्य सिनिकल हो रहा है, भावों में, विचारों में। जो लोग प्रेम से भरे हुए हैं, मानव-सुलभ कोमल भावना रखते हैं, वे भी 'भावों-विचारों के क्षेत्र में आकर सिनिकल हो जाते हैं।' असल में यह सिनिसिज़्म उनकी सभ्यता-समीक्षा है। आज की वस्तुस्थिति के प्रति एक अतिरेकपूर्ण प्रतिक्रिया है, वैचारिक आवरण में। यह सुविचारित नहीं है। मुक्तिबोध सिनिसिज़्म को युग की मनोदशा के रूप में प्रस्तुत कर श्रीकान्त के क्लेश को कुछ कम करने का प्रयत्न करते हैं लेकिन अपनी वैचारिक सजगता को छिपाते नहीं, न ही श्रीकान्त को कोई रियायत देते हैं। मुक्तिबोध की यह सुहृद असहमति विलक्षण है। वे आत्मीयता प्रकट करते हैं, लेकिन वैचारिक दृढ़ता बनाए रखते हैं।

आत्मीयता और वैचारिक खुलपेन के साथ मुक्तिबोध और श्रीकान्त वर्मा का सम्बन्ध निर्मित हुआ था। उनके साहचर्य में असहमति का विवेक भी था। यह दो कवियों के बीच लोकतांत्रिक साहचर्य था। श्रीकान्त वर्मा बिलासपुर से बार-बार इसलिए नागपुर चले जाते थे कि वहाँ मुक्तिबोध थे और उनके सान्निध्य में कविता थी। कवि के रूप में श्रीकान्त को अपने 'वेवलेंग्थ' की तलाश थी जो उन्हें धीरे-धीरे मुक्तिबोध के सम्पर्क से मिली। दूसरी ओर मुक्तिबोध को भी एक सहचर-सहधर्मा कवि की तलाश थी, जो श्रीकान्त हुए। दोनों अपनी कविता को लेकर एक-दूसरे की राय जानने को उत्सुक रहा करते थे। वे पत्रों के ज़रिए भी राय प्रकट करते थे। मुक्तिबोध वरिष्ठ थे, किन्तु उनकी विनम्रता थी जो श्रीकान्त से आग्रह कर सकती थी कि 'पत्र द्वारा क्यों न सही, आप मेरी कविता की कमज़ोरियों को स्पष्ट करें, जिससे कि मुझे सहायता मिल सके।' इतना ही नहीं, वे श्रीकान्त को सूचित करना नहीं भूलते कि 'आपने अपनी आलोचनाओं में जो बातें कही थीं, उनका भी मैंने ध्यान रखा है।' दोनों में परस्पर उत्सुकता थी, एक-दूसरे के प्रति और एक-दूसरे की कविता के प्रति भी। सबसे ऊपर यह कि एक-दूसरे पर गहरा विश्वास था। तभी तो मुक्तिबोध श्रीकान्त की कविता में प्रकट हुए नैराश्य और संशय को लेकर चिन्तित हुए और बेबाकी के साथ अपनी असहमति ज़ाहिर की। जवाब में श्रीकान्त ने जो लिखा, उससे दोनों के बीच अनूठी पारस्परिकता की झलक मिलती है—'आपका पत्र पढ़ कर मैं जितना अशान्त हुआ, उतनी ही उससे शान्ति भी मिली। उन्होंने यह भी लिखा कि 'मैं जिस तरह की निर्वैयक्तिक दुनिया में रहा हूँ उसमें आपके आत्मीय पत्र ने मुझे एक बार फिर से अपने और न जाने कितनी बातों के बारे में सोचने के लिए बाध्य किया।' नैराश्य और सिनिसिज़्म को लेकर मुक्तिबोध की आपत्तियों से वे सहमत होते हैं—'आपकी यह बात बिलकुल सही है कि इन दिनों मैंने जो कविताएँ लिखी हैं उनमें बढ़ता हुआ सिनिसिज़्म है। बल्कि मैं ख़ुद भी यह महसूस करने लगा हूँ कि इसकी झलक मेरे विचारों और लेखों में भी है, और कविता में यह जो भी ख़ूबसूरती पैदा करे, इतिहास के प्रति एक स्वस्थ और संगत-तटस्थ

दृष्टिकोण में सहायक नहीं हो सकता। मैं बराबर इस बात की कोशिश करूँगा कि मैं अपने समाज और संसार के प्रति एक सही दृष्टिकोण ले कर चलूँ, अपने को केन्द्र बना कर विचार न करूँ।'

मुक्तिबोध ने श्रीकान्त के अपनी जड़ों से विलग हो जाने की जो आशंका अत्यन्त भावुक ढंग से की थी, उस पर श्रीकान्त की प्रतिक्रिया में भी उच्छल भावुकता है—'जिन लोगों से मैं आया हूँ, उन्हें मैं भूला नहीं हूँ। अगर भूल गया होता तो कविता भी दूर हो गई होती। भौगोलिक और इसी तरह की दूरियाँ हैं। मगर जिन्हें एक बार महसूस कर लिया, वे मन के हमेशा पास होते हैं। मेरे लिए तो मेरे माँ-बाप और छत्तीसगढ़ के अपने दोस्त-परिचित और भी क़ीमती निधियाँ हैं। क्योंकि फ़िलहाल अभी स्मृतियों, उपकारों और दूरस्थ स्नेह के अलावा मेरे जीवन में और कुछ नहीं, जिसके बल पर जी सकूँ। मैं सोचता हूँ, मेरी कविता और उसकी जड़ें अब भी वहीं हैं, केवल संकेत और इशारे बदल गए हैं।'

श्रीकान्त वर्मा की ये पंक्तियाँ भावुकता से भरी हुई ज़रूर हैं, किन्तु उनका काव्य-विवेक जाग्रत और सक्रिय है। मुक्तिबोध की आपत्ति को स्वीकार करते हुए उन्होंने आगे लिखा—''देश को खो कर ही मैंने प्राप्त की है यह कविता'वाली पंक्ति असल में एक प्रतिक्रिया-मात्र है। उस अन्ध देशभक्ति की जिसके कवच में छटपटा कर हमारी हिन्दी कविता मर रही है। ख़ास कर पिछले साल-दो साल में ऐसी सैकड़ों कविताएँ आपने देखी होंगी।'' यहाँ संकेत 1962 के चीनी आक्रमण की पृष्ठभूमि में लिखी गई कविताओं की ओर है जिनमें चीन को ललकारने और भारत के तत्कालीन राजनैतिक नेतृत्व को नकारा साबित करनेवाली वीर मुद्रा है और जिसका उत्कर्ष दिनकर की 'परशुराम की प्रतिज्ञा'—जैसी कविता में दिखाई पड़ता है जो दरअसल कविता से ज़्यादा एक उत्तेजक काव्याभास है। अनुमान किया जा सकता है कि आगे चल कर श्रीकान्त वर्मा ने 'नक़ली कवियों से भरी वसुन्धरा'—जैसी पंक्ति किस सन्दर्भ में लिखी होगी। मुक्तिबोध के साथ उनके पत्राचार को पढ़ कर उनके रचनात्मक मानस का बहुत कुछ जायज़ा लिया जा सकता है। यह भी समझा जा सकता है कि अपने समय के यथार्थ से टकराते हुए वे किस तरह से एक रोमानी भंगिमा अपना लेते हैं, और यह भी कि उस रोमान के स्रोत भी अन्ततः उनके यथार्थ के भीतर अथवा यथार्थ के प्रति उनके अपने दृष्टिकोण में हैं।

श्रीकान्त वर्मा ने खुले हृदय और जाग्रत बुद्धि के साथ मुक्तिबोध को पत्र लिखे। उनका पत्राचार दो कवियों के बीच बौद्धिक-संवेदनात्मक संवाद है। मुक्तिबोध अगर बेहिचक श्रीकान्त की आलोचना कर सकते थे तो श्रीकान्त बेख़ौफ़ अपने राजनीतिक विचारों का खुलासा कर सकते थे। वे प्रगतिवादी मुक्तिबोध से प्रगतिवाद की साहित्यिक परिणति को लेकर असन्तोष प्रकट करते हुए साफ़ कह सकते थे कि 'प्रगतिवाद ने एक आन्दोलन के रूप में ही नहीं बल्कि एक अवधारणा के रूप में भी सारी दुनिया

के साहित्य को फ़ायदे की तुलना में नुक़सान ही अधिक पहुँचाया।' दिलचस्प यह है कि मुक्तिबोध श्रीकान्त वर्मा को प्रगतिवादी ही मानते हैं। मुक्तिबोध की दृष्टि में 'उनका सामाजिक दर्शन प्रगतिवाद का है।' वे श्रीकान्त को सलाह भी देते हैं कि 'कृति को प्रगतिशील राजनीतिक दृष्टि अपनानी चाहिए।' नरेश मेहता के अलग होने के बाद मुक्तिबोध 'कृति' में उनकी सेवाओं के लिए कृतज्ञ स्मरण करने का सुझाव देने के साथ 'कृति' के नए स्वरूप के प्रति जिज्ञासा प्रकट करते हैं और आग्रह करते हैं कि 'उसे अधिकाधिक प्रगतिशील बनाया जाना चाहिए।' मुक्तिबोध के इस आग्रह के पीछे श्रीकान्त वर्मा के प्रति साहचर्य-जनित विश्वास या 'कृति' से लगाव-भर नहीं है बल्कि स्वयं श्रीकान्त वर्मा की विचार दृष्टि और काव्य-प्रतिबद्धता है जिससे मुक्तिबोध भली तरह परिचित थे। इसलिए उन्होंने लिखा कि 'नई कविता में प्रगतिशील तत्त्व क्या हैं तथा आगे उसकी दिशा कौन-सी होनी चाहिए—इतना ही क्षेत्र कृति का होना चाहिए।' कृति -सम्पादक के प्रगतिशील राजनैतिक विचारों के कारण ही मुक्तिबोध को विश्वास था कि 'कृति' नई कविता के विकास की उचित दिशा खोज सकेगी। श्रीकान्त वर्मा की राजनीतिक दृष्टि को लेकर उन्हें कोई सन्देह न था। स्वयं श्रीकान्त वर्मा ने मुक्तिबोध को लिखा था कि 'मैं अब भी एक वामपक्षी समाजवादी समाज में विश्वास करता हूँ (और करूँगा) क्योंकि मनुष्यता के लिए एक मात्र रास्ता यही है।' यह विश्वास अपनी जगह था। दरअसल श्रीकान्त वर्मा वामपक्ष की राजनीति से सहमत थे लेकिन उसकी कार्यनीति से उन्हें घोर असन्तोष था—'जिस तरह का अवसरवाद हमारे सामाजिक जीवन में भीतर-ही-भीतर पनप रहा है, उससे वामपक्ष भी बरी नहीं है। बल्कि अगर विचारधारा को छोड़ दिया जाए तो व्यवहार और कर्म में वाम और दक्षिण में कोई अन्तर नहीं रह जाता है।'

यहाँ सहज ही अनुमान किया जा सकता है कि वाम और दक्षिण से अलग एक तीसरे रास्ते का विचार श्रीकान्त वर्मा की राजनीतिक चेतना के भीतर साठ के दशक से ही सुगबुगा रहा था, यद्यपि उनकी कविता में अन्ततः 1984 में 'मगध' के साथ प्रकट हुआ। तीसरे रास्ते के विचार के पीछे शायद वामपन्थ की राजनीति की विफलता थी, जिसे श्रीकान्त वर्मा आरम्भ से ही रेखांकित कर रहे थे। शायद यह विफलता ही उनकी कविता में नैराश्य और सिनिसिज़्म का स्रोत थी। दरअसल तीसरे रास्ते की तलाश विफलता और नैराश्य से ही शुरू होती है। साठ के दशक का युवकोचित सिनिसिज़्म अस्सी के दशक में 'तीसरे रास्ते' के प्रौढ़ विचार में परिणत हुआ था। साठ के दशक के यथार्थ के प्रति एक ख़ास तरह के दृष्टिकोण से उपजा सिनिसिज़्म एक तात्कालिक प्रतिक्रिया था लेकिन तीसरा रास्ता भी तो ऐसा था जो कहीं नहीं जाता। अन्ततः दोनों नैराश्य की प्रतिक्रियाएँ हैं। एक में आक्रोश और खीझ है, दूसरे में दीर्घ विलाप। अगर आक्रोश और खीझ वामपक्ष की विफलता का परिणाम है तो क्या तीसरे रास्ते का लम्बा विलाप उस राजनीति की विफलता का नतीजा नहीं है,

जिसे श्रीकान्त वर्मा ने वामपक्ष के विकल्प के तौर पर चुना था? मुक्तिबोध के पास तीसरा रास्ता नहीं था। उनके पास उम्मीद का रास्ता था, जिस पर वे 'कृति' और श्रीकान्त वर्मा को चलते देखना चाहते थे।

मुक्तिबोध और श्रीकान्त वर्मा, दोनों की कविताएँ स्वभावत: राजनीतिक कविताएँ हैं। मुक्तिबोध अपनी वैचारिक आस्था को कविता में चरितार्थ करते हैं, श्रीकान्त वर्मा अपनी वैचारिक अराजकता को। श्रीकान्त वर्मा ने मुक्तिबोध की कविता के प्रच्छन्न राजनीतिक स्वर को पहचाना, तो वे बहुत प्रसन्न हुए। मुक्तिबोध ने श्रीकान्त की कविता के विद्रोही स्वभाव (मिलिटेंट क्वालिटी) को रेखांकित किया तथा सौन्दर्य और सौष्ठव के नाम पर उसे न छोड़ने की सलाह दी तो श्रीकान्त ने उसे निभाया भी। इस आपसी समझ और भरोसे को उन्होंने सबसे ऊपर रखा। इसी के बल पर श्रीकान्त मुक्तिबोध के व्यक्तित्व की 'गहरी काली आँच' को बर्दाश्त कर पाए थे और मुक्तिबोध श्रीकान्त का स्नेह पा कर अभेद्य हो उठे थे।

इसी पारस्परिकता की ताक़त से ही श्रीकान्त मुक्तिबोध से कह पाए थे कि 'आपका पत्र आता है तो बहुत क़रीब से आपकी आवाज़ सुनाई पड़ती है। रेगिस्तान में चलते हुए आदमी को जैसे अचानक हरित भूमि दिखाई पड़ जाए, वैसा ही अनुभव होता है।' मुक्तिबोध ने भी दिल खोल कर श्रीकान्त को लिखा था—'आपके प्रेम को प्राप्त करने की वास्तविक पात्रता यदि मुझमें उत्पन्न हो सके तो मैं अपने को धन्य समझूँगा। हम अपने समय से निपटने के लिए समर्थ हैं—यह स्फूर्तिमय आशावाद, मेरे लिए विशेष रूप से हृदयस्पर्शी है जबकि मेरी संघर्ष करने की शक्ति बराबर घटती जा रही है। केवल आप लोगों की मानसिक छवियाँ देख कर प्रेरणा इकट्ठा करने का प्रयत्न करता हूँ और चाहता हूँ कि अपने जीवन के शेष काल को अधिकाधिक सार्थक बना सकूँ।

मुक्तिबोध ने 20 फ़रवरी, 1964 को ये पंक्तियाँ श्रीकान्त वर्मा को पत्र में बीमारी की हालत में लिखी थी जब वे राजनांदगाँव में क्रिश्चियन फ़ेलोशिप अस्पताल में इलाज करवा रहे थे। छह माह बाद दिल्ली में उनका निधन हो गया।

श्रीकान्त वर्मा को दिल्ली पहुँच कर अपनी आकांक्षाओं का खुला आसमान मिला। दिल्ली जा कर उन्हें ऐसा लगा 'जैसे 1910–1930 के बीच यूरोप–अमेरिका के लेखकों को पेरिस पहुँच कर लगता होगा।' वहाँ उन्हें 'ज्ञान की छटा–सी' दिखी। नागपुर में मुक्तिबोध को जीविका की लड़ाई में स्थिरता की तलाश थी। श्रीकान्त को उन्होंने लिखा था कि 'हम लोग घरबारी आदमी हैं, और हमारी सबसे बड़ी महत्त्वाकांक्षा यही है कि सब लोग कुशल से रहें। इसी योगक्षेम के संघर्ष में रहने के कारण हमें अर्थ–प्राप्ति के लिए, फ़ुर्सत का समय बेच देना पड़ता है।' उन्हें लगता था कि 'सिर्फ़ एक ही महत्त्वाकांक्षा है, लेक्चररी मिल जाए,ज़रा अच्छे ढंग की।' जीवन में स्थिरता तो दूर रही, भोपाल तबादले ने उन्हें और अधिक अस्थिर और विचलित कर दिया। उन हालात में श्रीकान्त वर्मा ने उन्हें दिल्ली आने को कहा होगा। तभी तो श्रीकान्त को उन्होंने लिखा

कि 'दिल्ली जाना बिलकुल असम्भव है।' आत्म-सम्मान की ख़ातिर उन्होंने अनिश्चय-भरे जीवन को चुना। लेकिन ज़िन्दगी से जूझते, अस्थिर जीवन के उद्वेग का वरण कर उनका काव्यनायक भी जैसे द्वन्द्व और दुविधा में फुसफुसा रहा था—'कहाँ जाऊँ—दिल्ली या उज्जैन ?' दिल्ली आकांक्षाओं का स्वर्ग है। लेकिन मुक्तिबोध ने उसे ठुकरा दिया। दिल्ली को ठुकराना उनकी विवशता थी, लेकिन उज्जैन जाना भी कहाँ सम्भव था—भले ही वहाँ उनकी जड़ें थीं। नियति आख़िरकार उन्हें छत्तीसगढ़ खींच ले गई जहाँ से श्रीकान्त वर्मा दिल्ली गए थे। मगर श्रीकान्त के दिल्ली जाने पर मुक्तिबोध बहुत आश्वस्त हुए थे। उन्हें लिखा—'बहुत अच्छा किया जो बिलासपुर से खिसके। आप ज़रूर यशस्वी और कीर्तिमान होंगे। दिल्ली महत्त्वाकांक्षाओं का नगर है। मगर मुक्तिबोध तो छोटी-छोटी आकांक्षाओं की ख़ातिर संघर्ष करते कवि का नाम है। वे दिल्ली क्यों-कर जाते।

क्या विडम्बना थी कि मुक्तिबोध को अपने जीवन के अन्तिम समय में दिल्ली जाना पड़ा। दिल्ली में वे मृत्यु से संघर्ष कर रहे थे जबकि श्रीकान्त वर्मा उन्हें जीवन से संघर्ष करने के लिए दिल्ली बुलाना चाहते थे। आख़िर मुक्तिबोध के जीवन की ख़ातिर श्रीकान्त वर्मा ने अथक संघर्ष किया, भागदौड़ की। लेकिन मुक्तिबोध को वे वापस छत्तीसगढ़ न भेज सके, जहाँ मुक्तिबोध को ठिकाना मिला था, उनकी बहु-प्रतीक्षित स्थिरता मिली थी, लिखने-पढ़ने की फ़ुर्सत और मानसिक शान्ति मिली थी। दिल्ली मुक्तिबोध को जीवन न दे सकी। वे लड़ाई हार गए।

मगर श्रीकान्त वर्मा को दिल्ली ने जीवन दिया था, हालाँकि वे दिल्ली से ही आजीवन लड़ते रहे। दिल्ली में वे खप गए, उससे उबर न सके। दिल्ली ने उन्हें आश्रय दिया और न जाने कितने आघात दिए। दिल्ली से लड़ते हुए श्रीकान्त वर्मा किसी और के लिए नहीं, स्वयं दिल्ली के लिए लड़ रहे थे। दिल्ली, जहाँ सत्ता बसती है, श्रीकान्त वहाँ सत्य की तलाश करते रहे। आख़िरकार उन्हें दिल्ली एक मिथक की तरह मिली—सत्ता के अबूझ मिथक की तरह उसे कोसल कहें, अवन्ती कहें, उज्जयिनी कहें, या मगध कहें। दिल्ली के सत्य तक पहुँचने के दो रास्ते थे। तीसरा रास्ता भी था, मगर वह दिल्ली हो कर नहीं जाता। श्रीकान्त वर्मा तीसरे रास्ते की तरफ़ देखते रहे।

श्रीकान्त वर्मा को अन्ततः महाजनपद-युग के प्रतीकों में शरण प्राप्त हुई, वहीं मुक्तिबोध को समकालीन युग की भयावह फ़ैंटेसी में। लेकिन क्या सचमुच श्रीकान्त वर्मा महाजनपद-युग के इतिहास में या मुक्तिबोध अपनी फ़ैंटेसी के वर्तमान में चैन से रह पाए ? दरअसल मुक्तिबोध और श्रीकान्त वर्मा दो बेचैन आत्माओं के नाम हैं। एक अपनी ही रची हुई फ़ैंटेसी या दुःस्वप्न में अभिशप्त नायक की तरह भटक रहा है, दूसरा दूसरों के रचे सत्ता के कुचक्र में। एक ब्रह्मराक्षस की तरह शापग्रस्त है, दूसरे को रोहिताश्व की तरह सत्ता के विषधर ने डस लिया है।

यही दो सहचर कवियों की त्रासदी है।

एक के स्वर में नाटकीय हाहाकार है,दूसरे के स्वर में विलाप की प्रति ध्वनि। दोनों इतिहास के सम्मोहन में डूबे हैं जहाँ राजनीति की प्रेतछाया मँडराती है। दोनों के पास अपने समय की एक-जैसी चुनौतियाँ थीं, मगर उनके साक्षात्कार की पद्धति भिन्न-भिन्न थी। बीसवीं शती के अन्तर्द्वन्द्व और व्यग्रता को मुक्तिबोध ने आत्माभियोग की भंगिमा में रचा, जबकि श्रीकान्त बर्मा ने आक्रामकता के मुहावरे में। मुक्तिबोध के पास एक बीहड़ भाषा थी, मगर श्रीकान्त के पास चुस्त जुमले। मुक्तिबोध का काव्यनायक असुरक्षा-बोध से गस्त है, वह जनसमूह की ओर आशा-भरी निगाहों से देखता है। श्रीकान्त वर्मा का काव्यनायक निस्संग और निर्वासित है, वह मृत्युबोध का शिकार है, विफलता का उत्सव मनाता है। दोनों विरूप के साक्षी हैं; अपनी तरह से दोनों प्रोटेस्ट करते हैं। श्रीकान्त वर्मा ने ज्वलन्त वर्तमान को काव्य-बोध में परिणत करने की पद्धति मुक्तिबोध से सीखी, लेकिन उनकी जीवन्त आस्था को त्याग दिया। वर्तमान अगर नरक की तरह भयावह था तो श्रीकान्त के पास अनास्था को अंगीकार करने के अलावा और कोई उपाय नहीं था। लेकिन अनास्था को उन्होंने अलंकरण की तरह धारण किया। उसके साथ जब वे मगध तक पहुँचे तो ख़ाली हाथ रह गए; मगध किंवदंती बन चुका था। वहाँ जा कर भी वे निस्संग थे। वहाँ सिर्फ़ हताशा थी और एकालाप था। वे मुक्तिबोध से बहुत दूर जा चुके थे।

मुक्तिबोध जीवन की सार्थकता की खोज करते रहे। श्रीकान्त वर्मा उसकी व्यर्थता का उत्सव मनाते रहे। सच पूछा जाए तो वे जीवन की व्यर्थता में कवि-कर्म की सार्थकता ढूँढ़ रहे थे। यही श्रीकान्त वर्मा की त्रासदी है। उनकी कविता मुक्तिबोध की कविता की तरह संवादोत्सुक नहीं है। इसलिए वहाँ संवाद के बजाय प्रलाप और एकालाप है। और अन्ततः विलाप है—

> कोसल अधिक दिन नहीं टिक सकता
> कोसल में विचारों की कमी है!

मुक्तिबोध के सहचर : प्रमोद वर्मा

—राजेन्द्र मिश्र

अपनी असाध्य बीमारी की चिकित्सा के लिए भोपाल जाते और राजनांदगाँव से अन्तिम विदा लेते हुए मुक्तिबोध ने प्रमोद वर्मा से कहा था : 'पार्टनर, आप लोग ठेल-ठालकर मुझे भोपाल भेज रहे हैं। जा तो रहा हूँ, लेकिन एक वचन दीजिए। यदि वहाँ डॉक्टरों ने मेरी खोपड़ी खोलने की बात कही और मेरी फ़ेकल्टीज कायम भी रही तो भी यह निर्णय मैं नहीं ले पाऊँगा। आपको फ़ौरन वहाँ आना पड़ेगा। वही किया जाएगा जो आप और परसाईजी उचित समझेंगे।' जीवन-भर मित्र-वत्सल रहे मुक्तिबोध से यह सुनकर प्रमोद वर्मा निर्वाक् और स्तब्ध रह गए। दस-बारह बरस की अवधि में मिला यह भरपूर विश्वास, उनका एक ऐसा मूल्यवान अर्जन था जिसे वह जीवन-भर समूची आत्मीयता के साथ सहेजते रहे। यदि ध्यान से देखें तो जीवन और रचना के विविध प्रसंगों में, कहीं-कहीं, असहमतियों के बावजूद, मुक्तिबोध, प्रमोद वर्मा के लिए जैसे एक मुकम्मल प्रतिमान थे। यद्यपि उन्होंने लूकाच, फिशर, हर्बर्ट मार्क्कूज, वाल्टर बेंजामिन आदि को धैर्य से पढ़ा था, लेकिन उनके मन में धीरे-धीरे पैठी हुई मार्क्स की जो तस्वीर थी, वह मौलिक रूप से मुक्तिबोध के द्वारा ही उतारी गई तस्वीर थी।

दरअसल, मुक्तिबोध के बग़ैर प्रमोद वर्मा की कल्पना नामुमकिन है।

2

प्रमोद वर्मा, मुक्तिबोध से बारह बरस छोटे थे। लेकिन, यह एक दुर्लभ संयोग था कि नागपुर विश्वविद्यालय से एम.ए. हिन्दी की परीक्षा, दोनों ने साथ-साथ दी थी। एक मारेस कॉलेज के नियमित छात्र और दूसरे स्वाध्यायी। प्रमोद वर्मा ने परीक्षा के लिए केवल बीस-पच्चीस दिनों से तैयारी करते मुक्तिबोध को ग्राफ़ बनाकर रस-सिद्धान्त की जानकारी दी। मुक्तिबोध ने विनय मोहन शर्मा के प्रिय शिष्य प्रमोद वर्मा को 'कामायनी' में उपस्थित सामाजिक-राजनीतिक कारकों और उनकी पार्थिव व्याप्ति से अवगत कराया। वह पिछले बीस-पच्चीस बरसों से बीसवीं शताब्दी के एक बड़े कवि प्रसाद की इस रचना को फ़ैंटेसी के विराट प्रक्षेपण की तरह देख-पढ़ रहे थे।

ज़ाहिर है कि इससे प्रमोद वर्मा को प्रसाद–साहित्य को नए सिरे से पढ़ने–देखने की आरम्भिक दीक्षा मिली। बरसों बाद, जब उन्होंने 'कामायनी : एक अध्ययन' और फिर उसके पर्याप्त रूप से संशोधित संस्करण 'कामायनी : एक पुनर्विचार' को पढ़ा तो उनके सामने तथ्य और तर्क से उत्तप्त आलोचना का एक आत्मीय स्पेस उजागर हुआ। उन्होंने मुक्तिबोध के प्रसाद–अध्ययन का कुछ लेखों में विस्तार से विश्लेषण भी किया। प्रमोद वर्मा के अनुसार : 'छायावादियों में मुक्तिबोध, प्रसाद को इसलिए बेहद महत्त्वपूर्ण कवि मानते हैं क्योंकि मानवीय प्रगति और उसके सवालों पर उनके युग के और किसी कवि ने इतनी गम्भीरता से विचार नहीं किया था। हर पल फ़ैंटेसी बुनते कवि को 'कामायनी' इसलिए आकर्षित करती है क्योंकि वह ख़ुद एक ज़बरदस्त फ़ैंटेसी है। उसके महान न बन पाने का कारण है—वैचारिक अन्तर्विरोध। इस तरह मुक्तिबोध पहले समीक्षक हैं जिन्होंने 'कामायनी' में निहित अन्तर्विरोध पर उँगली रखी—और इस किताब के बाद तो उसके पुनर्विवेचन और पुनर्मूल्यांकन का जैसे सिलसिला ही शुरू हो गया।' लेकिन मुक्तिबोध के इस अध्ययन की अपनी सीमा भी है। प्रमोद वर्मा ने उसकी पड़ताल करते हुए लिखा कि 'यह भी विडम्बना ही है कि 'कामायनी' को फ़ैंटेसी निरूपित करने तथा स्पष्ट शब्दों में 'साकेत' और 'प्रियप्रवास' जैसे कथा–काव्यों से अलग ढंग की रचना मानने के बाद भी मुक्तिबोध उसके घटना–प्रसंगों को स्थूल रूप से देखते हैं।'फ़ैंटेसी–काव्य को सामान्य चरित या कथा–काव्य और पुनर्रचित जीवन को वास्तविक जीवन के मानदंडों से रखने के कारण वे भी लगभग वही भूल कर बैठे जो उनके पूर्ववर्तियों ने की थी। अन्ततः अपने प्रबल मार्क्सवादी आग्रहों के कारण मुक्तिबोध 'कामायनी' की समाजशास्त्रीय परीक्षा में उलझ कर रह गए।'

3

1956 में राज्यों के पुनर्गठन के बाद नागपुर में सक्रिय युवा लेखकों की टोली बिखर गई। प्रमोद वर्मा जबलपुर आ गए। तब वहाँ के समूचे रचनात्मक दृश्य के केन्द्र थे—हरिशंकर परसाई। 'वसुधा' मासिक का प्रकाशन एक बरस पहले ही हुआ था। मुक्तिबोध ने समीक्षात्मक लेख और रिव्यू इत्यादि के अलावा उसमें 'एक साहित्यिक की डायरी' शीर्षक से साहित्य–संस्कृति–राजनीति आदि से सम्बन्धित बुनियादी सवालों पर एक लेखमाला शुरू की। श्रीकान्त वर्मा ने समुद्रगुप्त और प्रमोद वर्मा ने गोरखनाथ के नाम से साहित्य और कला के विविध प्रसंगों और प्रवृत्तियों पर लिखना शुरू किया। 'वसुधा' मार्च 60 के अंक में प्रकाशित गोरखनाथ के एक लेख में उठाए गए प्रश्नों का मुक्तिबोध ने बहुत विस्तार से उत्तर दिया। 'प्रमोद वर्मा समग्र' में वह लेख प्रकाशित नहीं है, इसलिए उसमें उल्लिखित प्रश्नों का अनुमान, मुक्तिबोध के द्वारा दिए गए उत्तर से ही लगाया जा सकता है। उनके अनुसार : 'गोरखनाथ कहते हैं कि आए दिन चीन में पाठकों की बेतहाशा वृद्धि और विस्तार के साथ नए लेखकों की जो एक बेशुमार

भीड़ आगे बढ़ रही है, उससे 'मौलिक' और 'विशिष्ट' प्रतिभा के परिपोष के लिए ख़तरा है'। दूसरी बात यह कि 'इस भीड़ के कारण कलात्मक सौष्ठव की रक्षा नहीं हो पा रही है और कलाहीन साहित्य उत्पन्न हो रहा है।' और यह भी कि 'गोरखनाथजी चीन के साहित्य को लेकर साम्यवादी जगत् के साहित्य की तथाकथित श्रीहीनता का दोष मार्क्सवाद के मत्थे मढ़ने की कोशिश करते हैं।' ज़ाहिर है कि गोरखनाथ का यह लेख मार्क्सवाद और कला के रिश्तों को सीधे-सीधे प्रश्नांकित करता है। मुक्तिबोध ने उनकी लगभग सभी स्थापनाओं का विरोध करते हुए तीन तथ्यों का उल्लेख किया। पहला यह कि 'मौलिक तथा विशिष्ट प्रतिभा वालों को वस्तुत: यदि कोई ख़तरा है, तो अपने भीतर से है, बाहर से नहीं। यदि उनकी प्रतिभा सचमुच मौलिक और विशिष्ट है तो अपने प्रभावोत्पादक गुणों के फलस्वरूप वह स्वयं उदाहरण—स्वरूप बन जाएगी, यहाँ तक कि वह किसी उज्ज्वल परम्परा को जनम देगी।' दूसरा यह कि 'आज चीन में मुक्ति के वातावरण में जनता साँस ले रही है और वह अपने देश के पुनर्निर्माण में लगी है। चूँकि जनता स्वयं साहित्य तैयार कर रही है, इसलिए लेखकों की बेशुमार भीड़ होना स्वाभाविक है।' और अन्तिम तथ्य यह कि 'गोरखनाथ जी यह सूचना देते प्रतीत होते हैं कि जन-मंगल की भावना से प्रेरित साम्यवादी साहित्य प्रचारात्मक है, दूसरे शब्दों में वह कलाहीन है, श्रीहीन है, अनुभूति प्रवण नहीं। साम्यवादी जगत् में सबसे अधिक विकसित साहित्य रूस का है। क्यों न उस साहित्य को देखकर वे यह ठहराएँ कि मार्क्सवाद, साहित्य को किस ऊँचाई तक ले लेगा? वह अन्ततः मानवीय संघर्ष का ही नहीं, सौन्दर्य और स्वतन्त्रता का भी दर्शन है।' वर्षों बाद, एक बातचीत में मैंने प्रमोद वर्मा से मुक्तिबोध की इन स्थापनाओं को लेकर उनकी प्रतिक्रिया जाननी चाही तो उन्होंने यह स्वीकार किया कि उनसे उन्हें मार्क्सवाद और कला के रिश्तों पर पुनर्विचार करने, उसे फिर से पहचानने की प्रबल प्रेरणा मिली।

'वसुधा' में प्रमोद वर्मा और मुक्तिबोध के पारस्परिक विचार-विनिमय का एक दूसरा प्रसंग, श्रीकान्त वर्मा के पहले काव्य-संकलन 'भटका मेघ' से सम्बन्धित है। प्रमोद वर्मा ने मुक्तिबोध को लिखा : 'श्रीकान्त के 'भटका मेघ' की रिव्यू इस महीने जाने को है। आपने कहा था कि आपकी सम्मतियों को भी Incorporate करूँ। यदि आप कृपा कर हफ़्ते दस-दिन के भीतर अपने Impressions लिख भेजें,तो बीस-बाईस तक उसको तैयार करने में मुझे सुविधा होगी। हाँ, एक बात आप यह बताएँ कि श्रीकान्त की कविताओं में कतिपय बिम्बों को पुनरावृत्त करने की प्रवृत्ति तो नहीं दिख रही है? इधर पत्र-पत्रिकाओं में वो काफ़ी छप रहा है और मुझे उसकी इधर की कविताओं में न अनुभूतियों के नए शब्द दिखाई दे रहे हैं, न बिम्ब-चित्रों के, अथवा द्वन्द्वलय के नए प्रयोग ही। इस संग्रह में ही (अपेक्षतया कम मात्रा में) आपको अन्धकार, नदी, रात, कोहरा, वंशीवट, चिड़िया, पगडंडी, चमगादड़ जैसे इमेज कई कविताओं में मिल जाएँगे। मैं सोचता हूँ कि श्रीकान्त को इनसे बचना चाहिए।' इससे आगे अपनी पहली

ही पुस्तक की भूमिका में श्रीकान्त द्वारा अज्ञेय पर किए गए आक्रमण को ख़तरनाक मानते हुए प्रमोद वर्मा ने यह भी लिखा—'क्या उसमें अज्ञेय के 'दर्शन' को, जो वह नहीं प्रोफेस करता, वैसा समझ कर उन पर बेजा प्रहार नहीं किया गया है। अज्ञेय ने 'जीवन नहीं, क्षण जीने' की बात नहीं कही है। वे तो 'क्षण में ही जीवन जीने की बात कहते हैं।'

मुक्तिबोध रचनावली में 09.01.58 को नागपुर से लिखा जो पत्र प्रकाशित है वह किसी पत्र के बाद का ऐसा हिस्सा है जिसमें न सम्बोधन है और न अन्त में हस्ताक्षर। लेकिन वह निश्चित ही प्रमोद वर्मा द्वारा श्रीकान्त वर्मा के काव्य को लक्ष्य कर लिखे गए पत्र का उत्तर है। मुक्तिबोध ने लिखा है कि '...इसमें उनकी कोई विशेष हानि नहीं होने की। किन्तु, श्रीकान्त को अभी recognition मिलना बाक़ी है। (ऐसा मेरा ख़याल है)। इसलिए फ़िलहाल उसकी पैरवी और वकालत आवश्यक है। मैं समझता हूँ कि गुणी आलोचना का सबसे बड़ा काम यह है कि recognition की Prosess को Accelerate करवाएँ। इसके बाद उसे उठना हो तो उठे, नहीं तो गिर पड़े।' क्षण में जीवन जीने के आरोप के सिलसिले में, मुक्तिबोध ने आगे लिखा : 'ओ हो! आप श्रीकान्त की भूमिका के बारे में कह रहे हैं, आपका कहना मुझे उचित मालूम होता बशर्ते कि 'जीवन नहीं, क्षण जीने' की बात को आप 'क्षण में ही जीवन जीने' की बात से पृथक कर पाते। असल में अज्ञेय क्षणवादी ही हैं।' और अन्त में वे यह लिखना नहीं भूले कि 'मेरा ख़ुद का क़ायदा यह है कि मैं पहली प्रतिक्रिया प्रकट न करूँ, बल्कि उस पर सोचूँ और अब मुझे लगता है कि जो बातें आपने लिखीं, वे अपने आप में ठीक हो सकती हैं। इसलिए आप तो अपने मन का ही अनुगमन करें।' प्रमोद वर्मा ने इस प्रसंग में अपने मन का ही अनुगमन किया। आगे जब कभी वे श्रीकान्त वर्मा का उल्लेख करते हैं, अचरज है कि केवल और केवल उन्हें रद्द करने के लिए ही करते हैं। क्या समकालीन कविता की केन्द्रीय अर्थवत्ता और आवेग को समझने का उद्यम करते किसी भी आलोचक के लिए सम्भव है कि वह श्रीकान्त वर्मा के कृतित्व को ओट देकर, उसे उसकी सम्पूर्ण चरितार्थता में परिभाषित कर सके? प्रमोद वर्मा ने ले-दे कर एक बार बहस की भी है तो 'श्रीकान्त वर्मा की एक ख़राब कविता के बहाने' की है। इतना ही नहीं, आगे चलकर अपनी प्रकाशित बातचीत में तो वे हरिशंकर परसाई की उस प्रतिभा पर आश्चर्य प्रकट करते हैं जो 'श्रीकान्त और प्रमोद को एक साथ साध लेती है।'

मुक्तिबोध ने श्रीकान्त वर्मा को अपनाया और जीवन-भर उन पर उनका स्नेह बना रहा। दरअसल, श्रीकान्त वर्मा मुक्तिबोध के प्रिय पात्र थे। और कविताओं के मामले में उनके सलाहकार भी। वह सिर्फ़ मुक्तिबोध के साथ अधिक-से-अधिक दिन बिताने की दृष्टि से, हर साल छः महीने एक बार नागपुर या राजनांदगाँव की यात्रा करते। एक पत्र में मुक्तिबोध ने श्रीकान्त को लिखा : 'नागपुर के मित्रों में

सर्वाधिक विश्वास (काव्य-सम्बन्धी) आप पर ही करता हूँ।' लेकिन यह लक्ष्य किया जाना चाहिए कि उन्होंने कभी भी अपने आग्रह को किसी भी सहचर पर थोपने की कभी कोशिश नहीं की। वे आरम्भ से अन्त तक शिलाधर्मी नहीं, आकाशधर्मी सहचर बने रहे।

4

नेमिचन्द्र जैन चाहे जो भी कहें, अकाट्य सत्य तो यही है कि उस 'तार सप्तक' के, जिसके पहले कवि मुक्तिबोध हैं, संकलनकर्ता और सम्पादक अज्ञेय थे। दरअसल, ये वे दिन थे जब मुक्तिबोध के मन में उनके प्रति भरपूर आदर की भावना थी। उन्होंने अपने प्रिय नेमि बाबू को सूचित किया कि 'अज्ञेय को एक पत्र लिखा था, अर्थहीन 'Nonsenrical' पत्र। जिसका उत्तर कि मैं कलकत्ते जानेवाली ट्रेन में मिलूँ। मिला था। बातचीत होती भी क्या!' और फिर अरसे बाद, एक दूसरे पत्र में लिखा कि 'I am preparing manuscript of poems. Jagdeesh M.A. of Muradabad is going to Publish it. will give me Rs.100. Not a bad deal.फिर पूछा : 'What should be its name? should it be आरम्भ ? who will write preface? I want अज्ञेय। Petit bourgeois wishdom tells me it should be रामविलास। But why not have both?...' बाद में यह सूचना भी दी कि 'Agneya has agreed to write preface to the book.' मुक्तिबोध की विडम्बनाओं से लदे-फँदे जीवन की यह एक और विडम्बना है कि उनकी यह वांछित पुस्तक न तो कभी छपी और न ही अज्ञेय ने कोई प्रस्तावना लिखी। बाद में धीरे-धीरे स्थितियाँ बदलती गईं। मुक्तिबोध को अज्ञेय एक ऐसे 'एस्थीट' या सौन्दर्यजीवी लेखक के रूप में दिखाई देते हैं जो एक स्तर पर जीवन से पूरी तरह संसक्त होते हुए भी, अपनी रचनात्मक दुनिया में उससे भरपूर निरपेक्ष होता गया है। तब उनके लिए वे नई कविता के भीतर पनपनेवाली एक ऐसी प्रवृत्ति के सूत्रधार भी बन गए जो अपनी समूची व्याप्ति में व्यक्तिवादी और पूरी तरह से आत्म-ग्रस्त है। अपने लम्बे आलोचनात्मक संघर्ष में मुक्तिबोध ने जिस काव्य-शास्त्र की रचना की उसमें यद्यपि अज्ञेय का नाम कहीं भी नहीं है, लेकिन यह आसानी से पहचाना जा सकता है कि उसके कल्पित प्रतिपक्ष के शलाका पुरुष वे ही हैं। प्रमोद वर्मा, मुक्तिबोध के मन में अज्ञेय को लेकर होनेवाली इस लम्बी और दुर्निवार-सी हलचल के भीतरी साक्षी रहे। यह यहाँ रेखांकित किया जाना चाहिए कि एक की प्रतिष्ठा के लिए दूजे को अप्रतिष्ठित करने के दूर-दूर तक फैले तथाकथित प्रगतिशील खेल में शामिल होने से वे बराबर बचते भी रहे हैं। भले ही अशोक वाजपेयी के आग्रह पर ही सही, 'पूर्वग्रह' के लिए उन्होंने एक लेख लिखा—'नई कविता के सार्थवाह'। मैंने जब इसके लिए उन्हें बधाई दी तो कहने लगे कि 'आस-पास के कई जीव-जन्तु इससे कुपित हैं। उन्हें लगता है कि मुझसे कोई चूक हो गई या फिर यह सब प्रचंड

कलावादी अ.वा. की दुष्ट बुद्धि का ही कोई नया कमाल है। दरअसल, बात तो यह है कि वर्षों से यह लेख दिमाग़ में था, अब व्यक्त हुआ। जिसे जो कहना है, कहे, जो मानना है, माने।'

प्रमोद वर्मा ने अपने इस लेख में लिखा : 'मुक्तिबोध और अज्ञेय ने यद्यपि अपने समकालीनों के अतिरिक्त दूसरे पूर्ववर्तियों-परिवर्तियों पर लिखने के लिए समय निकाल दिया, लेकिन एक-दूसरे पर विस्तार से, और साफ़-साफ़ कहना दोनों बरका गए। याद आता है, बहुत पहले, बातचीत के सिलसिले में एक बार मुक्तिबोध ने मुझसे कहा था कि वे अज्ञेय पर लिखना चाहते हैं। कई वर्ष बाद, शायद सन् 1961-62 में कभी, जब मैंने उन्हें इसकी याद दिलाई तो वे ऐसे टाल गए जैसे मैंने कोई अरुचिकर प्रसंग छेड़ दिया हो।' और यह भी कि 'दोनों के अपने-अपने प्रभा-मंडल थे। समर्थकों की टोलियाँ थीं। शालीनता की ओट में उनका परस्पर मनोमालिन्य जग ज़ाहिर था। खुली लड़ाई उनके समर्थकों ने लड़ी। अज्ञेय समर्थकों को मुक्तिबोध ऊबड़-खाबड़ भाषा में अनियोजित वक्तव्य देनेवाले कवि लगे और मुक्तिबोध को चाहने वालों ने अज्ञेय को कलावादी, सौन्दर्यवादी ही नहीं, जन-विरोधी और दक्षिणपन्थी भी करार दिया। आहत तो सबसे अधिक सच्चाई को होनी थी—सो वह हुई, लेकिन इसके लिए उनके झंडाबरदार जितने ज़िम्मेदार थे, उससे कम अज्ञेय और मुक्तिबोध नहीं थे।' प्रमोद वर्मा को नागपुर के दिनों की बहसें याद आती हैं। अज्ञेय को लेकर कवियश : प्रार्थियों के बीच जब चर्चा छिड़ती तब वे उन्हें धुर दक्षिणपन्थी और वाम विरोधी कहकर ख़ारिज कर देते। प्रमोद वर्मा जब अज्ञेय के सशस्त्र क्रान्तिकारी आन्दोलन में भाग लेने, फ़ासिस्ट विरोधी संगठन बनाने और उनके रेडिकल ह्यूमिनिस्ट होने की उन्हें याद दिलाते, तो उत्तर में इक्के पर तुरुप की नाईं उन पर मुक्तिबोध का यह फ़िरक़ा ठोंक दिया जाता—'पार्टनर,अपनी पॉलिटिक्स साफ़ करो'। उनकी हँसी में जैसे प्रमोद वर्मा का प्रश्न अनसुना रह जाता। बरसों बाद लिखे अपने पूर्व उल्लिखित लेख में उन्होंने लिखा कि 'अज्ञेय और मुक्तिबोध एक दूसरे के विलोम माने जाते हैं, जबकि वस्तुतः ये दोनों कबीर और तुलसी, निराला और प्रसाद की तरह काव्य की दो समानांतर प्रवृत्तियों का प्रतिनिधित्व करते हैं। समानान्तरता विशेषतः साहित्य में, परस्पर विरोधी न होकर, एक दूसरे की पूरक होती है।'

5

मुक्तिबोध के समीप रहते हुए भी उनके सहचरों ने उनका कभी अनुकरण नहीं किया। दरअसल, वे अपने आप में एक 'एपिक स्टेचर' के कवि थे। न उन्होंने किसी का अनुकरण किया, न ही उनका अनुकरण किसी के लिए सम्भव था। उनके सभी मित्र अनुयायी नहीं, सहचर थे। उनका आपसी सम्बन्ध इकतरफ़ा नहीं था। प्रमोद वर्मा ने कान्ति कुमार के प्रश्नों का उत्तर देते हुए लिखा है कि 'अगर मैं कहूँ कि म. प्र. के

साहित्यकारों की नई पीढ़ी ने 1950 और 1955 के बीच मुक्तिबोध को नए सिरे से 'डिस्कवर' किया, तो यह बात ग़लत नहीं होगी। हमसे जुड़ने के बाद मुक्तिबोध को भी अपना खोया आत्मविश्वास मिला। वे जब मिले तो काफ़ी सहमे और टूटे हुए थे। नागपुर में उन्हें नए साथी और सहयोगी मिले, नया परिवेश मिला और वे नए उत्साह के साथ साहित्य के क्षेत्र में सक्रिय हुए।'

6

मुक्तिबोध के संसार में अँधेरा बार-बार आता है। दरअसल, उनकी कविता भी अँधेरे की ही एक लम्बी ट्रैजिक यात्रा के अलावा और क्या है। लेकिन, उसमें उसके प्रतिरोध की जो कभी प्रच्छन्न और कभी प्रकट क्षमता दिखाई देती है, क्या यह सच नहीं कि उसे रचने-गढ़ने और विकसित तथा विन्यस्त करने में उनके मित्रों की भी बहुत आत्मीय भूमिका रही है।

मुक्तिबोध ने 'तार सप्तक' की पहली कविता 'आत्मा के मित्र मेरे' के अन्त में लिखा है :

> आत्मवत् हो जाए
> ऐसी जिस मनस्वी की मनीषा
> वह हमारा मित्र है
> माता-पिता-पत्नी, सुहृद पीछे रहे हैं, छूट
> उन सबके अकेले अग्र में जो चल रहा है
> ज्वलन्त तारक-सा
> वही तो आत्मा का मित्र है।
> मेरे हृदय का चित्र है।

मुक्तिबोध : एक फ्लैश बैक

—शरद कोठारी

प्रसिद्ध सिने निर्देशक मणि कौल राजनांदगाँव आए। उनसे मिलने जब मैं विश्राम-गृह पहुँचा, वे अपने सहकर्मियों से प्रस्तावित मुक्तिबोध फ़िल्म पर गहन चर्चा में व्यस्त थे। पाँच मिनट के वार्तालाप में अपरिचय की दूरी समाप्त हो गई।

—क्या आप हमें वे जगह दिखाएँगे जिनका सम्बन्ध मुक्तिबोध से था? मैंने तपाक से कहा—अभी चलिए!

मुक्तिबोध के संस्मरण मुझे लगभग कंठस्थ हो गए हैं। इस पाँच-सात वर्षों के अन्तराल में देश के कई विश्वविद्यालयों के शोध-छात्र, कवि, साहित्यकार मुक्तिबोधजी के जीवन प्रसंगों की जानकारी लेने हमारे नगर में आते रहे हैं। मैं उन्हें मुक्तिबोधजी के राजनांदगाँव प्रवास के सारे प्रसंग बड़ी रुचि से बताता आया हूँ। मुझे इनमें न तो बोरियत अनुभव होती है और न ही ऐसा लगता है कि एक ही बात को मैं बारम्बार दुहरा रहा हूँ।

जब मणि भाई ने फिर उन्हीं प्रसंगों की बात उठाई तो मुझे रोमांच हो आया। पहली बार वे सारे खँडहर, वे निर्जन स्थल फ़िल्माए जाएँगे, इस कल्पना से मैं गदगद था। विशेषतया मणि कौल जैसे ख़्याति प्राप्त कलामर्मज्ञ फ़िल्म निर्देशक के हाथों यह कार्य सम्पादित हो रहा है यह सोचकर मेरा उत्साह द्विगुणित हो गया।

तय हुआ, शाम को चलेंगे। निर्धारित समय पर हम लोग दिग्विजय महाविद्यालय के रिहायशी परिसर से होते हुए उस खँडहर के पास पहुँच गए जहाँ मुक्तिबोध ने पाँच वर्ष गुज़ारे थे। यह वही अवधि-काल है, जिसमें मुक्तिबोध ने अपने साहित्य की अमर रचनाएँ लिखीं। चाहे वह 'अँधेरे में', 'ब्रह्मराक्षस' कविताएँ हों या 'कला का तीसरा क्षण', 'नई कविता का आत्म-संघर्ष' जैसी समीक्षाएँ हों या 'काठ का सपना' में संकलित कहानियाँ हों, इन सभी रचनाओं का स्थान-सम्बन्ध कभी भुलाया नहीं जा सकता।

एकाएक मेरा मन अतीत में खो जाता है। सचमुच अब तो यह खँडहर हो गया है। सीढ़ी के पास का कमरा पी.डब्ल्यू.डी. के बेकार लौह-लक्कड़ से भरा हुआ है,

जिसे बड़ी सावधानी से लाँघ कर जब हम उस कक्ष में पहुँचे जहाँ मुक्तिबोध प्रतिदिन नियमित-काव्य साधना करते थे, हमने देखा कि दीवालों पर अभेद्य मकड़ी के जाले जम गए हैं, खिड़कियों पर लकड़ी के तख़्ते जड़ दिए गए हैं, चारों ओर घना अन्धकार, दौड़ लगाती हुई छिपकलियाँ और उड़ते हुए चमगादड़ों से 'अँधेरे में' कविता की वास्तविकता स्पष्ट हो गई।

अतीत के चित्र दिमाग़ को बेचैन कर रहे थे। मणि कौल मेरे पास ही खड़े थे। उनके अन्य साथी कमरे में यहाँ-वहाँ आश्चर्य से कभी छत और कभी फ़र्श को देखते थे जैसे कोई चीज़ ढूँढ़ रहे हो। विषाद-भरी चुप्पी को मैंने इस वाक्य से तोड़ा—यही वह जगह है। जहाँ पालथी मार कर बनियान वग़ैरह उतारकर मुक्तिबोध काव्य-पाठ करते थे...मैंने फिर दुहराया। अपनी कविताएँ वे बारम्बार बड़े परिश्रम से पढ़ते थे। पसीना-पसीना हो जाते...

मणि चुप थे। मैं ही बोलता जा रहा था। कभी उन्हें इस कोने और कभी उस कोने की ओर इशारा करके मुक्तिबोध की कविता-रचना-प्रक्रिया बताता रहा।

...और मणिभाई, इस खिड़की के उस पार क्षितिज तक का सौन्दर्य मुक्तिबोध पहले अपने हृदय में और बाद में कविताओं में सँजो लिया करते थे। रानीसागर का नीला जल और दूर तक फैली हरियाली उन्हें गुदगुदाया करती। इस कैनवस पर कई चित्र आपको मुक्तिबोध की कविताओं में मिल जाएँगे।

मणि विचारों में खो गए। उनके चेहरे पर मैं यह व्यग्रता पढ़ सका कि शॉट कहाँ व कैसे लेंगे। हम लोग उन तीन चार ध्वस्त-प्राय कमरों का चक्कर लगा कर सीढ़ी से उतरने लगते हैं—यहीं से मुक्तिबोध उस रात गिर पड़े थे। वे बेहोश हो गए थे। बस यहीं उनकी मर्मान्तक बीमारी की शुरुआत हुई।

हमारे चेहरों पर डर हावी हुआ, मैंने मूड बदलने के लिहाज़ से कहा—मुक्तिबोध के लिए इतना बड़ा मकान, ऐसा सुरम्य वातावरण, नौकरी की गारंटी आदि बातें सुरक्षा का भाव पैदा करती थीं। वे कहते थे—पार्टनर, मैं यहाँ टिक कर ख़ूब लिखना चाहता हूँ, और उन्होंने लिखा भी इतना और ऐसा कि जिसने उनकी साहित्यिक प्रतिभा की धाक ही जमा दी।

अक्सर मुक्तिबोधजी के जीवन-संघर्ष की चर्चा के साथ उनकी विपन्नता का बड़ा अजीब चित्र खींचा जाता है। लेकिन बहुत कम लोग यह जानते हैं कि उन्हें अपने परिवार के प्रत्येक सदस्य के प्रति कितना लगाव और प्रत्येक सामाजिक-पारिवारिक प्रसंग के साथ वे कितने अधिक घुले-मिले रहते थे। चाहे वह बूढ़े बीमार पिता की सेवा-सुश्रुषा का सवाल हो या बच्चों की पढ़ाई-लिखाई आदि का मामला/वे जीवन के प्रति सकारात्मक दृष्टिकोण रखते थे। यह सही है कि मुक्तिबोध के जीवन का सबसे बड़ा मिशन लेखन-कार्य था, किन्तु इसमें उन्होंने अन्य पहलुओं की कभी उपेक्षा नहीं होने दी।

चक्करदार सीढ़ी

मकान के ऊपरी हिस्से को जानेवाला ज़ीना मुक्तिबोध की कविताओं में कई जगह आया है। मुझे लगा है जैसे इस भुतहे खँडहर का चप्पा-चप्पा मुक्तिबोध को कविता के लिए उकसाता था। इसकी ख़ामोशी, घुमावदार रास्ते जो बन्द अँधेरे कमरे में खुलते हैं, और महल के इस हिस्से का ऐतिहासिक गौरव उनकी कविताओं में कहीं प्रतीक और कहीं मन की गहनता को प्रगट करने का आधार बन गया है।

चक्करदार लोहे की सीढ़ी पर तो मुक्तिबोध की एक कविता ही है। हम लोग कमरे का मुआयना कर ही रहे होते हैं कि मणि कौल के एक सहयोगी सीढ़ी से ऊपर के कमरे की ओर बढ़ जाते हैं और वहीं से आवाज़ देते हैं—अरे देखिए तो, यहाँ से कितना ख़ूबसूरत दृश्य है।

चाँदनी रातों में कई बार ऊपर बैठ कर कविताएँ सुनी हैं लेकिन न जाने क्यों मुक्तिबोध को इस खँडहर की रहस्यात्मक आकृति इतनी प्रिय थी। सूने ज़ीने पर पद-चापों की ध्वनि-प्रतिध्वनि, और यह चक्करदार सीढ़ी विविध मनःस्थितियों को प्रगट किया करती थी। सीढ़ी से ऊपर पहुँचकर मुक्तिबोध के खंडित कक्ष, जिनकी धूल बरसों से साफ़ नहीं हुई और बरसों से जमी हुई काईदार दीवालें, घास ऊगी हुई छतें जैसे मुक्तिबोध के प्रतीक बन गए थे।

मणि कौल इस पूरी सिच्युएशन को फ़िल्माना चाहते हैं, वे बड़ी बारीकी से देखते हैं। एकाएक मुझे मुक्तिबोध का वह वाक्य याद हो आता है जो वे इन प्राचीन गुम्बदों व बुर्ज को देखकर कहते थे—पार्टनर फ्युडलिज़्म (सामन्तवाद) में एक ग्रेंज़र (महिमा) तो है। यह विचित्र संयोग कि सामन्तवाद के कट्टर आलोचक मुक्तिबोध को एक भग्न-महल में रहना पड़ा था! लेकिन उनमें भी तो कई ऐसे संस्कार थे जो सामन्ती कहे जाने लायक़ हैं, जैसे घर आए मेहमान को चाय-नाश्ते की ऐसी मनुहार कि स्वयं महाकवि को अपने किचन से प्लेटें और कप बशियाँ लाते हुए देखा जा सकता था। वे अपने बीमार बूढ़े पिता के पैर दबाए बग़ैर नहीं रहते और यदि लड़कों से भी साधारण-सी गफ़लत दूध, दवाई वग़ैरह में हो गई तो मुक्तिबोध की झुंझलाहट देखते ही बनती थी। जब मैंने मणि को बताया महाकवि कभी-कभार गणेश-शारदा आदि की पूजा भी कर लिया करते थे तो उन्हें विश्वास नहीं हुआ।

निर्मम, निस्पृह

हमेशा कृतज्ञता-भाव से दबे रहनेवाले मुक्तिबोध साहित्य में उन्हीं पात्रों के साथ बड़ा निर्मम बर्ताव करते थे। जब विपात्र छपकर आया, यही कहा गया 'गुरु ने किसी को बख़्शा नहीं।' चाहे वे 'बॉस' हों, 'राव साहब' या भनावत वे सभी नज़दीकी थे। आश्चर्य तो यह कि रिएक्शनरी राजनीति के पोषक पार्थसारथी को मुक्तिबोध की बौद्धिक प्रशंसा

इतनी अधिक कैसे मिली।

मैं ये विसंगतियाँ जब स्पष्ट कर रहा होता हूँ, मणि कौल उस बग़ीचे की ओर मुड़ जाते हैं जहाँ विपात्र के प्रमुख पात्र 'बॉस' और 'रावसाहब' का चरित्र गढ़ा गया था। मुक्तिबोध की धारणा थी कि लेखक को अपनी अभिव्यक्ति के प्रति पूर्णतया ईमानदार होना चाहिए। उनका लेखन विशाल, दीर्घ संचित जीवनानुभूतियों का परिणाम है। उन कटु जीवन-संघर्षों को अभिव्यक्त करने के लिए स्थिरता, सम भाव और निश्चिन्त मन:स्थिति की ज़रूरत थी जो कि मुक्तिबोध को यहाँ मिली थी। वे कहा भी करते थे—पार्टनर, मैं अब टिक कर काम करना चाहता हूँ। ख़ूब लिखना चाहता हूँ और ऐसा लिख रहा हूँ कि यदि एक बार छप जाऊँ तो लोग लोहा मान लेंगे।

महान प्रतिभाओं से निकटता यदि गौरव-वृद्धि करती है तो उससे निजी नुक़सान भी बहुत होता है। मुक्तिबोध से निकटता के कारण आज यह अनुभव होता है कि वे जो कुछ कहते थे, उस समय विश्वास नहीं होता था। जितने सीधे-सादे और निश्छल ढंग से रहते थे उन्हें कौन बड़ा लेखक मान सकता था। यह अच्छा हुआ, 'अभिव्यक्ति के ख़तरे' उन्हें जीते जी नहीं उठाना पड़ा वरना वे और नए संकटों को निमन्त्रण दे बैठते।

'बॉस' की अरुचिकर चर्चाओं में शाम के वक़्त बेमन से घंटों केवल इसलिए बर्बाद करना पड़ता था ताकि वे नाराज़ न हों।

मुक्तिबोध बड़े विनोद स्वभाव के थे। बॉस नियमित रूप से कॉलेज के बीचवाले मैदान में अपनी मंडली के साथ बैठा करते थे। कोई उनकी नज़र बचा कर निकल नहीं सकता था। मुक्तिबोध के लिए यह बड़ा संकट था। वे कहते...हमारे बॉस कम्पनी के लिए रोज़ कुछ-न-कुछ खिलाते हैं, लेकिन सच कहता हूँ पार्टनर, मुझे उनके पाक-शास्त्रवाली चर्चा में ज़रा भी रुचि नहीं। एक दिन तो वे सायकिल के पैंडल ज़ोरों से घुमाते हुए बॉस की बैठक के बाजू से यह कहते हुए गुज़र गए थे कि मुझे दिवाकर के लिए दवा लानी है। जब हँसते तो उनका बिना दाँतवाला चेहरा खिल उठता था। कभी दाढ़ की पीड़ा और कभी पैर के एक्जीमा से परेशान रहते लेकिन राजनीतिक बहसों की उत्तेजना से उन्हें आराम मिलता था।

ज्ञान की अगाध प्यास और अभिव्यक्ति की बेचैनी ये मुक्तिबोध की विशेषताएँ थीं। यदि कुछ जानने-समझने को मिल जाए तो मुक्तिबोध किसी के पास किसी भी समय जा सकते थे। उनकी मानसिक आवश्यकताएँ भी ऐसी थीं कि फलित ज्योतिष से लेकर आइन्सटाइन के सिद्धान्त जानने के लिए अपने मित्र यशराजजी से घंटों सिर खपाया करते थे।

मणिजी में भी फिर एक बार मैं वही जिज्ञासा देख रहा था। वे कहते—आप मुझे वे सारी बातें वे सारी जगहें दिखाइए जहाँ मुक्तिबोध की स्मृतियाँ हों। हम लोग बसन्तपुर

की ओर चल देते हैं। कुछ दिन मुक्तिबोध यहाँ एक मकान में रहे थे। बाहर से ही देखकर लौट पड़ते हैं।

एक दिन, फ़िल्म की शूटिंग का सारा साज़ सरंजाम आ गया। खँडहर में चहल-पहल शुरू हो गई। मेरा मन बैठता सा है। जब ये खँडहर फ़िल्मों के ज़रिए बोलने लगेंगे तब क्या अब कोई जिज्ञासु मुक्तिबोध की बात पूछने यहाँ नहीं आएगा?

मुक्तिबोध क्या पढ़ते थे?

—रमेश याज्ञिक

किसी लेखक के रचनाकौशल की चर्चा करते समय अक्सर इस बात पर कोई चर्चा नहीं होती कि वह लेखक क्या पढ़ता था। सम्भवत: इसके दो कारण हैं—जानकारी न होना और दूसरा इस पक्ष को नज़रअन्दाज़ करना। लेखक के पाठक रूप की जानकारी बिना घनिष्ठता के सम्भव नहीं है। पर उस पक्ष को नज़रअन्दाज़ करना ग़लत है।

लेखक की तो छोड़िए यदि सामान्य व्यक्ति के सम्बन्ध में यह जानकारी मिले कि वह क्या पढ़ता है। तो उसकी परिष्कृत रुचि, समझ और महानता आदि का सही अन्दाज़ लगाया जा सकता है। यह सही है कि मूल्यांकन का यह तरीक़ा उन लेखकों के लिए लागू नहीं किया जा सकता जिन्होंने आरम्भिक सफलता के बाद से अपने को विद्वान मान लिया है और प्रत्येक परिवर्तन की जानकारी बढ़ाने के लिए पढ़ने के सीधे रास्ते पर अल्पविराम की जगह पूर्णविराम लगा दिया है। सही बात तो यह है कि यदि कोदो बोकर धान की फ़सल नहीं ली जा सकती तो बिना अच्छा पढ़े अच्छा सोचा नहीं जा सकता, अच्छा लिखा नहीं जा सकता।

संग्रह में एक कहानी थी हिटलर की नाज़ी फौज़ों द्वारा पूर्णरूप से ध्वस्त किए गए वारसा शहर के एक मुहल्ले में अपने मकान को ढूँढ़ने एक बूढ़ा युगल—मकान की जगह मलबे के ढेर पर जा खड़ा होता है। अपने मकान की जगह मलबा देखकर दम्पति दु:खी है। पर इतने में अधटूटी दीवार की दरार में उग आया एक पौधा बूढ़े को दिखता है। उस पर एक सुन्दर लाल फूल खिल आया है। बूढ़ा प्रसन्न होकर पत्नी से कहता है—देखो कितना सुन्दर फूल है। बिलकुल लाल। क्यों न हो, हमारे जवानों के ख़ून से सींचा जो गया है। बस अब यहाँ ऐसे ही फूल खिलेंगे।

उस कहानी से वे बहुत प्रभावित हुए थे। उन्होंने कहा—यह विश्व की श्रेष्ठ कहानियों में रखी जा सकती है। मुझे भी यह कहानी पढ़ने दी और उसके बाद एक हफ़्ते में जो दो-तीन मुलाक़ातें हुईं वे बार-बार कहते—साहब क्या कहानी है।

पोलिश शिल्पियों की पत्रिका में एक मूर्तिकार ने अपने लेख में समाजवादी पोलैंड की नौकरशाही का मज़ाक उड़ाते हुए कहा था कि लेनिन की मूर्ति पर एक इंच मुस्कान

हो या आधा इंच इसका फ़ैसला नौकरशाही नहीं कर सकती। इसका हक़ केवल कलाकार को ही है। मुक्तिबोधजी ने पढ़कर कहा—देखा साहब, क्या बढ़िया बात लिखी है। इस विरोध का भी बड़ा महत्त्व है। कोई भी क्रिएटिव वर्क किसी की फ़रमाइश पर नहीं बन सकता। नौकरशाही यों भी जड़ होती है पर समाजवादी समाज में नौकरशाही का यह रवैया बिल्कुल नहीं चल सकता, उन्हें सुधारना ही पड़ेगा।

तीसरी पुस्तक हम कभी नहीं भूलेंगे—मानवता को रौंदते हुए चलनेवाली हिटलर की फ़ासिस्ट फौज़ों की चित्रकथा है। नंगे लोगों को सामूहिक फाँसी। मलबे पर लाशों का ढेर। गैस चेम्बर में नृशंस ढंग से मारे गए हज़ारों लोगों के जूते और चश्मों के ढेर। फ़ासिस्ट अत्याचारों का इतना जीवन्त दस्तावेज़ शायद ही दूसरा उपलब्ध हो। इसे देखकर तो जड़ आदमी भी आंदोलित हो सकता है। तो मुक्तिबोधजी तो अत्यन्त संवेदनशील व्यक्ति थे। उन्होंने पुस्तक देते हुए कहा—फ़ासिस्ट अत्याचार को देखकर तो रोंगटे खड़े हो जाते हैं। दो रोज़ से तो मैं ठीक से सो भी नहीं पा रहा हूँ। चौंक कर जाग जाता हूँ।

आरम्भ में मैंने उन्हें बता दिया था कि मार्क्सवाद के मूल सिद्धान्त पढ़कर मैं आकर्षित नहीं हुआ हूँ। मैंने तो यशपाल, राहुल सांकृत्यायन, भगवत शरण उपाध्याय, ख़्वाजा अहमद अब्बास, मुल्कराज आनंद, कृष्णचंदर, मंटो आदि को पढ़ा है और प्रभावित हुआ हूँ। मैं मूल रूप से इंग्लिश लिटरेचर का विद्यार्थी रहा हूँ। रुचि भी उस ओर ज़्यादा थी। तब मैंने रूसी लेखकों में लियो टाल्सटाय और मैक्सिम गोर्की से आगे नहीं पढ़ा था।

मेरी रुचि के अनुकूल मुक्तिबोधजी कभी तो कॉलेज की लायब्रेरी से पुस्तकें निकालकर देते, कभी सुझाव देते। उन्होंने मुझे ज्याँ पाल सार्त्र की एज ऑफ़ रीजर, आयरन इन द सोल, ग्रैहम ग्रीन की क्वाएट अमेरिकन, हेमिग्वें की फ़ेयरवेल टू आर्म्स, ओल्डमैन एंड द सी जैसी किताबें भी पढ़ने को प्रेरित किया। तब सेवनसीज पब्लिकेशन्स विश्व के दूरदराज़ के छोटे देशों में अप्रसिद्ध प्रगतिवादी लेखकों की रचनाएँ छापता था। उसके सभी टाइटल्स मँगवाने और पढ़ने की प्रेरणा दी।

रूसी लेखकों में शोलोखोव, लियो टालस्टाय, तुर्गनेव, दोस्तोवस्की पढ़ने दिया। विक्टर किन का 'एक्रास द लाइन्स' पढ़ने पर मैंने कहा, सर ये तो विश्व साहित्य में रखे जाने योग्य उपन्यास है। इस पर तो कुछ लिखने की इच्छा होती है। कम-से-कम अनुवाद तो कर ही सकता हूँ।

उन्होंने कहा ज़रूर लिखो—दुर्भाग्य से लेखक की युवावस्था में ही मृत्यु हो गई। उसने बहुत कम लिखा है और यह तो उसकी अमर कृति है, चर्चा करने योग्य।

उस समय एक उपन्यास की बहुत चर्चा थी। रूस से भागे हुए नोबोकोव की लोलिता की। यह एक पिता की अपनी पुत्री के साथ प्रेम और सेक्स सम्बन्ध की आत्मस्वीकृति की कहानी है। उसके रिव्यूज़ पढ़ने के बाद से मुक्तिबोध उस उपन्यास

को पढ़ने के लिए बेचैन थे। नागपुर से मैंने लाकर दी। पढ़कर उन्होंने कहा—यार इसमें साहित्यिक तो कुछ भी नहीं है केवल एक चौंकानेवाली आत्मस्वीकृति है। पूँजीवादी प्रेस द्वारा ज़बर्दस्त प्रचार के ज़रिए एक मानसिक विकृति को भी बिक्री योग्य बनाने की क्षमता का नमूना है।

एक बार तो उन्होंने मुझे लगभग चौंका दिया, जब कहा भाई बाहर जाते रहते हो तो कभी स्टेनली गार्डनर और अगाथा क्रिस्टी की भी एकाध किताब लाया करो।

मैंने कहा—पर वो तो जासूसी उपन्यास लिखते हैं। उन्होंने कहा, तो क्या हो गया। अच्छा तर्कपूर्ण लिखते हैं।

आश्वस्त होकर मैंने कहा—सच बता रहा हूँ साहब, मैं भी कभी-कभी उन्हें पढ़ लेता हूँ। पर छिपा कर मनोरंजन के लिए पर आप क्यों पढ़ते हैं?

उन्होंने मुझे एक नई समझ दी जब कहा—गम्भीर विषय पढ़ते-पढ़ते और रचना-प्रक्रिया के दौरान एक मानसिक तनाव उत्पन्न होता है। अच्छे तर्कपूर्ण जासूसी उपन्यास में जो सस्पेंस बनाया जाता है और क्लाइमेक्स में जब गुत्थी सुलझाने पर सस्पेंस विघटित होता है तब मेंटल टेंशन मानसिक तनाव रिलीज हो जाता है।

उनके इस कथन को तोड़-मरोड़कर न देखा जाए और न यह समझा जाए कि मुक्तिबोधजी जासूसी उपन्यास पढ़ते थे इसलिए हमारा पढ़ना भी ज़रूरी है। सही बात यह है कि उनके लिए ऐसी पुस्तकें, जो वे कभी-कभी ही पढ़ते थे—आज मरीज़ों को मानसिक तनाव दूर करने के लिए दिए जानेवाले ट्रैंक्वीलाइजर की तरह थीं।

वे दैनिक अख़बारों में टाइम्स ऑफ़ इंडिया, पेट्रीयट, तब रायपुर से प्रकाशित नई दुनिया (अब देशबन्धु) पढ़ते थे। रायपुर के दैनिकों में तत्कालीन नई दुनिया (देशबन्धु) के बारे में उनकी राय थी कि यह व्यूज़ पेपर है—बाक़ी न्यूज़ पेपर हैं। ब्लिट्ज, मेनस्ट्रीम, लिंक, सेमीनार उनकी प्रिय पत्रिकाएँ थीं। उनके पास देश के विभिन्न स्थानों से अनेक पत्रिकाएँ आती रहती थीं। कार्टून्स के मामले में तब शंकर्स वीकली से शंकर पिल्लई और टाइम्स ऑफ़ इंडिया के आर.के. लक्ष्मण को पसन्द करते थे। सोवियत लिटरेचर, न्यू टाइम्स के सिवा इसी दिग्विजय महाविद्यालय राजनांदगाँव के अन्य विद्वान व्याख्याता श्री लांबी पार्थ सारथी और श्री टी.आर. लूनावत के माध्यम से अमेरिकन एवं जर्मन दूतावास की भी पुस्तकें पत्रिकाएँ प्राप्त करते रहते थे।

सम्पर्क की लघु अवधि के दौरान उन्होंने दो अवसरों पर अभिभूत होकर मुझे कामरेड कहा था। अभी केवल एक प्रसंग की चर्चा करूँगा। सोवियत रूस ने प्रथम स्पुतनिक उपग्रह छोड़ा था। ख़बर रेडियो पर सुनने के बाद मिलने पर अत्यन्त प्रसन्न मुद्रा में कहा था—कामरेड कांग्रेचुलेशन्स। ये है समाजवादी-समाज की, सर्वहारा वर्ग की उपलब्धि।

तब उसका विस्तृत विवरण भी अख़बारों में नहीं आ पाया था। पर दो रोज़ में तो उन्होंने कॉलेज लायब्रेरी से आइन्स्टीन की थ्योरी ऑफ़ रिलेटीवीटी से लेकर

सौरमंडल के सम्बन्ध में जो कुछ उपलब्ध था पढ़ डाला और हमें बताया कि किस गति से फेंकने पर स्पुतनिक गुरुत्वाकर्षण परिधि से बाहर निकला होगा, क्या संकेत दे रहा होगा। कौन से ग्रह कितने दूर हैं। और ये भी कि आगामी दस वर्षों में मनुष्य चाँद की धरती पर क़दम रखेगा। यह सब बातें बाद में एक हफ़्ते तक अख़बारों में पढ़ने मिलीं।

कोई ऐसी महत्त्वपूर्ण घटना हो जाए तो जानकारी प्राप्त करने की उनकी ललक देखते बनती थी। वे एकदम से उस विषय के पीछे पड़ जाते और मैंने पाया कि जब किसी एक विषय के विशेषज्ञ भी उनसे बातें करते तो सामनेवाले को यह समझ में आ जाता कि मुक्तिबोधजी यदि मुझसे ज़्यादा नहीं तो किसी हालत में कम भी नहीं जानते।

भाषा पर उनकी पकड़ का अन्दाज़ा तो मुझे लगा था जब उस समय भारतीय कम्युनिस्ट पार्टी की नेशनल कौंसिल के सदस्य एवं प्रसिद्ध ट्रेड यूनियन नेता प्रकाश राय के लिखे अनेक पर्चों और दस्तावेज़ों का अनुवाद करने उनके पास ले जाते थे। तब भाई शरद कोठारी भी पार्टी सदस्य थे। हम दोनों कई पर्चों के अनुवाद करते थे पर दस्तावेज़ों में जहाँ सही शब्दावली का प्रश्न आता मुक्तिबोधजी के पास ही जाना पड़ता। मैंने उन्हें कई बार पाँच-सात पेज के दस्तावेज़ शाम को दिए हैं और दूसरे दिन शाम को उनके पास से अनुवाद वापस ले गया हूँ।

मैंने यहाँ जो चर्चा की है उसका उद्देश्य मुक्तिबोधजी की आड़ में अपनी अहमियत बताने का क़तई नहीं है। दरअसल मेरी मंशा यही बताना है कि वे एक इंटैलेक्चुअल जायन्ट थे और उनसे ही बहुत कुछ सीखने मिला। दूसरे यह भी कि उनका राजनांदगाँव निवास उनका श्रेष्ठ रचनाकाल माना गया है। उस समय उनके थॉट प्रोसेस (विचार-प्रक्रिया) पर किनका प्रभाव पड़ा। उदाहरण के लिए ज्याँ पाल सार्त्र के विचारों की जगह वे इस बात से प्रभावित थे कि तब फ्रांस के उपनिवेश अल्जीरिया के मुक्ति-संग्राम के समर्थन में, फ्रांस के ही सार्त्र ने फ्रांस के बुद्धिजीवियों को संगठित किया और विश्व के बुद्धिजीवियों को इस मुद्दे पर एक मंच पर ले आए। वे बार-बार कहते कि लेखक का अपने दायित्व का इस प्रकार निर्वाह ऐतिहासिक महत्त्व की बात है। उसी प्रकार भारत पर चीनी आक्रमण के समय उनकी तनावपूर्ण मानसिक स्थिति थी।

सम्पर्क की लघु अवधि के दौरान उन्होंने मुझे कोई दो सौ से ज़्यादा पुस्तकें पढ़ने को प्रेरित किया। एक पुस्तक पढ़कर चर्चा करने जाता वे दूसरे और चार नाम सुझाते। तब मैंने उनकी इस बात को बहुत सामान्य माना था। परन्तु जब वे अचानक बीमार पड़े और लम्बी बीमारी के बाद देहावसान हुआ तो मेरे पढ़ने और विचार-प्रक्रिया में भी एक छोटा अन्तराल आया। मैंने उसको अपने तईं दूर करने की कोशिश की पर तब यह समझ में आया कि वे तो मुझे जो कुछ पढ़ने देते थे—बिल्कुल छना हुआ और श्रेष्ठ होता था। सम्भवत: वे जितना पढ़ते थे उसका बीस-पच्चीस प्रतिशत। तो मैं सोचने को मजबूर हुआ कि वे कितना पढ़ते थे।

यादों के झुरमुट में मुक्तिबोध

—कनक तिवारी

मुक्तिबोध को सबसे पहले 1958 में साइंस कॉलेज रायपुर के प्रथम वर्ष के छात्र के रूप में मैंने देखा-सुना था। मुझ विज्ञान के विद्यार्थी के लिए मुक्तिबोध का यश अजूबा और अपरिचित था। हलके रंग का सूती कोट पहने मुक्तिबोध ने गम्भीर मुद्रा के अपने भाषण के बाद एकल काव्यपाठ भी किया। विज्ञान के विद्यार्थियों के लिए 'मुर्गी अपनी जान से गई लेकिन खाने वालों को मज़ा नहीं आया' वाला मामला हुआ। मुक्तिबोध उसी वर्ष राजनांदगाँव के दिग्विजय महाविद्यालय में अध्यापक होकर आ गए थे। अज़ीज़ दोस्त विलास खरे का मित्र होने के नाते उनके ज्येष्ठ पुत्र रमेश से मेरी अन्तरंगता हो गई। बाद में रमेश का विवाह विलास की बहन से होने के कारण वे मेरे बहनोई हो गए। उनसे मेरा रिश्ता कवि के निजी रिश्ते से ज़्यादा पुराना है।

मेरे बौद्धिक और शुरुआती करीअर का जीवन सँवारनेवाले अँगरेज़ी विभाग के पितातुल्य अध्यक्ष प्रो. प्रेमनारायण श्रीवास्तव की सलाह पर मैं मुक्तिबोध से यदाकदा गृहनगर राजनांदगाँव में दुआ-सलाम करता रहता था। उनका व्यक्तित्व चमत्कारिक या प्रदर्शनीय नहीं था। मैं ख़ुद को आश्वस्त करता रहता कि मेरे गुरु की पसन्द ग़लत नहीं हो सकती। भले ही मुझे फ़िलहाल मुक्तिबोध की बातें समझ नहीं आ रही होंगी। पचास वर्ष हो गए मुक्तिबोध को गए। मैं 1963 में दिग्विजय महाविद्यालय राजनांदगाँव में अंग्रेज़ी विभाग में प्राध्यापक नियुक्त होकर उनका सहकर्मी हुआ। बरगद के पेड़ों पदुमलाल पुन्नालाल बख़्शी और मुक्तिबोध तथा कॉलेज के बाहर डॉ. बलदेवप्रसाद मिश्र की शख़्सियतों की छाँह मिली। मुझ पर गदहपचीसी की उम्र आई भी नहीं थी। अब हीरक जयन्ती वर्ष में प्रवेश कर गया हूँ। तब मुक्तिबोध की प्रचारित या सुपात्रित वह ख्याति नहीं थी जिसका बवंडर उनकी मृत्यु के बाद अचानक उठा।

जयशंकर प्रसाद की 'कामायनी' के लिए मुक्तिबोध की रचनात्मकता उत्तेजित होती रहती। 'कामायनी' नाम से मैं परिचित-भर था। प्रसाद में प्रसाद-गुण खोज लेने की मुक्तिबोध की कशिश का मैं चक्षुदर्शी गवाह बना। वे अपनी नज़र से 'कामायनी', फिर महाकाव्य के चश्मे से मानवेन्द्रियों के गुम्फित अन्तर्लोक की यात्रा के पथप्रदर्शक

बने। मुक्तिबोध वह गाइड थे जो प्रतिदिन किसी धारावाहिक कथा के अगले परिच्छेद या पड़ाव तक आगे पहुँचकर कुछ नया अहसास भरते। मुक्तिबोध के कामायनी-निर्वचन से सहसा संकेतित मैं विद्वता बघारने के लिए अंग्रेज़ी के महाकवि जॉन मिल्टन के 'पैराडाइज़ लॉस्ट' को परोसने लगता। उसे बरस-भर पहले ही मैंने परीक्षोपयोगी नोट्स के सहारे पढ़ा था। मिल्टन के नाम से भी उन्मादित मुक्तिबोध 'पैराडाइज़ लॉस्ट' और उसकी टीकाओं को उपलब्ध कराने कहते। मैं थैले भर-भरकर किताबें मुक्तिबोध के लिए लाने लगा। उनमें से कई किताबें पहली बार पढ़ी जा रही थीं। मुक्तिबोध को इससे कोफ़्त होती क्योंकि अंकित पुस्तक-विवरण के अनुसार वे कुछेक वर्षों पहले ख़रीदी गई थीं। मुझ अज्ञानी को सूचना नहीं थी कि मुक्तिबोध की अंग्रेज़ी साहित्य में भी गहरी पैठ है। उन्होंने 'पैराडाइज़ लॉस्ट' का उल्था किया। वैसे तो मेरे कक्षा-गुरुओं ने सोचा, बताया या बूझा नहीं था क्योंकि उन्होंने प्रसाद को क़तई नहीं पढ़ा होगा। अंग्रेज़ी के आलोचकोंवाली किताबों के हाशियों पर मुक्तिबोध ने पेंसिल से बहुत कुछ लिखा। पुस्तकें वापस करने के पहले रबर से उन्हें मिटा दिए जाने के निर्देष भी उन्होंने दिए। सोचता हूँ कि जीवन में एक ग़ैरइरादतन अपराध मैंने क्यों नहीं किया। वे इबारतें मिटाने का गुनाह लगातार कचोटता रहता है।

पता नहीं क्यों मुक्तिबोध ने एक दिन शोध-परीक्षा के गाइड की तरह मुद्रा बनाकर मुझसे कहा कि मैं नरेश मेहता को पढ़ूँ। 'यह पथ बन्धु था' लाकर मैंने पढ़ने की कोशिश की। पूछा कि क्या नरेश मेहता की सभी रचनाएँ इसी तरह भारी-भरकम होंगी। मुक्तिबोध से नरेश मेहता उम्र में पाँच वर्ष छोटे थे। तीस वर्षों बाद नरेशजी से मेरा परिचय मुक्तिबोध की सलाह को संजोए रखने के कारण यत्नपूर्वक हो ही गया। कालजयी कवि अकालकवलित एक सामान्य पाठक की मानसिक चौहद्दी का भी निर्धारण आत्मविश्वास के साथ कर देते हैं! नरेश मेहता का मुक्तिबोध पर लिखा गया 'मुक्तिबोध : एक अवधूत कविता' वाला निबन्ध संस्मरणात्मक होते हुए भी कई अनछुए आयाम अनावृत्त करता है।

मैं मुक्तिबोध की उपस्थिति में आग्नेयस्का से नहीं मिला। एक बार रमेश ने उनसे भेंट कराई थी। ज़ाहिर है मैं उनके किसी काम का नहीं था। श्रीकान्त वर्मा, अशोक वाजपेयी, हरिशंकर परसाई, प्रमोद वर्मा, विनोद कुमार शुक्ल आदि से निकटता रही है। वे राजनांदगाँव आकर मुक्तिबोध से मिलते रहे। मैं वहाँ नहीं रहने के कारण किसी भेंट या बैठक में शरीक नहीं हुआ। मुक्तिबोध की मृत्यु के क़रीब पन्द्रह वर्षों बाद भी उनकी याद करने से तीखे स्वभाव के समझे जाते श्रीकान्त वर्मा में उस टीस को देखा जा सकता था, जो कवि को नहीं बचा पाने की हताशा के कारण पैठ गई थी। अशोक वाजपेयी ने मुक्तिबोध की स्मृतियों को अनुसन्धित्सु तथा प्रोन्नत बनाए रखने के लिए सचेष्टता को निरन्तर रखा है। मैं प्रमोद वर्मा का अन्तरंग रहा हूँ। सेवानिवृत्ति के बाद उनकी रचनात्मक ऊर्जा को क़ायम रखने के लिए मैंने मध्यप्रदेश के मुख्यमन्त्री

दिग्विजय सिंह पर दबाव डालकर छत्तीसगढ़ के वरेण्य साहित्यिक बुजुर्ग पदुमलाल पुन्नालाल बख़्शी की स्मृति में सृजनपीठ की भिलाई में प्रमोद वर्मा की नियुक्ति करवाई। यह दुखद संयोग हुआ कि मध्यप्रदेश शासन साहित्य परिषद द्वारा आयोजित मुक्तिबोध स्मृति समारोह के सत्र का मैं संचालन कर रहा था। उसमें बग़ल में बैठे प्रमोद वर्मा अचानक अचेत होकर मुझ पर ही गिर पड़े। प्रमोद वर्मा फिर चले ही गए। मानो मुक्तिबोध-स्मृति में विलीन हो गए। प्रमोद वर्मा ने मुक्तिबोध पर जो मोनोग्राफ़ 'पहल' के लिए लिखा, वह इस कवि के सर्वश्रेष्ठ आकलनों में है। मेरे गृहनगर के अग्रज कवि विनोदकुमार शुक्ल छात्र-जीवन से मुक्तिबोध के सम्पर्क में रहकर उनसे प्रेरित भी हुए हैं। उनका विकास अनुकृति का नहीं अनुकरणीय शैली का है। विनोदजी जबलपुर निवास में भी मुक्तिबोध और हरिशंकर परसाई की बैठकों में अपने मित्र कवि नरेश सक्सेना के साथ शामिल होते रहते।

शांता ताई अब नहीं हैं। एक दिन मुझे चाय पिलाने के बहाने पकड़कर ले गए। मुक्तिबोध ने ताई को चाय बनाने कहा। हमारी ओर पीठ कर उस पुराने हवेलीनुमा मकान की आख़िरी सीलनभरी दीवार से सटी छोटी-सी मेज़ पर बैठकर कुछ लिखने लगे। वे अपने में डूब गए। मैंने उनकी चाय को ठंडा होते देखा। मुँह खोला, लेकिन ताई की उँगली ने मना कर दिया। बरसाती दिन थे। मुक्तिबोध के सामने दीवार पर लगे पलस्तर का एक टुकड़ा सहसा मेज़ के आस-पास गिर गया। उनमें इतना बड़ा भूचाल था कि हिले तक नहीं। दूसरे दिन मैंने मज़ाक के कच्चेपन में कहा कि दीवार पर पलस्तर के गिरने से ब्रह्मराक्षस का चेहरा उकेरा गया है। मुक्तिबोध मुझे फिर घर ले गए। अब वे अन्तर्मुखी कवि नहीं, बहिर्मुखी मनुष्य थे। बहुत देर खड़े होकर ब्रह्मराक्षस की आःकृति के कंटूर समझते रहे। फिर सहमति व्यक्त की 'पार्टनर यह ब्रह्मराक्षस ही दिख रहा है। लेकिन कल से अब तक इस पर मेरी निगाह क्यों नहीं पड़ी ?' ब्रह्मराक्षस, ओरांग उटांग, क्लॉड ईथर्ली जैसे बीसियों अटपटे नाम मुक्तिबोध की रचनाओं में अटे पड़े हैं। कवि विकृतियों के कबाड़ख़ाने में जाकर भी बीने गए पदार्थों की सुसंगतता निर्धारित कर उन्हें अभिव्यक्ति की धमनभट्टी में गलाकर कविता के उत्पाद में बदल देने की वैज्ञानिक वृत्ति का प्रयोगधर्मी भी रहा है। ब्रह्मराक्षस मुक्तिबोध के उपचेतन में उकड़ूँ बैठा रहता था। वह मुक्तिबोध से लगातार सवाल पूछता था। कालकवलित हो गए मुक्तिबोध के बाद ब्रह्म अनुत्तरित हो जाने के कारण राक्षस होने में तब्दील हो गया लगता है।

मैं 23 का था, मुक्तिबोध 46 के और बख़्शी जी 69 के। मेरे कुछ स्कूली सहपाठी पढ़ाई में व्यवधान होने के कारण संयोगवश मेरे छात्र हो गए थे। वे मुँहलगे मित्र-शिष्य तीनों अध्यापकों को कॉलेज से निकलकर खपरैल से बनी झोपड़ी में चाय की दूकान की ओर आते-जाते देखने पर 23 का पहाड़ा पढ़ने लगते। सश्रद्ध, (क्योंकि मुक्तिबोध पितातुल्य उम्र के थे और बख़्शीजी मेरे पिता के शिक्षक रहे) अविवाहित तथा

पारिवारिक ज़िम्मेदारियों से मुक्त होने के कारण मेरे दो सौ नब्बे रुपए मासिक वेतन का बड़ा हिस्सा होटलों में ही ख़र्च होता। मुक्तिबोध अमूमन चाय पीते, बख़्शीजी कई बार कॉफ़ी। मुक्तिबोध सिगरेट और बीड़ी दोनों पी सकते थे, बख़्शीजी लगातार बीड़ी। बख़्शीजी को इमरती भी भाती और भजिए कचौरी भी। मुक्तिबोध खाने से बचते, लेकिन दूसरा कप चाय पीने से पहले कप के बनिस्बत ज़्यादा ख़ुश होते। मुक्तिबोध के निधन के तीस वर्षों बाद मध्यप्रदेश गृह निर्माण मण्डल का अध्यक्ष पद मुझे मिला। मैंने मण्डल की राजनांदगाँव स्थित तीन कॉलोनियों का नामकरण बख़्शीनगर, मुक्तिबोधनगर तथा बलदेवनगर रखा। राजनांदगाँव को छत्तीसगढ़ का सांस्कृतिक केंद्र कहते नहीं अघाते भद्रजनों को अब तक यह अहसास नहीं है कि इन कॉलोनियों को इनके अधिकृत नामों से ही पुकारा जाए। मेरे गृहनगर ने इन शलाका पुरुषों को विस्मृत कर नाम धरा लिया है।

1963 में अमेरिकी प्रेसिडेंट जॉन केनेडी की हत्या हुई। केनेडी भारतीय राजनीति में सहसा लोकप्रिय हो गए थे। महाविद्यालय के प्राचार्य किशोरीलाल शुक्ल ने शोकसभा आयोजित की। आश्चर्यजनक रूप से मुक्तिबोध ने केनेडी की प्रशंसा की कि उनके नहीं रहने से भारत के सम्बन्धों को नुक़सान होगा। मुक्तिबोध ने ही मुझे वामपन्थ की दीक्षा देने की असफल कोशिश की थी। अपने भाषण में मैंने अनावश्यक ही केनेडी और मुक्तिबोध दोनों की आलोचना की। सभा के बाद मुक्तिबोध मुझे अपने घर ले गए। उन्होंने अन्तर्राष्ट्रीय राजनयिक रिश्तों को विस्तार से समझाने की कोशिश की। वे आश्वस्त भी होने का संकेत देते रहे। दूसरे दिन आकर कहा कि शायद तुम कुछ-कुछ ठीक कहते हो। हमने फिर यह तय किया कि हर अमेरिकी प्रेसिडेंट अलग-अलग रंग और प्रकृति का सर्प हो सकता है, लेकिन ज़हर सबका एक ही रंग का होगा।

मुक्तिबोध का मेरे लिए अनायास प्रेम मेरे कुपठित व्यक्तित्व के बावजूद एक निजी गोपनीय कारण से था। मैं दो वर्षों के लिए जिस मेधावी प्राध्यापक की जगह नियुक्त किया गया था, वे पार्थसारथी पीएच.डी. करने सम्भवतः बनारस हिन्दू विश्वविद्यालय गए थे। दिग्विजय महाविद्यालय के अपने अवलोकन, अनुभव और आकलन को लेकर मुक्तिबोध ने उपन्यासिका अथवा लंबी कहानी 'विपात्र' लिख रखी थी। कथा में महाविद्यालय के एक-एक किरदार का फ़ोटोग्राफ़िक चित्रण है। वे सब-के-सब अपने निगेटिव की तरह यथार्थ दिखाए गए हैं। 'विपात्र' का नायक जगत लेकिन सुपात्र था। पार्थसारथी की विलक्षण प्रतिभा के कारण मुक्तिबोध उ[illegible] पर फ़िदा थे। मैंने उनका उत्तराधिकारी होने के कारण मूर्खतावश मिथकीय जुमले [illegible] कहा कि यहाँ तो कृष्ण का अवतार राम के पहले हो गया। पार्थसारथी जब दिग्विज[illegible] महाविद्यालय की धरती पर आए तो वे सोलह कलाओं से बने थे। मैं त्रेता युग [illegible] बाद में लेकर आया, जो केवल आठ कलाओं से बना है। मुक्तिबोध ने कहा था बहर[illegible] आपकी सोहबत में मुझे उस ख़ालीपन से कुछ रिलीफ तो मिल रही है।

पश्चिम की ओर लगभग दो-तीन किलोमीटर तक शाम को पैदल चलना मुक्तिबोध की राह पर रेंगने का एक और यादनामा है। 'एक साहित्यिक की डायरी' के टूटते-जुड़ते विवरण रास्ते-भर किसी दूसरी दुनिया में भेजते। हिन्दी साहित्य के प्रति अपने विश्वसनीय अज्ञान से उत्पन्न नासमझी के कारण मैं बार-बार अपने प्रिय रूमानी कवि और आलोचक कॉलरिज़ को रक्षाकवच के रूप में खड़ा करता। मैं मुक्तिबोध के 'तीसरे क्षण' की समालोचनात्मक उपपत्ति को उस दुर्लभ अंग्रेज़ी आलोचक की थ्योरी के समानांतर बताने लगता क्योंकि इसके अतिरिक्त और कुछ मुझे कहाँ आता था। मैं कहता आप आलोचना की दृष्टि से शायद हिन्दी के कॉलरिज़ हैं। कई बार मुक्तिबोध गम्भीर होने पर भी ठहाके लगाते। पता नहीं तब वे मुझे अनुमोदित या ख़ारिज कर रहे होते। मुक्तिबोध रचनात्मक अर्थों में मार्क्सवादी रहे हैं। भारतीय संस्कृति सम्बन्धी उनकी पुस्तक पर लगे प्रतिबन्ध को लेकर भोपाल के कॉमरेड शाकिर अली ख़ान ने मुनासिब प्रतिरोधात्मक पहल की थी। शासकीय कांग्रेस पार्टी सहित अन्य कई तबकों की कूढ़मग़ज़ता के कारण मुक्तिबोध के सामासिक विश्वास को तो नहीं दूसरों पर भरोसा करने के आत्मविश्वास को धक्का लगा था।

वह शाम यादध्यानी योग्य है। दिग्विजय महाविद्यालय के परिसर में अपने जिस पहले मकान में वे रहे थे, ठीक उसके पीछे बूढ़ासागर की पथरीली पटरियों पर बैठकर पुराने शीर्षक 'आशंका के द्वीप : अँधेरे में' वाली कविता का एकल श्रोता बनना मेरे नसीब में आया। कविता मुझ युवा श्रोता-शिष्य में घबराहट, कोलाहल, आक्रोश और जुगुप्सा भरती गई थी। मुक्तिबोध का अविस्मरणीय काव्यपाठ तब तक चलता रहा, ब तक सूरज पूरी तरह बूढ़ासागर में डूब नहीं गया। एक अमर कविता के अनावृत्त के रहस्य को देखना कालजयी क्षण जीना था। मैं हत्प्रभ, आतंकित और भौंचक ढ़ासागर का वह रहस्यमय रचना-परिप्रेक्ष्य पूर्वजन्म की घटना या उपचेतन के ट की तरह मुक्तिबोध की यादों में गूँजता रहता है। पाठक या श्रोता का व्यापक माज में गहरा विश्वास हो जाए और ख़ुद उसमें किसी अणु के विस्फोट का जाए-यह मुक्तिबोध की उस कविता का बाह्यान्तरिक भूचाल है। 'अँधेरे क उजास की कविता है। वह आंशिक और अपूर्ण लेकिन आत्मिक- ऐलान है। मुक्तिबोध सम्भावित जनविद्रोह की निस्सारता से बेख़बर ए इस महान कविता में लाचारी का अरण्यरोदन नहीं उसकी हताशा नुभूति है। यह तयशुदा पाठ इस विद्रोही कवि का ऐसा उद्घोष है जिसे हिए लेकिन जनआकांक्षाओं की अभिव्यक्ति के लिए वह प्रतीक्षा नहीं है।

नी के आस-पास मुक्तिबोध के पैर में एक्ज़िमा जैसा चर्मरोग बाथरूम में इस्तेमाल होनेवाली चप्पलें पहनने से डॉक्टर ने कसी तरह लँगड़ाते हुए नंगे पैर कॉलेज आते। मैंने बिना पूछे

बाटा की दूकान से पच्चीस रुपए में एक जोड़ी चमड़े की चप्पलें ख़रीदकर स्टाफ़ रूम में उनकी प्रतीक्षा की। उन्होंने मुझे डिब्बा खोलते देखा तो नाराज़ हो गए। कहा कि क्या मैं समझता हूँ कि वे चप्पलें नहीं ख़रीद सकते। वे मुझसे पहली बार नाराज़ हो रहे थे। बाद में नियति ने ही मौका नहीं दिया। मैंने बेहद विनम्र होकर उनके चरण छुए और पूरे अभिनय के साथ अपने हाथों उन्हें चप्पल पहनाने की कोशिश की। मैं उन आँखों का ताप आज तक झेल रहा हूँ। ताप में नमी का अहसास अजीब-सा स्पन्दन पैदा कर गया। उन्होंने मुझसे चप्पल के दाम पूछे और उसकी क़ीमत लौटाने की शर्त पर ही चप्पल पहनना क़बूल किया। वे बाद में सहज हो गए। हम उस मामूली घटना को भूल गए। लेकिन उनकी आँखों से एक साथ कई मौसम जिस तरह बरसे थे उसमें भीग जाने का अनोखा अनुभव मुझमें उस साहस का संचार कर गया कि मैं रिश्ते में एक क़दम और बढ़ा सकता था।

प्रोफ़ेसर प्रेमनारायण श्रीवास्तव मेरे दिग्विजय महाविद्यालय में पदस्थ होने के बाद मुक्तिबोध से मिलने उतावले हो उठे थे। नवम्बर, 1963 के आस-पास मेरे आग्रह पर एक दिन राजनांदगाँव आए। मैंने घर पर दोपहर के भोजन का प्रबन्ध किया। समय पर आने का वायदा करके भी मुक्तिबोध नहीं आए। महाविद्यालय प्रशासन से छात्र संघ के चुनाव तथा अन्य स्वायत्तताओं को लेकर मेरा मतभेद हो गया था। वह दिन छुट्टी का था। फिर भी महाविद्यालय प्रशासन समिति के कुछ सदस्यों तथा प्रमुख अध्यापकों की एक बैठक प्राचार्य के निवास पर अचानक आयोजित कर ली गई। जानकारी मिलने पर मैंने हिम्मत करके प्राचार्य के टेलीफ़ोन पर मुक्तिबोध से बात करने की कोशिश की। प्राचार्य ने अनसुनी कर दी। मैंने दोबारा कोशिश की। उन्होंने मुक्तिबोध को टेलीफ़ोन पकड़ा दिया। मुझे सुनाई पड़ा कि मैं आपके यहाँ भोजन पर नहीं आ सकता। मैंने ज़िद की कि मैंने तो इजाजत ले ली थी। उन्होंने जवाब दिया कि मुझे यह समझना चाहिए कि प्राचार्य के घर का भोजन का आमन्त्रण और अध्यापक के घर का भोजन का आमन्त्रण एक जैसा नहीं होता। प्राचार्य के घर से अध्यापक का अचानक उठ आना अनुशासनहीनता है। दूसरे दिन मिलने पर कहा कि वे खेद प्रकट करने या माफ़ी माँगने का ढोंग नहीं करेंगे। हम दोनों को व्यवस्थाजनित प्रतिबन्धों की निर्ममता को निर्विकार ढंग से समझ लेना चाहिए। उनकी आँखों में जो भाव था उसकी स्याही से ही शायद 'विपात्र' की कथा का मुख्य किरदार 'बॉस' रचा गया होगा।

मुक्तिबोध के निधन का समाचार मुझे बालाघाट में मिला था। अन्तिम संस्कार में पहुँच जाने का समय, प्रबन्ध और उद्यम कुछ भी हासिल नहीं था। उसी रात मैंने कवि के अवसान पर अपने जीवन की एकमात्र कविता लिखी और उसे जबलपुर के एक दैनिक में प्रकाशन के लिए भेज भी दिया। थक हारकर मैंने एक तार रमेश को भेजा। तार में अंग्रेज़ी में प्रेषक का नाम केवल 'तिवारी' ही लिख दिया। तार विभाग की लापरवाही के कारण अंग्रेज़ी के पहले दो अक्षरों 'टी.आई.' के बदले 'आई.टी.'

लिख दिया गया। एक अरसा बाद रमेश से मुलाक़ात हुई। रमेश ने उलाहना दिया कि मेरे लिए मुक्तिबोध का जाना मानो कोई घटना ही नहीं है। मैंने सफ़ाई दी कि मैंने उसी दिन तार भेजा था। रमेश की फ़ाइल में वह तार पड़ा था। उसे मुझ 'तिवारी' के बदले किसी 'इतवारी' ने भेजा था। रमेश को यह समझ ही नहीं आया था कि बालाघाट में कौन इतवारी है जो मुक्तिबोध के नहीं रहने पर त्वरित गति से द्रवित हो गया था। इस घटना के कारण मुझे अपने उपनाम से कोफ़्त हो गई। कवि के परिवार से आज तक आत्मीय रूप से जुड़े रहने का मुख्य कारण रमेश का मुझे मेरे प्रथम नाम से पुकारना है। मुक्तिबोध मुझे नाम से नहीं पुकारते थे। वे अमूमन नाम से सम्बोधन नहीं करते थे। कभी करते तो नाम के पीछे जी लगा देते। उनकी ध्वनि उनकी कविता की पंक्ति में गूँज रही है 'मुझे पुकारती हुई पुकार खो गई कहीं।'

इस कवि की कविता की एक पंक्ति कहती है 'पता नहीं कब कौन कहाँ किस ओर मिले।' कोई पचास बरस बाद मैं उन्हें नहीं शायद मुक्तिबोध मुझे खोज रहे हैं। इस कवि से मेरा निजता का रिश्ता रहा है, लेकिन शायद कविता से उतना नहीं। वे मेरे साथ रहकर ख़ुद को महफ़ूज़ महसूस करते थे। हम दोनों की अलग-अलग निस्संगताएँ अनिवार्य सोहबत का कारण बनीं। वार्तालाप-निपुण मुक्तिबोध की आँखों से कई बार सम्मोहन जैसा कुछ झरता रहता था। मैं तब कविता के बाल प्राइमर की पाठशाला में था। मुक्तिबोध उसका खुला विश्वविद्यालय थे। लगता उनमें साँसों का जो उतार-चढ़ाव प्रवाहमान् है, वही कविता है। मुझे भ्रम होता कि कहीं कविता को समझाने के अय्यार बने वे अपनी वैयक्तिकता को मेरी आँखों में ठूँस तो नहीं रहे हैं। मुक्तिबोध की दृढ़ हनु का फलितार्थ तब समझ नहीं आया था। अपनी निस्संगता महसूस करते मुक्तिबोध हर वक़्त रचनात्मक उर्वरता की स्थिति में जीते। व्यापक भारतीय जीवन के कोलाहल की जो ध्वनि हहराती थी, उसे उन्होंने अपनी कविता की सिम्फनी बना दिया।

रचना

एक भूतपूर्व विद्रोही का आत्म-कथन

दुःख तुम्हें भी है,
दुःख मुझे भी।
हम एक ढहे हुए मकान के नीचे
  दबे हैं।
चीख़ निकलना भी मुश्किल है,
असम्भव...
हिलना भी।
भयानक है बड़े-बड़े ढेरों की
पहाड़ियों-नीचे दबे रहना और
महसूस करते जाना
पसली की टूटी हुई हड्डी।
भयंकर है! छाती पर वज़न टीलों
          का रखे हुए
ऊपर के जड़ीभूत दबाव से दबा हुआ
अपना स्पन्द
अनुभूत करते जाना,
दौड़ती रुकती हुई धुकधुकी
महसूस करते जाना भीषण है।
          भयंकर है।
वाह क्या तर्जुबा है!!
छाती में गड्ढा है!!

पुराना मकान था, ढहना था, ढह गया,
बुरा क्या हुआ?
बड़े-बड़े दृढ़ाकार दम्भवान
खम्भे वे ढह पड़े!!

जड़ीभूत परतों में, अवश्य, हम दब गए।
हम उनमें रह गए,
बुरा हुआ, बहुत बुरा हुआ!!
पृथ्वी के पेट में घुसकर जब
पृथ्वी के हृदय की गरमी के द्वारा सब
मिट्टी के ढेर ये चट्टान बन जाएँगे
तो उन चट्टानों की
आन्तरिक परतों की सतहों में
चित्र उभर आएँगे
हमारे चेहरे के, तन-बदन के, शरीर के,
अन्तर की तसवीरें उभर आएँगी, सम्भवतः,
यही एक आशा है कि
मिट्टी के अँधेरे उन
इतिहास-स्तरों में तब
हमारा भी चिन्ह रह जाएगा।
नाम नहीं,
कीर्ति नहीं,
केवल अवशेष, पृथ्वी के खोदे हुए गड्ढों में
रहस्यमय पुरुषों के पंजर और
जंग-खाई नोकों के अस्त्र!!
स्वयं की ज़िन्दगी फ़ॉसिल कभी
नहीं रही,
क्योंकि हम बाग़ी थे,
उस वक़्त
जब रास्ता कहाँ था?
दीखता नहीं था कोई पथ।
अब तो रास्ते-ही-रास्ते हैं!!
मुक्ति के राजदूत सस्ते हैं।

क्योंकि हम बाग़ी थे,
आख़िर, बुरा क्या हुआ?
पुराना महल था,
ढहना था, ढह गया।
वह चिड़िया,

उसका वह घोंसला...
न जाने कहाँ दब गया!
अँधेरे छेदों में चूहे भी मर गए,
हमने तो भविष्य
पहले कह रखा था कि—
केंचुली उतारता साँप दब जाएगा अकस्मात्,
हमने तो भविष्य पहले कह रखा था।
लेकिन अनसुनी की लोगों ने!!
वैसे, चूँकि
हम दब गए, इसलिए
दुःख तुम्हें भी है,
मुझे भी।

नक्षीदार कलात्मक कमरे भी ढह पड़े,
जहाँ एक ज़माने में
चूमे गए होंठ,
छाती जकड़ी गई आवेशालिंगन में।
पुरानी भीतों की बॉस मिली हुई
इक महक
तुम्हारे चुम्बन की
और उस कहानी का अंगारी अंग-स्पर्श
गया, मृत हुआ!
हम एक ढहे हुए
मकान के नीचे दबे पड़े हैं।
हमने पहले कह रखा था महल गिर
जाएगा।
ख़ूबसूरत कमरों में कई बार,
हमारी आँखों के समाने,
हमारे विद्रोह के बावजूद,
बलात्कार किए गए
नक्षीदार कक्षों में।
भोले निर्व्याज नयन हिरनी-से
मासूम चेहरे
निर्दोष तन-बदन

दैत्यों की बाँहों के शिकंजों में
इतने अधिक
इतने अधिक जकड़े गए
कि जकड़े ही जाने के
सिकुड़ते हुए घेरे में वे तन-मन
दबते-पिघलते हुए एक भाफ़ बन गए।
एक कुहरे की मेह,
एक धूमैला भूत,
एक देहहीन पुकार,
कमरे के भीतर और इर्द-गिर्द
चक्कर लगाने लगी।
आत्म-चैतन्य के प्रकाश
भूत बन गए।
भूत-बाधा-ग्रस्त
कमरों को अन्ध-श्याम साँय-साँय
हमने बताई तो,
दंड हमीं को मिला,
बाग़ी करार दिए गए,
चाँटा हमीं को पड़ा,
बन्द तहख़ाने में—कुओं में फेंके गए
हमीं लोग!!
क्योंकि हमें ज्ञान था,
ज्ञान अपराध बना।
महल के दूसरे
और-और कमरों में कई रहस्य—
तकिए के नीचे पिस्तौल,
गुप्त ड्रॉअर,
गद्दियों के अन्दर छिपाए-सिए गए
ख़ून-रँगे पत्र, महत्त्वपूर्ण!!
अजीब कुछ फ़ोटो!!
रहस्य-पुरुष छायाएँ
लिखती हैं
इतिहास इस महल का।

अजीब संयुक्त परिवार है—
औरतें व नौकर और मेहनतकश
अपने ही वक्ष को
खुरदरा वृक्ष-धड़
मानकर घिसती हैं, घिसते हैं
अपनी ही छाती पर ज़बर्दस्ती
विष-दन्ती भावों का सर्प-मुख।
विद्रोही भावों का नाग-मुख
रक्तप्लुत होता है!
नाग जकड़ लेता है बाँहों हो,
किन्तु वे रेखाएँ मस्तक पर
स्वयं नाग होती हैं!
चेहरे के स्वयं भाव सरी-सृप होते हैं,
आँखों में जहर का नशा रंग लाता है।
बहुएँ मुँडेरों से कूद अरे!
आत्महत्या करती हैं!!
ऐसा मकान यदि ढह पड़ा,
हवेली गिर पड़ी
महल धराशायी, तो
बुरा क्या हुआ?
ठीक है कि हम भी तो दब गए,
हम जो विरोधी थे
कुओं-तहख़ानों में क़ैद-बन्द,
लेकिन, हम इसलिए
मरे कि ज़रूरत से
ज़्यादा नहीं, बहुत-बहुत कम
हम बाग़ी थे!!

मेरे साथ
खँडहर में दबी हुई अन्य धुकधुकियों,
सोचो तो
कि स्पन्द अब...
पीड़ाभरा उत्तरदायित्व भार हो चला,
कोशिश करो,

कोशिश करो,
जीने की,
ज़मीन में गड़कर भी।

इतने भीम जड़ीभूत
टीलों के नीचे हम दबे हैं,
फिर भी जी रहे हैं।
सृष्टि का चमत्कार!!
चमत्कार प्रकृति का ज़रा और फैलाएँ।
सभी कुछ ठोस नहीं खँडेरों में।
हज़ारों छेद, करोड़ों रन्ध्र,
जिनमें से छन-छ्नकर
पवन भी आता है।
ऐसा क्यों?
हवा ऐसा क्यों करती है?
ऑक्सीजन
नाक से
पी लें ख़ूब, पी लें!

आवाज़ आती है,
सातवें आसमान में कहीं दूर
इन्द्र के ढह पड़े महल के खँडहर को
बिजली की गेतियाँ व फावड़े
खोद-खोद
ढेर दूर कर रहे।
कहीं से फिर एक
आती आवाज़—
'कई ढेर बिलकुल साफ़ हो चुके',
और तभी—
किसी अन्य गम्भीर-उदात्त
आवाज़ ने
चिल्लाकर घोषित किया—
'प्राथमिक शाला के
बच्चों के लिए एक

खुला-खुला, धूपभरा साफ़-साफ़
खेल-कूद-मैदान सपाट अपार—
यों बनाया जाएगा कि
पता भी न चलेगा कि
कभी महल था यहाँ भगवान् इन्द्र का।'

हम यहाँ ज़मीन के नीचे दबे हुए हैं
गड़ी हुई अन्य धुकधुकियो,
ख़ुश रहो
इसी में कि
वक्षों में तुम्हारे अब
बच्चे ये खेलेंगे
छाती की मटमैली ज़मीनी सतहों पर
मैदान, धूप व खुली-खुली हवा ख़ूब
हँसेगी व खेलेगी।
किलकारी भरेंगे ये बालगण।

लेकिन, दबी धुकधुकियो,
सोचो तो कि
अपनी ही आँखों के सामने
ख़ूब हम खेत रहे!
ख़ूब काम आए हम!!
आँखों के भीतर की आँखों में डूब-डूब
फैल गए हम लोग!!
आत्म-विस्तार यह
बेकार नहीं जाएगा।
ज़मीन में गड़ी हुई देहों की ख़ाक से
शरीर की मिट्टी से, धूल से
खिलेंगे गुलाबी फूल
सही है कि हम पहचाने नहीं जाएँगे।
दुनिया में नाम कमाने के लिए
कभी कोई फूल नहीं खिलता है
हृदयानुभव-राग-अरुण
गुलाबी फूल, प्रकृति के गन्ध-कोष
काश, हम बन सकें!

[सम्भावित रचनाकाल 1959। राजनांदगाँव। आधुनिक कविताएँ, 1959 में प्रकाशित]

एक अन्तर्कथा

अग्नि के काष्ठ
खोजती माँ,
बीनती नित्य सूखे डंठल
सूखी टहनी, रूखी डालें
घूमती सभ्यता के जंगल
वह मेरी माँ
खोजती अग्नि के अधिष्ठान

मुझमें दुविधा,
पर, माँ की आज्ञा से समिधा
एकत्र कर रहा हूँ;
मैं हर टहनी में ठंडल में
एक-एक स्वप्न देखता हुआ
पहचान रहा प्रत्येक
जतन से जमा रहा
टोकरी उठा, मैं चला जा रहा हूँ

टोकरी उठाना...चलन नहीं
वह फ़ैशन के विपरीत
इसलिए निगाहें बचा-बचा
आड़े-तिरछे चलता हूँ मैं
संकुचित और भयभीत

अजीब-सी टोकरी
कि उसमें प्राणवान् माया...
गहरी कीमिया

सहज उभरी फैली सँवरी
डंठल-टहनी की कठिन साँवली रेखाएँ
आपस में लग यों गुँथ जातीं
मानो अक्षर नवसाक्षर खेतिहर के-से
वे बेढब वाक्य फुसफुसाते
टोकरी विवर में से स्वर आते दबे-दबे
मानो कलरव गा उठता हो धीमे-धीमे
अथवा मनोज्ञ शत रंग-बिरंगी विहंग गाते हों

आगे-आगे माँ पीछे मैं;
उसकी दृढ़ पीठ ज़रा-सी झुक
चुन लेती ठंडल, पल-भर रुक
वह जीर्ण-नील-वस्त्रा
है अस्थि-दृढ़ा
गतिमती व्यक्तिमत्ता
कर रहा अध्ययन मैं उसकी मज़बूती का
उसके जीवन से लगे हुए
वर्षा-गरमी-सरदी और क्षुधा-तृषा के वर्षों से
मैं पूछ रहा—
टोकरी-विवर में पक्षी-स्वर
कलरव क्यों है
माँ कहती—
'सूखी टहनी की अग्नि-क्षमता
ही गाती है पक्षी स्वर में
वह बन्द आग है खुलने को।'
मैं पाता हूँ
कोमल कोयल अतिशय प्राचीन
व अति नवीन
स्वर में पुकारती है मुझको
टोकरी-विवर के भीतर से।
पथ पर ही मेरे पैर थिरक उठते
कोमल लय में।
मैं साश्रुनयन, रोमांचित तन, प्रकाशमय मन।
उपमाएँ उद्घाटित-वक्षा मृदु स्नेहमुखी

एक-टक देखतीं मुझको—
प्रियतर मुसकातीं...
मूल्यांकन करते एक-दूसरे का
हम एक-दूसरे को सँवारते जाते हैं
वे जगत्-समीक्षा करते-से
मेरे प्रतीक रूपक सपने फैलाते हैं
आगामी के।
दरवाज़े दुनिया के सारे खुल जाते हैं
प्यार के साँवले क़िस्सों की उदास गलियाँ
गम्भीर-करुण मुसकाहट में
अपने उर का सब भेद खोलती हैं।
अनजाने हाथ मित्रता के
मेरे हाथों में पहुँच ऊष्मा भरते हैं
मैं अपनों से घिर उठता हूँ
मैं विचरण करता-सा हूँ एक फ़ैंटेसी में
यह निश्चित है कि फ़ैंटेसी कल वास्तव होगी।
मेरा तो सिर फिर जाता है
औ' मस्तक में
ब्रह्मांड दीप्ति-सी घिर उठती
रवि-किरण-बिन्दु आँखों में स्थिर हो जाता है।

सपने से जगकर पाता हूँ सामने वहीं
बरगद के तने-सरीखी वह अत्यन्त कठिन
दृढ़ पीठ अग्रयायी माँ की
युग-युग अनुभव का नेतृत्व
आगे-आगे,
मैं अनुगत हूँ।
वह एक गिरस्तिन आत्मा
मेरी माँ
मैं चिल्लाकर पूछता—
कि यह सब क्या
कि कौन-सी माया यह!
मुड़कर के मेरी ओर सहज मुसका
वह कहती है।—

‘आधुनिक सभ्यता के वन में
व्यक्तित्व-वृक्ष सुविधावादी।
कोमल-कोमल टहनियाँ मर गईं अनुभव-मर्मों की
यह निरुपयोग के फलस्वरूप हो गया
अन्तर्जीवन के मूल्यवान् जो संवेदन
उनका विवेकसंगत प्रयोग हो सका नहीं
कल्याणमयी करुणाएँ फेंकी गईं
रास्ते पर कचरे-जैसी,
मैं चीन्ह रही उनको
जो गहन अग्नि के अधिष्ठान
हैं प्राणवान्
मैं बीन रही उनको
देख तो
उन्हें सभ्यताभिरुचिवश छोड़ा जाता है
उनसे मुँह मोड़ा जाता है
दम नहीं किसी में
उनको दुर्दम करे
अनलोपम स्वर्णिम करे।
घर के बाहर आँगन में मैं सुलगाऊँगी
दुनियाभर को उनका प्रकाश दिखलाऊँगी।’

यह कह माँ मुसकाई,
तब समझा
हम दो
क्यों
भटका करते हैं, बेगानों की तरह, रास्तों पर।
मिल नहीं किसी से पाते हैं
अन्तस्थ हमारे प्रेरियितृ अनुभव
जम नहीं किसी से पाते हम
फ़िट नहीं किसी से होते हैं
मानो असंग की ओर यात्रा असंग की।
वे लोग बहुत जो ऊपर-ऊपर चढ़ते हैं
हम नीचे-नीचे गिरते हैं
तब हम पाते वीथी सुसंगमय ऊष्मामय।

हम हैं समाज की तलछट, केवल इसीलिए
हमको सर्वोज्ज्वल परम्परा चाहिए।
माँ परम्परा-निर्मिति के हित
खोजती ज़िन्दगी के कचरे में भी
ज्ञानात्मक संवेदन
पर, रखती उनका भार कठिन मेरे सिर पर

अजीब अनुभव है
सिर पर के टोकरी-विवर में मानव-शिशु
वह कोई सद्योजात
मृदुल-कर्कश स्वर में
रो रहा;
सच, प्यार उमड़ आता उस पर
पर, प्रतिपालन-दायित्व भार से घबराकर
मैं तो विवेक खो रहा
वह शिकायतों से भरा बाल-स्वर मँडराता
प्रिय बालक दुर्भर, दुर्धर है—यह मैं विचारता कतराता
झखमार, झींख औ' प्यार गुँथ रहे आपस में
वह सिर पर चढ़ रो रहा, नहीं मेरे बस में
बढ़ रहा बोझ। वह मानव-शिशु
भारी-भारी हो रहा।

वह कौन? कि सहसा प्रश्न कौंधता अन्तर में—
'वह है मानव-परम्परा'
चिंघाड़ता हुआ उत्तर यह,
'सुन, कालिदास का कुमारसम्भव वह।'
मेरी आँखों में अश्रु और अभिमान
किसी कारण
अन्तर के भीतर पिघलती हुई हिमालयी चट्टान
किसी कारण;
[illegible] एक क्षण-भर
[illegible] कन्धों पर खड़ा हुआ है देव एक दुर्धर
[illegible] नभस् दो हाथों से
[illegible]त मेरी पीठ बहुत झुकती जाती

वह कुचल रही है मुझे देव-आकृति।
है दर्द बहुत रीढ में
पसलियाँ पिरा रहीं
पाँव में जम रहा ख़ून
द्रोह करता है मन
मैं जनमा जब से इस साले ने कष्ट दिया
उल्लू का पट्ठा कन्धे पर है खड़ा हुआ
कि इतने में
गम्भीर मुझे आदेश—
कि बिलकुल जमे रहो।
तुम दाँव अड़ाओ, तने रहो।
तुम दाँव अड़ाओ, तने रहो।
मैं अपने कन्धे क्रमशः सीधे करता हूँ
तन गई पीठ
और स्कन्ध नभोगामी होते
इतने ऊँचे हो जाते हैं,
मैं एकाकार हो गया-सा देवाकृति से।
नभ मेरे हाथों पर आता
मैं उल्का-फूल फेंकता मधुर चन्द्रमुख पर
मेरी छाया गिरती है दूर नेब्युला में।
बस, तभी तलब लगती है बीड़ी पीने की।
मैं पूर्वाकृति में आ जाता,
बस, चाय एक कप मुझे गरम कोई दे दे
ऐसी-तैसी उस गौरव की
जो छीन चले मेरी सुविधा
मित्रों से गप करने का मज़ा और ही है।
ये गरम चिलचिलाती सड़कें
सौ बरस जिएँ
मैं परिभ्रमण करता जाऊँगा जीवन-भर
मैं जिप्सी हूँ।

दिल को ठोकर
वह विकृत आईना मन का सहसा टूट गया
जिसमें या तो चेहरा दिखता था बहुत बड़ा

फूला-फूला
या अकस्मात् विकलांग व छोटा-छोटा-सा
सिट्टी गुम है,
नाड़ी ठंडी।
देखता हूँ कि माँ व्यंग्यस्मित मुसकरा रही
डाँटती हुई कहती है वह—
'तब देव बना अब जिप्सी भी,
केवल जीवन-कर्त्तव्यों का
पालन न हो सके इसीलिए
निज को बहकाया करता है।
चल इधर, बीन रूखी टहनी
सूखी डालें,
भूरे डंठल,
पहचान अग्नि के अधिष्ठान
जा पहुँच स्वयं के मित्रों में
कर ग्रहण अग्नि-भिक्षा
लोगों से पड़ोसियों से मिल।'
चिलचिला रही सड़कें व धूल है चेहरे पर
चिलचिला रहा बेशर्म दलिद्दर भीतर का
पर, सेमल का ऊँचा-ऊँचा वह पेड़ रुचिर
सम्पन्न लाल फूलों को लेकर खड़ा हुआ
रक्तिमा प्रकाशित करता-सा
वह गहन प्रेम
उसका कपास रेशम-कोमल।
मैं उसे देख जीवन पर मुग्ध हो रहा हूँ।

[सम्भावित रचनाकाल 1959। राजनांदगाँव। कृति, नवम्बर 1959, में प्रकाशित। चाँद का मुँह टेढ़ा है, में संकलित]

अन्तःकरण का आयतन

अन्तःकरण का आयतन संक्षिप्त है,
आत्मीयता के योग्य
मैं सचमुच नहीं!
पर, क्या करूँ,
यह छाँह मेरी सर्वगामी है।
हवाओं में अकेली साँवली बेचैन उड़ती है
कि श्यामल-अंचला के हाथ में
तब लाल कोमल फूल होता है
चमकता है अँधेरे में
प्रदीपित द्वन्द्व-चेतस् एक
सत्-चित् वेदना का फूल

उसको ले
न जाने कहाँ किन-किन साँकलों को
खटखटाती वह;
नहीं इनकारवाले द्वार खुलते, किन्तु
उन सोते हुओं के गूढ़ सपनों में
परस्पर-विरोधों का उर-विदारक शोर होता है!
विचित्र प्रतीक गुँथ जाते,
(अनिवार्य-सा भवितव्य) नीलाकाश
नीचे और नीचे उतरता आता
उस नीलाभ छत से शीश टकराता
कि सिर से ख़ून;
चेहरा रक्त-धाराओंभरा,
भीऽषण

उजाड़ प्रकाश सपने में
कि वे जाग पड़ते हैं
तुरत ही, गहन चिन्ताक्रान्त होकर सोचने लगते
कि बेबीलौन सचमुच नष्ट होगा क्या?
प्रतिष्ठित राज्य-संस्कृति के प्रभावी दृश्य
सुन्दर सभ्यता के तुंग-स्वर्ण-कलश
सब आदर्श
उनके भाष्यकर्ता ज्ञानवान् महर्षि
ज्योतिर्विद्, गणितशास्त्री, विचारक, कवि,
सभी वे याद आते हैं।
प्रतापी सूर्य हैं वे सब प्रखर जाज्वल्य
पर, यह क्या
अँधेरे स्याह धब्बे सूर्य के भीतर बहुत विकराल
धब्बों के अँधेरे विवर-तल में से
उभरकर उमड़कर दल बाँध
उड़ते आ रहे हैं गिद्ध
पृथ्वी पर झपटते हैं!
निकालेंगे नुकीली चोंच से आँखें,
कि खाएँगे हमारी दृष्टियाँ ही वे!
मन में ग्लानि,
गहन विरक्ति, मितली के बुरे चक्कर
भयानक क्षोभ
पीली धूल के बेदम बगुले, और
गन्दे काग़ज़ों का मुन्सिपल कचरा!!
कि मेरी छाँह, उनको पारकर, भूरे पहाड़ों पर
अचानक खड़ी स्तब्ध
उसके गहन चिन्तनशील नेत्रों में
विदारक क्षोभमय सन्तप्त जीवन-दृश्य
मैदानी प्रसारों पर क्रमागत तिर रहे-से हैं।
जहाँ भी डालती वह दृष्टि,
संवेदन-रुधिर-रेखा-रँगी तसवीर तिर आती
गगन में, भूमि पर, सर्वत्र दिखते हैं
तड़प मरते हुए प्रतिबिम्ब
जग उठेते हुए द्युति-बिम्ब

दोनों की परस्पर-गुँथन
या उलझाव लहरीला
व उस उलझाव में गहरे,
बदलते जगत् का चेहरा!!

मेरी छाँह सागर-तरंगों पर भागती जाती,
दिशाओं पार, हलके पाँव।
नाना देश-दृश्यों में
अजाने प्रियतरों का मौन चरण-स्पर्श,
वक्ष-स्पर्श करती मुग्ध
घर में घूमती उनके,
लगाती लैम्प, उनकी लौ बड़ी करती।
व अपने प्रियतरों के उजलते मुख को
मधुर एकान्त में पाकर,
किन्हीं संवेदनात्मक ज्ञान-अनुभव के
स्वयं के फूल—ताज़े पारिजात—प्रदान करती है;
अचानक मुग्ध आलिंगन,
मनोहर बात, चर्चा, वाद और विवाद
उनका अनुभवात्मक ज्ञान-संवेदन
समूची चेतना की आग
पीती है।
मनोहर दृश्य प्रस्तुत यों—
गहन आत्मीय सघनच्छाय
भव्याशय अँधेरे वृक्ष के नीचे
सुगन्धित अकेलेपन में,
खड़ी हैं नीलतन दो चन्द्र-रेखाएँ
स्वयं की चेतनाओं को मिलाती हैं
उनसे भभककर सहसा निकलती आग,
या निष्कर्ष
जिनको देखकर, अनुभूत कर, दोनों चमत्कृत हैं
अँधेरे औ' उजाले के भयानक द्वन्द्व
की सारी व्यथा जीकर
गुँथन-उलझाव के नक़्शे बनाने,
भयंकर बात मुँह से निकल आती है।

भयंकर बात स्वयं प्रसूत होती है।
तिमिर में समय झरता है;
व उसके गिर रहे एक-एक कण से
चिनगियों का दल निकलता है!!
अँधेरे वृक्ष में से गहन आभ्यन्तर
सुगन्धें भभक उठती हैं
कि तन-मन में निराली फैलती ऊष्मा
व उन पर चन्द्र की लपटें मनोहर फैल जाती हैं।
की मेरी छाँह
अपनी बाँह फैलाती
व अपने प्रियतरों के ऊष्म-श्वस् व्यक्तित्व
कि दुर्दान्त
उन्मद बिजलियों में वह
अनेकों बिजलियों से खेल जाती है,
व उनके नेत्रों को दीखते परिदृश्य में
वह मुग्ध होकर फैल जाती है,
जगत्-सन्दर्भ अपने स्वयं के सर्वत्र फैलाती
अपने प्रियतरों के स्वप्न, उनके विचारों की वेदना जीकर,
व्यथित अंगार बनती है;
हिलगकर, सौ लगावों से भरी,
मृदु झाइयों की थरथरी
उतरती है खदानों के अँधेरे में
वह और अगले स्वप्न का विस्तार बनती है।
कि वह तो भटकती रहती
व ज़्यादा स्याह होती है
हृदय में वह किसी के सुलगती रहती
उलझकर, मुक्तिकामी श्याम गहरी भीड़ में चलती
उतरकर, आत्मा के स्याह घेरे में
अचानक दृप्त हस्तक्षेप करती है
सिखाती सीखती रहती,
परखती, बहस करती और ढोती बोझ
सिखाती सीखती रहती,
परखती, बहस करती और ढोती बोझ
मेहनत से,

ज़मीनें साफ़ करती है,
दिवालों की दरारें पूरती-भरती,
व सीती फटे कपड़े, दिल रफ़ू करती,
किन्हीं प्राणांचलों पर वह क़सीदा काढ़ती रहती
स्वयं की आत्मा की फूल-पत्ती के नमूने का!!

अजाने रास्तों पर रोज़
मेरी छाँह यूँ ही भटकती रहती
किसी श्यामल उदासी के कपोलों पर अटकती है
अँधेरे में, उजाले में,
कुहा के नील कुहरे और पाले में,
व खड्डों-खाइयों में घाटियों पर या पहाड़ों के कगारों पर
किसी को बाँह में भर, चूमकर, लिपटा
हृदय में विश्व-चेतस् अग्नि देती है
कि जिससे जाग उठती हैं
समूची आत्म-संविद्, ऊष्म-श्वस् गहराइयाँ,
गहराइयों से आग उठती है!!

मैं देखता क्या हूँ कि—
पृथ्वी के प्रसारों पर
जहाँ भी स्नेह या संगर,
वहाँ पर एक मेरी छटपटाहट है,
वहाँ है ज़ोर गहरा एक मेरा भी;
सतत मेरी उपस्थिति, नित्य-सन्निधि है।
एक मेरा भी वहाँ पर प्राण-प्रतिनिधि है
अनुज, अग्रज, मित्र
कोई आत्म-छाया-चित्र!!
धरती के विकासी द्वन्द्व-क्रम में एक मेरा छटपटाता वक्ष,
स्नेहाश्लेष या संगर कहीं भी हो
कि धरती के विकासी द्वन्द्व-क्रम में एक मेरा पक्ष,
मेरा पक्ष, निःसन्देह!!

यह जनपथ,
यहाँ से गुज़रते हैं फूल चेहरों के

लिए आलोक आँखों में।
स्वयं की दूरियाँ, सब फ़ासले लेकर
गुज़रते चमकते तारे।
लिए रातें अँधेरी,
गुज़रती हैं ढिबरियाँ, टिमटिम
सुबह गरमी लिए जाती ख़ुद अपनी
आईने-सी साफ़ दोपहरी,
हँसी, किलकारियाँ
रंगीन मस्त किनारियाँ,
वे झाइयाँ आत्मीय,
वे परछाइयाँ काली बहुत उद्विग्न,
श्यामल खाइयाँ गम्भीर।
मुझको तो समूचा दृश्य धरती की सतह से उठ,
नवल आकाश के प्रत्यक्ष मार्गों-सेतुओं
पर चल रहा दिखता
व उस आकाश में से बरसते मुझ पर
सुगन्धित रंग-निर्झर और
छाती भीग जाती है, व आँखों में
उसी की रंग-लौ कोमल चमकती-सी
कि इतने में
भयानक बात होती है
हृदय में घोर दुर्घटना
अचानक एक काला स्याह चेहरा प्रकट होता है
विकट हँसता हुआ।
अध्यक्ष वह
मेरी अँधेरी खाइयों में
कार्यरत कमज़ोरियों के छलभरे षड्यन्त्र का
केन्द्रीय संचालक
किसी अज्ञात गोपन कक्ष में
मुझको अजन्ता की गुफाओं में हमेशा क़ैद रखता है
क्या इसलिए ही कर्म तक मैं लड़खड़ाता पहुँच पाता हूँ?

सामना करने
निपीड़क आत्मचिन्ता से

अकेले में गया मन, और
वह एकेक कमरा खोल भीतर धँस रहा हर बार
लगता है कि ये कमरे नहीं हैं ठीक
कमरे हैं नहीं ये ठीक,
इन सुनसान भीतों पर
लगे जो आईने उनमें
स्वयं का मुख
जगत् के बिम्ब
दिखते ही नहीं...
जो दीखता है वह
विकृत प्रतिबिम्ब हैं उद्भ्रान्त
ऐसा क्यों?
उन्हें क्योंकर न साफ़ किया गया?
कमरे न क्यों खोले गए?
आश्चर्य है!
ये आईने किस काम के
जिसमें अँधेरा डूबता!!
सबकी पुनर्रचना न क्योंकर की गई?

इतने में कहीं से आ रहा है पास
कोई जादुई संगीत-स्वर-आलाप
आता पास और प्रकाश बनता-सा
कि स्वर वे रश्मियों में हो रहे परिणत
व उनसे किरण-वाक्यावलि—
सहस्रों पीढ़ियों ने विश्व का
रमणीयतम जो स्वप्न देखा था
वही,
हाँ, वही
बिलकुल, सामने, प्रत्यक्ष है!!
मैं देखता क्या हूँ,
अँधेरे आईनों में सिर उठाती है
प्रतेजस-आनना
प्रतिभामयी मुख-लालिमा
तेजस्विनी लावण्य-श्री

प्रत्यक्ष,
बिलकुल सामने!!
(शायद, शमा कोई अचानक, मुसकराई थी)
कई फ़ानूस, भीतर, रंग-बिरंगे झलमला उठते
गहन संवेदनाओं के...
आश्चर्य,
कयोंकर दूसरे ही क्षण
अचानक एक ठंडा स्पर्श कन्धे पर
हृदय यह थरथरा उठता!
कि काला लबादा ओढ़े
बराबर, सामने, प्रत्यक्ष कोई
स्याह परदे से ढँका चेहरा
सुरीली किन्तु है आवाज़
यद्यपि चीख़ते-से शब्द—
'मुझसे भागते क्यों हो?
सुकोमल काल्पनिक तल पर,
नहीं है द्वन्द्व का उत्तर
तुम्हारी स्वप्न-बीथी कर सकेगी क्या।
बिना संहार के, सर्जन असम्भव है;
समन्वय झूठ है,
सब सूर्य फूटेंगे
व उनके केन्द्र टूटेंगे
उड़ेंगे खंड
बिखरेंगे गहन ब्रह्मांड में सर्वत्र
उनके नाश में तुम योग दो!!''

आँखें देखती रहतीं,
हृदय यह स्तब्ध है,
कौन है जो सामने है, क्षुब्ध है!!
सहसा किसी उद्वेग से
मैं झपटता,
उस घोर आकृति पर भयानक टूट पड़ता हूँ!
व उसका आवरण ऊपर उठाकर फेंक देता हूँ,
कि मैं आतंक-हत

जी धक्
व जड़, निर्वाक्!!
वह तो है, वही है, हाँ वही बिलकुल,
प्रतेजस–आनना
लावण्य–श्री मित्र–स्मिता
जिसने अँधेरे आईने में सिर उठाया था
व हलके मुसकराया था
व मेरा जी हिलाया था!!
सहस्रों पीढ़ियों ने विश्व का
रमणीयतम
जो स्वप्न देखा था
वही, बिलकुल वही।
स्वप्न के आवेश में यह जो
सुकोमल चाँदनी की मन्द नीली श्री
क्षितिज पर देख,
फ़सलों के महकते सुनहले फैलाव
में ही चला जाता है
व आँखों में चमकतीं चाँद की लपटें
हृदय में से
निकलती आम्र–तरु–मधु–मंजरी की गन्ध।
इतने में सुनहला एक गोरा झौंर
सहसा तोड़ लेता हूँ
अचानक देखता क्या हूँ
हर एक बाली में सुकोमल फूल में प्रत्यक्ष
तेजस्–स्मित धरती और मानव के समन्वय से
प्रभामय मुख
अरे किसका अरे किसका
प्रियजनों का!! सहचरों का वह
कि उसको देख
गोरा झौंर
वापस लगा देता जमा देता डाल पर सुस्थित
व वे मुख मुसकराते हैं
कि जादू है
व मैं इस जादुई षड्यन्त्र में फँसता गया।

पर, हाय!
मुझको तोड़ने की बुरी आदत है
कि क्या उत्पीड़कों के वर्ग से होगी न मेरी मुक्ति!!

इतने में वही रमणीयतम
मृदु मूर्ति
धीमे मुसकराती है
व मुझको, और गहरे और गहरे,
जान जाती है
व किरनें सब जगह यों फैल जाती हैं
कि मैं लज्जित
भयानक रूप से
विद्रूप मैं सचमुच!!
कि इतने में
अचानक कान में फिर से
नभोमय भूमिमय लहरा रहा-सा
गन्धमय संगीत
मानो गा रहा कोई पुरुष
आकाश के नीचे,
खुले बेछोर क्षिप्रा कूल पर उन्मुक्त
लेकिन विरोधात्मक चेतना मेरी
उसी क्षण सुन रही है
श्याम सन्ध्याकाल मन्दिर-आरती-आलाप-वेला में
भयानक श्वानदल का ऊर्ध्व क्रन्दन
वह उदासी की ऊँचाई पर चढ़ा लहरा रहा रोना
सुन रहा हूँ आज दोनों को
कि है आश्चर्य!!
यह भी ख़ूब।
जिस सौन्दर्य को मैं खोजता फिरता रहा दिन-रात
वह काला लबादा ओढ़
पीछे पड़ गया था रात-दिन मेरे।
कि अब सब प्रश्न जीवन के
मुझे लगते
कि मानो रक्त-तारा चमचमाता हो

कि मंगल-लोक
हमको बुलाता हो
                साहसिक यात्रा-पथों पर और
मेरा हृदय दृढ़ होकर धड़कता है
कि मैं तो एक आयुध
मात्र साधन
प्रेम का वाहन
तुम्हारे द्वार पर आया हुआ मैं अस्त्र-सज्जित रथ
मेरे चक्र दोनों अग्र गति के लिए व्याकुल हैं
व मेरी प्राण-आसन्दी तुम्हारी प्रतीक्षा में है
यहाँ बैठो, विराजो,
                आत्मा के मृदुल आसन पर
हृदय के, बुद्धि के ये अश्व तुमको ले उड़ेंगे और
शैल-शिखरों की चढ़ानों पर बसी ठंडी हवाओं में
व उसके पार
गुरु-गम्भीर मेघों की चमकती लहर-पीठों पर
व उसके भी परे, आगे व ऊँचे,
स्वर्ण उल्का-क्षेत्रों में रथ
                तुम्हें ले जाएगा!!
नक्षत्र-तारक-ज्योति-लोकों में घुमा ले आएगा सर्वत्र।
रथ के यन्त्र सब मज़बूत हैं।
उन प्रश्न-लोकों में यहाँ की बोलियाँ
तुमको बुलाती हैं
कि उनको ध्यान से सुन लो।

[सम्भावित रचनाकाल 1959। राजनांदगाँव। कृति, मार्च 1960, में प्रकाशित। चाँद का मुँह टेढ़ा है, में संकलित]

मुझे क़दम-क़दम पर

मुझे क़दम-क़दम पर
चौराहे मिलते हैं
बाँहें फैलाए!!

एक पैर रखता हूँ
कि सौ राहें फूटतीं,
व मैं उन सब पर से गुज़रना चाहता हूँ;
बहुत अच्छे लगते हैं
उनके तजुर्बे और अपने सपने...
सब सच्चे लगते हैं;
अज़ीब-सी अकुलाहट दिल में उभरती है,
मैं कुछ गहरे में उतरना चाहता हूँ;
जाने क्या मिल जाए!!

मुझे भ्रम होता है कि प्रत्येक पत्थर में
चमकता हीरा है,
हर-एक छाती में आत्मा अधीरा है,
प्रत्येक सुस्मित में विमल सदानीरा है,
मुझे भ्रम होता है कि प्रत्येक वाणी में
महाकाव्य-पीड़ा है,
पलभर मैं सबमें से गुज़रना चाहता हूँ,
प्रत्येक उर में से तिर आना चाहता हूँ,
इस तरह ख़ुद ही को दिए-दिए फिरता हूँ,
अज़ीब है ज़िन्दगी!!
बेवक़ूफ़ बनने के ख़ातिर ही
सब तरफ़ अपने को लिये-लिये फिरता हूँ;

और यह देख-देख बड़ा मज़ा आता है
कि मैं ठगा जाता हूँ...
हृदय में मेरे ही,
प्रसन्न-चित्त एक मूर्ख बैठा है
हँस-हँसकर अश्रुपूर्ण, मत्त हुआ जाता है,
कि जगत् ...स्वायत्त हुआ जाता है।

कहानियाँ लेकर और
मुझको कुछ देकर ये चौराहे फैलते
जहाँ ज़रा खड़े होकर
बातें कुछ करता हूँ...
...उपन्यास मिल जाते।

दुःख की कथाएँ, तरह-तरह की शिकायतें
अहंकार-विश्लेषण, चारित्रिक आख्यान,
ज़माने के जानदार सूरे व आयतें
सुनने को मिलती हैं!

कविताएँ मुसकरा लाग-डाँट करती हैं
प्यार बात करती हैं।
मरने और जीने की जलती हुई सीढ़ियाँ
श्रद्धाएँ चढ़ती हैं!!

घबराए प्रतीक और मुसकाते रूप-चित्र
लेकर मैं घर पर जब लौटता...
उपमाएँ, द्वार पर आते ही कहती हैं कि
सौ बरस और तुम्हें
जीना ही चाहिए।

घर पर भी, पग-पग पर चौराहे मिलते हैं,
बाँहें फैलाए रोज़ मिलती हैं सौ राहें,
शाखा-प्रशाखाएँ निकलती रहती हैं,
नव-नवीन रूप-दृश्यवाले सौ-सौ विषय
रोज़-रोज़ मिलते हैं...

और, मैं सोच रहा कि
जीवन में आज के
लेखक की कठिनाई यह नहीं कि
कमी है विषयों की
वरन् यह कि आधिक्य उनका ही
उसको सताता है,
और, वह ठीक चुनाव कर नहीं पाता है!!

[सम्भावित रचनाकाल 1959-60। राजनांदगाँव। लहर, दिसम्बर 1961, में 'चौराहे' शीर्षक से प्रकाशित। चाँद का मुँह टेढ़ा है, में संकलित]

अँधेरे में

[यहाँ इस कविता का जो पाठ प्रस्तुत है वह 'कल्पना' तथा 'चाँद का मुँह टेढ़ा है' में प्रकाशित पाठों से भिन्न है और कवि द्वारा इन दोनों पाठों में किए गए संशोधनों पर आधारित पांडुलिपि के अनुसार है।—सं.]

1

ज़िन्दगी के......
कमरों में अँधेरे
लगाता है चक्कर
कोई एक लगातार;
आवाज़ पैरों की देती है सुनाई
बार-बार....बार-बार,
वह नहीं दीखता...नहीं ही दीखता,
किन्तु, वह रहा घूम
तिलिस्मी खोह में गिरफ़्तार कोई एक;
भीत-पार आती हुई पास से,
गहन रहस्यमय अन्धकार-ध्वनि-सा
अस्तित्व जनाता
अनिवार कोई एक,
और, मेरे हृदय की धक-धक
पूछती है—वह कौन
सुनाई जो देता, पर नहीं देता दिखाई!
इतने में अकस्मात् गिरते हैं भीत से
फूले हुए पलस्तर,
खिरती है चूनेभरी रेत
खिसकती हैं पपड़ियाँ इस तरह—

ख़ुद-ब-ख़ुद
कोई बड़ा चेहरा बन जाता है,
स्वयमपि
मुख बन जाता है दिवाल पर,
नुकीली नाक और
भव्य ललाट है,
दृढ़ हनु;
कोई अनजानी अन-पहचानी आकृति।
कौन वह दिखाई जो देता, पर
नहीं जाना जाता!!
कौन मनु?

बाहर शहर के, पहाड़ी के उस पार, तालाब...
सब तरफ़ अँधेरा,
प्रशान्त जल,
पर, भीतर से उभरती है सहसा
सलिल के तम-श्याम शीशे में कोई श्वेत आकृति
कुहरीला कोई बड़ा चेहरा फैल जाता है
और मुसकाता है,
पहचान बताता है;
किन्तु, मैं हत्प्रभ,
नहीं वह समझ में आता।

अरे! अरे!!
तलाब के आस-पास, अँधेरे में वन-वृक्ष
चमक-चमक उठते हैं हरे-हरे, अचानक
वृक्षों के शीश पर नाच-नाच उठती हैं बिजलियाँ,
शाखाएँ, डालियाँ झूमकर झपटकर
चीख़, एक दूसरे पर पटकती हैं सिर के अकस्मात्
वृक्षों के अँधेरे में छिपी हुई किसी एक
तिलिस्मी खोह का शिला-द्वार
खुलता है धड़ से
....
घुसती है लाल-लाल मशाल अज़ीब-सी,

अन्तराल-विवर के तम में
लाल-लाल कुहरा;
कुहरे में, सामने, रक्तालोक स्नात-पुरुष एक,
रहस्य साक्षात्!!

तेजोप्रभावमय उसका ललाट देख,
मेरे अंग-अंग में अज़ीब एक थर-थर।
गौरवर्ण, दीप्त-दृग, सौम्यमुख
सम्भावित स्नेह-सा प्रिय रूप देखकर
विलक्षण शंका,
भव्य आजानुभुज देखते ही साक्षात्
गहन एक सन्देह।

वह रहस्यमय व्यक्ति
अब तक न पाई गई मेरी अभव्यक्ति है,
पूर्ण अवस्था वह
निज-सम्भावनाओं, निहित प्रभाओं, प्रतिभाओं की
मेरे परिपूर्ण का आविर्भाव,
हृदय में रिस रहे ज्ञान का तनाव वह,
आत्मा की प्रतिमा।

किन्तु, वह फटे हुए वस्त्र क्यों पहने है?
उसका स्वर्ण-वर्ण मुख मैला क्यों?
वक्ष पर इतना बड़ा घाव कैसे हो गया?
उसने कारावास-दुःख झेला क्यों?
उसकी इतनी भयानक स्थिति क्यों है?
रोटी उसे कौन पहुँचाता है?
कौन पानी देता है?
फिर भी, उसके मुख पर स्मित क्यों है?
प्रचंड शक्तिमान क्यों दिखाई देता है?

प्रश्न थे गम्भीर, शायद ख़तरनाक भी,
इसीलिए बाहर के गुंजान
जंगलों से आती हुई हवा ने

फूँक मार एकाएक मशाल ही बुझा दी...
कि मुझको यों अँधेरे में पकड़कर
मौत की सज़ा दी!
किसी काले 'डैश' की घनी काली पट्टी ही
आँखों पर बँध गई,
किसी खड़ी पाई की सूली पर मैं टाँग दिया गया,
किसी शून्य बिन्दु के अँधियारे खड्डे में
गिरा दिया गया मैं
अचेतन स्थिति में!

2

सूनापन सिहरा
अँधेरे में ध्वनियों के बुलबुले उभरे,
शून्य के मुख पर सलवटें स्वर की,
मेरे ही उर पर, धँसाती हुई सिर,
छटपटा रही हैं शब्दों की लहरें
मीठी हैं दुःसह!!
अरे, हाँ, साँकल ही रह-रह
बजती है द्वार पर।
कोई मेरी बात मुझे बताने के लिए ही
बुलाता है, बुलाता है (हृदय को सहला
मानो किसी जटिल प्रसंग में सहसा
होंठों पर होंठ रख, कोई सच-सच बात
सीधे-सीधे कहने को तड़प जाए, और फिर
वही बात सुनकर धँस जाए मेरा जी...
इस तरह, साँकल ही रह-रह, बजती है द्वार पर)

आधी रात, इतने अँधेरे में, कौन आया मिलने?
विमन प्रतीक्षातुर कुहरे में घिरा हुआ
द्युतिमय मुख—वह प्रेमभरा चेहरा—
भोला-भाला भाव—
पहचानता हूँ बाहर जो खड़ा है!!
यह वही व्यक्ति है, जी हाँ!
जो मुझे तिलिस्मी खोह में दिखा था।

अवसर-अनवसर
प्रकट जो होता ही रहता,
मेरी सुविधाओं का न तनिक ख़यालकर।
चाहे जहाँ, चाहे जिस समय उपस्थित,
चाहे जिस रूप में
चाहे जिन प्रतीकों में प्रस्तुत;
इशारे से बताता है, समझाता रहता
हृदय को देता है बिजली के झटके!!
अरे, उसके चेहरे पर खिलती हैं सुबहें,
गालों पर चट्टानी चमक पठार की
आँखों में किरणीली शान्ति की लहरें,
उसे देख, प्यार उमड़ता है अनायास!
लगता है—दरवाज़ा खोलकर
बाँहों में कस लूँ,
हृदय में रख लूँ
घुल जाऊँ, मिल जाऊँ लिपटकर उससे।
परन्तु, भयानक खड्डे के अँधेरे में आह
और क्षत-विक्षत, मैं पड़ा हुआ हूँ;
शक्ति ही नहीं है कि उठ सकूँ ज़रा भी
(यह भी तो सही है कि
कमज़ोरियों से ही मोह है मुझको)
इसीलिए, टालता हूँ उस मेरे प्रिय को
कतराता रहता,
डरता हूँ उससे।
वह बिठा देता है तुंग शिखर के
ख़तरनाक, खुरदरे कगार-तट पर;
शोचनीय स्थिति में ही छोड़ देता मुझको।
कहता है—'पार करो पर्वत-सन्धि के गह्वर,
रस्सी के पुल पर चलकर
दूर उस शिखर-कगार पर स्वयं ही पहुँचो।'
अरे भाई, मुझे नहीं चाहिए शिखरों की यात्रा,
मुझे डर लगता है ऊँचाइयों से;
बजने दो साँकल!!
उठने दो अँधेरे में ध्वनियों के बुलबुले,

वह जन...वैसे ही
आप चला जाएगा आया था जैसे।
खड्डे के अँधेरे में मैं पड़ा रहूँगा।
पीड़ाएँ समेट!!
क्या करूँ, क्या नहीं करूँ मुझे बताओ;
इस तम-शून्य में तैरती है जगत्-समीक्षा
की हुई उसकी
(सह नहीं सकता)
विवेक-विक्षोभ महान् उसका
तम-अन्तराल में (सह नहीं सकता)
अँधियारे मुझमें द्युति-आकृति-सा
भविष्य का नक़्शा दिया हुआ उसका
सह नहीं सकता!
नहीं, नहीं, उसको मैं छोड़ नहीं सकूँगा
सहना पड़े मुझे चाहे जो भले ही।
कमज़ोर घुटनों को बार-बार मसल,
लड़खड़ाता हुआ मैं
उठता हूँ दरवाज़ा खोलने,
चेहरे के रक्तहीन विचित्र शून्य को गहरे
पोंछता हूँ हाथ से,
अँधेरे के ओर-छोर टटोल-टटोलकर
बढ़ता हूँ आगे,
पैरों से महसूस करता हूँ धरती का फैलाव,
हाथों से महसूस करता हूँ दिशाएँ
साँसों से अनुभव करता हूँ दुनिया,
मस्तक अनुभव करता है आकाश,
दिल में तड़पता है अँधेरे का अन्दाज़,
आँखें ये तथ्य को सूँघती-सी लगतीं,
केवल शक्ति है स्पर्श की गहरी।
आत्मा में, भीषण
सत्-चित-वेदना जल उठी, दहकी।
विचार हो गए विचरण-सहचर।
बढ़ता हूँ आगे,
चलता हूँ सँभल-सँभलकर,

द्वार टटोलता,
जंग-खाई, जमी हुई, जबरन
चिटखनी हिलाकर
ज़ोर लगा, दरवाज़ा खोलता,
झाँकता हूँ बाहर...

सूनी है राह, अज़ीब है फैलाव,
सर्द अँधेरा।
ढीली आँखों से देखते हैं विश्व
उदास तारे।
हर बार सोच और हर बार अफ़सोस
हर बार फ़िक्र
के कारण बढ़े हुए दर्द का मानो कि दूर वहाँ, दूर वहाँ
अँधियारा पीपल देता है पहरा।
हवाओं की निःसंग लहरों में काँपती
कुत्तों की दूर-दूर अलग-अलग आवाज़,
टकराती रहती सियारों की ध्वनि से।
काँपती हैं दूरियाँ, गूँजते हैं फ़ासले
(बाहर कोई नहीं, कोई नहीं बाहर)

इतने में अँधियारे सूने में कोई चीख़ गया है
रात का पक्षी
कहता है :
'वह चला गया है,
वह नहीं आएगा, आएगा ही नहीं
अब तेरे द्वार पर।
वह निकल गया है गाँव में शहर में!
उसको तू खोज अब
उसका तू शोध कर!
वह तेरी पूर्णतम परम अभिव्यक्ति,
उसका तू शिष्य है (यद्यपि पलातक...)
वह तेरी गुरु है
गुरु है...'

3

समझ न पाया कि चल रहा स्वप्न या
जाग्रति शुरू है।
दिया जल रहा है,
पीतालोक-प्रसार में काल गल रहा है,
आस-पास फैली हुई जग-आकृतियाँ
लगती हैं छपी हुई जड़ चित्र-कृतियाँ-सी
अलग व दूर-दूर
निर्जीव!!
यह सिविल लाइन्स है। मैं अपने कमरे में
यहाँ पड़ा हुआ हूँ।
आँखें खुली हुई हैं,
पीटे गए बालक-सा मार खाया चेहरा
उदास इकहरा,
सलेट-पट्टी पर खींची गई तसवीर,
भूत-जैसी आकृति—
क्या वह मैं हूँ?
मैं हूँ?

रात के दो हैं,
दूर-दूर जंगल में सियारों का हो-हो,
पास-पास आती हुई घहराती गूँजती
किसी रेलगाड़ी के पहियों की आवाज़!!
किसी अनपेक्षित
असम्भव घटना का भयानक सन्देह,
अचेतन प्रतीक्षा,
कहीं कोई रेल-एक्सीडेंट न हो जाए।
चिन्ता के गणित अंक
आसमानी सलेट-पट्टी पर चमकते
खिड़की से दीखते।
....
हाय! हाय! तॉल्सतॉय
कैसे मुझे दीख गए
सितारों के बीच-बीच

घूमते व रुकते
पृथ्वी को देखते।

शायद, तॉल्सतॉय-नुमा
कोई वह आदमी
और है,
मेरे किसी भीतरी धागे का आख़िरी छोर वह,
अनलिखे मेरे उपन्यास का
केन्द्रीय संवेदन
दबी हाय-हाय-नुमा,
शायद, तॉल्सतॉय-नुमा।

प्रोसेशन?
निस्तब्ध नगर के मध्य-रात्रि-अँधेरे में सुनसान
किसी दूर बैंड की दबी हुई क्रमागत तान-धुन,
मन्द-तार उच्च-निम्न स्वर-स्वन
उदास-उदास ध्वनि-तरंगें हैं गम्भीर,
दीर्घ लहरियाँ!!

गैलरी में जाता हूँ, देखता हूँ रास्ता
वह कोलतार-पथ अथवा
मरी हुई खिंची हुई कोई काली जिह्वा
बिजली के द्युतिमान दिए या
मरे हुए दाँतों का चमकदार नमूना!!

किन्तु, दूर सड़क के उस छोर
शीतभरे थर्राते तारों के अँधियाले तल में
नील तेज-उद्‌भास
पास-पास पास-पास
आ रहा इस ओर!
दबी हुई गम्भीर स्वर-स्वप्न तरंगें,
उदास तान-धुन शत-ध्वनि-संगम-संगीत
समीप आ रहा!!

और, अब
गैसलाइट पाँतों की बिन्दुएँ छिटकीं
बीचोबीच उनके
साँवले जुलूस-सा क्या-कुछ दीखता!!

और अब
गैसलाइट निलाई में रँगे हुए अपार्थिव चेहरे,
बैंड-दल,
उनके पीछे काले-काले बलवान घोड़ों का जत्था
दीखता,
घना व डरावना अवचेतना ही
जुलूस में चलता।
क्या शोभा-यात्रा
किसी मृत्यु-दल की?

अज़ीब!!
दोनों ओर, नीली-गैसलाइट-पाँत
चल रही, चल रही।
नींद में खोए हुए शहर की गहन अवचेतना में
हलचल (पाताली तल में
चमकदार साँपों की उड़ती हुई लगातार
लकीरों की वारदात!!
सब सोए हुए हैं।
लेकिन, मैं जाग रहा, देख रहा
रोमांचकारी यह जादुई करामात!!)

विचित्र प्रोसेशन,
गम्भीर क्विक मार्च...
कलाबत्तूवाली काली ज़रीदार ड्रैस पहने
चमकदार बैंड-दल—
अस्थि-रूप, यकृत-स्वरूप, उदर-आकृति
आँतों के जालों-से उलझे हुए, बाजे वे दमकते हैं भयंकर
गम्भीर गीत-स्वन-तरंगें
ध्वनियों के आवर्त्त मँडराते पथ पर।

बैंड के लोगों के चेहरे
मिलते हैं मेरे देखे हुओं से,
लगता है उनमें कई प्रतिष्ठित पत्रकार
इसी नगर के!!
बड़े-बड़े नाम अरे, कैसे शामिल हो गए इस बैंड-दल में!!
उनके पीछे चल रहा
संगीन-नोकों का चमकता जंगल,
चल रही पदचाप, तालबद्ध दीर्घ पाँत
टैंक-दल, मोर्टार, आर्टिलरी, सन्नद्ध,
धीरे-धीरे बढ़ रहा जुलूस भयावना,
सैनिकों के पथराए चेहरे
चिढ़े हुए, झुलसे हुए, बिगड़े हुए गहरे!
शायद, मैंने उन्हें पहले कहीं तो भी देखा था।
शायद, उनमें मेरे कई परिचित!!
उनके पीछे यह क्या!!
कैवलरी!!
काले-काले घोड़ों पर ख़ाकी मिलिट्री ड्रेस,
चेहरे का आधा भाग सिन्दूरी-गेरुआ
आधा भाग कोलतारी भैरव,
भयानक!!
हाथों में चमचमाती सीधी खड़ी तलवार
आबदार!!
कन्धे से कमर तक कारतूसी बैल्ट है तिरछा।
कमर में, चमड़े के कवर में पिस्तौल,
रोषभरी एकाग्र दृष्टि में धार है,
कर्नल, ब्रिगेडियर, जनरल, मार्शल
कई और सेनापति सेनाध्यक्ष
चेहरे वे मेरे जाने-बूझे-से लगते,
उनके चित्र समाचार-पत्रों में छपे थे,
उनके लेख देखे थे,
यहाँ तक कि कविताएँ पढ़ी थीं
भई वाह!
उनमें कई प्रकांड आलोचक, विचारक, जगमगाते कविगण
मन्त्री भी, उद्योगपति और विद्वान्

यहाँ तक कि शहर का हत्यारा कुख्यात
डोमाजी उस्ताद
बनता है बलबन
हाय, हाय!!
यहाँ ये दीखते हैं भूत-पिशाच-काय।
भीतर का राक्षसी-स्वार्थ अब
साफ़ उभर आया है,
छुपे हुए उद्‌देश्य
यहाँ निखर आए हैं,
यह शोभा-यात्रा है किसी मृत्यु-बल की।

(विचारों की फिरकी
सिर में है घूमती।)

इतने में प्रोसेशन में से कुछ मेरी ओर
आँखें उठीं रोषभर,
हृदय में मानो कि संगीन नोकें ही घुस पड़ीं बर्बर,
सड़क पर उठ खड़ा हो गया कोई शोर—
''मारो गोली, दाग़ो स्साले को एकदम
दुनिया की नज़रों से हटकर
छुपे तरीक़े से
हम जा रहे थे कि
आधी रात अँधेरे में उसने
देख लिया हमको
व जान गया वह सब
मार डालो, उसको ख़तम करो एकदम।''

रास्ते पर भाग-दौड़ धका-पेल!!
गैलरी से भागा मैं पसीने से सराबोर!!

एकाएक टूट गया स्वप्न व छिन्न-भिन्न
हो गए सब चित्र।

जागते में फिर से याद आने लगा वह स्वप्न,

फिर से याद आने लगे अँधेरे के चेहरे,
और, तब मुझे प्रतीत हुआ भयानक
गहन मृतात्माएँ इसी नगर की
हर रात जुलूस में चलतीं,
परन्तु, दिन में
बैठती हैं मिलकर करती हुई षड्यन्त्र
विभिन्न दफ़्तरों-कार्यालयों, केन्द्रों में, घरों में।
हाय, हाय! मैंने उन्हें देख लिया नंगा,
इसकी मुझे और सज़ा मिलेगी।

4

अकस्मात्
चार का गजर कहीं खड़का,
मेरा दिल धड़का,
उदास मटमैला मन रूपी वल्मीक
विचलित।
अगिनत काली-काली हायफ़न-डैशों की लकीरों की हलचल
सब ओर बिखराव।
मैं अपने कमरे में यहाँ लेटा हुआ हूँ।
काले-काले शहतीर छत के
हृदय दबोचते।
यद्यपि आँगन में नल ज़ोर मारता,
ख़ूब खखारती पानी की धारा।
किन्तु, न शरीर में बल है
अँधेरे में गल रहा दिल यह।

एकाएक मुझे भान होता है जग का,
अख़बारी दुनिया का फैलाव,
फँसाव, घिराव, तनाव है सब ओर,
पत्ते न खड़कें
सेना ने घेर ली हैं सड़कें
बुद्धि की मेरी रग
गिनती है समय की धकधक।
यह सब क्या है?

किसी जन-क्रान्ति के दमन-निमित्त यह
मार्शल लॉ है!!

दम छोड़ रहे भाग गलियों में मेरे पैर,
साँस लगी हुई है,
ज़माने की जीभ निकल पड़ी है,
कोई मेरा पीछा कर रहा है लगातार।
भागता मैं दम छोड़,
घूम गया कई मोड़,
चौराहा दूर से ही दीखता,
वहाँ शायद कोई सैनिक पहरेदार
नहीं होगा फ़िलहाल।
दीखता है सामने ही अन्धकार-स्तूप-सा
भयंकर बरगद—
सभी उपेक्षितों, समस्त वंचितों,
ग़रीबों का वही घर, वही छत,
उसके ही तल-खोह-अँधेरे में सो रहे
गृहहीन कई प्राण।
अँधेरे में डूब गए
डालों में लटके जो मटमैले चिथड़े
किसी एक अति दीन
पागल के धन वे।
हाँ, वहाँ रहता है सिरफिरा कोई एक।

किन्तु, आज इस रात बात अज़ीब है!
वही जो सिरफिरा पागल क़तई था
आज एकाएक वह
जागरित-बुद्धि है, प्रज्वलत्-धी है।
छोड़ सिरफिरापन,
बहुत ऊँचे गले से,
गा रहा कोई पद, कोई गान
आत्मोद्बोधमय!!

ख़ूब भई, ख़ूब भई,

जानता क्या वह भी कि
सैनिक प्रशासन है नगर में वाक़ई!
क्या उसकी बुद्धि भी जग गई!!

(करुण रसाल वे हृदय के स्वर हैं
गद्यानुवाद यहाँ उनका दिया जा रहा)

"...ओ मेरे आदर्शवादी मन,
ओ मेरे सिद्धान्तवादी मन,
अब तक क्या किया?
जीवन क्या जिया!!
उदरम्भरि बन अनात्म बन गए,
भूतों की शादी में क़नात से तन गए,
किसी व्यभिचार के बन गए बिस्तर,

दुःखों के दाग़ों को तमग़ों-सा पहना,
अपने ही ख़यालों में दिन-रात रहना,
असंग बुद्धि व अकेले में सहना,
ज़िन्दगी निष्क्रिय बन गई तलघर,

अब तक क्या किया,
जीवन क्या जिया!!

बताओ तो किस-किस के लिए तुम दौड़ गए,
करुणा के दृश्यों से हाय! मुँह मोड़ गए,
बन गए पत्थर;

बहुत-बहुत ज़्यादा लिया,
दिया बहुत-बहुत कम;
मर गया देश, अरे, जीवित रह गए तुम!!

लोकहित-पिता को घर से निकाल दिया,
जन-मन करुणा-सी माँ को हकाल दिया,
स्वार्थों के टेरियर कुत्तों को पाल लिया,

भावना के कर्त्तव्य...त्याग दिए,
हृदय के मन्तव्य...मार डाले!
बुद्धि का भाल ही फोड़ दिया,
तर्कों के हाथ उखाड़ दिए,
जग गए, जाम हुए, फँस गए,
अपने ही कीचड़ में धँस गए!!
विवेक बघार डाला स्वार्थों के तेल में
आदर्श खा गए।

अब तक क्या किया,
जीवन क्या जिया,
ज़्यादा लिया, और दिया बहुत-बहुत कम
मर गया देश, अरे, जीवित रह गए तुम!!"

मेरा सिर गरम है,
इसीलिए भरम है।
सपनों में चलता है आलोचन,
विचारों के चित्रों की अवलि में चिन्तन।
निजत्व—भाफ़ है बेचैन,
क्या करूँ, किससे कहूँ,
कहाँ जाऊँ, दिल्ली या उज्जैन?

वैदिक ऋषि शुनः शेष के
शापभ्रष्ट पिता अजीगर्त समान ही
व्यक्तित्व अपना ही, अपने से खोया हुआ,
वही उसे अकस्मात् मिलता था रात में
पागल था दिन में
सिरफिरा विक्षिप्त मस्तिष्क।

हाय, हाय!
उसने भी यह क्या गा दिया,
यह उसने क्या नया ला दिया,
प्रत्यक्ष,
मैं खड़ा हो गया ख़ुद ही के सामने

निज की ही घन छाया-मूर्ति-सा गहरा
होने लगी बहस और
लगने लगे परस्पर तमाचे।
छिः पागलपन है,
वृथा आलोचन है।

गलियों में अन्धकार भयावह...
मानो मेरे कारण ही लग गया
मार्शल लॉ वह,
मानो मेरी निष्क्रिय संज्ञा ने संकट बुलाया,
मानो मेरे कारण ही दुर्घट
हुई यह घटना।

चक्र से चक्र लगा हुआ है...
जितना ही तीव्र है द्वन्द्व क्रियाओं घटनाओं का
बाहरी दुनिया में,
उतनी ही तेज़ी से भीतरी दुनिया में
चलता है द्वन्द्व कि
फ़िक्र से फ़िक्र लगी हुई है।
आज उस पागल ने मेरी चैन भुला दी,
मेरी नींद गँवा दी।

मैं इस बरगद के पास खड़ा हूँ।

मेरा यह चेहरा
धुलता है जाने किस अथाह गम्भीर, साँवले जल से,
झुके हुए गुमसुम टूटे हुए घरों के
तिमिर अतल से
धुलता है मन यह।
रात्रि के श्यामल ओस से क्षालित
कोई गुरु गम्भीर महान् अस्तित्व
महकता है लगातार
मानो खँडहर-प्रसारों में उद्यान
गुलाबी-चमेली के, रात्रि-तिमिर में,

महकते हों, महकते ही रहते हों हर पल।
किन्तु वे उद्यान कहाँ हैं,
अँधेरे में पता नहीं चलता।
मात्र सुगन्ध है सब ओर,
पर, उस महक-लहर में
कोई छुपी वेदना, कोई गुप्त चिन्ता
छटपटा रही है छटपटा रही है।

5

एकाएक मुझे भान!!
पीछे से किसी अजनबी ने
कन्धे पर रक्खा हाथ।
चौंकता मैं भयानक
एकाएक थरथर रेंग गई सिर तक,
नहीं, नहीं। ऊपर से गिरकर
कन्धे पर बैठ गया बरगद-पात एक,
क्या वह संकेत, क्या वह इशारा?
क्या वह चिट्ठी है किसी की?
बरगद-आत्मा का पत्र है वह क्या?
कौन-सा इंगित?

भागता मैं दम छोड़,
घूम गया कई मोड़!!
बन्दूक़ धाँय-धाँय
मकानों के ऊपर प्रकाश-सा छा रहा गेरुआ
भागता मैं दम छोड़
घूम गया कई मोड़।
घूम गई पृथ्वी, घूम गया आकाश,
और फिर, किसी एक मुँदे हुए घर की
पत्थर-सीढ़ी दिख गई, उस पर
चुपचाप बैठ गया सिर पकड़कर!!
दिमाग़ में चक्कर,
चक्कर...भँवरें
भँवरों के गोल-गोल केन्द्र में दीखा

स्वप्न सरीखा—
भूमि की सतहों के बहुत-बहुत नीचे
अँधियारी, एकान्त
प्राकृत गुहा एक।
विस्तृत खोह के साँवले तल में
तिमिर को भेदकर चमकते हैं पत्थर
तेजस्क्रिय रेडियो-एक्टिव रत्न भी बिखरे,
झरता है जिन पर प्रबल प्रपात एक।
प्राकृत जल वह आवेगभरा है,
द्युतिमत् मणियों की अग्नियों पर से
फिसल-फिसलकर बहती हैं लहरें,
लहरों के तल में से फूटती हैं किरनें,
रत्नों की रंगीन रूपों की आभा
फूट निकलती
खोह की बेडौल भीतें हैं झिलमिल!!

पाता हूँ निज को खोह के भीतर,
विलुब्ध नेत्रों से देखता हूँ द्युतियाँ,
मणि तेजस्क्रिय हाथों में लेकर
विभोर आँखों से देखता हूँ उनको...
पाता हूँ अकस्मात्
दीप्ति में वलयित रत्न वे नहीं हैं
अनुभव, वेदना, विवेक-निष्कर्ष,
मेरे ही अपने यहाँ पड़े हुए हैं
विचारों की रक्तिम अग्नि के मणि वे
प्राण-जल-प्रपात में घुलते हैं प्रतिपल
अकेले में किरणों की गीली है हलचल
गीली है झिलमिल!!

हाय, हाय! मैंने उन्हें गुहा-वास दे दिया
लोक-हित क्षेत्र से कर दिया वंचित
जनोपयोग से वर्जित किया, और
निषिद्ध कर दिया
खोह में डाल दिया!

वे ख़तरनाक थे,
(बच्चे भीख माँगते) ख़ैर...
यह न समय है,
जूझना ही तय है।

6

सीन बदलता है,
सुनसान चौराहा साँवला फैला,
बीच में वीरान गेरुआ घंटाघर,
ऊपर कत्थई बुज़ुर्ग गुम्बद,
साँवली हवाओं में काल टहलता है।
रात में पीले हैं चार घड़ी-चेहरे,
मिनिट के काँटों की चार अलग गतियाँ
चार अलग कोण,
कि चार अलग संकेत,
(मनस् में गतिमान चार अलग गतियाँ)
खम्भों पर बजली की गर्दनें लटकीं,
शर्म से जलते हुए बल्बों के आस-पास
बेचैन ख़यालों के पंखों के कीड़े
उड़ते हैं गोल-गोल
मचल-मचलकर।
घंटाघर तले ही
पंखों के टुकड़े बीट व तिनके!
गुम्बद-विविर में बैठे हुए बूढ़े
असम्भव पक्षी
बहुत तेज़ नज़रों से देखते हैं सब ओर,
मानो कि इरादे
भयानक चमकते।
सुनसान चौराहा,
बिखरी हैं गतियाँ, बिखरी है रफ़्तार,
गश्त में घूमती है कोई दुष्ट इच्छा।
भयानक सिपाही जाने किस थकी हुई झोंक में
अँधेरे में सुलगाता सिगरेट अचानक
ताँबे-से-चेहरे की ऐंठ झलकती।

पथरीली सलवट
दियासलाई की पल-भर लौ में
भयानक दीखती।
पर, उसके चेहरे का रंग बदलता है हर बार,
मानो अनपेक्षित कहीं न कुछ हो...
जाने क्या हो जाए, जाने क्या हो जाए!!
वह ताक रहा है...
संगीन-नोकों पर टिका हुआ
साँवला बन्दूक़-जत्था
गोल त्रिकोण एक बनाए खड़ा जो
चौक के बीच में!!
एक ओर
टैंकों का दस्ता भी खड़े-खड़े ऊँघता,
परन्तु अड़ा है!!

भागता मैं दम छोड़,
घूम गया कई मोड़।
भागती है चप्पल, चटपट आवाज़
चाँटों-सी पड़ती।
पैरों के नीचे का कीच उछलकर
चेहरे पर, छाती पर पड़ता है सहसा,
ग्लानि की मतली।
गलियों का गोल-गोल खोह-अँधेरा
चेहरे पर, आँखों पर करता है हमला।
अज़ीब उमस-बास
गलियों का रुँधा हुआ उच्छ्वास।
भागता हूँ दम छोड़,
घूम गया कई मोड़।
धुँधले-से आकार कहीं-कहीं दीखते,
भय के? या घर के? कह नहीं सकता
आता है अकस्मात् कोलतार रास्ता
लम्बा व चौड़ा व स्याह व ठंडा,
बेचैन आँखें ये देखती हैं सब ओर।
कहीं कोई नहीं है,

नहीं कहीं कोई भी।
श्याम आकाश में, संकेत-भाषा-सी तारों की आँखें
चमचमा रही हैं।
मेरा दिल ढिबरी-सा टिमटिमा रहा है।
कोई मुझे खींचता है रास्ते के बीच ही।
जादू से बँधा हुआ चल पड़ा उस ओर।
सपाट सूने में ऊँची-सी खड़ी जो
तिलक की पाषाण-मूर्ति है नि:संग
स्तब्ध जड़ीभूत...
देखता हूँ उसको परन्तु, ज्यों ही मैं पास पहुँचता
पाषाण-पीठिका हिलती—सी लगती
अरे, अरे, यह क्या!!
कण-कण काँप रहे जिनमें से झरते
नीले 'इलेक्ट्रॉन'
सब ओर गिर रहीं चिनगियाँ नीली
मूर्ति के तन से झरते हैं अंगार।
मुसकान पत्थरी होंठों पर काँपी,
आँखों में बिजली के फूल सुलगते।
इतने में यह क्या!!
भव्य ललाट की नासिका में से
बह रहा ख़ून न जाने कब से
लाल-लाल गरमीला रक्त टपकता
(ख़ून के धब्बों से भरा अँगरखा)
मानो कि अतिशय चिन्ता के कारण
मस्तक-कोष ही फूट पड़े सहसा
मस्तक-रक्त ही बह उठा नासिका में से।
हाय, हाय, पितः पितः ओ,
चिन्ता में इतने न उलझो
हम अभी ज़िन्दा हैं ज़िन्दा,
चिन्ता क्या है!
मैं उस पाषाण-मूर्ति के ठंडे
पैरों को छाती से बरबस चिपका
रुआँसा-सा होता
देह में तन गए करुणा के काँटे

छाती पर, सिर पर, बाँहों पर मेरे
गिरती हैं नीली
बिजली की चिनगियाँ,
रक्त टपकता है हृदय में मेरे
आत्मा में बहता-सा लगता
ख़ून का तालाब।
इतने में छाती के भीतर ठक-ठक
सिर में है धड़-धड़!! कट रही हड्डी!!
फ़िक्र ज़बर्दस्त!!
विवेक चलाता तीखा-सा रन्दा
चल रहा बसूला
छीले जा रहा मेरा यह निजत्व ही कोई
भयानक ज़िद कोई जाग उठी मेरे भी अन्दर,
कोई बड़ा भारी हठ उठ खड़ा हुआ है।

इतने में आसमान काँपा व धाँय-धाँय
बन्दूक़-धड़ाका
बिजली की रफ़्तार पैरों में घूम गई।
खोहों-सी गलियों के अँधेरे में एक ओर
मैं थक बैठ गया,
सोचने-विचारने।
अँधेरे में डूबे हुए मकानों के छप्परों पार से
रोने की पतली-सी आवाज़
सूने में काँप रही, काँप रही दूर तक
कराहों की लहरों में पाशव प्राकृत
वेदना भयानक थरथरा रही है।

मैं उसे सुनने का करता हूँ यत्न
कि देखता क्या हूँ—
सामने मेरे
सर्दी में बोरे को ओढ़कर
कोई एक, अपने
हाथ-पैर समेटे
काँप रहा, हिल रहा!! वह मर जाएगा!!

इतने में वह सिर खोलता है सहसा
बाल बिखरते,
दीखते हैं कान कि
फिर मुँह खोलता है, वह कुछ
बुदबुदा रहा है,
किन्तु, मैं सुनता ही नहीं हूँ।
ध्यान से देखता हूँ—वह कोई परिचित,
जिसे ख़ूब देखा था, निरखा था कई बार
पर, पाया नहीं था।
अरे हाँ, वह तो...
विचार उठते ही दब गए
सोचने का साहस सब चला गया है।
वह मुख—अरे, वह मुख, वे गाँधी जी!!
इस तरह पंगु!!
आश्चर्य!!
नहीं, नहीं, वे जाँच-पड़ताल
सुराग़रसी-सी कुछ
करते हैं चुपचाप।
रूप बदलकर।

अँधेरे की स्याही में डूबे हुए देव को सम्मुख पाकर
मैं अति दीन हो जाता हूँ पास कि
बिजली का झटका
कहता है—"भाग जा, हट जा
हम हैं गुज़र गए ज़माने के चेहरे
आगे तू बढ़ जा।"
किन्तु, मैं देखा किया उस मुख को।
गम्भीर दृढ़ता की सलवटें वैसी ही,
शब्दों में गुरुता।
वे कह रहे हैं—
"दुनिया न कचरे का ढेर कि जिस पर
दानों को चुगने चढ़ा हुआ कोई भी कुक्कुट
कोई भी मुर्ग़ा
यदि बाँग दे उठे ज़ोरदार

बन जाए मसीहा''
वे कह रहे हैं—
''मिट्टी के लोंदे में किरणीले कण-कण
गुण हैं,
जनता के गुणों से ही सम्भव
भावी का उद्‌भव''
गम्भीर शब्द वे और आगे बढ़ गए,
जाने क्या कह गए!!
मैं अति उद्विग्न!

एकाएक उठ पड़ा आत्मा का पिंजर
मूर्ति की ठठरी।
नाक पर चश्मा, हाथ में डंडा,
कन्धे पर बोरा, बाँह में बच्चा।
आश्चर्य!! अद्‌भुत! यह शिशु कैसे!!
मुसकरा उस द्युति-पुरुष ने कहा तब—
''मेरे पास चुपचाप सोया हुआ यह था।
सँभालना इसको, सुरक्षित रखना''

मैं कुछ कहने को होता हूँ, इतने में वहाँ पर
कहीं कोई नहीं है, कहीं कोई नहीं है।
और ज़्यादा गहरा व और ज़्यादा अकेला
अँधेरे का फैलाव!
बालक लिपटा है मेरे इस गले से चुपचाप,
छाती से कन्धे से चिपका है नन्हा-सा आकाश
स्पर्श है सुकुमार प्यारभरा कोमल,
किन्तु, है भार का गम्भीर अनुभव।
भावी की गन्ध और दूरियाँ अँधेरी,
आकाशी तारों को साथ लिए हुए मैं
चला जा रहा हूँ
घुसता ही जाता हूँ फ़ासलों की खोहों की तहों में।

सहसा रो उठा कन्धे पर वह शिशु
अरे, अरे, वह स्वर अतिशय परिचित!!

पहले भी कई बार कहीं तो भी सुना था,
उसमें तो स्फोटक क्षोभ का आवेग,
गहरी है शिकायत,
क्रोध भयंकर।
मुझे डर, यदि कोई वह स्वर सुन ले।
हम दोनों फिर कहीं नहीं रह सकेंगे।
मैं पुचकारता हूँ, बहुत दुलारता;
समझाने के लिए तब गाता हूँ गाने,
अधभूली लोरी ही होंठों से फूटती!
मैं चुप करने की जितनी भी करता हूँ कोशिश
और-और चीख़ता है क्रोध से लगातार!!
गीले-गीले अंगार टपकते हैं मुझ पर।

किन्तु, न जाने क्यों बहुत प्रसन्न हूँ।
(जिसको न मैं इस जीवन में कर पाया,
वह कर रहा है)
मैं शिशु-पीठ को थपथपा रहा हूँ,
आत्मा है गीली।
पैर आगे बढ़ रहे, मन आगे जा रहा।

डूबता हूँ मैं किसी भीतरी सोच में...
हृदय की थाह में रक़्त का तालाब,
रक्त में डूबी हैं द्युतिमान मणियाँ,
रुधिर से फूट रहीं लाल-लाल किरणें,
अनुभव रक्त में डूबे हैं संकल्प,
और ये संकल्प
चलते हैं साथ-साथ।
अँधियारी गलियों में चला जा रहा हूँ।

इतने में पाता हूँ अँधेरे में सहसा
कन्धे पर कुछ नहीं!! वह शिशु
चला गया जाने कहाँ,
और अब उसके ही स्थान पर
मात्र हैं सूरजमुखी फूल-गुच्छे।

उन स्वर्ण-पुष्पों से प्रकाश-विकीरण
कन्धों पर, सिर पर, गालों पर, तन पर,
रास्ते पर, फैले हैं किरणों के कण-कण।
भई वाह, यह ख़ूब!!
इतने में गली एक आ गई और मैं
दरवाज़ा खुला हुआ देखता।
ज़ीना है अँधेरा।
कहीं कोई ढिबरी-सी टिमटिमा रही है।
मैं बढ़ा रहा हूँ
कन्धों पर फूलों के लम्बे वे गुच्छे
क्या हुए, कहाँ गए?
कन्धे क्यों वज़न से दुख रहे सहसा।
ओ हो!!
बन्दूक़ आ गई
वाह वा!!
वज़नदार रायफ़ल,
भई ख़ूब!!

खुला-खुला कमरा है साँवली हवा है,
झाँकते हैं खिड़की से, अँधेरे में टँके हुए सितारे
फैली है बर्फ़ीली साँस-सी, वीरान
तितर-बितर सब फैला है सामान।
बीच में ही कोई ज़मीन पर पसरा
फैलाए बाँहें, ढह पड़ा आख़िर।
मैं देह के चेहरे पर फैलाता टॉर्च कि यह क्या—
ख़ूनभरे बाल में उलझा है माथा,
भौंहों के बीच में गोली का सूराख़,
ख़ून का परदा-सा गालों पर फैला,
होंठों पर सूखी है कत्थई धारा,
फूटा है चश्मा, नाक है सीधी,
ओफ़्फ़ो! एकान्त-प्रिय यह मेरा
परिचित व्यक्ति है, वही, हाँ
सच्चाई थी सिर्फ़ एक अहसास
वह कलाकार था

गलियों के अँधेरे का, हृदय में भार था
पर, कार्य-क्षमता से वंचित व्यक्तित्व
चलाता था अपना असंग अस्तित्व।
सुकुमार मानवीय हृदयों के अपने
शुचितर विश्व के मात्र थे सपने।
स्वप्न व ज्ञान व जीवनानुभव जो
हलचल करता था रह-रह दिल में,
किसी को भी दे नहीं पाया था वह तो।
शून्य के जल में डूब गया नीरव
हो नहीं पाया उपयोग उसका।
किन्तु न जाने किस झोंक में क्या कर गुज़रा कि
सन्देहास्पद समझा गया और
मारा गया वह बधिकों के हाथों।
मुक्ति का इच्छुक तृषार्त्त अन्तर
मुक्ति के यत्नों के साथ निरन्तर
सबका था प्यारा,
अपने में द्युतिमान।
उसका यों वध हुआ,
मर गया एक युग,
मर गया एक जीवनादर्श!!
इतने में मुझको ही चिढ़ाता है कोई।
सवाल है—मैं क्या करता था अब तक,
भागता फिरता था सब ओर।
(फ़जूल है इस वक़्त कोसना ख़ुद को)
एकदम ज़रूरी—दोस्तों को खोजूँ
पाऊँ मैं नए-नए सहचर
सकर्मक सत्-चित्-वेदना-भास्वर!!

ज़ीने से उतरा,
एकाएक विद्रूप रूपों से घिर गया सहसा,
पकड़ मशीन-सी,
भयानक आकार घेरते हैं मुझको,
मैं आततायी सत्ता के सम्मुख।

एकाएक हृदय धड़ककर रुक गया, क्या हुआ!!
भयानक सनसनी।
पकड़कर कॉलर गला दबाया गया।
चाँटे से कनपटी टूटी कि यह क्या
त्वचा उखड़ गई गाल की पूरी।
कान में भर गई
भयानक अनहद-नाद की भन-भन।
आँखों में तैरीं
रक्तिम तितलियाँ; चिनगियाँ नीली।
सामने उगते-डूबते धुँधले
कुहरिल वर्तुल,
जिनका कि चक्रिल केन्द्र ही फैलता जाता
उस फैलाव में दीखते मुझको
धँस रहे, गिर रहे बड़े-बड़े टॉवर
घुँघराला धुआँ गेरुई ज्वाला।
हृदय में भगदड़—
सम्मुख दीखा
उजाड़ बंजर टीले पर सहसा
रो उठा कोई, रो रहा कोई
भागता कोई सहायता देने।
(अन्तर्तत्त्वों का पुनर्प्रबन्ध और पुनर्व्यवस्था
पुनर्गठन-सा होता जा रहा)

दृश्य ही बदला, चित्र बदल गया
जबरन ले जाया गया मैं गहरे
अँधियारे कमरे के स्याह सिफ़र में।
टूटे-से स्टूल पर बिठाया गया हूँ।
शीश की हड्डी जा रही तोड़ी।
लोहे की कील पर बड़े हथौड़े
पड़ रहे लगातार।
शीश का मोटा अस्थि-कवच ही निकाल डाला।
देखा जा रहा—
मस्तक-यन्त्र में कौन-से विचारों की कौन-सी ऊर्जा,
कौन-सी शिरा में कौन-सी धकधक,

कौन-सी रग में कौन-सी फुरफुरी,
कहाँ है पश्यत्-कैमरा जिसमें
तथ्यों के जीवन-दृश्य उतरते,
कहाँ-कहाँ सच्चे सपनों के आशय
कहाँ-कहाँ क्षोभक-स्फोटक सामान!
भीतर कहीं पर गड़े हुए गहरे
तलघर अन्दर
छुपे हुए छापाख़ाने को खोजो।
जहाँ कि चुपचाप ख़यालों के पर्चे
छपते रहते हैं (बाँटे जाते)
इस संस्था के मन्त्री को खोजो
शायद, उसका ही नाम हो आस्था,
कहाँ है सरगना इस टुकड़ी का
कहाँ है आत्मा?
(और, मैं सुनता हूँ चिढ़ी हुई ऊँची
खिझलाई आवाज़)
स्क्रीनिंग करो...मिस्टर गुप्ता,
क्रास एक्ज़ामिन हिम थॉरोली!!

चाबुक-चमकार
पीठ पर यद्यपि
उखड़े चर्म की कत्थई-रक्तिम रेखाएँ उभरीं
पर, यह आत्मा कुशल बहुत है,
देह में रेंग रही संवेदना के
झनझन तारों को जबरन
समेटकर सब वह
वेदना-विस्तार करके इकट्ठा
मेरा मन यह, ज़ोर लगाकर,
बलात् उनकी छोटी-सी कड्ढी
गठान बाँधता सख़्त व मज़बूत
मानो कि पत्थर।
ज़ोर लगाकर,
उसी गठान को हथेलियों से
करता है चूर-चूर,

धूल में बिखरा देता है उसको।
मन यह हटता है देह की हद से
जाता है कहीं पर अलग जगत् में
विचित्र क्षण है,
सिर्फ़ हूँ जादू,
मात्र मैं बिजली
यद्यपि खोह में खूँटे से बँधा हूँ,
दैत्य हैं आस-पास
किन्तु मैं बहुत दूर मीलों के पार वहाँ
गिरता हूँ चुपचाप पत्र के रूप में
किसी एक जेब में
वह जेब...
किसी एक फटे हुए मन की।

समस्वर, समताल,
सहानुभूति की सनसनी कोमल!!
हम कहाँ नहीं हैं,
सभी जगह मन।
निजता हमारी!
भीतर-भीतर बिजली के जीवित
तारों के जाले,
ज्वलन्त तारों की भीषण गुत्थी,
बाहर-बाहर धूल-सी भूरी
ज़मीन की पपड़ी।
अग्नि को लेकर मस्तक हिमवत्;
उग्र प्रभंजन लेकर, उर यह
बिलकुल निश्चल।
भीषण शक्ति को धारण करके
आत्मा की पोशाक दीन व मैली।
विचित्र रूपों को धारण करके
चलता है ज़ीवन, लक्ष्यों के पथ पर।
रिहा!!
छोड़ दिया गया!!
अब छाया-मुख कई करते हैं पीछा,

श्यामाकार न छोड़ते हैं मुझको,
जहाँ गया, जहाँ रुका, जहाँ चला, वहाँ पर
भौंहों के नीचे के रहस्यमय छेद
मारते हैं संगीन—
दृष्टि की पत्थरी चमक है पैनी।

मुझे अब खोजने होंगे साथी—
काले गुलाब व स्याह सिवन्ती,
श्याम चमेली,
सँवलाए कमल जो खोहों के जल में,
भूमि के भीतर पाताल तल में
खिले हुए कब से भेजते हैं संकेत
सुझाव-सन्देश भेजते रहते!!

इतने में सहसा दूर क्षितिज पर
दीखते हैं मुझको
बिजली की नंगी लताओं से झर रहे
सफ़ेद नीले मोतिया चम्पई फूल गुलाबी;
उठते हैं वहीं पर हाथ अकस्मात्
अग्नि के फूलों को समेटने लगते।
मैं उन्हें देखने लगता हूँ एकटक;
अचानक विचित्र स्फूर्ति से मैं भी
ज़मीन पर पड़े हुए चमकीले पत्थर
लगातार चुनकर
बिजली के फूल बनाने की कोशिश
करता हूँ। रश्मि-विकीरण—
मेरे भी प्रस्तर करते हैं प्रतिक्षण।
तेजस्क्रिय मणि-रत्न रत्न हैं ये भी।
बिजली के फूलों की भाँति ही
यत्न हैं वे भी,
किन्तु, असन्तोष मुझको है गहरा,
शब्दाभिव्यक्ति—अभाव का संकेत।
काव्य-चमत्कार उतना ही रंगीन
परन्तु, ठंडा।

मेरे भी फूल हैं तेजस्क्रिय, पर
अतिशय शीतल।
मुझको तो बेचैन बिजली की नीली
ज्वलन्त बाँहों में बाँहों को उलझा
करनी है उतनी ही प्रदीप्त लीला
आकाश-भर में साथ-साथ उसके घूमना है मुझको
मेरे पास न रंग है बिजली का गौर कि
भीमाकार हूँ मेघ मैं काला
परन्तु, मुझमें है गम्भीर आवेश
अथाह प्रेरणास्त्रोत का संयम।
अरे, इन रंगीन पत्थर-फूलों से मेरा
काम नहीं चलेगा!!
क्या कहूँ,
मस्तक-कुंड में जलती
सत्-चित्-वेदना—सच्चाई व ग़लती—
मस्तक-शिराओं में तनाव दिन-रात।

अब अभिव्यक्ति के सारे ख़तरे
उठाने ही होंगे।
तोड़ने होंगे ही मठ और गढ़ सब।
पहुँचाना होगा दुर्गम पहाड़ों के उस पार
तब कहीं देखने मिलेंगी हमको
नीली झील की लहरीली थाहें
जिसमें कि प्रतिपल काँपता रहता
अरुण कमल एक,
धँसना ही होगा
झील के हिम-शीत सुनील जल में
जादुई झील को करनी ही होगी मेरी प्रतीक्षा।

7

चाँद उग आया है
गलियों की आकाशी लम्बी-सी चीर में
तिरछी है किरणों की मार
उस नीम पर

जिसके कि नीचे
मिट्टी के गोल चबूतरे पर, नीली
चाँदनी में कोई दिया सुनहला
जलता है मानो कि स्वप्न ही साक्षात्।
मकानों के बड़े-बड़े खँडहर जिनके कि सूने
मटियाले भागों में खिलती ही रहती
महकती रातरानी फूलभरी जवानी में लज्जित
तारों की टकटकी अच्छी न लगती।
भागता मैं दम छोड़,
घूम गया कई मोड़,
टूटी हुई भीतों के उस पार कहीं पर
बहस गरम है
दिमाग़ में जान है, दिलों में दम है
सत्य से सत्ता के युद्ध का रंग है,
पर, कमज़ोरियाँ सब मेरे संग हैं;
पाता हूँ सहसा—
अँधेरे की सुरंग-गलियों में चुपचाप
चलते हैं लोग-बाग
दृढ़-पद गम्भीर,
बालक युवागण
मन्द-गति नीरव
किसी निज भीतरी बात में व्यस्त हैं,
कोई आग जल रही कहीं तो भी अन्तस्थ।

विचित्र अनुभव!!
जितना मैं लोगों की पाँतों को पारकर
बढ़ता हूँ आगे,
उतना ही पीछे मैं रहता हूँ अकेला,
पश्चात्-पद हूँ।
पर, एक रेला और
पीछे से चला और
अब मेरे साथ है!
आश्चर्य!! अद्भुत!!
लोगों की मुट्ठियाँ बँधी हैं।

उँगली-सन्धि से फूट रहीं किरनें
लाल-लाल,
यह क्या!!
मेरे ही विक्षोभ-मणियों को लिए वे,
मेरे ही विवेक-रत्नों को लेकर,
बढ़ रहे लोग अँधेरे में सोत्साह।
किन्तु मैं अकेला
बौद्धिक जुगाली में अपने से दुकेला।

गलियों के अँधेरे में मैं भाग रहा हूँ;
इतने में चुपचाप कोई एक
दे जाता पर्चा,
कोई गुप्त शक्ति
हृदय में चुपचाप करती है चर्चा!!
मैं बहुत ध्यान से पढ़ता हूँ उसको।
आश्चर्य!
उसमें तो मेरे ही गुप्त विचार व
दबी हुई संवेदनाएँ व अनुभव
पीड़ाएँ जगमगा रही हैं।
यह सब क्या है!!

आसमान झाँकता है उन स्याह लकीरों के बीच-बीच
वाक्यों की पाँतों में आकाश-गंगा-सी फैली
शब्दों के व्यूहों में झिलमिल नक्षत्र
और उन तारक दलों में तो खिलता है आँगन
जिसमें कि चम्पा के फूल चमकते
और उन पुष्पों के अन्तस्तल में
प्राण-समस्या का कोई हल है।

पर्चा पढ़ते हुए उड़ता हूँ हवा में,
चक्रवात-गतियों में घूमता हूँ नभ-भर,
ज़मीन पर एक साथ
सर्वत्र सचेत उपस्थित।
प्रत्येक स्थान पर लगा हूँ मैं काम में,

प्रत्येक चौराहे, दुराहे व राहों के मोड़ पर
सड़क पर खड़ा हूँ,
मनाता हूँ, मानता हूँ, मनवाता अड़ा हूँ!!

और तब दिक्काल-दूरियाँ
अपने ही देश के नक़्शे-सी टँगी हुई
रँगी हुई लगतीं!!
स्वप्नों की कोमल किरनों का पानी
घनीभूत संघनित द्युतिमान
शिलाओं में परिणत,
ये सब दृढ़ीभूत कर्म-शिलाएँ हैं
जिनसे कि स्वप्नों की मूर्ति बनेगी
सस्मित सुखकर
जिसमें से उद्गत क्रियाशील किरनें
ब्रह्मांड-भर में नापेंगी सब कुछ!
सचमुच, मुझको तो ज़िन्दगी-सरहद
सूर्यों के प्रांगण पार भी जाती-सी दीखती!!
मैं परिणत हूँ,
कविता में कहने की आदत नहीं, पर कह दूँ
वर्तमान समाज चल नहीं सकता।
पूँजी से जुड़ा हुआ हृदय बदल नहीं सकता,
स्वातन्त्रय व्यक्ति का वादी
छल नहीं सकता मुक्ति के मन को,
जन को।

8

एकाएक हृदय धड़ककर रुक गया, क्या हुआ!!
नगर से भयानक धुआँ उठ रहा है,
कहीं आग लग गई, कहीं गोली चल गई।
सड़कों पर मरा हुआ फैला है सुनसान,
हवाओं में अदृश्य ज्वाला की गरमी
गरमी का आवेश।
साथ-साथ घूमते हैं, साथ-साथ रहते हैं,
साथ-साथ सोते हैं, खाते हैं, पीते हैं

जन-मन-उद्देश्य!!
पथरीले चेहरों की ख़ाकी ये कसी ड्रैस
घूमते हैं यन्त्रवत्,
बेपहचाने-से लगते हैं वाक़ई
कहीं आग लग गई, कहीं गोली चल गई!!

सब चुप, साहित्यिक चुप और कविजन निर्वाक्
चिन्तक, शिल्पकार, नर्तक चुप हैं;
उनके ख़याल से यह सब गप है
मात्र किंवदन्ती।
रक्तपायी वर्ग से नाभिनाल—बद्ध ये सब लोग
नपुंसक भोग-शिरा-जालों में उलझे,
प्रश्न की उथली-सी पहचान
राह से अनजान
वाक् रुदन्ती।
चढ़ गया उर पर कहीं कोई निर्दयी,
कहीं आग लग गई, कहीं गोली चल गई।

भव्याकार भवनों के विवरों में छिप गए
समाचार-पत्रों के पतियों के मुख स्थूल।
गढ़े जाते संवाद,
गढ़ी जाती समीक्षा,
गढ़ी जाती टिप्पणी जन-मन-उर-शूल।
बौद्धिक वर्ग है क्रीतदास,
किराए के विचारों का उद्भास।
बड़े-बड़े चेहरों पर स्याहियाँ पुत गईं।
नपुंसक श्रद्धा
सड़क के नीचे की गटर में छिप गई,
कहीं आग लग गई, कहीं गोली चल गई।

धुएँ के ज़हरीले मेघों के नीचे ही हर बार
द्रुत निज विश्लेष-गतियाँ,
एक सूक्ष्म पल में शत साक्षात्कार।
टूटते हैं धोखों से भरे हुए सपने।

रक्त में बहती हैं ज्ञान की किरनें
विश्व की मूर्ति की आत्मा ही ढल गई,
कहीं आग लग गई, कहीं गोली चल गई।

राह के पत्थर-ढोकों के अन्दर
पहाड़ों के झरने
तड़पने लग गए।
मिट्टी के लोंदे के भीतर
भक्ति की अग्नि का उद्रेक
भड़कने लग गया।
धूल के कण में
अनहद नाद का कम्पन
ख़तरनाक!!
मकानों की छत से
गाडर कूद पड़े
धम से!
घूम उठे खम्भे
भयानक वेग से चल पड़े हवा में।
दादा का सोंटा भी करता है दाँव-पेंच,
गगन में नाच रही कक्का की लाठी।
यहाँ तक कि बच्चे की पेमें भी उड़तीं,
तेज़ी से लहराती घूमती
मुन्ने की सलेट-पट्टी।
एक-एक वस्तु या एक-एक प्राणाग्नि-बम है,
ये परमास्त्र हैं, प्रक्षेपास्त्र हैं, यम हैं।
शून्याकाश में से होते हुए वे
अरे, अरि पर ही टूट पड़े अनिवार।
यह कथा नहीं है, यब सब सच है, हाँ भई!!
कहीं आग लग गई, कहीं गोली चल गई!!

किसी एक बलवान तम-श्याम लुहार ने बनाया
कंडों का वर्तुल ज्वलन्त मंडल।
स्वर्णिम कमलों की पाँखुरी-जैसी ही
ज्वालाएँ उठती हैं उससे,

और उस गोल-गोल ज्वलन्त रेखा में रक्खा
लोहे का चक्का
चिनगियाँ स्वर्णिम नीली व लाल-लाल
फूलों-सी खिलतीं।
कुछ बलवान जन साँवले मुख के
चढ़ा रहे लकड़ी के चक्के पर जबरन
लाल-लाल लोहे की गोल-गोल पट्टी
घन मार घन मार,
उसी प्रकार अब
आत्मा के चक्के पर चढ़ाया जा रहा
संकल्प-शक्ति के लोहे का मज़बूत
ज्वलन्त टायर!!
अब युग बदला है वाक़ई,
कहीं आग लग गई, कहीं गोली चल गई।

गेरुआ मौसम, उड़ते हैं अंगार,
जंगल जल रहे ज़िन्दगी के अब
जिनके कि ज्वलत् प्रकाशित भीषण
कुलों से बहतीं वेदना नदियाँ
जिनके कि जल में
सचेत होकर सैकड़ों सदियाँ ज्वलन्त अपने
बिम्ब प्रसारित करती हैं प्रतिपल।
वेदना-नदियाँ
जिनमें कि डूबे हैं, युगानुयुग से
पिताओं की चिन्ता का उद्विग्न रंग भी
विवेक-पीड़ा की गहराई बेचैन,
डूबा है जिसमें श्रमिक का सन्ताप।
माँओं के आँसू।
वह जल पीकर,
मेरे युवकों में व्यक्तित्वान्तर,
विभिन्न क्षेत्रों में कई तरह से करते हैं संगर,
मानो कि ज्वाला-पँखुरी-दल में घिरे हुए वे सब
अग्नि-कमल के केन्द्र में बैठे।
द्रुत-वेग बहती हैं शक्तियाँ निश्चयी।

कहीं आग लग गई,
कहीं गोली चल गई!!

× × ×

एकाएक फिर स्वप्न-भंग
बिखर गए चित्र कि मैं फिर अकेला।
मस्तिष्क-हृदय में गहरे व बारीक छेदों से भर गए।
पर, उन रंध्रों के दुखों में गहरा
प्रदीप्त ज्योति का रस बस गया है।
मैं उन सपनों का खोजता हूँ आशय,
अर्थों की वेदना घिरती है मन में।
अज़ीब झमेला।
घूमता है मन उन भावों के घावों के आस-पास
आत्मा में चमकीली प्यास भर गई है।
जग भर दीखती हैं सुनहली तसवीरें मुझको
मानो कि कल रात किसी अनपेक्षित क्षण में ही सहसा
प्रेम कर लिया हो मनोहर मुख से
जीवन-भर के लिए!!
मानो कि उस क्षण
अतिशय मृदु किन्हीं बाँहों ने आकर
कस लिया था मुझको
उस स्वप्न-स्पर्श की, चुम्बन-घटना की याद आ रही है,
याद आ रही है!!
अज्ञात प्रणयिनी कौन थी, कौन थी?

कमरे में सुबह की धूप आ गई है,
गैलरी में फैला है सुनहला रवि-छोर
क्या कोई प्रेमिका सचमुच मिलेगी?
हाय! यह वेदना स्नेह की गहरी
जाग गई क्योंकर?

सब ओर विद्युत्तरंगीय हलचल
चुम्बकीय आकर्षण।
प्रत्येक वस्तु का निज-निज आलोक,
मानो कि अलग-अलग फूलों के रंगीन

अलग-अलग वातावरण हैं बेमाप,
प्रत्येक अर्थ की छाया में दूसरा, आशय
झिलमिला रहा-सा
डेस्क पर रखे हुए महान् ग्रन्थों के लेखक
मेरी इन मानसिक क्रियाओं के बन गए प्रेक्षक,
मेरे इस कमरे में आकाश उतरा,
मन यह गगन की वायु में सिहरा।
उठता हूँ, जाता हूँ, गैलरी में खड़ा हूँ।
एकाएक वह व्यक्ति....
सामने
गलियों में, सड़कों पर, लोगों की भीड़ में
चला जा रहा है।
वही जन जिसे मैंने देखा था गुहा में।
धड़कता है दिल
कि पुकारने को खुलता है मुँह
कि अकस्मात्...
वह दिखा, वह दिखा
वह फिर खो गया किसी जन-यूथ में...
उठी हुई बाँह यह उठी हुई रह गई!!

अन-खोजी निज समृद्धि का वह परम उत्कर्ष,
परम अभिव्यक्ति...
मैं उसका शिष्य हूँ
वह मेरी गुरु है,
गुरु है!!

वह मेरे पास कभी बैठा ही नहीं था,
वह मेरे पास कभी आया ही नहीं था,
तिलिस्मी खोह में देखा था एक बार,
आख़िरी बार ही।
पर, वह जगत् की गलियों में घूमता है प्रतिपल
वह फटे-हाल रूप।
विद्युल्लहरिल वही गतिमयता,
उद्विग्न ज्ञान-तनाव वह

सकर्मक प्रेम की वह अतिशयता
वही फटे-हाल रूप!!
परम अभिव्यक्ति
अविरत घूमती है जग में
पता नहीं जाने कहाँ, जाने कहा
वह है।
इसीलिए मैं हर गली में
और हर सड़क पर
झाँक-झाँक देखता हूँ हर एक चेहरा,
प्रत्येक गतिविधि,
प्रत्येक चरित्र,
व हर एक आत्मा का इतिहास,
हर एक देश व राजनीतिक स्थिति और परिवेश
प्रत्येक मानवीय स्वानुभूत आदर्श
विवेक-प्रक्रिया, क्रियागत परिणति!!
खोजता हूँ पठार...पहाड़...समुन्दर
जहाँ मिल सके मुझे
मेरी वह खोई हुई
परम अभिव्यक्ति अनिवार
आत्म-सम्भवा।

[सम्भावित रचनाकाल 1957 से 1962 तक। अन्तिम संशोधन 1962 में। नागपुर-राजनांदगाँव। कल्पना, नवम्बर 1964, में 'आशंका के द्वीप : अँधेरे में' शीर्ष से प्रकाशित। चाँद का मुँह टेढ़ा है, में संकलित]

भूल-ग़लती

भूल-ग़लती
आज बैठी है ज़िरहबख़्तर पहनकर
तख़्त पर दिल के;
चमकते हैं खड़े हथियार उसके दूर तक,
आँखें चिलकती हैं नुकीले तेज़ पत्थर-सी,
खड़ी हैं सिर झुकाए
सब क़तारें
बेज़ुबाँ बेबस सलाम में,
अनगिनत खम्भों व मेहराबों-थमे।
दरबारे-आम में।

सामने
बेचैन घावों की अजब तिरछी लकीरों से कटा
चेहरा
कि जिस पर काँप
दिल की भाफ उठती है...
पहने हथकड़ी वह एक ऊँचा क़द,
समूचे जिस्म पर लत्तर,
झलकते लाल लम्बे दाग़
बहते ख़ून के।
वह क़ैद कर लाया गया ईमान...
सुलतानी निगाहों में निगाहें डालता,
बेख़ौफ़ नीली बिजलियों को फेंकता
ख़ामोश!!
सब ख़ामोश
मनसबदार,

शायर और सूफ़ी,
अलग़ज़ाली, इब्ने सिन्ना, अलबरूनी,
आलिमो फ़ाज़िल सिपहसालार, सब सरदार
हैं ख़ामोश!!

नामंज़ूर,
उसको ज़िन्दगी की शर्म की-सी शर्त
नामंज़ूर,
हठ इनकार का सिर तान...खद-मुख़तार।
कोई सोचता उस वक़्त—
छाए जा रहे हैं सल्तनत पर घने साए स्याह,
सुलतानी ज़िरहबख़्तर बना है सिर्फ़ मिट्टी का,
वो—रेत का-सा ढेर—शाहंशाह,
शाही धाक का अब सिर्फ़ सन्नाटा!!
(लेकिन, ना
ज़माना साँप का काटा)
भूल (आलमगीर)
मेरी आपकी कमज़ोरियों के स्याह
लोहे का ज़िरहबख़्तर पहन, खूँख़्वार
हाँ, खूँख़्वार आलीजाह;
वो आँखें सच्चाई की निकाले डालता,
सब बस्तियाँ दिल की उजाड़े डालता,
करता, हमें वह घेर,
बेबुनियाद, बेसिर-पैर...
हर सब क़ैद हैं उसके चमकते ताम-झाम में,
शाही मुक़ाम में!!

इतने में, हमीं में से
अज़ीब कराह-सा कोई निकल भागा,
भरे दरबारे-आम में मैं भी
सँभल जागा!!
क़तारों में खड़े ख़ुदग़र्ज बा-हथियार
बख़्तरबन्द समझौते
वहमकर, रह गए;

दिल में अलग जबड़ा, अलग दाढ़ी लिए,
दुमुँहेपन के सौ तजुर्बों की बुज़ुर्गी से भरे,
दढ़ियल सिपहसालार संजीदा
सहमकर रह गए!!

लेकिन, उधर उस ओर,
कोई, बुर्ज़ के उस तरफ़ जा पहुँचा,
अँधेरी घाटियों के गोल टीलों, घने पेड़ों में
कहीं पर खो गया,
महसूस होता है कि वह बेनाम
बेमालूम दर्रों के इलाक़े में
(सचाई के सुनहले तेज़ अक्सों के धुँधलके में)
मुहैया कर रहा लश्कर;
हमारी हार का बदला चुकाने आएगा
संकल्प-धर्मा चेतना का रक्तप्लावित स्वर,
हमारे ही ह्दरय का गुप्त स्वर्णाक्षर
प्रकट होकर विकट हो जाएगा!!

[सम्भावित रचनाकाल 1963। राजनांदगाँव। कल्पना, अप्रैल 1964, में प्रकाशित। चाँद का मुँह टेढ़ा है, में संकलित]

पक्षी और दीमक

बाहर चिलचिलाती हुई दोपहर है; लेकिन इस कमरे में ठंडा मद्धिम उजाला है। यह उजाला इस बन्द खिड़की की दरारों से आता है। यह एक चौड़ी मुँडेरवाली बड़ी खिड़की है, जिसके बाहर की तरफ़, दीवार से लगकर, काँटेदार बेंत की हरी-घनी झाड़ियाँ हैं। इनके ऊपर एक जंगली बेल चढ़कर फैल गई है; और उसने आसमानी रंग के गिलास-जैसे अपने फूल प्रदर्शित कर रखे हैं। दूर से देखने वालों को लगेगा कि वे उस बेल के फूल नहीं, वरन् बेंत की झाड़ियों के अपने फूल हैं।

किन्तु इससे भी आश्चर्यजनक बात यह है कि लता ने अपनी घुमावदार चाल से न केवल बेंत की डालों को, उनके काँटों से बचते हुए, जकड़ रखा है, वरन् उनके कण्टक-रोमोंवाले पत्तों के एक-एक हरे फ़ीते को समेटकर, कसकर उनकी एक रस्सी-सी बना डाली है; और उस पूरी झाड़ी पर अपने फूल बिखराते-छिटकाते हुए, उन सौन्दर्य-प्रतीकों को सूरज और चाँद के सामने कर दिया है।

लेकिन, इस खिड़की को मुझे अक्सर बन्द रखना पड़ता है। छत्तीसगढ़ के इस इलाक़े में, मौसम-बे-मौसम आँधीनुमा हवाएँ चलती हैं। उन्होंने मेरी खिड़की के बन्द पल्लों को ढीला कर डाला है। खिड़की बन्द रखने का एक कारण यह भी है कि बाहर दीवार से लगकर खड़ी हुई हरी-घनी झाड़ियों के भीतर जो छिपे हुए, गहरे, हरे-साँवले अन्तराल हैं, उनमें पक्षी रहते हैं और अण्डे देते हैं। वहाँ से कभी-कभी उनकी आवाज़ें, रात-बिरात, एकाएक सुनाई देती हैं। वे तीव्र भय की रोमांचक चीत्कारें हैं, क्योंकि वहाँ अपने शिकार की खोज में एक भुजंग आता रहता है। वह, शायद, उस तरफ़ की तमाम झाड़ियों के भीतर रेंगता फिरता है।

एक रात, इसी खिड़की में से एक भुजंग मेरे कमरे में भी आया। वह लगभग तीन फ़ीट लम्बा अजगर था। ख़ूब खा-पी करके, सुस्त होकर, वह खिड़की के पास, मेरी साइकिल पर लेटा हुआ था। उसका मुँह 'कैरियर' पर, जिस्म की लपेट में, छिपा हुआ था और पूँछ चमकदार 'हैण्डिल' से लिपटी हुई थी। 'कैरियर' से लेकर 'हैण्डिल' तक की सारी लम्बाई को उसने अपने देह-वलयों से कस लिया था। उसकी वह काली-लम्बी-चिकनी देह आतंक उत्पन्न करती थी।

हमने बड़ी मुश्किल से उसके मुँह को शिनाख़्त किया। और फिर एकाएक

'फ़िनाइल' से उस पर हमला करके उसे बेहोश कर डाला। रोमांचपूर्ण थे हमारे वे व्याकुल आक्रमण! गहरे भय की सनसनी में अपनी कायरता का बोध करते हुए, हम लोग, निर्दयतापूर्वक, उसकी छटपटाती देह को लाठियों से मारे जा रहे थे।

उसे मरा हुआ जान, हम उसका अग्नि-संस्कार करने गए। मिट्टी के तेल की पीली-गेरुई ऊँची लपक उठाते हुए कण्डों की आग में पड़ा हुआ वह ढीला नाग-शरीर, अपनी बची-खुची चेतना समेटकर, इतनी ज़ोर से ऊपर उछला कि घेरा डालकर खड़े हुए हम लोग, हैरत में आकर, एक क़दम पीछे हट गए। उसके बाद, रात-भर साँप की ही चर्चा होती रही।

इसी खिड़की से लगभग छह गज़ दूर, बेंत की झाड़ियों के उस पार, एक तालाब है...बड़ा भारी तालाब, आसमान का लम्बा-चौड़ा आईना, जो थरथराते हुए मुसकराता है। और उसकी थरथराहट पर किरनें नाचती रहती हैं।

मेरे कमरे में जो प्रकाश आता है, वह इन लहरों पर नाचती हुई किरनों का उछलकर आया हुआ प्रकाश है। खिड़की की लम्बी दरारों में से गुज़रकर, वह प्रकाश, सामने की दीवार पर चौड़ी मुँडेर के नीचे सुन्दर झलमलाती हुई आकृतियाँ बनाता है।

मेरी दृष्टि उस प्रकाश-कम्प की ओर लगी हुई है। एक क्षण में उसकी अननिगत लहरें नाचे जा रही हैं, नाचे जा रही हैं। कितना उद्दाम, कितना तीव्र वेग है उन झिलमिलाती लहरों में। मैं मुग्ध हूँ कि बाहर के लहराते तालाब ने किरनों की सहायता से अपने कम्पों की प्रतिच्छवि मेरी दीवाल पर आँक दी है।

काश, ऐसी भी कोई मशीन होती जो दूसरों के हृदय-कम्पनों को, उनकी मानसिक हलचलों को, मेरे मन के परदे पर, चित्र रूप में, उपस्थित कर सकती।

उदाहरणतः, मेरे सामने इसी पलँग पर, वह जो नारी-मूर्ति बैठी है, उसके व्यक्तित्व के रहस्य को मैं जानना चाहता हूँ, वैसे, उसके बारे में जितनी गहरी जानकारी मुझे है, शायद और किसी को नहीं।

इस धुँधले और अँधेरे कमरे में वह मुझे सुन्दर दिखाई दे रही है। दीवार पर गिरे हुए प्रत्यावर्तित प्रकाश का पुनः प्रत्यावर्तित प्रकाश, नीली चूड़ियोंवाले हाथों में थमे हुए उपन्यास के पन्नों पर, ध्यानमग्न कपोलों पर, और आसमानी आँचल पर फैला हुआ है। यद्यपि इस समय, हम दोनों अलग-अलग दुनिया में (वह उपन्यास के जगत् में और मैं अपने ख़यालों के रास्ते पर) घूम रहे हैं, फिर भी इस अकेले धुँधले कमरे में गहन साहचर्य के सम्बन्ध-सूत्र तड़प रहे हैं और महसूस किए जा रहे हैं।

बावजूद इसके, यह कहना ही होगा कि मुझे इसमें 'रोमांस' नहीं दीखता। मेरे सिर का दाहिना हिस्सा सफ़ेद हो चुका है। अब तो मैं केवल आश्रय का अभिलाषी हूँ, ऊष्मापूर्ण आश्रय का...

फिर भी, मुझे शंका है। यौवन के मोह-स्वप्न का गहरा उद्दाम आत्मविश्वास अब मुझमें नहीं हो सकता। एक वयस्क पुरुष का अविवाहिता वयस्का स्त्री से प्रेम

भी अज़ीब होता है। उसमें उद्‌बुद्ध इच्छा से आग्रह के साथ-साथ जो अनुभवपूर्ण ज्ञान का प्रकाश होता है, वह पल-पल पर शंका और सन्देह को उत्पन्न करता है।

श्यामला के बारे में मुझे शंका रहती है। वह ठोस बातों की बारीकियों का बड़ा आदर करती है। वह व्यवहार की कसौटी पर मनुष्य को परखती है। यह मुझे अखरता है। उसमें मुझे एक ठंडा पथरीलापन मालूम होता है। गीले-सपनीले रंगों का श्यामला में सचमुच अभाव है।

ठंडा पथरीलापन उचित है, या अनुचित, यह मैं नहीं जानता। किन्तु, जब औचित्य के सारे प्रमाण, उनका सारा वस्तु-सत्य, पॉलिशदार टीन-सा चमचमा उठता है तो, मुझे लगता है—बुरे फँसे, इन फ़ालतू की अच्छाइयों में, तो दूसरी तरफ़ मुझे अपने भीतर ही कोई गहरी कमी महसूस होती है, और खटकने लगती है।

ऐसी स्थिति में, मैं 'हाँ' और 'ना' के बीच में रहकर, ख़ामोश, 'जी हाँ' की सूरत पैदा कर देता हूँ। डरता सिर्फ़ इस बात से हूँ कि कहीं यह 'जी हाँ', 'जी हुजूर' न बन जाए। मैं अतिशय शान्ति-प्रिय व्यक्ति हूँ। अपनी शान्ति भंग न हो, इसका बहुत ख़याल रखता हूँ। न झगड़ा करना चाहता हूँ, न मैं किसी झगड़े में फँसना चाहता...।

उपन्यास फेंककर श्यामला ने दोनों हाथ ऊँचे करके ज़रा-सी अँगड़ाई ली। मैं उसकी रूप-मुद्रा पर फिर से मुग्ध होना ही चाहता था कि उसने एक बेतुका प्रस्ताव सामने रख दिया। कहने लगी, "चलो, बाहर घूमने चलें।"

मेरी आँखों के सामने बाहर की चिलचिलाती सफ़ेदी और भयानक गरमी चमक उठी। ख़स के परदों के पीछे, छत के पंखों के नीचे, अलसाते लोग याद आए। भद्रता की कल्पना और सुविधा के भाव मुझे मना करने लगे। श्यामला के झक्कीपन का एक प्रमाण और मिला।

उसने मुझे एक क्षण आँखों से तौला और फ़ैसले के ढंग से कहा, "ख़ैर, मैं तो जाती हूँ। देखकर चली आऊँगी...बता दूँगी।"

लेकिन चन्द मिनटों बाद, मैंने अपने को, चुपचाप, उसके पीछे चलते हुए पाया। तब दिल में एक अज़ीब झोल महसूस हो रहा था। दिमाग़ के भीतर सिकुड़न-सी पड़ गई थी। पतलून भी ढीला-ढाला लग रहा था, कमीज़ के 'कॉलर' भी उलटे-सीधे रहे होंगे। बाल अनसँवरे थे ही। पैरों को किसी-न-किसी तरह आगे ढकेले जा रहा था।

लेकिन, यह सिर्फ़ दुपहर के गरम तीरों के कारण था, या श्यामला के कारण, यह कहना मुश्किल है।

उसने पीछे मुड़कर मेरी तरफ़ देखा और दिलासा देती हुई आवाज़ में कहा, "स्कूल का मैदान ज़्यादा दूर नहीं है।"

वह मेरे आगे-आगे चल रही थी, लेकिन मेरा ध्यान उसके पैरों और तलुओं के

पिछले हिस्से की तरफ़ ही था। उसकी टाँग, जो बिवाइयों-भरी और धूल-भरी थी, आगे बढ़ने में, उचकती हुई चप्पल पर चटचटाती थी। ज़ाहिर था कि ये पैर धूल-भरी सड़कों पर घूमने के आदी हैं।

यह ख़याल आते ही, उसी ख़याल से लगे हुए न मालूम किन धागों से होकर, मैं श्यामला से ख़ुद को कुछ कम, कुछ हीन पाने लगा; और इसकी ग्लानि से उबरने के लिए, मैं उस चलती हुई आकृति के साथ, उसके बराबर हो लिया। वह कहने लगी, "याद है शाम को बैठक है। अभी चलकर न देखते तो कब देखते! और सबके सामने साबित हो जाता कि तुम ख़ुद कुछ करते नहीं। सिर्फ़ ज़बान की कैंची चलती है।"

अब श्यामला को कौन बताए कि न मैं इस भरी दोपहर में स्कूल का मैदान देखने जाता और न शाम को बैठक में ही। सम्भव था कि 'कोरम' पूरा न होने के कारण बैठक ही स्थगित हो जाती। लेकिन श्यामला को यह कौन बताए कि हमारे आलस्य में भी एक छिपी हुई, जानी-अनजानी योजना रहती है। वर्तमान संचालन का दायित्व जिन पर है, वे ख़ुद संचालक-मंडल की बैठक नहीं होने देना चाहते। अगर श्यामला से कहूँ तो वह पूछेगी, 'क्यों!'

फिर मैं क्या जवाब दूँगा? मैं उसकी आँखों से गिरना नहीं चाहता, उसकी नज़र में और-और चढ़ना चाहता हूँ। उसका प्रेमी जो हूँ; अपने व्यक्तित्व का सुन्दरतम चित्र उपस्थित करने की लालसा भी तो रहती है।

वैसे भी, धूप इतनी तेज़ थी कि बात करने या बात बढ़ाने की तबीयत नहीं हो रही थी।

मेरी आँखें सामने के पीपल के पेड़ की तरफ़ गईं, जिसकी एक डाल, तालाब के ऊपर, बहुत ऊँचाई पर, दूर तक चली गई थी। उसके सिरे पर एक बड़ा-सा भूरा पक्षी बैठा हुआ था। उसे मैंने चील समझा। लगता था कि वह मछलियों के शिकार की ताक लगाए बैठा है।

लेकिन उसी शाखा की बिलकुल विरुद्ध दिशा में, जो दूसरी डालें ऊँची होकर तिरछी और बाँकी-टेढ़ी हो गई हैं, उन पर झुण्ड के झुण्ड कौवे काँव-काँव कर रहे हैं मानो वे चील की शिकायत कर रहे हों और उचक-उचककर, फुदक-फुदककर, मछली की ताक में बैठे उस पक्षी के विरुद्ध प्रचार किए जा रहे हों।

कि इतने में मुझे उस मैदानी-आसमानी चमकीले खुले-खुलेपन में एकाएक, सामने दिखाई देता है—साँवले नाटे क़द पर भगवे रंग की खद्दर का बण्डीनुमा कुरता, लगभग चौरस मोटा चेहरा, जिसके दाहिने गाल पर एक बड़ा-सा मसा है, और उस मसे में से बारीक बाल निकले हुए।

जी धँस जाता है उस सूरत को देखकर। वह मेरा नेता है, संस्था का सर्वेसर्वा है। उसकी ख़याली तसवीर देखते ही मुझे अचानक दूसरे नेताओं की और सचिवालय के उस अँधेरे गलियारे की याद आती है, जहाँ मैंने इस नाटे-मोटे भगवे खद्दर-

कुरतेवाले को पहले-पहल देखा था।

उन अँधेरे गलियारों में से मैं कई-कई बार गुज़रा हूँ और वहाँ किसी मोड़ पर, किसी कोने में इकट्ठा हुए, ऐसी ही संस्थाओं के संचालकों के उतरे हुए चेहरों को देखा है। बावजूद श्रेष्ठ पोशाक और 'अपटूडेट' भेस के, सँवलाया हुआ गर्व, बेबस गम्भीरता, अधीर उदासी और थकान उनके व्यक्तित्व पर राख-सी मलती है। क्यों?

इसलिए कि माली साल की आख़िरी तारीख़ को अब सिर्फ़ दो या तीन दिन बचे हैं। सरकारी 'ग्राण्ट' अभी मंजूर नहीं हो पा रही है, काग़ज़ात अभी वित्त-विभाग में ही अटके पड़े हैं। ऑफ़िसों के बाहर, गलियारे के दूर किसी कोने में, पेशाबघर के पास, या होटलों के कोनों में क्लर्कों की मुट्ठियाँ गरम की जा रही हैं, ताकि 'ग्राण्ट' मंज़ूर हो और जल्दी मिल जाए।

ऐसी ही किसी जगह पर मैंने इस भगवे खद्दर-कुरतेवाले को ज़ोर-ज़ोर से अंग्रेज़ी बोलते हुए देखा था। और, तभी मैंने उसके तेज़ मिज़ाज और फ़ितरती दिमाग़ का अन्दाज़ा लगाया था।

इधर, भरी दोपहर में, श्यामला का पार्श्व-संगीत चल ही रहा है, मैं उसका कोई मतलब नहीं निकाल पाता। लेकिन, न मालूम कैसे, मेरा मन उसकी बातों से कुछ संकेत ग्रहण कर, अपने ही रास्ते पर चलता रहता है। इसी बीच उसके एक वाक्य से मैं चौंक पड़ा, "इससे अच्छा है कि तुम इस्तीफ़ा दे दो। अगर काम नहीं कर सकते तो गद्दी क्यों अड़ा रखी है।"

इसी बात को, कई बार, मैंने अपने से भी पूछा था। लेकिन आज उसके मुँह से ठीक उसी बात को सुनकर मुझे धक्का-सा लगा। और, मेरा मन कहाँ-का-कहाँ चला गया।

एक दिन की बात। मेरा सज़ा हुआ कमरा। चाय की चुस्कियाँ। क़हक़हे। एक पीले रंग के तिकोने चेहरेवाला मसख़रा, ऊलजलूल शख़्स। बग़ैर यह सोचे कि जिसकी वह निन्दा कर रहा है, वह मेरा कृपालु मित्र और सहायक है, वह शख़्स बात बढ़ाता जा रहा है।

मैं स्तब्ध। किन्तु, कान सुन रहे हैं। हारे हुए आदमी जैसी मेरी सूरत, और मैं!

वह कहता जा रहा है, "सूक्ष्मदर्शी यन्त्र? सूक्ष्मदर्शी यन्त्र कहाँ हैं?"

"हैं तो। ये हैं। देखिए।" क्लर्क कहता है। रजिस्टर बताता है। सब कहते हैं—हैं, हैं। ये हैं। लेकिन, कहाँ हैं? यह तो सब लिखित रूप में हैं, वस्तु-रूप में कहाँ हैं!

"वे ख़रीदे ही नहीं गए हैं! झूठी रसीद लिखने का कमीशन विक्रेता को, शेष रक़म जेब में। सरकार से पूरी रक़म वसूल!

"किसी ख़ास जाँच के ऐन मौक़े पर किसी दूसरे शहर की...संस्था से उधार लेकर, सूक्ष्मदर्शी यन्त्र हाज़िर! सब चीज़ें मौजूद हैं। आइए, देख जाइए। जी हाँ, ये तो हैं

सामने। लेकिन, जाँच ख़त्म होने पर सब ग़ायब, सब अन्तर्धान। कैसा जादू है। ख़र्चे का आँकड़ा ख़ूब फुलाकर रखिए। सरकार के पास काग़ज़ात भेज दीजिए। ख़ास मौक़ों पर ऑफ़िसों के धुँधले गलियारों और होटलों के कोनों में मुट्ठियाँ गरम कीजिए। सरकारी 'ग्राण्ट' मंज़ूर! और, उसका न जाने कितना हिस्सा, बड़े ही तरीक़े से संचालकों की जेब में! जी!''

भरी दोपहर में मैं आगे बढ़ा जा रहा हूँ। कानों में ये आवाज़ें गूँजती जा रही हैं। मैं व्याकुल हो उठता हूँ। श्यामला का पार्श्व-संगीत चल रहा है। मुझे ज़बरदस्त प्यास लगती है! पानी, पानी!

कि इतने में एकाएक विश्वविद्यालय के पुस्तकालय की ऊँचे रोमन स्तम्भोंवाली इमारत सामने आ जाती है। तीसरा पहर। हलकी धूप। इमारत की पत्थर-सीढ़ियाँ, लम्बी, मोतिया।

सीढ़ियों से लगकर, अभरक-मिली लाल मिट्टी के चमचमाते रास्ते पर सुन्दर काली 'शेवरलेट'।

भगवे खद्दर-कुरतेवाले की 'शेवरलेट', जिसके ज़रा पीछे मैं खड़ा हूँ, और देख रहा हूँ—यों ही—कार का नम्बर—कि इतने में उसके चिकने काले हिस्से में, जो आईने-सा चमकदार है, मेरी सूरत दिखाई देती है।

भयानक है वह सूरत! सारे अनुपात बिगड़ गए हैं। नाक डेढ़ गज़ लम्बी और कितनी मोटी हो गई है। चेहरा बेहद लम्बा और सिकुड़ गया है। आँखें खड्डेदार। कान नदारद। भूत-जैसा अप्राकृतिक रूप। मैं अपने चेहरे की उस विद्रूपता को, मुग्ध भाव से, कुतूहल से और आश्चर्य से देख रहा हूँ, एकटक!

कि इतने में मैं दो क़दम एक ओर हट जाता हूँ; और पाता हूँ कि मोटर के उस काले चमकदार आईने में, मेरे गाल, ठुड्डी, नाक, कान सब चौड़े हो गए हैं, एकदम चौड़े। लम्बाई लगभग नदारद। मैं देखता ही रहता हूँ, देखता ही रहता हूँ कि इतने में दिल के किसी कोने में कोई अँधियारा गटर एकदम फूट निकलता है। वह गटर है आत्मालोचन, दुःख और ग्लानि का।

और, सहसा, मुँह से हाय निकल पड़ती है। उस भगवे खद्दर-कुरतेवाले से मेरा छुटकारा कब होगा, कब होगा!

और, तब लगता है कि इस सारे जाल में, बुराई की इस अनेक चक्रोंवाली दैत्याकार मशीन में न जाने कब से मैं फँसा पड़ा हूँ। पैर भिंच गए हैं, पसलियाँ चूर हो गई हैं, चीख़ निकल नहीं पाती, आवाज़ हलक़ में फँसकर रह गई है।

कि इसी बीच अचानक एक नज़ारा दिखाई देता है। रोमन स्तम्भोंवाली विश्वविद्यालय के पुस्तकालय की ऊँची, लम्बी, मोतिया सीढ़ियों पर से उतर रही है एक आत्म-विश्वासपूर्ण गौरवमय नारीमूर्ति।

वह किरणीली मुसकान मेरी ओर फेंकती-सी दिखाई देती है। मैं इस स्थिति में

नहीं हूँ कि उसका स्वागत कर सकूँ। मैं बदहवास हो उठता हूँ।

वह धीमे-धीमे मेरे पास आती है, अभ्यर्थनापूर्ण मुसकराहट के साथ कहती है, "पढ़ी है आपने यह पुस्तक?"

काली जिल्द पर सुनहले रोमन अक्षरों में लिखा है, "आई विल नॉट रेस्ट।"

मैं साफ़ झूठ बोल जाता हूँ, "हाँ पढ़ी है, बहुत पहले।"

लेकिन, मुझे महसूस होता है कि मेरे चेहरे पर से तेलिया पसीना निकल रहा है। मैं बार-बार अपना मुँह पोंछता हूँ रूमाल से। बालों के नीचे ललाट—हाँ, ललाट (यह शब्द मुझे अच्छा लगता है) को रगड़कर साफ़ करता हूँ।

और, फिर दूर एक पेड़ के नीचे, इधर आते हुए, भगवे खद्दर-कुरतेवाले की आकृति को देखकर श्यामला से कहता हूँ, "अच्छा, मैं ज़रा उधर जा रहा हूँ। फिर भेंट होगी।" और, सभ्यता के तकाज़े से मैं उसके लिए नमस्कार के रूप में मुसकराने की चेष्टा करता हूँ।

पेड़!

अज़ीब पेड़ है, (यहाँ रुका जा सकता है), बहुत पुराना पेड़ है, जिसकी जड़ें उखड़कर बीच में से टूट गई हैं, और जो साबित हैं, उनके आस-पास की मिट्टी खिसक गई है। इसलिए वे उभरकर ऐंठी हुई-सी लगती हैं। पेड़ क्या है, लगभग ठूँठ है। उसकी शाखाएँ काट डाली गई हैं।

लेकिन, कटी हुई बाँहोंवाले उस पेड़ में से नई डालें निकलकर, हवा में खेल रही हैं। उन डालों में कोमल-कोमल हरी-हरी पत्तियाँ झालर-सी दिखाई देती हैं। पेड़ के मोटे तने में से जगह-जगह ताज़ा गोंद निकल रहा है। गोंद की साँवली कत्थई गठानें मज़े में देखी जा सकती हैं।

अज़ीब पेड़ है, अज़ीब! (शायद, यह अच्छाई का पेड़ है) इसलिए कि एक दिन शाम की मोतिया-गुलाबी आभा में मैंने एक युवक-युवती को इस पेड़ के तले ऊँची उठी हुई जड़ पर आराम से बैठे हुए पाया था। सम्भवतः, वे अपने अत्यन्त आत्मीय क्षणों में डूबे हुए थे।

मुझे देखकर युवक ने आदरपूर्वक नमस्कार किया। लड़की ने भी मुझे देखा और झेंप गई। हलके झटके से उसने अपना मुँह दूसरी ओर कर लिया। लेकिन, उसकी झेंपती हुई ललाई मेरी नज़रों से न बच सकी।

इस प्रेम-मुग्ध युग्म को देखकर मैं भी एक विचित्र आनन्द में डूब गया। उन्हें निरापद करने के लिए, जल्दी-जल्दी पैर बढ़ाता हुआ मैं वहाँ से नौ-दो ग्यारह हो गया।

यह पिछली गरमियों की एक मनोहर साँझ की बात है। लेकिन आज इस भरी दोपहरी में श्यामला के साथ पल-भर उस पेड़ के तले बैठने को मेरी भी तबीयत हुई। बहुत ही छोटी और भोली इच्छा है यह!

लेकिन, मुझे लगा कि शायद श्यामला मेरे सुझाव को नहीं मानेगी। स्कूल-मैदान पहुँचने की उसे जल्दी जो है। कहने की मेरी हिम्मत ही नहीं हुई।

लेकिन, दूसरे क्षण, आप-ही-आप, मेरे पैर उस ओर बढ़ने लगे। और, ठीक उसी जगह मैं भी जाकर बैठ गया, जहाँ एक साल पहले वह युग्म बैठा था। देखता क्या हूँ कि श्यामला भी आकर बैठ गई है।

तब वह कह रही थी, "सचमुच बड़ी गरम दोपहर है।"

सामने, मैदान-ही-मैदान हैं, भूरे मटमैले! उन पर सिरस और सीसम के छायादार विराम-चिह्न खड़े हुए हैं। मैं लुब्ध और मुग्ध होकर उनकी घनी-गहरी छायाएँ देखता रहता हूँ...।

...क्योंकि...क्योंकि मेरा यह पेड़, यह अच्छाई का पेड़, छाया प्रदान नहीं कर सकता, आश्रय प्रदान नहीं कर सकता, (क्योंकि वह जगह-जगह काटा गया है) वह तो कटी शाखाओं की दूरियों और अन्तरालों में से केवल तीव्र और कष्टप्रद प्रकाश को ही मार्ग दे सकता है।

लेकिन, मैदानों के इस चिलचिलाते अपार विस्तार में, एक पेड़ के नीचे, अकेलेपन में, श्यामला के साथ रहने की यह जो मेरी स्थिति है उसका अचानक मुझे गहरा बोध हुआ। लगा कि श्यामला मेरी है, मेरी है, और वह भी इसी भाँति चिलमिलाते गरम तत्त्वों से बनी हुई नारी-मूर्ति है। गरम बफती हुई मिट्टी-सा चिलचिलाता हुआ, उसमें अपनापन है।

तो क्या, आज ही, अगली अनगिनत गरम दोपहरियों के पहले, आज ही, अगले क़दम उठाए जाने के पहले, इसी समय, हाँ, इसी समय, उसके सामने, अपने दिल की गहरी छिपी हुई तहें और सतहें खोलकर रख दूँ...कि जिससे आगे चलकर, उसे ग़लतफ़हमी में रखने, उसे धोखे में रखने का अपराधी न बनूँ!

कि इतने में, मेरी आँखों के सामने, फिर उसी भगवे खद्दर-कुरतेवाले की तसवीर चमक उठी। मैं व्याकुल हो गया, और उससे छुटकारा चाहने लगा।

तो फिर आत्म-स्वीकार कैसे करूँ, कहाँ से शुरू करूँ!

लेकिन, क्या वह मेरी बातें समझ सकेगी? किसी तनी हुई रस्सी पर वज़न साधते हुए चलने का, 'हाँ' और 'ना' के बीच में रहकर ज़िन्दगी की उलझनों में फँसने का, तज़ुर्बा उसे कहाँ है!

हटाओ, कौन कहे!

लेकिन, यह स्त्री शिक्षिता तो है! बहस भी तो करती है! बहस की बातों का सम्बन्ध न उसके स्वार्थ से होता है, न मेरे। उस समय हम लड़ भी तो सकते हैं। और ऐसी लड़ाइयों में कोई स्वार्थ भी तो नहीं होता। उसके सामने अपने दिल की सतहें खोल देने में न मुझे शर्म रही, न मेरे सामने उसे। लेकिन, वैसा करने में तकलीफ़ तो होती ही है, अज़ीब और पेचीदा, घूमती-घुमाती तकलीफ़!

और उस तकलीफ़ को टालने के लिए हम झूठ भी तो बोल देते हैं, सरासर झूठ, सफ़ेद झूठ! लेकिन झूठ से सचाई और गहरी हो जाती है, अधिक महत्त्वपूर्ण और अधिक प्राणवान्, मानो वह हमारे लिए और सारी मनुष्यता के लिए विशेष सार रखती हो। ऐसी सतह पर हम भावुक हो जाते हैं। और, यह सतह अपने सारे निजीपन में बिलकुल बेनिजी है। साथ ही, मीठी भी! हाँ, उस स्तर की अपनी विचित्र पीड़ाएँ हैं, भयानक सन्ताप है, और इस अत्यन्त आत्मीय किन्तु निर्वैयक्तिक स्तर पर, हम एक हो जाते हैं, और कभी-कभी ठीक उसी स्तर पर बुरी तरह लड़ भी पड़ते हैं।

श्यामला ने कहा, ''उस मैदान को समतल करने में कितना ख़र्च आएगा?''

''बारह हज़ार।''

''उनका अन्दाज़ क्या है?''

''बीस हज़ार।''

''तो बैठक में जाकर समझा दोगे और यह बता दोगे कि कुल मिलाकर बारह हज़ार से ज़्यादा नामुमकिन है?''

''हाँ, उतना मैं कर दूँगा।''

''उतना का क्या मतलब?''

अब मैं उसे 'उतना' का क्या मतलब बताऊँ! साफ़ है कि उस भगवे खद्दर-कुरतेवाले से मैं दुश्मनी मोल नहीं लेना चाहता। मैं उसके प्रति वफ़ादार रहूँगा क्योंकि मैं उसका आदमी हूँ। भले ही वह बुरा हो, भ्रष्टाचारी हो, किन्तु उसी के कारण मेरी आमदनी के ज़रिए बने हुए हैं! व्यक्ति-निष्ठा भी कोई चीज़ है, उसके कारण ही मैं विश्वास-योग्य माना गया हूँ। इसलिए, मैं कई महत्त्वपूर्ण कमेटियों का सदस्य हूँ।

मैंने विरोध-भाव से श्यामला की तरफ़ देखा। वह मेरा रुख देखकर समझ गई। वह कुछ नहीं बोली। लेकिन, मानो मैंने उसकी आवाज़ सुन ली हो।

श्यामला का चेहरा 'चार जनियों-जैसा' है। उस पर साँवली मोहक दीप्ति का आकर्षण है। किन्तु, उसकी आवाज़...हाँ आवाज़...वह इतनी सुरीली और मीठी है कि उसे अनसुना करना निहायत मुश्किल है। उस स्वर को सुनकर, दुनिया की अच्छी बातें ही याद आ सकती हैं।

पता नहीं किस तरह की परेशान पेचीदगी मेरे चेहरे पर झलक उठी कि जिसे देखकर उसने कहा, ''कहो, कहो, क्या कहना चाहते हो।''

यह वाक्य मेरे लिए निर्णायक बन गया। फिर भी, अवरोध शेष था। अपने जीवन का सार-सत्य अपना गुप्त-धन है। उसके अपने गुप्त संघर्ष हैं, उसका अपना एक गुप्त नाटक है। वह प्रकट करते नहीं बनता। फिर भी, शायद है कि उसे प्रकट कर देने से उसका मूल्य बढ़ जाए, उसका कोई विशेष उपयोग हो सके।

एक था पक्षी। वह नीले आसमान में ख़ूब ऊँचाई पर उड़ता जा रहा था। उसके

साथ उसके पिता और मित्र भी थे।

(श्यामला मेरे चेहरे की तरफ़ आश्चर्य से देखने लगी।)

सब, बहुत ऊँचाई पर उड़नेवाले पक्षी थे। उनकी निगाहें भी बड़ी तेज़ थीं। उन्हें दूर-दूर की भनक और दूर-दूर की महक भी मिल जाती।

एक दिन वह नौजवान पक्षी ज़मीन पर चलती हुई एक बैलगाड़ी को देख लेता है। उसमें बड़े-बड़े बोरे भरे हुए हैं। गाड़ीवाला चिल्ला-चिल्लाकर कहता है, ''दो दीमकें लो, एक पंख दो।''

उस नौजवान पक्षी को दीमकों का शौक़ था। वैसे तो ऊँचे उड़नेवाले पंछियों को, हवा में ही बहुत-से कीड़े तैरते हुए मिल जाते, जिन्हें खाकर वे अपनी भूख थोड़ी-बहुत शान्त कर लेते।

लेकिन दीमकें सिर्फ़ ज़मीन पर मिलती थीं। कभी-कभी पेड़ों पर—ज़मीन से तने पर चढ़कर, ऊँची डाल तक, वे अपना मटियाला लम्बा घर बना लेतीं। लेकिन, ऐसे कुछ ही पेड़ होते, और वे सब एक जगह न मिलते।

नौजवान पक्षी को लगा—यह बहुत बड़ी सुविधा है कि एक आदमी दीमकों को बोरों में भरकर बेच रहा है।

वह अपनी ऊँचाइयाँ छोड़कर मँडराता हुआ नीचे उतरता है, और पेड़ की एक डाल पर बैठ जाता है।

दोनों का सौदा तय हो जाता है। अपनी चोंच से एक पर को खींचकर तोड़ने में उसे तकलीफ़ भी होती है; लेकिन उसे वह बरदाश्त कर लेता है। मुँह में बड़े स्वाद के साथ दो दीमकें दबाकर वह पक्षी फुर्र से उड़ जाता है।

(कहते-कहते मैं थक गया शायद साँस लेने के लिए। श्यामला ने पलकें झपकाईं और कहा, ''हूँ''।)

अब उस पक्षी को गाड़ीवाले से दो दीमके ख़रीदने और एक पर देने की बड़ी आसानी मालूम हुई। वह रोज़ तीसरे पहर नीचे उतरता और गाड़ीवाले को एक पंख देकर, दो दीमकें ख़रीद लेता।

कुछ दिनों तक ऐसा ही चलता रहा। एक दिन उसके पिता ने देख लिया। उसने समझाने की कोशिश की कि बेटे, दीमकें हमारा स्वाभाविक आहार नहीं हैं, और उनके लिए अपने पंख तो हरगिज़ नहीं दिए जा सकते।

लेकिन, उस नौजवान पक्षी ने बड़े ही गर्व से अपना मुँह दूसरी ओर कर लिया। उसे ज़मीन पर उतरकर दीमकें खाने की चट लग गई थी। अब उसे न तो दूसरे कीड़े अच्छे लगते, न फल, न अनाज के दाने। दीमकों का शौक़ अब उस पर हावी हो गया था।

(श्यामला अपनी फैली हुई आँखों से मुझे देख रही थी, उसकी ऊपर उठी हुई पलकें और भँवें बड़ी ही सुन्दर दिखाई दे रही थी।)

लेकिन, ऐसा कै दिनों तक चलता। उसके पंखों की संख्या लगातार घटती चली गई। अब वह, ऊँचाइयों पर, अपना सन्तुलन साध नहीं सकता था, न बहुत समय तक पंख उसे सहारा दे सकते थे। आकाश-यात्रा के दौरान उसे, जल्दी-जल्दी पहाड़ी चट्टानों, पेड़ों की चोटियों, गुम्बदों और बुर्ज़ों पर हाँफते हुए बैठ जाना पड़ता। उसके परिवारवाले तथा मित्र ऊँचाइयों पर तैरते हुए आगे बढ़ जाते। वह बहुत पिछड़ जाता। फिर भी दीमक खाने का उसका शौक़ कम नहीं हुआ। दीमकों के लिए गाड़ीवाले को वह अपने पंख तोड़-तोड़कर देता रहा।

(श्यामला गम्भीर होकर सुन रही थी। अब की बार उसने 'हूँ' भी नहीं कहा।)

फिर, उसने सोचा कि आसमान में उड़ना ही फ़िजूल है। वह मूर्खों का काम है। उसकी हालत यह थी कि अब वह आसमान में उड़ ही नहीं सकता था, वह सिर्फ़ एक पेड़ से उड़कर दूसरे पेड़ तक पहुँच पाता। धीरे-धीरे उसकी यह शक्ति भी कम होती गई। और एक समय वह आया जब वह बड़ी मुश्किल से, पेड़ की एक डाल से लगी हुई दूसरी डाल पर, चलकर, फुदककर पहुँचता। लेकिन दीमक खाने का शौक़ नहीं छूटा।

बीच-बीच में गाड़ीवाला बुत्ता दे जाता। वह कहीं नज़र में न आता। पक्षी उसके इन्तज़ार में घुलता रहता।

लेकिन, दीमकों का शौक़ जो उसे था। उसने सोचा, 'मैं ख़ुद दीमकें ढूँढ़ूँगा।' इसलिए वह पेड़ पर से उतरकर ज़मीन पर आ गया; और घास के एक लहराते गुच्छे में सिमटकर बैठ गया।

(श्यामला मेरी ओर देखे जा रही थी। उसने अपेक्षापूर्वक कहा, "हूँ।")

फिर, एक दिन उस पक्षी के जी में न मालूम क्या आया। वह ख़ूब मेहनत से ज़मीन में से दीमकें चुन-चुनकर, खाने के बजाय, उन्हें इकट्ठा करने लगा। अब उसके पास दीमकों के ढेर के ढेर हो गए।

फिर, एक दिन एकाएक, वह गाड़ीवाला दिखाई दिया। पक्षी को बड़ी ख़ुशी हुई। उसने पुकारकर कहा, "गाड़ीवाले, ओ गाड़ीवाले! मैं कब से तुम्हारा इन्तज़ार कर रहा था।"

पहचानी आवाज़ सुनकर गाड़ीवाला रुक गया। तब पक्षी ने कहा, "देखो, मैंने कितनी सारी दीमकें जमा कर ली है।"

गाड़ीवाले को पक्षी की बात समझ में नहीं आई। उसने सिर्फ़ इतना कहा, "तो मैं क्या करूँ।"

"ये मेरी दीमकें ले लो, और मेरे पंख मुझे वापस कर दो," पक्षी ने जवाब दिया।

गाड़ीवाला ठठाकर हँस पड़ा। उसने कहा, "बेवक़ूफ़, मैं दीमक के बदले पंख लेता हूँ, पंख के बदले दीमक नहीं!"

गाड़ीवाले ने 'पंख' शब्द पर बहुत ज़ोर दिया था।

(श्यामला ध्यान से सुन रही थी। उसने कहा, ''फिर?'')

गाड़ीवाला चला गया। पक्षी छटपटाकर रह गया। एक दिन एक काली बिल्ली आई और अपने मुँह में उसे दबाकर चली गई। तब उस पक्षी का ख़ून टपक-टपककर ज़मीन पर बूँदों की लकीर बना रहा था।

(श्यामला ध्यान से मुझे देखे जा रही थी; और उसकी एकटक निगाहों से बचने के लिए मेरी आँखें तालाब की सिहरती-काँपती, चिलकती-चमकती लहरों पर टिकी हुई थीं।)

कहानी कह चुकने के बाद, मुझे एक ज़बरदस्त झटका लगा। एक भयानक प्रतिक्रिया—कोलतार-जैसी काली, गन्धक-जैसी पीली-नारंगी।

''नहीं, मुझमें अभी बहुत कुछ शेष है, बहुत कुछ। मैं उस पक्षी-जैसा नहीं मरूँगा। मैं अभी भी उबर सकता हूँ। रोग अभी असाध्य नहीं हुआ है। ठाठ से रहने के चक्कर से बँधे हुए बुराई के चक्कर तोड़े जा सकते हैं। प्राणशक्ति शेष है, शेष!''

तुरन्त ही लगा कि श्यामला के सामने फ़िज़ूल अपना रहस्य खोल दिया, व्यर्थ ही आत्म-स्वीकार कर डाला। कोई भी व्यक्ति इतना परम प्रिय नहीं हो सकता कि भीतर का नंगा, बालदार रीछ उसे बताया जाए! मैं असीम दुख के खारे मृतक सागर में डूब गया।

श्यामला अपनी जगह से धीरे-से उठी, साड़ी का पल्ला ठीक किया, उसकी सलवटें बराबर जमाईं, बालों पर से हाथ फेरा। और फिर (अंग्रेज़ी में) कहा, ''सुन्दर कथा है, बहुत सुन्दर!''

फिर, वह क्षण-भर खोई-सी खड़ी रही, और फिर बोली, ''तुमने कहाँ पढ़ी?''

मैं अपने ही शून्य में खोया हुआ था। उसी शून्य के बीच में से मैंने कहा, ''पता नहीं...किसी ने सुनाई या मैंने कहीं पढ़ी।''

और, वह श्यामला अचानक मेरे सामने आ गई, कुछ कहना चाहने लगी, मानो उस कहानी में उसकी किसी बात की ताईद होती हो।

उसके चेहरे पर धूप पड़ी हुई थी। मुखमंडल सुन्दर और प्रदीप्त दिखाई दे रहा था।

कि इसी बीच हमारी आँखें सामने के रास्ते पर जम गईं।

घुटनों तक मैली धोती और काली, नीली, सफ़ेद या लाल बण्डी पहने कुछ देहाती भाई, समूह में, चले जा रहे थे। एक के हाथ में एक बड़ा-सा डंडा था, जिसे वह अपने आगे, सामने, किए हुए था। उस डंडे पर एक लम्बा मरा हुआ साँप झूल रहा था। काला भुजंग, जिसके पेट की हलकी सफ़ेदी भी झलक रही थी।

श्यामला ने देखते ही पूछा, ''कौन-सा साँप है यह?'' वह ग्रामीण मुख, छत्तीसगढ़ी लहज़े में, चिल्लाया, ''करेट है बाई, करेट!''

श्यामला के मुँह से निकल पड़ा, ''ओफ़्फ़ो! करेट तो बड़ा ज़हरीला साँप होता है।''

फिर, मेरी ओर देखकर, कहा, "नाग की तो दवा भी निकली है, करेट की तो कोई दवा नहीं है। अच्छा किया, मार डाला। जहाँ साँप देखो, मार डालो; फिर, वह पनियल साँप ही क्यों न हो।"

और फिर, न जाने क्यों, मेरे मन में उसका यह वाक्य गूँज उठा, "जहाँ साँप देखो, मार डालो।"

और ये शब्द मेरे मन में गूँजते ही चले गए।

कि इसी बीच...रजिस्टर में चढ़े हुए आँकड़ों की एक लम्बी मीज़ान मेरे सामने झूल उठी, और गलियारे के अँधेरे कोनों में गरम होनेवाली मुट्ठियों का चोर-हाथ।

श्यामला ने पलटकर कहा, "तुम्हारे कमरे में भी तो साँप घुस आया था। कहाँ से आया था वह?"

फिर उसने ख़ुद ही जवाब दे लिया, "हाँ, वह पास की खिड़की में से आया होगा।"

खिड़की की बात सुनते ही मेरे सामने, बाहर की काँटेदार बेंत की झाड़ी आ गई, जिसे जंगली बेल ने लपेटकर रखा था। मेरे ख़ुद के तीखे काँटों के बावजूद, क्या श्यामला मुझे इसी तरह लपेट सकेगी! बड़ा ही 'रोमैंटिक' ख़याल है, लेकिन कितना भयानक!

...क्योंकि श्यामला के साथ अगर मुझे ज़िन्दगी बसर करनी है तो न मालूम कितने ही भगवे खद्दर-कुरतेवालों से मुझे लड़ना पड़ेगा, जी कड़ा करके लड़ाइयाँ मोल लेनी पड़ेंगी और अपनी आमदनी के ज़रिए ख़त्म कर देने होंगे। श्यामला का क्या है! वह तो एक गांधीवादी कार्यकर्ता की लड़की है, आदिवासियों की एक संस्था में कार्य करती है। उसका आदर्शवाद भी भोले-भाले आदिवासियों की उस कुल्हाड़ी-जैसा है जो जंगल में अपने बेईमान और बेवफ़ा साथी का सिर धड़ से अलग कर देती है। बारीक बेईमानियों का सूफ़ियाना अन्दाज़ उसमें कहाँ!

किन्तु, फिर भी आदिवासियों-जैसे उस अमिश्रित आदर्शवाद में मुझे आत्मा का गौरव दिखाई देता है, मनुष्य की महिमा दिखाई देती है, पैने तर्क की अपनी अन्तिम प्रभावोत्पादक परिणति का उल्लास दिखाई देता है—और ये सब बातें मेरे हृदय को स्पर्श कर जाती हैं। तो अब मैं इसके लिए क्या करूँ, क्या करूँ!

और अब मुझे सज्जायुक्त भद्रता के मनोहर वातावरणवाला अपना कमरा याद आता है...अपना अकेला धुँधला-धुँधला कमरा। उसके एकान्त में प्रत्यावर्तित और पुनः प्रत्यावर्तित प्रकाश के कोमल वातावरण में मूल-रश्मियों और उनके उद्गम-स्रोतों पर सोचते रहना, ख़यालों की लहरों में बहते रहना कितना सरल, सुन्दर और भद्रता-पूर्ण है। उससे न कभी गरमी लगती है, न पसीना आता है, न कभी कपड़े मैले होते हैं। किन्तु प्रकाश के उद्गम के सामने रहना, उसका सामना करना, उसकी चिलचिलाती दोपहर में रास्ता नापते रहना और धूल फाँकते रहना कितना त्रासदायक है! पसीने से तरबतर कपड़े इस तरह चिपचिपाते हैं और इस क़दर गन्दे मालूम होते

हैं कि लगता है...कि अगर कोई इस हालत में हमें देख ले तो वह बेशक हमें निचले दर्जे का आदमी समझेगा। सजे हुए टेबल पर रखे क़ीमती फ़ाउण्टेनपेन-जैसे नीरव-शब्दांकनवादी हमारे व्यक्तित्व, जो बहुत बड़े ही ख़ुशनुमा मालूम होते हैं—किन्हीं महत्त्वपूर्ण परिवर्तनों के कारण—जब वे आँगन में और घर-बाहर चलती हुई झाड़ू-जैसे काम करनेवाले दिखाई दें, तो इस हालत में वे यदि सड़क-छाप समझे जाएँ तो इसमें आश्चर्य ही क्या है!

लेकिन, मैं अब ऐसे कामों की शर्म नहीं करूँगा, क्योंकि जहाँ मेरा हृदय है, वहीं मेरा भाग्य है!

[सम्भावित रचनाकाल, 1959 के बाद। **कल्पना**, दिसम्बर, 1963 में प्रकाशित]

क्लॉड ईथरली

पीली धूप से चमकती हुई ऊँची भीत जिसके नीले फ्रेम में काँचवाले रोशनदान दूर सड़क से दीखते हैं।

मैं सड़क पार कर लेता हूँ। जंगली, बेमहक लेकिन ख़ूबसूरत विदेशी फूलों के नीचे ठहर-सा जाता हूँ कि जो फूल, भीत के पासवाले अहाते की आदमक़द दीवार के ऊपर फैल, सड़क के बाजू पर बाँहें बिछाकर झुक गए हैं। पता नहीं कैसे, किस साहस से व क्यों, उसी अहाते के पास बिजली का ऊँचा खम्भा—जो पाँच-छह दिशाओं में जानेवाली सूनी सड़कों पर तारों की सीधी लकीरें भेज रहा है—मुझे दीखता है और एकाएक ख़याल आता है कि दुमंज़िला मकानों पर चढ़ने की एक ऊँची निसैनी उसी से टिकी हुई है। शायद, ऐसे मकानों की लम्ब-तड़ंग भीतों की रचना अभी भी पुराने ढंग से होती है।

सहज जिज्ञासावश, देखें, कहाँ क्या होता है, दृश्य कौन-से कोण से दिखाई देता है, मैं उस निसैनी पर चढ़ जाता हूँ और सामनेवाली पीली ऊँची भीत के नीली फ्रेमवाला रोशनदान में से मेरी निगाहें पार निकल जाती हैं।

और, मैं स्तब्ध हो उठता हूँ।

छत से टँगे ढिलाई से गोल-गोल घूमते पंखे के नीचे, दो पीली स्फटिक-सी तेज़ आँखें और लम्बी सलवटों-भरा तंग मोतिया चेहरा है जो ठीक उन्हीं ऊँचे रोशनदानों में से, भीतर से बाहर, पार जाने के लिए ही मानो अपनी दृष्टि केन्द्रित कर रहा है। आँखों से आँखें लड़ पड़ती हैं। ध्यान से एक दूसरे की ओर देखती हैं। स्तब्ध, एकाग्र!

आश्चर्य!

साँस के साथ शब्द निकले। ऐसी ही कोई आवाज़ उसने भी की होगी।

चेहरा बुरा नहीं है, अच्छा है, भला आदमी मालूम होता है। पैंट पर शर्ट ढीली पड़ गई है। लेकिन यह क्या!

मैं नीचे उतर पड़ता हूँ। चुपचाप रास्ता चलने लगता हूँ। कम-से-कम दो फ़र्लांग दूरी पर एक आदमी मिलता है। सिर्फ़ एक आदमी! इतनी बड़ी सड़क होने पर भी लोग नहीं! क्यों नहीं?

पूछने पर वह शख़्स कहता है, ''शहर तो इस पार है, उस ओर है; वहीं कहीं इस सड़क पर बिल्डिंग का पिछवाड़ा पड़ता है। देखते नहीं हो!''

मैंने उसका चेहरा देखा ध्यान से। बाईं और दाहिनी भौंहें नाक के शुरू पर मिल गई थीं। खुरदुरा चेहरा, पंजाबी कहला सकता था। पूरा जिस्म लचकदार था। वह निःसन्देह ज़नाना आदमी होने की सम्भावना रखता है! नारीतुल्य पुरुष, जिनका विकास किशोर काल में ही रुक जाता है। यह विशेषज्ञों का विषय है।

इतने में, मैंने उससे स्वाभाविक रूप से, अति सहज बनकर पूछा, "यह पीली बिल्डिंग कौन सी है।" उसने मुझ पर अविश्वास करते हुए कहा, "जानते नहीं हो? यह पागलख़ाना है—प्रसिद्ध पागलख़ाना!"

"अच्छा— !" का एक लहरदार डैश लगाकर मैं चुप हो गया और नीची निगाह किए आगे चलने लगा।

और फिर हम दोनों के बीच दूरियाँ चौड़ी होकर गोल होने लगीं। हमारे साथ हमारे सिफ़र भी चलने लगे।

अपने-अपने शून्यों की खिड़कियाँ खोलकर मैंने—हम दोनों ने—एक दूसरे की तरफ़ देखा कि आपस में बात कर सकते हैं या नहीं। कि इतने में उसने मुझसे पूछा, "आप क्या काम करते हैं?"

मैंने झेंपकर कहा, "मैं? उठाईगीरा समझिए।"

"समझें क्यों? जो हैं सो बताइए!"

"पता नहीं क्यों, मैं बहुत ईमानदारी की ज़िन्दगी जीता हूँ; झूठ नहीं बोला करता, परस्त्री को नहीं देखता; रिश्वत नहीं लेता; भ्रष्टाचारी नहीं हूँ; दग़ा या फ़रेब नहीं करता; अलबत्ता क़र्ज़ मुझ पर ज़रूर है जो मैं चुका नहीं पाता। फिर भी कमाई की एक रक़म क़र्ज़ में ही जाती है। इस पर भी मैं यह सोचता हूँ कि बुनियादी तौर से बेईमान हूँ। इसीलिए, मैंने अपने को पुलिस की ज़बान में उठाईगीरा कहा। मैं लेखक हूँ, अब बताइए आप क्या हैं?"

वह सिर्फ़ हँस दिया। कहा कुछ नहीं। ज़रा देर से उसका मुँह खुला। उसने कहा, "मैं सी.आई.डी. हूँ।"

एकदम दबकर मैंने उससे शेकहैंड किया। (दिल में भीतर से किसी ने कचोट लिया। हाल ही में निसैनी पर चढ़कर मैंने उस रोशनदान में से एक आदमी की सूरत देखी थी; वह चोरी नहीं तो क्या थी। सन्दिग्धावस्था में उस साले ने मुझे देख लिया!)।

"बड़ी अच्छी बात है। मुझे भी इस धन्धे में दिलचस्पी है, हम लेखकों का पेशा इससे कुछ मिलता-जुलता है।"

इतने में भीमाकार पत्थरों की विक्टोरियन बिल्डिंगों के दृश्य दूर से झलकने लगे थे। हम खड़े हो गए। एक बड़े से पेड़ के नीचे पान की दुकान थी, वहाँ एक सिलेटी रंग की औरत मिस्सी और काजल लगाए बैठी हुई थी।

मेरे मुँह से अचानक निकल पड़ा, "तो यहाँ भी पान की दुकान है!"

उसने सिर्फ़ इतना ही कहा, "हाँ, यहाँ भी।"

और मैं उन अध–नंगी विलायती औरतों की तसवीरें देखने लगा जो उस दुकान की शौकत को बढ़ा रही थीं।

दुकान में आईना लगा था। लहरें थीं धुँधली, पीछे के मसाले के दोष से। ज्योंही उसमें मैं अपना मुँह देखता, बिगड़ा नज़र आता। कभी लम्बा, तो कभी चौड़ा। कभी नाक एकदम छोटी, तो कभी एकदम लम्बी और मोटी! मन में बड़ी वितृष्णा भर उठी। रास्ता लम्बा था, सूनी दुपहर। कपड़े पसीने से भीतर चिपचिपा रहे थे। ऐसे मौक़े पर दो बातें करनेवाला आदमी मिल जाना समय और रास्ता कटने का साधन होता है।

हम दोनों ने अपने–अपने और एक–दूसरे के चेहरे देखे। दोनों ख़राब नज़र आए। दोनों रूप बदलने लगे! दोनों हँस पड़े और यही मज़ाक़ चलता रहा।

उससे वह औरत भी छेड़छाड़ करती रही। इतने में चार–पाँच आदमी और आ गए—उसी तरह बेमानी, गरम और उकतानेवाले, जैसे टीन की तपती हुई चद्दर या लोहे के डंडे। वे सब घेरे खड़े रहे। चुपचाप उन सबमें कुछ बातें होती रहीं। मुझे बिलकुल मज़ा नहीं आया। उनकी आवाज़ें सिर पर से निकल जाती थीं।

मैंने ग़ौर नहीं किया। मैं इन सब बातों से दूर रहता हूँ। जो सुनाई दिया उससे यह ज़ाहिर हुआ कि वे या तो निचले तबक़े में पुलिस के इनफ़ार्मर्स हैं या ऐसे ही कुछ!

पान खाकर हम लोग आगे बढ़े। पता नहीं क्यों मुझे अपने अजनबी साथी के ज़नानेपन में कोई ईश्वरीय अर्थ दिखाई दिया। जो आदमी आत्मा की आवाज़ दाब देता है, विवेक–चेतना को अटाले में डाल देता है, उसे क्या कहा जाए! वैसे, वह शख़्स भला मालूम होता था। फिर, क्या कारण है कि उसने यह पेशा इख़्तियार किया! साहस? हाँ, कुछ साहसिक लोग पत्रकार या गुप्तचर या ऐसे ही कुछ हो जाते हैं, अपनी आँखों में महत्त्वपूर्ण बनने के लिए, अस्तित्व की तीखी संवेदनाएँ अनुभव करने और करते रहने के लिए।

लेकिन, प्रश्न यह है कि वे वैसा क्यों करते हैं! किसी भीतरी न्यूनता के भाव पर विजय प्राप्त करने का यह एक तरीक़ा भी हो सकता है। फिर भी, उसके दूसरे रास्ते भी हो सकते हैं! यही पेशा क्यों? इसलिए, उसमें पेट और प्रवृत्ति का समन्वय है! जो हो, इस शख़्स का ज़नानापन ख़ास मानी रखता है!

हमने वह रास्ता पार कर लिया और अब हम फिर से फ़ैशनेबल रास्ते पर आ गए, जिसके दोनों ओर युकलिप्टस के पेड़ क़तार बाँधे खड़े थे। मैंने पूछा, "यह रास्ता कहाँ जाता है?" उसने कहा, "पागलख़ाने की ओर।" मैं जाने क्यों सन्नाटे में आ गया।

विषय बदलने के लिए मैंने कहा, "तुम यह धन्धा कब से कर रहे हो?"

उसने मेरी तरफ़ इस तरह देखा मानो यह सवाल उसे नागवार गुज़रा हो। मैं कुछ नहीं बोला। चुपचाप चला, चलता रहा। लगभग पाँच मिनट बाद जब हम उस भैरों के गेरुए, सुनहली पन्नी–जड़े पत्थर तक पहुँच गए, जो इस अत्याधुनिक मुहल्ले में

एक तार के खम्भे के पास श्रद्धापूर्वक स्थापित किया गया था, उसने कहा, ''मेरा क़िस्सा मुख़्तसर यों है। लाज–शरम दिखावे की चीज़ें हैं। तुम मेरे दोस्त हो, इसलिए कह रहा हूँ। मैं एक बहुत बड़े करोड़पति सेठ का लड़का हूँ। उनके घर में जो काम करनेवालियाँ हुआ करती थीं, उनमें से एक मेरी माँ है, जो अभी भी वहीं है। मैं घर से दूर पाला-पोसा गया, मेरे पिता के ख़र्चे से। माँ मिलने आती। उसी के कहने से मैंने बमुश्किल तमाम मैट्रिक किया। फिर, किसी सिफ़ारिश से सी.आई.डी. की ट्रेनिंग में चला गया। तब से यही काम कर रहा हूँ। बाद में पता चला कि वहाँ का ख़र्च भी वही सेठ देता रहा। उसका हाथ मुझ पर अभी तक है। तुम उठाईगीरे हो, इसलिए कहा! अरे! वैसे तो तुम लेखक-वेखक भी हो। बहुत-से लेखक और पत्रकार इनफ़ॉर्मर हैं! तो, इसलिए, मैंने सोचा, चलो अच्छा हुआ। एक साथी मिल गया।''

उस आदमी में मेरी दिलचस्पी बहुत बढ़ गई। डर भी लगा। घृणा भी हुई। किस आदमी से पाला पड़ा। फिर भी, उस अहाते पर चढ़कर मैं झाँक चुका था। इसलिए, एक अनदिखती ज़ंजीर से बँध तो गया ही था।

उस ज़नाने ने कहना जारी रखा, ''उस पागलख़ाने में कई ऐसे लोग डाल दिए गए हैं जो सचमुच आज की निगाह से बड़े पागल हैं। लेकिन उन्हें पागल कहने की इच्छा रखने के लिए आज की निगाह होना ज़रूरी है।''

मैंने उकताते हुए कहा, ''आज की निगाह से क्या मतलब?''

उसने भौंहें समेट लीं। मेरी आँखों में आँखें डालकर उसने कहना शुरू किया, ''जो आदमी आत्मा की आवाज़ कभी-कभी सुन लिया करता है और उसे बयान करके उससे छुट्टी पा लेता है, वह लेखक हो जाता है। आत्मा की आवाज़ जो लगातार सुनता है, और कहता कुछ नहीं है, वह भोला-भाला सीधा-सादा बेवक़ूफ है। जो उसकी आवाज़ बहुत ज़्यादा सुना करता है और वैसा करने लगता है, वह समाज-विरोधी तत्त्वों में यों ही शामिल हो जाया करता है। लेकिन जो आदमी आत्मा की आवाज़ ज़रूरत से ज़्यादा सुन करके हमेशा बेचैन रहा करता है और उस बेचैनी में भीतर के हुक्म का पालन करता है, वह निहायत पागल है। पुराने ज़माने में सन्त हो सकता था। आजकल उसे पागलख़ाने में डाल दिया जाता है।''

मुझे शक़ हुआ कि मैं किसी फ़ैंटेसी में रह रहा हूँ। यह कोई ऐसा-वैसा गुप्तचर नहीं है। या तो यह ख़ुद पागल है या कोई पहुँचा हुआ आदमी! लेकिन, वह पागल भी नहीं है, न वह पहुँचा हुआ है। वह तो सिर्फ़ ज़नाना आदमी है या, वैज्ञानिक शब्दावली प्रयोग करूँ तो, यह कहना होगा कि वह है तो ज़वान-पट्ठा, लेकिन उसमें जो लचक है वह औरत के चलने की याद दिलाती है।

मैंने उससे पूछा, ''तुमने कहीं ट्रेनिंग पाई है?''

''सिर्फ़ तजुर्बे से सीखा है। मुझे इनाम भी मिला है।''

मैंने कहा, ''अच्छा!''

और मैं जिज्ञासा और कुतूहल से प्रेरित होकर उसकी अन्धकारपूर्ण थाहों में डूबने का प्रयत्न करने लगा।

किन्तु उसने सिर्फ़ मुसकरा दिया! तब मुझे वह ऐसा लगा मानो वह अज्ञात साइंस के गणितिक सूत्र की अंक-राशि हो जिसका मतलब तो कुछ ज़रूर होता है लेकिन समझ में नहीं आता।

मन में विचारों की पंक्तियाँ-पंक्तियां बनती गईं। पंक्तियों पर पंक्तियाँ! शायद उसे भी महसूस हुआ होगा! और जब दोनों के मन में चार-चार पंक्तियाँ बन गईं कि इस बीच उसने कहा, "तुम क्यों नहीं यह धन्धा करते ?"

मैं हत्प्रभ हो गया। यह एक विलक्षण विचार था! मुझे मालूम था कि धन्धा पैसों के लिए किया जाता है। आजकल बड़े-बड़े शहरों के मामूली होटलों में जहाँ दस-पाँच आदमी तरह-तरह की गप लड़ाते हुए बैठते हैं, उनकी बातें सुनकर, अपना अन्दाज़ ज़माने के लिए, कई भीतरी सूची-भेद्य-तम-प्रवेशक आँखें भी सुनती बैठी रहती हैं। यह मैं सब जानता हूँ। ख़ुद के तजुर्बे से बता सकता हूँ। लेकिन, फिर भी, उस आदमी की हिम्मत तो देखिए कि उसने कैसा पेचीदा सवाल किया!

आज तक किसी आदमी ने मुझसे इस तरह का सवाल न किया था। ज़रूर मुझमें ऐसा कुछ है कि जिसे मैं विशेष योग्यता कह सकता हूँ। मैंने अपने जीवन में जो शिक्षा और अशिक्षा प्राप्त की, स्कूलों-कॉलेजों में जो विद्या और अविद्या उपलब्ध की, जो कौशल और अकौशल प्राप्त किया, उसने मुझे—मैं मानूँ या न मानूँ—भद्रवर्ग का ही अंग बना दिया है। हाँ, मैं उस भद्रवर्ग का अंग हूँ कि जिसे अपनी भद्रता के निर्वाह के लिए अब आर्थिक कष्ट का सामना करना पड़ता है, और यह भाव मन में जमा रहता है कि नाश सन्निकट है। संक्षेप में, मैं सचेत व्यक्ति हूँ, अतिशिक्षित हूँ, अतिसंस्कृत हूँ। लेकिन चूँकि अपनी इस अतिशिक्षा और अतिसंस्कृति के सौष्ठव को उद्घाटित करते रहने के लिए, जो स्निग्ध-प्रसन्न मुख चाहिए, वह न होने से मैं उठाईगिरा भी लगता हूँ—अपने-आपको!

तो मेरी इस महक को पहचान उस अद्भुत व्यक्ति ने मेरे सामने जो प्रस्ताव रखा उससे मैं अपने-आपसे एकदम सचेत हो उठा! क्या हर्ज़ है ? इनकम का एक ख़ासा ज़रिया यह भी तो हो सकता है।

मैंने बात पलटकर उससे पूछा, "तो हाँ, तुम उस पागलख़ाने की बात कह रहे थे। उसका क्या ?"

मैंने गरदन नीचे डाल ली। कानों में अविराम शब्द-प्रवाह गतिमान हुआ। मैं सुनता गया। शायद, वह उसके वक्तव्य की भूमिका रही होगी। इस बीच मैंने उससे टोककर पूछा, "तो उसका नाम क्या है ?"

"क्लॉड ईथरली!"

"क्या वह रोमन कैथलिक है—आदिवासी ईसाई है ?"

उसने नाराज़ होकर कहा, ''तो अब तक तुम मेरी बात ही नहीं सुन रहे थे?''

मैंने उसे विश्वास दिया कि उसकी एक-एक बात दिल में उतर रही थी। फिर भी उसके चेहरे के भाव से पता चला कि उसे मेरी बात पर यक़ीन नहीं हुआ। उसने कहा, ''क्लॉड ईथरली वह अमरीकी विमान चालक है, जिसने हिरोशिमा पर बम गिराया था।''

मुझे आश्चर्य का एक धक्का लगा। या तो वह पागल है, या मैं! मैंने उससे पूछा, ''तो इससे क्या होता है?''

अब उसने बहुत ही नाराज़ होकर कहा, ''अबे बेवकूफ़! नेस्तनाबूद हुए हिरोशिमा की बदरंग और बदसूरत, उदास और ग़मगीन ज़िन्दगी की सदारत करनेवाले मेयर को वह हर माह चैक भेजता रहा जिससे कि उन पैसों से दीनहीनों को सहायता तो पहुँचे ही, उसने जो भयानक पाप किया है वह भी कुछ कम हो!''

मैंने उसके चेहरे का अध्ययन करना शुरू किया। उसकी वे खुरदुरी घनी मोटी भौंहें नाक के पास आ मिलती थीं। कड़े बालों की तेज़ रेज़र से हजामत किया हुआ उसका वह हरा-गोरा चेहरा, सीधी-मोटी नाक और मज़ाक़िया होंठ और ग़मगीन आँखें, जिस्म की ज़नाना लचक, डबल ठुड्डी, जिसके बीच में हल्का-सा गड्ढा।

यह कौन शख़्स है, जो मुझसे इस तरह बात कर रहा है? लगा कि मैं सचमुच इस दुनिया में नहीं रह रहा हूँ, उससे कोई दो सौ मील ऊपर आ गया हूँ जहाँ आकाश, चाँद-तारे, सूरज सभी दिखाई देते हैं। रॉकेट उड़ रहे हैं। आते हैं, जाते हैं, और पृथ्वी एक चौड़े नीचे गोल जगत्-सी दिखाई दे रही है, जहाँ हम किसी एक देश के नहीं हैं, सभी देशों के हैं। मन में एक भयानक उद्वेगपूर्ण भारहीन चंचलता है। कुल मिलाकर, पल-भर यही हालत रही। लेकिन वह पल बहुत ही घनघोर था। भयावह और सन्दिग्ध! और उसी पल से अभिभूत होकर मैंने उससे पूछा, ''तो क्या हिरोशिमावाला क्लॉड ईथरली इस पागलख़ाने में है?''

मेरा हाथ फैलकर उँगलियों से उस पीली बिल्डिंग की ओर इशारा कर रहा था जिसके अहाते की दीवार पर चढ़कर मेरी आँखों ने रोशनदान पार करके उन तेज़ आँखों को देखा था जो उसी रोशनदान में से गुज़रकर बाहर जाना चाहती हैं। तो, अगर मैं इस ज़नाने लचकदार शख़्स पर यक़ीन करूँ तो इसका मतलब यह हुआ कि मेरी देखी वे आँखें और किसी की नहीं, ख़ास क्लॉड ईथरली की ही थीं। लेकिन यह कैसे हो सकता है?

उसने मेरी बात ताड़कर कहा, ''हाँ, वह क्लॉड ईथरली ही था।''

मैंने चिढ़कर कहा, ''तो क्या यह हिन्दुस्तान नहीं है? हम अमरीका में ही रह रहे हैं?''

उसने मानो मेरी बेवक़ूफ़ी पर हँसी का ठहाका मारा, कहा, 'भारत के हर बड़े नगर में एक-एक अमरीका है। तुमने लाल ओठवाली चमकदार, गोरी-सुनहली औरतें नहीं देखीं, उनके क़ीमती कपड़े नहीं देखे? शानदार मोटरों में घूमनेवाले अतिशिक्षित

लोग नहीं देखे ? नफ़ीस क़िस्म की वेश्यावृत्ति नहीं देखी ? सेमिनार नहीं देखे ? एक ज़माने में हम लन्दन जाते थे और इंग्लैंड-रिर्टंड कहलाते थे। और आज वाशिंगटन जाते हैं। अगर हमारा बस चले और आज हम सचमुच उतने ही धनी हों और हमारे पास उतने ही एटम बम और हाइड्रोजन बम हों और रॉकेट हों तो फिर क्या पूछना! अख़बार पढ़ते हो कि नहीं ?''

मैंने कहा, ''हाँ।''

''तो तुमने मैकमिलन की वह तक़रीर भी पढ़ी होगी जो उसने...को दी थी। उसने क्या कहा था ? यह देश, हमारे सैनिक गुट में तो नहीं है, किन्तु संस्कृति और आत्मा से हमारे साथ है। क्या मैकमिलन सफ़ेद झूठ कह रहा था ? क़तई नहीं। वह एक महत्त्वपूर्ण तथ्य पर प्रकाश डाल रहा था।

''और अगर यह सच है तो यह भी सही है कि उनकी संस्कृति और आत्मा का संकट हमारी संस्कृति और आत्मा का संकट है। यही कारण है कि आजकल के लेखक और कवि अमरीकी, ब्रिटिश तथा पश्चिम यूरोपीय साहित्य तथा विचारधाराओं में गोते लगाते हैं और वहाँ से अपनी आत्मा को शिक्षा और संस्कृति प्रदान करते हैं! क्या यह झूठ है ? बोलो कि झूठ है ? और हमारे तथाकथित राष्ट्रीय अख़बार और प्रकाशन-केन्द्र! वे अपनी विचारधारा और दृष्टिकोण कहाँ से लेते हैं ?''

यह कहकर वह ज़ोर से हँस पड़ा और हँसी की लहरों में उसका जिस्म लचकने लगा।

उसने कहना ज़ारी रखा, ''क्या हमने इंडोनेशियाई या चीनी या अफ्रीकी साहित्य से प्रेरणा ली है या लुमुम्बा के काव्य से ? छिः छिः ! वह जानवरों का, चौपायों का, साहित्य है! और, रूस का! अरे यह तो स्वार्थ की बात है! इसका राज़ और ही है। रूस से हम मदद चाहते हैं, लेकिन डरते भी हैं।

''छोड़ो! तो मतलब यह है कि अगर उनकी संस्कृति हमारी संस्कृति है, उनकी आत्मा हमारी आत्मा और उनका संकट हमारा संकट है—जैसा कि सिद्ध है कि है—ज़रा पढ़ो अख़बार, करो बातचीत अंग्रेजीदाँ फ़र्राटेबाज़ लोगों से—तो हमारे यहाँ भी साम्राज्यवादी, युद्धवादी लोग क्यों नहीं हो सकते! मुख़्तसर क़िस्सा यह है कि हिन्दुस्तान भी अमरीका ही है।''

मुझे पसीना छूटने लगा। फिर भी, मन यह स्वीकार करने के लिए तैयार नहीं था कि भारत अमरीका ही है, और यह कि क्लॉड ईथरली उसी पागलख़ाने में रहते हैं—उसी पागलख़ाने में रहता है! मेरी आँखों में सन्देह, अविश्वास, भय और आशंका की मिली-जुली चमक ज़रूर रही होगी, जिसको देखकर वह बुरी तरह हँस पड़ा। और उसने मुझे एक सिगरेट दी।

एक पेड़ के नीचे खड़े होकर हम दोनों बात करते हुए नीचे एक पत्थर पर बैठ गए। उसने कहा, ''देखा नहीं! ब्रिटिश-अमरीकी या फ्रांसीसी कविता में जो मूड्स, जो मनःस्थितियाँ रहती हैं—बस वे ही हमारे यहाँ भी हैं, लाई जाती हैं। सुरुचि और

आधुनिक भावबोध का तक़ाज़ा है कि उन्हें लाया जाए। क्यों? इसलिए कि वहाँ औद्योगिक सभ्यता है, हमारे यहाँ भी। मानो कि कल-कारख़ाने खोले जाने से आदर्श और कर्तव्य बदल जाते हों।''

मैंने नाराज़ होकर सिगरेट फेंक दी। उसके सामने हो लिया। शायद, उस समय मैं उसे मारना चाहता था। हाथापाई करना चाहता था। लेकिन, वह व्यंग्य-भरे चेहरे से हँस पड़ा और उसकी आँखें ज़्यादा ग़मगीन हो गईं।

उसने कहा, ''क्लॉड ईथरली एक विमान-चालक था! उसके एटमबम से हिरोशिमा नष्ट हुआ। वह अपनी कारगुज़ारी देखने उस शहर गया। उस भयानक बदरंग, बदसूरत कटी लोथों के शहर को देखकर उसका दिल टुकड़े-टुकड़े हो गया। उसको पता नहीं था कि उसके पास ऐसा हथियार है और उस हथियार का यह अंजाम होगा। उसके दिल में निरपराध जनों के प्रेतों, शवों, लोथों, लाशों के कटे-पिटे चेहरे तैरने लगे। उसके हृदय में करुणा उमड़ आई। उधर, अमरीकी सरकार ने उसे इनाम दिया। वह 'वार हीरो' हो गया। लेकिन उसकी आत्मा कहती थी कि उसने पाप किया, जघन्य पाप किया है। उसे दंड मिलना ही चाहिए। नहीं! लेकिन, उसका देश तो उसे हीरो मानता था। अब क्या किया जाए! उसने सरकारी नौकरी छोड़ दी। मामूली काम किया। लेकिन, फिर भी वह 'वार हीरो' था, महान था, क्लॉड ईथरली महानता नहीं, दंड चाहता था, दंड!

''उसने वारदातें शुरू कीं जिससे कि वह गिरफ़्तार हो सके और जेल में डाला जा सके। किन्तु प्रमाण के अभाव में वह हर बार छोड़ दिया गया। उसने घोषित किया कि वह पापी है, पापी है, उसे दंड मिलना चाहिए, उसने निरपराध जनों की हत्या की है, उसे दंड दो। हे ईश्वर! लेकिन, अमरीकी व्यवस्था उसे पाप नहीं, महान कार्य मानती थी। देश-भक्ति मानती थी। जब उसने ईथरली की ये हरकतें देखीं तो उसे पागलख़ाने में डाल दिया। टेक्सॉस प्रान्त में वाको नाम की एक जगह है—वहाँ उसका दिमाग़ दुरुस्त करने के लिए उसे डाल दिया गया। वहाँ वह चार साल तक रहा, लेकिन उसका पागलपन दुरुस्त नहीं हो सका।

''चार साल बाद वह वहाँ से छूटा तो उसे रॉय एल. मैनटूथ नाम का एक गुंडा मिला। उसकी मदद से उसने डाकघरों पर धावा मारा। आख़िर मय-साथी के वह पकड़ लिया गया। मुक़दमा चला। कोई फ़ायदा नहीं। जब यह मालूम हुआ कि वह कौन है और क्या चाहता है तो उसे तुरन्त छोड़ दिया गया। उसके बाद, उसने डैल्लास नाम की एक जगह के कैशियर पर सशस्त्र आक्रमण किया। परिणाम कुछ नहीं निकला, क्योंकि बड़े सैनिक अधिकारियों को यह महसूस हुआ कि ऐसे 'प्रख्यात युद्ध वीर' को मामूली उचक्का और चोर कहकर उसकी बदनामी न हो। इसलिए, उसके उस प्राप्त पद की रक्षा करने के लिए, उसे फिर से पागलख़ाने में डाल दिया गया।

''यह है क्लॉड ईथरली! ईथरली की ईमानदारी पर अविश्वास करने की किसी को शंका ही नहीं रही! उसकी जीवन-कथा की फ़िल्म बनाने का अधिकार ख़रीदने

के लिए एक कम्पनी ने उसे एक लाख रुपए देने का प्रस्ताव रखा। उसने क़तई इनकार कर दिया। उसके इस अस्वीकार से सबके सामने यह ज़ाहिर हो गया कि वह झूठा और फ़रेबी नहीं है। वह बन नहीं रहा है।

"कौन नहीं जानता कि क्लॉड ईथरली अणुयुद्ध का विरोध करनेवाली आत्मा की आवाज़ का दूसरा नाम है। हाँ! ईथरली मानसिक रोगी नहीं है। आध्यात्मिक अशान्ति का, आध्यात्मिक उद्विग्नता का ज्वलन्त प्रतीक है। क्या इससे तुम इनकार करते हो?"

उसके हाथ की सिगरेट कभी की नीचे गिर चुकी थी। वह ज़नाना आदमी तमतमा उठा था। चेहरे पर बेचैनी की मलिनता छाई थी।

वह कहता गया, "इस आध्यात्मिक अशान्ति, इस आध्यात्मिक उद्विग्नता को समझनेवाले लोग कितने हैं? उन्हें विचित्र, विलक्षण, विक्षिप्त कहकर पागलख़ाने में डालने की इच्छा रखनेवाले लोग न जाने कितने हैं! इसीलिए पुराने ज़माने में हमारे बहुतेरे विद्रोही सन्तों को भी पागल कहा गया। आज भी बहुतों को पागल कहा जाता है। अगर वह बहुत तुच्छ हुए तो सिर्फ़ उनकी उपेक्षा की जाती है, जिससे कि उनकी बात प्रकट न हो और फैल न जाए।

"हमारे अपने-अपने मन-हृदय-मस्तिष्क में ऐसा ही एक पागलख़ाना है, जहाँ हम उन उच्च, पवित्र और विद्रोही विचारों और भावों को फेंक देते हैं जिससे कि धीरे-धीरे या तो वे ख़ुद बदलकर समझौतावादी पोशाक पहन सभ्य, भद्र हो जाएँ, यानी दुरुस्त हो जाएँ या उसी पागलख़ाने में पड़े रहें!"

मैं हत्प्रभ तो हो ही गया! साथ ही साथ, उसकी इस कहानी पर मुग्ध भी। उस जीवन-कथा से अत्यधिक प्रभावित होकर मैंने पूछा, "तो क्या यह कहानी सच्ची है?"

उसने जवाब दिया, "भई वाह! अमरीकी साहित्य पढ़ते हो कि नहीं? अमरीकी अख़बार भी नहीं? ब्रिटिश भी नहीं? तो क्या पढ़ते हो ख़ाक!...अरे भाई, उस पर तो अनेक भाषाओं में कई पुस्तकें निकल गई हैं। तो क्या पत्थर जानकारी रखते हो! विश्वास न हो, तो खंडन करो, जाओ टटोलो। और, इस बीच मैं इसी पागलख़ाने की सैर करवा लाता हूँ।"

मैंने हाथ हिलाकर इनकार करते हुए कहा, "नहीं, मुझे नहीं जाना।"

"क्यों नहीं?" उसने झिड़ककर कहा, "आजकल हमारे अवचेतन में हमारी आत्मा आ गई है, चेतन में स्व-हित और अधिचेतन में समाज से सामंजस्य का आदर्श—भले ही वह बुरा समाज क्यों न हो! यहीं आज के जीवन-विवेक का रहस्य है।...

"तुमको वहाँ की सैर करनी होगी। मैं तुम्हें पागलख़ाने ले चल रहा हूँ, लेकिन पिछले दरवाज़े से नहीं, खुले अगले से।"

रास्ते में मैंने उससे कहा, "मैं यह मानने के लिए तैयार नहीं हूँ कि भारत अमरीका

है! तुम कुछ भी कहो! न वह कभी हो ही सकता है, न वह कभी होगा ही।''

इस बात को उसने उड़ा दिया। उसे चाहिए था कि वह इस बात का जवाब देता। उसने सिर्फ़ इतना कहा, ''मुश्किल यह है कि तुम मेरी बात नहीं समझते।''

मैंने कहा, ''कैसे?''

''क्लॉड ईथरली हमारे यहाँ भले ही देह-रूप में न रहे, लेकिन आत्मा की वैसी बेचैनी रखनेवाले लोग तो यहाँ रह ही सकते हैं।''

मैंने अविश्वास प्रकट करके उसके प्रति घृणाभाव व्यक्त करते हुए कहा, ''यह भी ठीक नहीं मालूम होता।''

उसने कहा, ''क्यों नहीं! देश के प्रति ईमानदारी रखनेवाले लोगों के मन में, व्यापक पापाचारों के प्रति कोई व्यक्तिगत भावना नहीं रहती क्या?''

''समझा नहीं।''

''मतलब यह कि ऐसे बहुतेरे लोग हैं जो पापाचाररूपी, शोषणरूपी डाकुओं को अपनी छाती पर बैठा समझते हैं। वह डाकू न केवल बाहर का व्यक्ति है, वह उनके घर का आदमी भी है। समझने की कोशिश करो!''

मैंने भौंहें उलझाकर कहा, ''तो क्या हुआ?''

''यह कि उस व्यापक अन्याय का अनुभव करनेवाले किन्तु उसका विरोध न करनेवाले लोगों के अन्तःकरण में व्यक्तिगत पाप-भावना रहती ही है, रहनी चाहिए। ईथरली में और उनमें यह बुनियादी एकता और अभेद है।''

''इससे यह सिद्ध हुआ कि तुम-सरीखे सचेत जागरूक संवेदनशील जन क्लॉड ईथरली हैं।''

उसने मेरे दिल में ख़ंजर मार दिया। हाँ, यह सच था! बिलकुल सच! अवचेतन के अँधेरे तहख़ाने में पड़ी हुई आत्मा विद्रोह करती है। समस्त आत्मा पापाचारों के लिए, अपने-आपको ज़िम्मेदार समझती है। हाय रे! यह मेरा भी तो रोग रहा है।

मैंने अपने चेहरे को सख़्त बना लिया। गम्भीर होकर कहा, ''लेकिन, ये सब बातें तुम मुझसे क्यों कह रहे हो?''

''इसलिए कि मैं सी.आई.डी. हूँ और मैं तुम्हारी स्क्रीनिंग कर रहा हूँ। मैं चाहता हूँ कि तुम मेरे विभाग से सम्बद्ध रहो। तुम इनकार क्यों करते हो! कहो कि यह तुम्हारी अन्तरात्मा के अनुकूल नहीं है।''

''तो क्या मुझे टटोलने के लिए तुम ये बातें कर रहे थे? और, तुम्हारी ये सब बातें बनावटी थीं? मेरे दिल का भेद लेने के लिए थीं? बदमाश!''

''मैं तो सिर्फ़ तुम्हारे अनुकूल प्रसंगों की, जो हो सकती थीं वही (बातें) तो कर रहा था।''

[सम्भावित रचनाकाल 1959 के बाद]

विपात्र

[1]

लम्बे-लम्बे पत्तोंवाली घनी-घनी बड़ी इलायची की झाड़ी के पास जब हम खड़े हो गए तो पीछे से हँसी का ठहाका सुनाई दिया। हमने परवाह नहीं की, यद्यपि उस हँसी में एक हलका उपहास भी था। हम बड़ी इलायची के सफ़ेद पीले, कुछ लम्बे पँखुरियोंवाले फूलों को मुग्ध होकर देखते रहे। मैंने एक पँखुरी तोड़ी और मुँह में डाल ली। उसमें बड़ी इलायची का स्वाद था। मैं ख़ुश हो गया। बड़ी इलायची की झाड़ी की पाँत में हींग की घनी हरी-भरी झाड़ी भी थी और उसके आगे, उसी पाँत में पारिजात खिल रहा था। मेरा साथी बड़ी ही गम्भीरता से प्रत्येक पेड़ के बॉटेनिकल नाम समझाता जा रहा था। लेकिन मेरा दिमाग़ अपनी मस्ती में कहीं और भटक रहा था।

सभी तरफ़ हरियाला अँधेरा और हरियाला उजाला छाया हुआ था और बीच-बीच में सुनहली चादरें बिछी हुई थीं। अज़ीब लहरें मेरे मन में दौड़ रही थीं।

मैं अपने साथी को पीछे छोड़ते हुए, एक क्यारी पार कर, कटहल के बड़े पेड़ की छाया के नीचे आ गया और मुग्ध भाव से उसके उभरे रेशेवाले पत्तों पर हाथ फेरने लगा।

उधर, कुछ लोग, सीधे-सीधे ऊँचे-उठे बूढ़े छरहरे बादाम के पेड़ के नीचे गिरे हुए कच्चे बादामों को हाथ से उठा-उठाकर टटोलते जा रहे थे। मैंने उनकी ओर देखा और मुँह फेर लिया। जेब में से दियासलाई निकालकर बीड़ी सुलगाई और उनके बारे में सोचने हीवाला था कि इतने में दूर से एक मोटे सज्जन आते दिखाई दिए। उनके हाथ में फूलों के कई गुच्छे थे। वे विलायती फूल थे, अलग डिजाइनों के, अलग रूप-रंग के, जो गुजराती स्त्रियों की सादा किन्तु साफ़-सफ़ेद साड़ियों की किनारियों की याद दिलाते थे।

जाने क्यों मुझे लगा कि वे फूल उनके हाथों में शोभा नहीं देते, क्योंकि वे हाथ उन फूलों के योगय नहीं हैं। मैंने अपनी परीक्षा करनी चाही। आख़िर मैं उनके बारे में ऐसा क्यों सोचता हूँ ? एक ख़याल तैर आया कि वे सज्जन किसी दूसरे की, किसी दूसरे, अपने 'बड़े' की हू-ब-हू नक़ल कर रहे हैं; उन्होंने अपने जाने-अनजाने किसी बड़े आदमी के रास्ते पर चलना मंज़ूर किया है। उनके हाथ में फूल इसलिए नहीं कि

उन्हें वे प्यारे हैं, बल्कि इसलिए कि उनका 'आराध्य व्यक्ति' बाग़बानी का शौक़ीन है और दूर अहाते के पास कहीं वह ख़ुद भी फूलों को डण्ठलों–सहित चुन रहा है।

वे सज्जन मेरे पास आ जाते हैं। मुझे फूलों का एक गुच्छा देते हैं, कहते हैं, "कितना ख़ूबसूरत है!"

मैं उनके चेहरे की तरफ़ देखता रह जाता हूँ। तानपूरे पर गानेवाले किसी शास्त्रीय नौजवान संगीतकार की मुझे याद आ जाती है। हाँ, वैसा ही उसका रियाज़ है। लेकिन, काहे का? 'आराध्य' की उपासना का!

अपने ख़याल पर मैं मुसकरा उठता हूँ, और उनके कन्धे पर हाथ रखकर कहता हूँ, "यार, इन फूलों में मज़ा नहीं आता। एक कप चाय पिलाओ।"

चाय की बात सुनकर वे ठठाकर हँस पड़ते हैं। बहुत सरगरमी से, और प्यार भरकर, अपने सफ़ेद झक कुरते में से एक रुपए का नोट निकालकर मुझे दे देते हैं, "जाइए, सिंग साहब के साथ पी आइए!"

मैं ख़ुशी से उछल पड़ता हूँ। वे आगे बढ़ जाते हैं। मैं पीछे से चिल्लाकर कहता हूँ, "राव साहब की जय हो!"

मैं सोचता था, मेरी आवाज़ बग़ीचे में दूर–दूर तक जाएगी। लेकिन लोग अपने में डूबे हुए थे। सिर्फ़ सिंग साहब हींग की झाड़ी से एक पत्ता मुझे लाकर दे रहा था।

मैंने कहा, "सिंग साहब, तुम्हारा हेमिंग्वे मर गया।"

जगत सिंह स्तब्ध हो गया। वह कुछ नहीं कह सका। उसने सिर्फ़ इतना ही पूछा, "कहाँ पढ़ा? कब मरा?"

मैंने उसे हेमिंग्वे की मृत्यु की पूरी परिस्थिति समझाई। समझाते–समझाते मुझे भी दु:ख होने लगा। मैंने कहा, "जान–बूझकर उसने किया ऐसा।"

जगत सिंह ने, जिसे हम सिंग साहब कहते थे, पूछा, "बन्दूक़ उसने ख़ुद अपने–आप पर चला ली?"

मैंने कहा, "नहीं, वह चल गई और फट पड़ी। मृत्यु आकस्मिक हुई।"

जगत सिंह ने कहा, "अज़ीब बात है!"

मैं आगे चलने लगा। मेरे मुँह से बात झरने लगी! "हेमिंग्वे कई दिनों से चुप और उदास था। सम्भव है अपनी 'आत्महत्या' के बारे में सोचता रहा हो, यद्यपि उसकी मृत्यु हुई आकस्मिक कारणों से ही।"

मेरे सामने एक लेखक–कलाकर की संवेदनाओं के, उसके जीवन के, स्वकल्पित चित्र तैरते जा रहे थे। इतने में मैंने देखा कि बग़ीचे के अहाते के पश्चिमी छोर पर खड़े हुए टूटे फ़व्वारे के पासवाली क्यारी के पास से राव साहब गुज़र रहे हैं। उनकी श्वेत धोती शरद् के आतप में झलमला रही है...कि इतने में वहाँ से घबराई हुई लेकिन संयमित आवाज़ आती है, "साँप, साँप!"

मैं और जगत सिंह ठिठक जाते हैं। मुझे लगता है कि जैसे अपशकुन हुआ हो!

सब लोग एक उत्तेजना में उधर निकल पड़ते हैं। आम में पेड़ों के जमघट में खड़े एक बूढ़े युक्लिप्टस के पेड़ की ओट, हाथ-भर का मोटा सांप लहराता हुआ भागा जा रहा था।

मैं स्तब्ध-मुग्ध-रह गया। क्या मस्त, लहराती हुई चाल थी! बिलकुल काला, लेकिन साँवली-पीली डिज़ाइनोंवाला! नौजवान माली हाथ में डंडा लेकर खड़ा था। उस पर वार नहीं कर रहा था। सबने कहा, ''मारो, मारो।'' लेकिन वह अड़ा रहा।

''मैं नहीं मारूँगा साहब। यह यहाँ का देवता है। रखवाली करता है।''

इतने में हमारे बीच खड़े हुए एक नौजवान ने उसके हाथ से डंडा छीन लिया। लेकिन तब तक साँप झाड़ियों में ग़ायब हो चुका था।

एक विफलता और प्रतिक्रियाहीनता का भाव हम सबमें छा गया। साँप के क़िस्से चलने लगे। वह क्रेट था या कोब्रा! वह पनियल था या अजगर! हमारे यहाँ का जुओलॉजिस्ट ज़्यादा नहीं जानता था। लेकिन हमारे डायरेक्टर साहब लगातार बताते जा रहे थे। आश्चर्य की बात है कि साँप सरदी के मौसम में निकला, ज़्यादातर वे बरसात और गरमी के मौसम में निकलते हैं। मैं और जगत सिंह उस भीड़ से हट गए और क्यारियों के बीच बनी हुई पगडण्डियों पर चलने लगे। मैंने जगत सिंह से कहा, ''लोग बातों में लगे हैं। जल्दी निकल चलो। नहीं तो वे जाने नहीं देंगे।''

हमको मालूम नहीं था कि हमारे पीछे ज़रा दूरी पर राव साहब चल रहे हैं। उन्होंने वहीं से कहा, ''हाँ...हाँ, जल्दी निकल जाओ। नहीं तो, लोग अटका देंगे।'' वे हँस पड़े। उनकी हँसी में भी हमने हलके-से व्यंग्य की गूँज सुनी।

अब वे हमारे बराबर-बराबर आए और कहने लगे, ''साँप के बारे में तो सब लोग बात कर रहे हैं। कोई मुझे नहीं पूछता कि आख़िर मैंने उसे कैसे देखा, वह कैसे निकला, कैसे भागा।'' यह कहकर वे अपने पर ही हँसने लगे।

मैंने कहा, ''शायद माली ने उसे पहले-पहल देखा था। क्या यह सच है कि नाग यहाँ की रखवाली करता है?''

''कहते हैं कि इस बग़ीचे में कहीं धन गड़ा हुआ है और आज के मालिक के परदादे की आत्मा बनकर उस धन की रखवाली करने यहाँ घूमा करती है। इसलिए, माली ने उसे मारा नहीं।''

जगत ने कहा, ''अज़ीब अन्धविश्वास है!''

इस बीच हम गुलाब की फूलों-लदी बेल से छाए हुए कुंजद्वार से निकलकर लुकाट के पेड़ के पास आ गए। उधर, अमरक का घना पेड़ खड़ा हुआ था। बग़ीचा सचमुच महक रहा था। फूलों से लदा था। बहार में आया था। एक आम के नीचे डायरेक्टर साहब के आस-पास बहुत-से लोग खड़े हुए थे, जिनके सिर पर आम की डालियाँ छाया कर रही थीं। सब ओर रोमैंटिक वातावरण छाया हुआ था।

मैंने अपने-आपसे कहा, 'क्या फूल-पेड़ महक रहे हैं? बग़ीचा लहक उठा है।'...

"कुत्ते मारकर डाले हैं पेड़ों की जड़ों में।" यह राव साहब थे।

मैं विस्मित हो उठा। जगत स्तब्ध हो गया।

मेरे मुँह से सिर्फ़ इतना फूटा, "ऐसा!"

लेकिन जगत ने कहा, "नाग को छोड़ देते हो और कुत्तों को मार डालते हो!"

राव साहब ने हँसते हुए कहा, "कुत्ते जनता हैं। नाग तो देवता है, अधिकारी है!"

कहकर राव साहब ने मुझे देखा। लेकिन, मेरा मुँह पीला पड़ चुका था। असल में उस आशय के वे मेरे शब्द थे, जिसका प्रयोग किसी दिन मैंने किया था। उसका सन्दर्भ जगत नहीं समझ सका।

मैं तेज़ी से क़दम बढ़ाकर फ़ाटक की ओर जाने लगा। मैंने जगत से कहा, "एक बार मुझे बॉस पर ग़ुस्सा आ गया था। शायद तुम भी तो थे उस वक़्त! जब दरबार बरख़ास्त हुआ तब बॉस की आलोचना करते हुए मैंने कहा कि ये लोग जनता को कुत्ता समझते हैं! राव साहब मेरे उसी वाक्य की ओर इशारा कर रहे थे।"

जगत मेरे दुःख को समझ नहीं सका। लेकिन मेरे रुख़ को और बॉस के रुख़ को, बहुत-से मामलों में जैसा कि दिखाई दिया करता था, ख़ूब समझता था। उसने सिर्फ़ यही कहा, "राव साहब से बचकर रहना, कहीं तुम्हें गड्ढे में न गिरा दें।"

[2]

जगत के मन में राव साहब के सम्बन्ध में जो गुत्थी थी, उसे मैं ख़ूब समझता था। दोनों आदमी दुनिया के दो सिरों पर खड़े होकर एक-दूसरे को टोकते नज़र आ रहे थे। दोनों एक-दूसरे को अगर बुरा नहीं तो सिरफिरा ज़रूर समझते थे। अगर मन-ही-मन दी जानेवाली गालियों की छानबीन की जाए तो पता चलेगा कि राव साहब जगत को आधा पागल या दिमाग़ी फ़ितूर रखनेवाला ख़ब्ती ज़रूर समझते थे। इसके एवज़ में जगत राव साहब को कुंजी रट-रटकर एम.ए. पास करनेवाला कोई गँवार मिडिलची मानता था। राव साहब जगत के हेमिंग्वे, फ़ॉकनर और फ़र्राटेदार अंग्रेज़ी को अच्छी नज़रों से नहीं देखते थे और उधर जगत राव साहब की गम्भीरता, अनुशासनप्रियता, श्रम करने की अपूर्व शक्ति और धैर्य के सामने पराजित हो गया था। राव साहब जब देखते कि विभिन्न नगरों से हर माह आनेवाले पुस्तकों के बण्डल उठाते वक़्त जगत का चेहरा बाग़-बाग़ हो रहा है, तो वे ख़ुद अपने ऑफ़िस की टेबिल से उठकर दो गिलौरियाँ मुँह में डालते हुए इस तरह मुसकरा उठते मानो उन्होंने किसी बेवक़ूफ़ को कृपापूर्वक क्षमा कर दिया है। तब वे व्यंग्य-स्मित द्वारा अपने हृदय का समाधान कर लिया करते। और जब 'स्पैन' या 'न्यूज़वीक' के अंक जगत के नाम से आते तो वे केवल इस अप्रिय तथ्य को अपने लिए मूल्यहीन समझ, उन्हें अपने टेबिल की दूसरी ओर फेंक देते। यह नहीं कि उन्हें अमेरिका से किसी भी प्रकार की कोई दुश्मनी थी, वरन् यह कि वे इस बात को मानने के लिए तैयार नहीं थे कि नैस्फ़ील्ड ग्रामर और **मेयर ऑफ**

कैस्टर ब्रिज से आगे भी कोई और चीज़ हो सकती है।

ज्ञान, उनके लेखे, अगर मोक्ष का साधन नहीं है, मुक्ति का सोपान नहीं है, तो निस्सन्देह वह किसी भौतिक लक्ष्य की पूर्ति का ही एक साधन होना चाहिए—उसी प्रकार जैसे लकड़ी से कुत्ते को मार भगाया जा सकता है, या सँड़सी से जलती सिगड़ी पर से तवा नीचे उतारा जा सकता है, या कन्सेशन का रेलटिकिट ख़रीदकर कश्मीर जाया जा सकता है। संक्षेप में, जो व्यक्ति ज्ञान की उपलब्धि का सौभाग्य प्राप्त करके भी यदि अपने जीवन में असफल रहा आया, अर्थात् कीर्ति, प्रतिष्ठा और ऊँचा पद न प्राप्त कर सका तो उस व्यक्ति को सिरफिरा या दिमाग़ी फ़ितूरवाला नहीं तो और क्या कहा जाएगा? अधिक-से-अधिक वह तिरस्करणीय, और कम-से-कम वह दयनीय है—उपेक्षणीय भले ही न हो।

राव साहब इस वक़्त जिस सीढ़ी पर हैं उसकी अगली सीढ़ी का नक़्शा बराबर ध्यान में रखते थे। उस अगली सीढ़ी पर चढ़ने की तरक़ीबें भी जानते थे और अपना मुँह हमेशा उसी तरफ़ रखते। वे सिर्फ़ मौजूदा ज़रूरत के लायक़ पढ़ लिया करते। सामाजिक वार्तालाप में पिछड़ जाने के भय पर विजय प्राप्त करने के लिए वे दो-चार अख़बार भी रोज़ देख लिया करते। प्रायः चुप रहते और ख़ूब मेहनत करते। महाकाव्य के धीरोदात्त नायक की भाँति ही धर्म, बुद्धि, कर्तव्यपरायणता और दयाशीलता की सुशिल्पित मूर्ति थे। लेकिन, काम पड़ने पर, अवसर के अनुसार पवित्र नियमों से इधर-उधर हटकर भी अपना मतलब साध ही लेते।

इसीलिए, उनके लेखे जगत मूर्ख था। वह ख़ूब पढ़ता। अकेले अँधेरे में पड़ा रहता। बाहर कम निकलता। बाहर की दुनिया में वह अजनबी महसूस करता। मानसिक रूप से वह कैलिफ़ोर्निया या हॉर्वर्ड यूनिवर्सिटियों के इलाक़ों में घूमता। अमरीकी साहित्य में वह सचमुच रम चुका था, उसी तरह जैसे शक्कर में गुलाब की पँखुरियाँ, जिनसे गुलक़न्द बनता है। यह कोई ग़लत बात नहीं थी। **कार्ल सैण्डवर्ग** इत्यादि प्रसिद्ध लेखकों के साहित्य ने उसे जीवन-स्वप्न प्रदान किए थे। वह एक भावुक स्वप्नशील व्यक्ति की भाँति उन बातों के अनुसार आचरण और जीवन बनाता जाता था। किन्तु वह यह भूल जाता था कि उन बातों ने जो साहित्य में प्रकट हुईं, उनके 'कर्ताओं' को कुछ नहीं दिया। जिसने दिया, वह थी 'उनकी रचना' न कि उस रचना का सत्य...रचना का यथार्थ! जगत विद्वान् था लेकिन लेखक नहीं था। सिर्फ़ सचाई आदमी को कुछ नहीं दे पाती, सचाई को सामने लाने के लिए भी ज़ोर और ताक़त की ज़रूरत होती है। ऐसी सचाई जो आदमी में ज़ोर पैदा नहीं कर पाती, वह सिर्फ़ जानकारी बनकर रह जाती है। जगत को सचाई सिर्फ़ सपना दे जाती थी, और लेखक न होने के कारण तथा कार्यकर्ता न होने के कारण, या क्रियाशक्ति न होने के कारण, वह उन सपनों में डूबकर निस्संग, अन्तर्मुख जीवन व्यतीत करता था। कम-से-कम आज तो जगत

की यही हालत थी। यह हो सकता है कि चन्द रोज़ बाद वह सुधर जाए, जिसकी सम्भावना पर किसी के लिए भी सन्देह की गुंजाइश नहीं।

उसके इस एकान्तप्रिय जीवन से हमारे यहाँ कोई ख़ुश नहीं था। लोग समझते कि वह बन रहा है, कि अपने को दूसरों से बड़ा समझने की उसकी आदत है, कि हम सब देहाती हैं और वह ख़ास हॉर्वर्ड या ऑक्सफ़ोर्ड से डॉक्टरेट लेकर यहाँ चला आया है। पहले-पहल लोग उसकी स्वच्छ, अस्खलित अंग्रेज़ी भाषा-प्रवाह से दबते और घबराते। कुछ लोग, जैसे राव साहब, अब भी आतंकित रहते। किन्तु बाक़ी के लोग, जो ख़ुद बड़ी डिग्रीवाले थे, उसकी अंग्रेज़ी के कारण उसे या तो तावबाज़े, या देश-काल-स्थिति को ध्यान में न रखकर बात करनेवाला बेवक़ूफ़, समझते। अगर वह सचमुच अमरीका से ऊँची डिग्री लेकर लौट आता तो, सम्भव है, लोग उसके रोब में रहते; लेकिन वह तो जा ही नहीं पा रहा था। उसके सामने अमरीका जाने की थाली भी परसी गई थी; लेकिन अपने माता-पिता (जो धनी तो थे किन्तु थे बहुत अव्यावहारिक) के कहने से और (उसका दुर्भाग्यपूर्ण 'विवाह-संस्कार' भी हो चुका था) अन्य कई झमेलों के आड़े आने से वह नहीं जा सका था। वह ग़रीब नहीं था। ऑक्सफ़ोर्ड या हॉर्वर्ड ख़ुद अपने पैसों से जा सकता था। वह वहाँ जाने और 'बस जाने' की इच्छा करता था; किन्तु उस इच्छा की पूर्ति के पूर्व घर के झमेलों से निपटने की कला उसके पास नहीं थी, असल में वह बच्चा था। ज़िन्दगी का उसके पास तजुर्बा नहीं था। दुर्भाग्य की बात यह थी कि रूढ़िवाली घराने में विवाहित होने के झमेलों की एक लम्बी दास्तान ने उसकी ज़िन्दगी का रस निचोड़ लिया था। इस प्रकार अपनी नौजवानी में ही उसके चेहरे पर असफलता की राख और विरक्ति की धूल का लेप लग गया था। किन्तु इसके विपरीत वह मानसिक-लीला में डूबा रहता।...वह सैन्फ्रांसिसको के किसी कॉलेज में वाल्ट ह्विटमैन पर भाषण कर रहा है। सारे हॉल में श्रोताओं के झुण्ड-ही-झुण्ड दिखाई देते हैं।...उनमें एक संवेदनशील लड़की भी...जो किसी दूसरी या तीसरी बेंच पर बैठी है, वह उसकी ओर खिंच रही है।...भाषण समाप्त। परिचय। वैचारिक आदान-प्रदान, फिर 'ब्ल्यू मून रेस्तोंराँ'। दोनों एक-दूसरे की सूरत देखना चाहते हैं, आँखें चुराकर वहाँ वह भारत के सम्बन्ध में पूछती है। वह झेंपते हुए, और बाद में खुलकर, अपना ज्ञान पहले प्रदर्शित और फिर समर्पित करता है।...दोनों का प्रेम हो जाता है, वे विवाहित होते हैं। दोनों अध्यापक हैं...अथवा इनमें से एक कोई पत्रकार है। वे सरल स्वच्छन्द उत्साहपूर्ण जीवन व्यतीत करते हैं...फिर वह अपनी 'उस स्त्री' को भारत लाता है—उसका नाम रख लीजिए, इरीना! इरीना और वह, ताज़ी-ताज़ी हवा खाते हुए दिल्ली जाते हैं। वहाँ से ट्रेन पकड़कर अपने घर-नगर।...अहाता, दरवाज़ा, घर, कमरा—साँवला सूनापन! दो आकृतियाँ—माता-पिता! दोनों आगन्तुक आँसू बरसाते हुए उनके पैर छूते हैं...स्वप्न टूट जाता है और जगत के मन में अचानक सवाल पैदा होता है—क्या इरीना भी उसके माता-पिता के पैर छुएगी?

राव साहब इन सब बातों को नहीं जानते हैं। अगर जगत अपनी विशाल ज्ञान-राशि के द्वारा कोई ठोस बड़ी चीज़ हासिल करता है, जिससे चारों ओर सम्मान और ऊँची स्थिति तथा धन प्राप्त होता, तो वे निःसन्देह उसकी सफलता पर श्रद्धांजलि चढ़ाते और पीठ-पीछे बुराई करते। लेकिन ज़िन्दगी में ऊँची सीढ़ी प्राप्त न करने के कारण, और उससे जुड़े हुए दूसरे कारणों से, मनुष्य को जो एक दुर्दशाग्रस्त स्थिति प्राप्त होती है वह उसकी कमज़ोर नस है। सभ्यता और शील के कारण अपने व्यक्तित्व के झूठे प्रतिबिम्ब गिराते हुए जो लोग उसकी दुर्दशाग्रस्त स्थिति से सहानुभूति प्रदर्शित तो करते हैं किन्तु सही-सही मूल्यांकन न करते हुए, हेय या नीचा समझते हैं—ऐसे वे लोग, अपनी इस अवहेलना के भाव को हज़ार यत्न करने पर भी नहीं छिपा सकते, उसके प्रति जिसके माथे पर असफलता की धूल लगी हुई है। मेरे व्यक्तिगत इतिहास का यह एक सबसे विचित्र रहस्य है कि मुझे अपने जीवन में ऐसे ही लोग प्राप्त हुए, जो किसी-न-किसी प्रकार से आहत थे। इन आहतों को पहचानने में मुझे भी तक़लीफ़ होती। आहतों का भी अपना एक अहंकार होता है जिसे मैं ख़ूब पहचानता था और अहंकार बहुत आप्लावित और दृढ़ होता है। वह उस आवेग-उच्छल कबन्ध के समान है जो सिर कट जाने के बाद रणक्षेत्र में ख़ून के फ़व्वारे छोड़ते हुए लड़ता रहता है। उसमें मात्र आवेग की ही गति होती है, लेकिन 'सिर' न होने के सबब वह शून्य में ही चारों ओर तलवार भाँजता रहता है और अन्ततः... ! क्या जगत वैसा ही है ? मेरा ख़याल है, वह ऐसा हो भी सकता है; वह ऐसा नहीं भी हो सकता है।

दूसरी ओर, राव साहब किसी विश्व-विख्यात, विश्व-पूजित स्तूप के चपटे तल पर, हाँ, किसी प्राचीन गौरव-स्तूप पर, कोई चाय-पार्टी जमा रहे थे, अभिमान सहित शालीनतापूर्वक, नम्रता और गौरव के साथ, लोगों का अभिवादन करते हुए, एक-एक टुकड़ा और सैन्डविच खाने का अनुरोध कर रहे थे। उनके गदबदे और पृथुल शरीर के श्यामल मुखमंडल पर प्राचीन गौरव की सम्मानपूर्ण आभा के साथ ही, स्वयं के प्रति गहरा सन्तोष व्यक्त हो रहा था।

मैं इन दोनों को इसी रूप में अपनी आँखों के सामने पाता हूँ। जगत निःसन्देह बेवक़ूफ़ था, लेकिन वह इसलिए बेवक़ूफ़ नहीं था कि उसके पास यूरोपीय साहित्य का ज्ञान था। यह सच है कि न हम, न हमारा शहर, न हमारा प्रान्त, उसके ज्ञान का उपयोग कर पाता था, न उसका मूल्य समझता था। लेकिन, इसमें जगत का स्वयं का दोष नहीं था। यदि वह ऐसा ज्ञान रखता है और उस ज्ञान में रमा रहता है, जिसका हम मूल्य नहीं समझते या जिसे प्राप्त करने की हममें इच्छा नहीं है, तो हमारे लेखे वह ज्ञान, जो निरर्थक है, उससे निर्मित और विकसित व्यक्तित्व को हम आदर प्रदान न भी करें, उपेक्षा ही हमसे बन पाए, लेकिन उस पर दया तो न दिखावें। सच बात तो यह है कि उनके अर्थात् हम नागरिकों के लेखे, जगत की भारी भूल यह थी कि वह उनके समान नहीं था, उनके ढाँचे में जमता नहीं था, और ऐसे 'निरर्थक ज्ञान'

में व्यर्थ ही डूबा रहता था जिससे फ़िज़ूल ही वक़्त बरबाद होता है, ऊँचा ओहदा नहीं मिल पाता और, उनके लेखे, ज़िन्दगी अकारथ होकर बरबाद हो जाती है!

जगत बेवक़ूफ़ इसलिए था कि वह 'कैरियर' नहीं बना सकता था (थाली में परसे लड्डू को उठाने की भाँति, भले ही वह ऑक्सफ़ोर्ड या हार्वर्ड से डिग्री ले आए), लेकिन उसके बारे में सोचा अवश्य करता था। उसमें सामाजिक क्षेत्र में घुसने और पैठने की शक्ति बिलकुल नहीं थी। उसे विभिन्न प्रकार के, विभिन्न स्वभाव और विभिन्न व्यक्तिगत इतिहास रखनेवाले लोगों का अनुभव नहीं था। वह अभी बच्चा था। उसकी उम्र तेईस-चौबीस साल की थी। उसके दिल और तजुर्बे की खाल अभी मज़बूत नहीं थी। वह अब तक, 'मनुष्यता' पर सहज विश्वास कर जाता और उसे मालूम भी नहीं हो पाता कि आख़िर लोग उस पर क्यों हँस रहे हैं।

जगत में बड़ी-बड़ी ख़ामियाँ थीं जिनमें से एक यह भी थी कि उसके अन्त:करण में, सादा लेकिन नफ़ीस और क़ीमती पोशाक पहननेवाले उन गम्भीर मुद्राओं के प्रोफ़ेसरों और अध्यापकों के प्रति रोब का आकर्षण था, जिनकी कॉलर में उच्चतर ज्ञान के हीरे-मोती टँके हुए थे, जो यूनिवर्सिटी और कॉलेजों की बड़ी बिल्डिंगों के कॉरिडोरों और कमरों में घूमते रहते हैं।...यह बिलकुल सही है कि हमारे यहाँ धन ही वह सुविधा उत्पन्न करता है, जिसके आधार पर लोग ऊँचा ज्ञान प्राप्त करते हैं और बड़ी सफ़ाई के साथ 'ऊँची बातचीत' करते हैं। लेकिन ज्ञान के आलोक को धन के आलोक में मिला करके, और फिर ज्ञान की उद्‌दीप्त मनोमूर्ति खड़ी करके, देखने में अपनी बौनी परिस्थितियों और उन परिस्थितियों में घूमनेवाले लोगों से अज़ीब फ़ासले पैदा हो जाते हैं।

जगत अपने बचपन में ईसाई कॉन्वेण्ट स्कूलों में पढ़ा था। इसीलिए उसकी अंग्रेज़ी बड़ी सरल और स्वाभाविक हो गई थी। उसने ईसाइयत के उत्तमोत्तम नैतिक गुणों को आत्मसात् करना चाहा था और साथ ही उन्हें अपनी निज की भारतीय संस्कृति से मिला लिया था। 'सर्मन ऑफ़ द माउंट' से लेकर 'पृथ्वी सूक्त' तक में वह रस लेता था।

जगत बेवक़ूफ़ इसलिए भी था कि अमरीकी जनता की महान उपलब्धियों को अमरीकी सरकार और उसकी विशेष नीति से मिलाकर देखता था। परिणामत:, जब डलेस कोई ग़लती करता, या आइज़नहॉवर कुछ गड़बड़ कर जाता तो उसे अपार दु:ख होता। उसके पास कोई राजनीतिक दृष्टिकोण नहीं था और उस अभाव के रिक्त स्थान पर अमरीका और यूरोप तथा भारत के भयानक दक्षिणपन्थी राजनीतिज्ञ उसके हृदय में आसन जमाए बैठे थे। यहाँ तक कि बम्बई चुनाव में मेनन की जीत भी उसे अच्छी नहीं लगी। उसका ख़याल था कि बम्बई में अमरीका के भारतीय दोस्तों ने जितना काम किया, वह काम आधे-दिल से किया होगा। वह साम्यवाद से और रूस-चीन से भयानक दुश्मनी रखता था और वह इस सम्भावना से भी डरता रहता था कि कहीं

ऐसा न हो कि अमरीका से पहले रूस चाँद पर पहुँच जाए!

हमारे बॉस जगत के इस राजनीतिक रुख़ से बहुत ख़ुश थे। लेकिन, वे जनता से डरते थे। क्योंकि अमरीकापरस्ती, जनता में, न केवल लोकप्रिय नहीं थी, वरन् सामने का पानवाला और उसके आस-पासवाले गन्दी और बौनी होटल में बैठे हुए मैले-कुचैले लोग भी अमरीका को गाली देते थे। अमरीका पर किसी का विश्वास नहीं था।

इस भावना को जगत भी जानता था। इसलिए उड़ते-उड़ते ही वह मुझसे राजनीतिक बातचीत करता। और उस बातचीत के दौरान, भारतीय अख़बारों में प्रकाशित समाचारों का एक ढाँचा बनाते हुए लेकिन कोई आलोचना न करते हुए, मैं उसकी बात का खंडन कर देता था—किसी विरोधी तथ्य पर उसका ध्यान खींच लाता। यही कारण थे कि क्रमशः उसकी ज्ञान-ग्राही बुद्धि मेरी अवहेलना न कर सकी, और मेरी ओर खिंचती चली गई। इसका श्रेय मैं अवश्य लूँगा कि मैंने उसे किसी भी देश के शासक और जनता—इन दो के बीच की एकता और मित्रता पहचानने की युक्तियाँ बताईं। इसमें एक निश्चित ख़तरा भी था कि मैं और वह आपस में टकरा जाते।

व्यक्तित्वों की टकराहट बहुत बुरी होती है; ज़हर पचने से फैलता है, कीचड़ उछालने से। उछालनेवाले के और झेलनेवाले के—दोनों के चेहरे बदसूरत हो जाते हैं। मैं, हमेशा दो प्रकार के परस्पर-विरोधों में भेद करता आया हूँ। एक वे जो सही हैं—जहाँ वे तेज़ होते रहने चाहिए; और एक वे जो ग़लत हैं—जहाँ वे होने ही नहीं चाहिए। जैसे राजनीति में वैसे ही मानव-सम्बन्धों के क्षेत्र में भी, हमें सही विरोधों को, उनके सही-सही अनुपात में, सही-सही जगह, और सही-सही ढंग से, ज़रूर बनाए रखना चाहिए—यहाँ तक कि तेज़ करना चाहिए। वहाँ झुकने की ज़रूरत नहीं है। लेकिन, कुछ ऐसे परस्पर-विरोध होते हैं जो हमारी नासमझी, कम-समझी अथवा क्षुद्र अहंमूलक स्वार्थ से उत्पन्न होते हैं। मानव-सम्बन्ध उलझ इसीलिए जाते हैं कि हम ग़लत जगह झगड़ा कर लेते हैं और ग़लत जगह झुक जाते हैं।

अगर कोई दूसरा शहर होता तो शायद जगह की और मेरी, यदि परिचय होता तो भी, पट नहीं सकती थी; जम नहीं सकती थी। लेकिन, परिस्थिति दोनों को एक साथ ले आई। मैं लोगों में उठता-बैठता। उनसे फ़िज़ूल टकराने की कोशिश न करता और सारे समाज में रहकर भी एक अत्यन्त तीव्र निस्संगता और अजनबी महसूस करता। लगभग दो वर्षों के क्रमशः बढ़ते हुए प्रारम्भिक परिचय के अनन्तर मैंने जगत की आपेक्षिक निकटता प्राप्त की। और ज्योंही हमने एक-दूसरे से सामीप्य अनुभव किया और हम साथ रहने लगे, लोगों की नज़रों में भी आ गए और अखरने लगे, इस तरह कि मानो हममें से कोई-न-कोई व्यक्ति आपत्तिजनक हो और दूसरे को अपनी सोहबत से बिगाड़ रहा हो।

एक बात साफ़ है कि हमें उस महफ़िल में मज़ा नहीं आता था, जिसमें विविध

प्रकार के भोजनीय पदार्थों से लेकर कैन्सर और ल्यूकीमिया तक तथा भूतों से लेकर कम्यूनिस्टों तक की चर्चाएँ होतीं। ये महफ़िलें, जो शाम के पाँच बजे से लेकर रात के बारह-एक तक चलती रहतीं, उस अभाव का परिणाम थीं जिसे अकेलापन कहते हैं। हम जो यहाँ बीस थे, वे, चाहे परिवार में ही क्यों न रहें, अपने को अकेला, किसी शाखा से कटा हुआ और अधूरा महसूस करते थे और अपने अकेलेपन की वेदना से भागने के लिए, वक़्त काटने की एक तरक़ीब के तौर पर, सामूहिक भोजन, सामूहिक पार्टी, गपबाज़ी, महफ़िलबाज़ी का आसरा लिया करते। लोग भले ही उसका मज़ा लिया करें, मैं ऐसी बेढंगी, बे-जोड़ और बे-मेल सोसाइटी में फँसकर बड़ी घुटन महसूस करता। वही हाल जगत का भी था। फ़र्क़ यही था कि मुझे इस तरह अकेलेपन से भागने और वक़्त काटने की इच्छा नहीं रहती थी, न जगत को ही रहती थी। इसलिए, हम लोग 'अनसोशल' कहलाते। क्लब की ज़िन्दगी अगर सामाजिकता का लक्षण है तो मैं ऐसी सामाजिकता से बाज़ आया।

लोगों को ताज़्ज़ुब होता कि आख़िर हम अपना वक़्त कैसे काटते हैं। और, जब उन्होंने यह देखा कि ब्रिज, साँपों और भूतों की चर्चा, एक-दूसरे की टाँग खींचने की होड़ और राजनीतिक गप की बजाय हम घूमने के लिए निकल जाते हैं, और कभी हेमिंग्वे या डिकेन्स अथवा एड्ना विंसेन्ट मिले की चर्चा करते हैं, तो उन्होंने अपनी नाराज़गी ज़ाहिर की। एक बार जब हम तरह-तरह की चर्चाओं में विलीन रात को आठ बजे घर लौटने की बजाय साढ़े नौ बजे के क़रीब लौटे तो एक ने कहा, "क्यों भई ! जानते नहीं, भले आदमी रात में नहीं घूमा करते ?"

और, हम ताज़्ज़ुब करने लगे कि आख़िर ये ऊँची डिग्रियोंवाले लोग जिन्होंने बड़ी उपाधियाँ प्राप्त की हैं, इतने जड़ और मूर्ख क्यों हैं।

[3]

दुबले ऊँचे इकहरे बादाम के पेड़ के नीचे अपने साथियों को झुका हुआ देखकर मैं समझ गया कि उनकी आँखें हरे-कच्चे बादामों को खोज रही हैं, जो या तो आस-पास की क्यारियों की काली मिट्टी में जम गए, या क्यारियों के बीचोबीच जानेवाली ख़ुशनुमा पगडंडी पर गिर पड़े हैं। बादाम के पेड़ के आगे पूरब-दक्षिण की तरफ़ ऊँची भूरी-भूरी दीवारें दिखाई दे रही हैं। उसकी इस तरफ़ और बादाम के पेड़ की उस तरफ़ मटर और टमाटर की हरियाली फैली हुई है और मैंने देखा कि कुछ लोग वहाँ भी पहुँच गए हैं। उधर बग़ीचे के दक्षिण की तरफ़ जो मुँडेर है, उसके नीचे लाल कन्हेर की झाड़ियों के आगे दूर तक तालाब लहरा रहा है, जिसकी मटमैली नीली लहरें, सूरज की किरनों को वापस फेंक रही हैं, और इस तरह चाँदी और काँच के चमचमाते टुकड़ों की धारदार चमक पैदा कर रही हैं। तालाब के उस पार आम के दरख़्तों के नीचे कोई साइकिल पर तेज़ चला जा रहा है। एक मन हुआ कि आख़िर

हम अपने साथियों के पास बादाम के पेड़ के नीचे क्यों न पहुँच जाएँ और कुछ मटर जेब में भर लें। लेकिन फिर सोचा कि फिर वे लोग हमारा पिण्ड नहीं छोड़ेंगे। यह ख़याल मेरे और जगत सिंह के मन में एक साथ आया। मैंने उससे कहा, "चलो, जल्दी चलो, नहीं तो अटक जाएँगे।"

यह बात हमारे मुँह से निकली ही थी कि पीछे से एक चोर-आवाज़ आई, "ऐसी भी क्या बात है, हम भी तो चल रहे हैं!"

तबीयत तो हुई, पीछे घूमकर न देखें, लेकिन हम जानते थे कि तल्लों के बूट हमारा पीछा नहीं छोड़ेंगे। बोगनविला के फूलों से लदी हुई मेहराबवाले बग़ीचे के फ़ाटक तक पहुँचते ही उसने हमें पकड़ लिया और जगत की पीठ पर धाप पड़ गई। एक गोरा सुनहरा चेहरा हमें चिढ़ाता हुआ बोल उठा, "बॉस तुम्हें बुला रहे हैं!"

शायद नवागन्तुक ने मेरी आँखों में क्रोध और घृणा की चिनगारी देखी होगी। तभी उसने एक साँस में कह डाला, "मैं कुछ नहीं कह रहा हूँ। मैं तो तुम्हें चाय पिलाना चाहता हूँ।"

हम लोग चुपचाप बाहर निकल गए। और पता नहीं क्यों, हममें एक चुप्पी, एक फ़ासला और साथ-ही-साथ अपने-अपने अकेलेपन का घेराव बढ़ता गया। मशीन के पहियों की भाँति हमारे पैर दाहिनी ओर मुड़ गए जहाँ से रास्ता तालाब के किनारे-किनारे आम के दरख़्तों के नीचे से चला जा रहा था।

ज्योंही हम बीस गज आगे बढ़े होंगे, हमारे सुनहले चेहरेवाले साथी ने कहा, "यार, नीचे उतर के चलें।"

अचानक टोके जाने से झुँझलाकर मैं स्तब्ध-सा रुका। मैंने जगत की ओर देखा। वह कटी डाल-सा निजत्वहीन और शिथिल दिख रहा था। मैंने सुनहरे चेहरेवाले साथी से पूछा, "क्यों?" फिर कहा, "चलो!"

हम नीचे रास्ते को उतरे। उसने कहा, "यह नया रास्ता है!"

जिस रास्ते पर अब तक हम चल रहे थे, वह तालाब के बाँध पर बना हुआ था। बाँध के बहुत नीचे एक छोटा-सा नाला बह रहा था, और इधर-उधर घने-घने पेड़ तितर-बितर दिखाई दे रहे थे। हम अपने को सँभालते हुए नीचे उतर गए और नाला फाँदकर उस ओर जा पहुँचे, जहाँ से एक पगडंडी शहर की ओर जा रही थी। फाँद करके मैं नाले की ओर क्षण-भर देखता रहा। वहाँ छोटी-छोटी मछलियाँ आनन्दपूर्वक क्रीड़ा कर रही थीं। ऐसा लगता था कि उनकी क्रीड़ा को घंटों तक देखा जा सकता है।

पगडंडी पर दो ही क़दम आगे बढ़ा हूँगा कि सामने लाखों और करोड़ों लाल-लाल दियोंवाला गुलमोहर का महान वृक्ष मेरे सामने हो लिया। उसके तल में अध-सूखे, मुरझाए और सँवलाए फूल बिखरे हुए थे। और दो-चार फटी चड्डियोंवाले मैने-कुचैले लड़के वहाँ न मालूम क्या-क्या बीन-बटोर रहे थे।

मैंने शहर का यह हिस्सा देखा ही नहीं था। बाईं ओर अस्पताल की पीली दीवार चली गई थी, जिसके ख़तम होते ही छोटे-छोटे मक़ान, छोटे-छोटे घर—मिट्टी के घर—चले गए थे। निस्सन्देह, अस्पताल के पिछवाड़े की यह गली थी। दाहिनी ओर खुला मैदान था जिसमें इमली और नीम के पेड़ों के अलावा छोटे-छोटे खेत थे। एक खेत के बाद दूसरा खेत। ये तरकारियों के खेत थे। छोटी-छोटी मेंड़ें बनी हुई थीं। उन खेतों पर ख़ूब मेहनत की गई थी। ऐसा लगता था कि ये खेत नहीं वरन् कल्पनाशील चित्रकार द्वारा निकाले गए मानव-श्रम के हरे-भरे चित्र हों। सबकुछ चित्रात्मक था। वे छोटे-छोटे खेत। वे इमली के दरख़्त जिनके नीचे गायें चर रही थीं। और वे नीम के पेड़ जिनके तले की एक चट्टान पर कोई बेघर, बे-मकान आवारा अपनी मैली-कुचैली गठड़ी खोल रहा था। उसने हमारी तरफ़ देखा, हमने उसकी तरफ़। उसका चेहरा साँवला, अंडाकार था। उस पर भोलेपन से भरी हुई एक अज़ीब मुर्दनी छाई हुई थी। उसने मेरी कल्पना को उकसा दिया। वह कौन था? किसी ग़रीब का लड़का जो घर से भाग गया था और जो शहर में काम न मिलने से थका-हारा यहाँ बैठा था? अब खेत ख़तम हो गए। एक नई सड़क की पुलिया दूर से दिखाई देने लगी। बाईं तरफ़ के घर गाँव के ग़रीबों के थे। बाहर खाटों पर पेड़ों की छाया में माँएँ लेटी हुई थीं। कुछ लड़के ऊधम मचा रहे थे। लेकिन मेरी आँखें एक जगह जाकर ठिठक गईं। एक मैली-कुचैली खाट पर एक बूढ़े की ज़िन्दा ठठरी पड़ी हुई थी और उस ठठरी के दुबले चेहरे की आँखों में एक ज्योति थी। ऐसी ज्योति जो ममतापूर्वक एक और ठठरी को देख रही थी। वह दो साल के शिशु की ठठरी थी, जिसके सारे बदन पर सलवटें पड़ी हुई थीं और उसके सलवट-भरे बाल-मुख पर वेदना की चीख़ निःशब्द होकर जड़ हो उठी थी। वह बूढ़ी ठठरी अपने हड़ियल हाथों से शिशु-ठठरी को खिला रही थी। प्यार करती-सी दिखाई दे रही थी। और वह शिशु इस अनजानी दुनिया को अपनी त्रस्त आँखों से देख रहा था। इस शिशु का चेहरा बिलकुल मैला था; यद्यपि मूलतः उसकी त्वचा गोरी रही होगी।

मेरे अवचेतन में से, अपने अनजाने में ही, एक ज़बरदस्त हाय निकली—ऐसी कि सुनहरे चेहरेवाला साथी मुझे थोड़े विस्मय से देखने लगा। उसने कहा, "क्या हुआ?"

मैंने कहा, "कुछ नहीं।"

फिर मैं अपने ख़यालों में डूब गया। इतने में गली को पार करती हुई एक गटर दिखाई दी जो ठीक बीच में आकर फैलकर फूल गई थी। उसमें का कालापन भयानक था। उसके काले कीचड़ में एक मुर्ग़ी फँस गई थी और पंख फड़फड़ाकर निकलने की कोशिश कर रही थी।

सुनहरे चेहरेवाले ने मुझसे कहा, "अगर बॉस ने देखा कि हम इस गली में से जा रहे हैं तो समझ जाइए कि मौत आ गई।"

मैंने कहा, "क्यों?"

उसने कहा, "इस गली में कमीन लोग रहते हैं और सभ्य लोगों को यहाँ से नहीं गुज़रना चाहिए।"

मैंने कहा, "क्यों?"

लेकिन यह कहते-कहते मेरी भँवें तन गईं, शरीर में एक उत्तेजना समाने लगी, शायद मेरी आँखों में भी तेज़ी आ गई होगी।

सुनहरे चेहरे ने फिर कहा, "बॉस के अनुसार न सिर्फ़ यहाँ कमीन लोग रहते हैं, वरन् ऐसे घर भी हैं जहाँ..."

मैं समझ गया। उसका मतलब था कि यहाँ व्यभिचार होता है।

मैंने कहा, "खुलकर कहो! क्या तुम यह कहना चाहते हो कि यह वेश्याओं का मुहल्ला है?"

मेरे इस कथन से सुनहरे चेहरेवाले को एक धक्का लगा! उसने कहा, "कौन कहता है!"

मैंने उलटकर पूछा, "तो फिर क्या?"

उसने जवाब दिया, "यहाँ 'खुला व्यभिचार' होता है।"

"होगा! हमसे क्या?"

"हमसे क्यों नहीं! हम इस विशाल सांस्कृतिक केन्द्र के सदस्य हैं और अगर हम इस गन्दी और कुप्रसिद्ध गली में पाए गए तो हमारा और हमारे केन्द्र का नाम बदनाम होगा।"

"तुम्हारी और तुम्हारे बॉस की ऐसी-तैसी!" यह कहकर मैं चुप हो गया।

मैं आगे कहता गया, "तुम्हारे बॉस का चाल-चलन भी तो बहुत प्रसिद्ध है।"

सुनहरे चेहरेवाला नवयुवक बड़ी षड्यन्त्र-भरी मुसकान प्रकट करने लगा। जगत ने उसकी पीठ पर धाप जड़ दी और वह बोल उठा, "क्यों मार रहे हो, भाई!"

बात असल में यह थी कि हमारे बॉस, जो इस सांस्कृतिक केन्द्र के सर्वेसर्वा हैं, बड़ी फ़िक्र के साथ हम लोगों की देखभाल करते हैं। हमें ख़ूब सहायता देते हैं। इस केन्द्र के वे प्रमुख हैं। एवज़ में उससे एक पैसा नहीं लेते। न केवल इस केन्द्र को, वरन् उसके कर्मचारियों को भी, यथाशक्ति सहायता देते रहते हैं। वे हम सबसे प्रेम रखते हैं। चाहते हैं कि हम अच्छे ढंग से रहें और यहाँ के सर्वोच्च वर्ग में गिने जाएँ। इसलिए वे हमारी चाल-ढाल, कपड़े-लत्ते, यहाँ तक कि हमारी गतिविधि पर भी नज़र रखते हैं। शहर में उनके बारे में यह कहा जाता है कि वे अपने पुराने पापों को धो रहे हैं।

वे पाप क्या हैं? हम लोग नहीं जानते। क़िस्सा मुख़्तसर यह है कि वे यहाँ की सूती मिल के असिस्टेंट मैनेजर थे। यह सूती मिल एक प्रसिद्ध अंग्रेज़ कम्पनी की थी। इन अंग्रेज़ों में से बहुतेरों के अपने परिवार न थे। वे अंग्रेज़ अफ़सर नीची जाति की

स्थानीय औरतों से प्रेम करते। नौकरानियों के रूप में वे उनके घर में रहतीं। मज़ा यह है कि (जैसा कि मुझे कई लोगों ने कहा) वे नौकरानियाँ जो उनके यहाँ पहुँच जातीं इस बात का अभिमान रखती थीं कि वे 'बड़ों' के 'घर' में हैं। स्वाधीनता के बाद यह मिल जब हिन्दुस्तानियों को बेच दी गई तो कई अंग्रेज़ों ने अपनी प्यारी नौकरानियों के लिए बड़े-बड़े घर-मकान बना दिये और उनकी एक ज़ायदाद खड़ी कर दी।

यह क़िस्सा है। मनुष्य का चरित्र उसकी संगत से पहचाना जाता है। सम्भव है, हमारे बॉस की भी इसी तरह की प्रेमिकाएँ रही हों। कौन नहीं जानता कि इस प्रदेश के एक डिप्टी मिनिस्टर जिनका नाम मैं यहाँ लेना नहीं चाहता—की एक रखैल यहाँ आलीशान मकान में रहती है जिसे शहर के बाहर के एक मुहल्ले में बनाया गया है। शहर में किसी से भी पूछ लीजिए, उसके मकान का अता-पता आपको मिल जाएगा।

बॉस के विरुद्ध तिरस्कार के कई कारण थे जिनमें एक यह भी था कि वे स्थानीय नरेश के एटर्नी रहे। वहाँ ख़ूब आना-जाना रहा। और उसी की (वह अब मर गया है) सहायता से उन्होंने परिश्रम करके यह विद्या-केन्द्र खोला। वे एक बड़ी-सी ज़मीन के मालिक हैं और कई छोटे-मोटे धन्धों में उनका पैसा लगा हुआ है। लेकिन, चूँकि वे एक प्रसिद्ध विलायती मिल के असिस्टेंट मैनेजर रहे आए, इसलिए उन्होंने यहाँ के बहुत-से सेठ-साहूकारों पर उपकार किया। वे उपकार करने की शक्ति रखते थे। लोगों पर अहसान करके उन्हें अपनी कठपुतली बनाने में बड़ा मज़ा आता था। या यह कहिए कि लोगों को उनकी कठपुतली बनने में मज़ा आता था। बात दोनों ओर से थी। महत्त्व की बात यह है कि वे क़ायदे के पाबन्द थे। और क़ानून के अनुसार काम करने में हिचकिचाते नहीं थे। यूनियनों में संगठित मज़दूर-वर्ग उनसे कभी ख़ुश नहीं रह सकता था, क्योंकि वे अंग्रेज़ों के वफ़ादार नौकर थे। और इसीलिए उनकी चलती भी थी। स्वाधीनता के बाद भी है कुछ दिनों तक वे मिल के असिस्टेंट मैनेजर रहे। लेकिन नए मारवाड़ी मालिक से उनकी नहीं पटी। उन्होंने नौकरी छोड़ दी। उधर भूतपूर्व मुख्यमन्त्री (जो अब मर गए हैं) से उनकी ख़ूब पटती थी। इसलिए अधिकारी-वर्ग पर भी उनका अच्छा-ख़ासा असर था। संक्षेप में, वे इस शहर के बहुत प्रभावशाली और शक्तिशाली लोगों में से थे और पूरे सामाजिक सन्दर्भ को देखते हुए, उनके सम्बन्ध में बहुत-से लोगों की धारणाएँ बुरी होना स्वाभाविक ही था।

यह एक तथ्य है। फिर भी दूसरा तथ्य है कि 'विद्या-केन्द्र' खोलने के साथ-ही-साथ उनका स्वभाव बदलने लगा।

पहले वे बहुत तेज़ मिज़ाज के, ज़िद्दी लेकिन न्यायप्रिय, (प्रचलित 'न्याय' के सीमित अर्थ में) हालाँकि अपनी करके छोड़नेवाले लोगों में से थे। उनकी स्त्री बहुत जल्दी मर गई थी। इसलिए दो बच्चों के पिता होते हुए भी वे अकेले थे। अब जब से उन्होंने यह विद्या-केन्द्र खोला, उनमें एक अज़ीब नरमी आ गई। उनकी संवेदनशीलता इतनी बढ़ी थी कि वे जो पहले आदमी को सूँघकर उसकी पहचान बता

देते थे—अब केवल उसकी मुखमुद्रा को देखकर और उसके चेहरे की शिकन देखकर उसके दिल को ताड़ जाते, स्वभाव जान जाते। वे बहुत ज़्यादा अकेले थे और उनके सामने यह समस्या बनी रहती थी कि वक़्त कैसे काटें। इसलिए वे विद्या-केन्द्र के कर्मचारियों में बैठकर अपना समय व्यतीत करते थे।

बस, इसी बिन्दु पर छुपे हुए संघर्ष की वह पृष्ठभूमि थी जिसके बिना यह क़िस्सा समझ में नहीं आ सकता। यह उनकी संवेदनशील मनुष्यता थी जिससे प्रेरित होकर वे अपने साथियों की सहायता के लिए दौड़ पड़ते और अपने नुक़सान की परवाह नहीं करते थे। वे राजा आदमी थे। वे प्रेम करते थे। और प्रेम की तानाशाही भी उनमें थी, जो शासक-वर्ग की तानाशाही मनोवृत्ति से घुल-मिलकर इतनी एकप्राण हो गई थी कि यह कहना कठिन था कि वह शासक-वर्ग की तानाशाही है या प्रेम का अधिनायकत्व! उनके हाथ से जितनी अधिक सेवा और सहायता होती जाती, उनकी मनोवैज्ञानिक रचना में परिवर्तन होता जाता, प्रेम-भाव बढ़ता जाता, और प्रेम की तानाशाही बढ़ती जाती। उनका भोलापन भी बढ़ता जाता। उनकी ख़ुशामद कर, उन्हें विश्वास में लेकर धोखा देना बड़ा ही सरल था, यद्यपि ऐसी कोई वारदात अभी तक हुई नहीं। लेकिन सबको यह बात साफ़ नज़र आ रही थी। लिहाज़ा, कुछ लोग इसी में जुटे रहते। इतना अच्छा था कि वे इस रहस्य को ख़ूब अच्छी तरह समझते थे, क्योंकि अपने जीवनकाल में उन्हें ऐसों का ख़ूब तज़ुर्बा मिल चुका था।

और, जैसा कि होता है, वे प्रेम के अधिकार का प्रयोग करते, बहुत निःस्वार्थ भाव से। लेकिन यहीं गड़बड़ भी थी; क्योंकि अब उन्हें अपने प्रेम के अधिकार से दूसरों का जीवन-निर्माण करने में मज़ा आने लगा था। और लोग इस बात के लिए तैयार नहीं थे कि उनके ढाँचे में अपनी ज़िन्दगी फ़िट करें। उनका ख़याल था कि ख़ूब अच्छी ज़िन्दगी बनाई जाए, पैसा हो, ठाठ हो, समाज पर असर हो, और हो सके तो अपने हाथों कोई अच्छा काम भी हो जाए। उनके इस ख़याल से हमारे यहाँ लगभग सभी एकमत थे। लेकिन जीवन के विभिन्न विषयों पर लोगों के अलग-अलग आचार-विचार थे। एक तरह से देखा जाए तो वे अपनी ख़ुद की ज़िन्दगी से रिटायर हो चुके थे। ज़िन्दगी में ठाठ का मतलब क्या? घर, ज़मीन, जायदाद, ऐश और महफ़िल या दरबार में मसालेदार गपबाज़ी! सब लोग तो वैसा करने से रहे, क्योंकि उन्हें उतनी तनख़्वाह ही नहीं मिलती थी। सिर्फ़ महफ़िल में बैठकर मसालेदार गपबाज़ी ही बच रही थी। सो, लोग करते ही थे। और घर, ज़मीन, जायदाद का मोह, उन्नति का मोह सबको था, बशर्ते कि वह पूरा हो। और, फिर भी आदमी की पसन्दगी-नापसन्दगी, रहन-सहन आदि के तरीक़े अलग-अलग होते हैं। किसी दूसरे आदमी के ढाँचे में वे फ़िट नहीं किए जा सकते। अपनी-अपनी उन्नति की कल्पना भी अलग-अलग होती है।

जो हो, एक ओर उनके अहसान और दूसरी ओर उनके प्रेम से दबकर हम लोग

उन्हें अपना 'साथ' प्रदान करते, जिससे कि वे अपना वक़्त काट सकें। अपना साथ उन्हें प्रदान करना एक तरह से अनिवार्य कर्तव्य हो गया था। दूसरे, वे भी आज चाय के बहाने, कल पार्टी के बहाने, परसों आउटिंग के बहाने, उसके अगले दिन सिनेमा-फ़िल्म के प्रदर्शन के बहाने, सब लोगों को बुलाकर अपना दरबार लगा ही लिया करते। धीरे-धीरे लोगों को उनके दरबार में जाने की आदत पड़ गई। जो कर्मचारी उनके दरबार में न बैठता, वह अपने को असुरक्षित अनुभव करता; जिन कर्मचारियों को कार्यवश वहाँ जाने को नहीं मिलता, उनके मन में एक गुत्थी पैदा हो जाती कि कहीं ऐसा न हो कि उसकी अनुपस्थिति में कुछ-का-कुछ हो जाए।

इस तरह लोगों में एक अज़ीब दो-रुखी पैदा हो गई थी। एक ओर वे दरबार को छोड़कर जाने में हिचकिचाते, तो दूसरी ओर वे चाहते थे कि दरबार न हो तो उन्हें घूमने-फिरने की स्वतन्त्रता रहे। दोनों बातें एक साथ नहीं हो सकती थीं। इस प्रकार कभी-कभी वे अपने ही पर झुँझला उठते, कभी नपुंसक क्रोध से भर जाते। लेकिन वे प्रकट रूप से यह न कहे कि हमें दरबार अच्छा नहीं लगता। उधर, लगभग रोज़ लंच, डिनर, पार्टी, फ़िल्म-शो आदि-आदि हुआ करते, और चूँकि सभी लोग निमन्त्रित होते, ऐसा निमन्त्रण अस्वीकार करना भी मुश्किल होता। ये लंच या डिनर कभी एक व्यक्ति देता तो कभी दूसरा व्यक्ति, कभी (अधिकांशतः वे ही) बॉस। हफ्ते में, कम-से-कम चार-पाँच बार इसी तरह खाना-पीना होता। यदि कोई हाज़िर न हो तो निमन्त्रण देनेवाला ख़ुद बुरा मानता। मतलब यह कि कुल मिलाकर यह हालत थी कि कोई भी जान-बूझकर दरबार में जाना टाल नहीं सकता, भले ही वह इस लम्बे वक़्त से तंग आकर बाद में पीठ-पीछे चिड़चिड़ाए या कुछ करे।

मज़ा यह कि हर आदमी किसी-न-किसी तरह से बॉस में अपने समान कोई-न-कोई गुण देख लेता, और भले ही वह उसे कहे या न कहे, इस बात पर ख़ुद फ़िदा हो जाता था। और हर एक को लगता कि बॉस उस पर व्यक्तिगत रूप से प्रसन्न हैं। शायद इस धारणा को बॉस ख़ुद अपने कर्मचारियों में बढ़ाते थे। वे अहसान, प्रेम और संग द्वारा दूसरों की गतिविधियों पर शासन कर अपना प्रभुत्व-लोभ पूरा करते थे—ऐसी मेरी अपनी कल्पना है।

दूसरी तरफ़ उस दरबार का एक सदस्य दूसरे सदस्य से सिर्फ़ ऊपरी तौर पर मिलता था, क्योंकि हम सब लोग बेढंगे, बेजोड़ और बेमेल आदमी थे। ज़िन्दगी कैसी हो जाए, सब लोगों के अलग-अलग ख़याल थे। सब एक-दूसरे से अलग थे और हर एक में ऐसा गहरा अकेलापन था जिसे काटने के लिए मसालेदार गपबाज़ी के अलावा कोई दूसरा रास्ता नहीं दिखाई दे रहा था। महफ़िलबाज़ी के बावजूद उनके अकेलेपन की गहराइयाँ बड़ी ही अँधेरी और निजी थीं। इस माहौल में लोग यदि एक-दूसरे की सहायता भी करते तो भी काटने के लिए दौड़ते। एक-दूसरे की टाँग खींचना एक मामूली बात थी। एक अज़ीब क़ैद थी जिसमें प्रत्येक व्यक्ति अपने-

आपको विफल अनुभव कर रहा था।

और फिर भी किसी में यह साहस नहीं था कि इस उलझी हुई गुत्थी को तोड़े। क्योंकि यह सम्भव था कि यदि कोई उसे तोड़ने की कोशिश करे तो दूसरा आदमी उसके विरुद्ध और अपने हित में नाजायज़ फ़ायदा उठा लेता और लोग अपना-अपना हित उसी प्रकार देखते जैसे चींटी गुड़ को।

इस 'विद्या-केन्द्र' में किसी को भी विद्यानुराग नहीं था। यहाँ तक कि पढ़ाने का जो काम है उससे सम्बन्धित बातों को छोड़कर, जो व्यक्ति इधर-उधर किताबें टटोलता या अपने विषय में ही 'रस' लेने लगता, उस विषय में प्राय: रसमग्न होकर बातचीत करता, तो लोग बुरा मान जाते। समझते कि वह पढ़ाकू हो रहा है। हमारे यहाँ से जो लोग पी-एच.डी. या डी.एस-सी. होने गए, वे अपने आँकड़े समझाकर गए थे। वे सिर्फ़ पी-एच.डी. चाहते थे जिससे कि वे अगली सीढ़ी पर चढ़ सकें। यही क्यों, हमारे यहाँ का जो सब-डिविजनल ऑफ़िसर था वह ख़ुद डी.एस-सी. था जबकि वह पढ़ा-पढ़ाया सब-कुछ भूल चुका था। इस प्रकार 'चाहे जैसे व्यक्तिगत उन्नति प्राप्त करना' एक प्राकृतिक नियम का उच्च और अनिवार्य पद प्राप्त कर चुका था। इन तथ्यों को मैं ज़रा भी बढ़ा-चढ़ाकर नहीं कह रहा हूँ। विज्ञानवालों को यह मालूम नहीं था कि हाल ही में कौन-कौन महत्त्वपूर्ण आविष्कार हो रहे हैं, और हिन्दीवालों को यह ज्ञात नहीं था कि आजकल इस क्षेत्र में क्या चल रहा है! और जो मालूम भी था वह केवल सुना-सुनाया था, अस्पष्ट था, धुँधला और उलझा हुआ था। और इस बीच हमारे यहाँ के एक 'विद्वान' ने अपने विषय के अपने विश्वविद्यालय के और दूसरे विश्वविद्यालय के तरह-तरह के 'गैस-पेपर्स' निकालकर एक प्रकाशक से आठ-एक सौ रुपया कमा भी लिए थे।

वैसे हम सब नौजवान थे, कई उपाधियों से विभूषित थे, अपने विषय के आचार्य माने जाते। एक तरह से हम भोले थे, सरल हृदय भी। हम किसी के दु:ख से पिघल भी सकते थे, सहायता भी करते थे। लेकिन हममें सामाजिक चेतना नहीं थी, क्योंकि असल में हम सब लोग हरामख़ोर थे। और मज़ा यह कि वैसे व्यक्तिश: हम बुरे भी नहीं थे। भलेमानस थे, अच्छे आदमी कहलाते थे। अच्छा आदमी वह होता है, जिसकी बुराई ढकी रह जाती है—चाहे आप ही आप, चाहे किये-कराये से। हम ऐसे ही भलेमानस थे।

[4]

हमने उस गली के बीच में से गटर पार की ही थी कि एक साँवली औरत दिखाई दी जिसका नाक-नक्श संगमूसा की चट्टान में से काटा गया दिखाई देता था। वह इतनी मज़बूत थी, उसका स्नायु-संस्थान इतना दृढ़ था कि लगता उसका चेहरा भी, जिसकी रेखाकृति सरल और निर्दोष थी, उसी शक्ति और दृढ़ता का परिचायक है। कोई भी

कह देता कि उसके श्यामल मुखमंडल पर एक गौरवपूर्ण अभिमान, एक मज़बूत ग़ुस्सा और एक थमी हुई रफ़्तार है! मुझ पर उसके सौन्दर्य का (यदि वह सौन्दर्य कहा जाए तो) एक हलका-सा आघात हुआ। और मुझे गोर्की की कहानियों के पात्र याद आने लगे। गुलमोहर के पेड़ के नीचे जाने क्या बीनते हुए फटे-हाल लड़के, पेड़ के नीचे पत्थर पर बैठा हुआ आवारा चेहरा, और अब यह स्त्री-मूर्ति जो मानो संगमूसा की चट्टान काट करके बनाई गई हो।

सुनहरे चेहरेवाले ने कहा, ''यह धोबिन है, मेहनत से उसका शरीर बना हुआ है।''

मेरे मुँह से निकल गया, ''चंडीदास की प्रेमिका।''

जगत ने मुझे सुधारा, ''शिः, चंडीदास की प्रेमिका के चेहरे पर इतने कठोर भाव नहीं हो सकते।''

वह तुरन्त ही अपने-आपको सुधारकर कहा, ''चंडीदास की प्रेमिका की बहन तो हो ही सकती है। नहीं-नहीं। वह तो गोर्की की कोई पात्रा है।''

सुनहरे चेहरेवाला समाजशास्त्री और राजनीतिशास्त्री था। उसने कहा, ''यह मिक्स्ड ब्लड (वर्ण-संकर) है, मेस्टिज़ो (दक्षिण अमेरिका के वर्ण-संकर के समान) है।'' और मुझे देखकर वह हँस पड़ा।

मैं उसका भाव समझ गया। इस शहर की समाजशास्त्रीय लोकप्रक्रिया की ओर उसका इशारा था। यहाँ के, इस क्षेत्र के, इस प्रदेश के मूल देशवासियों ने शायद ही कभी राज्य किया हो। साधारण जनता मूलतः किसान थी। वह निचली जातियों से बनी थी। राजस्थान के और पश्चिम उत्तर प्रदेश के, आन्ध्र के और महाराष्ट्र के लोगों ने आकर यहाँ ज़मीन-जायदाद बनाई। यहाँ का मध्यवर्ग इन्हीं लोगों से बना। और पुराने ज़माने से इन लोगों ने ज़मीन-जायदाद बढ़ाते हुए, यहाँ की निम्नवर्गीय स्त्रियों को अपने घर में रखा। और उससे जो वर्ण-संकर सन्तानें पैदा हुईं, वे भी अन्ततः उसी निचली जनता में मिल गईं। निस्सन्देह इस जनता में भीतर-ही-भीतर उच्चवर्गीय हिन्दुओं के प्रति असन्तोष और विरोध का भाव पैदा होता गया और राजनीति के अभाव में उसने पुराने ज़माने में ही सामुदायिक रूप ग्रहण कर लिया। नतीज़ा यह हुआ कि निचली जातियों में, सुदूर अतीत में ही, सतनामियों और कबीरपन्थियों का ज़ोर और प्रभाव बढ़ा; और आधुनिक काल में ईसाई मिशनरियों का। और अब तो बहुतेरे नव-बौद्ध भी हो गए। फिर भी उस निचली जनता में जो सनातनधर्मी बचे रहे, उन्होंने अपना संस्कृतीकरण करते हुए जनेऊ पहनना शुरू कर दिया और अपने बच्चों को आधुनिक प्रकार की शिक्षा-दीक्षा दिलाने का प्रयत्न करने लगे।

उनकी दुनिया ही अलग थी। वह एक अलग ही राष्ट्र था। वह श्यामल जन-समुदाय अपने ढंग से सोचता था। और उनके मुहल्लों-मुहल्लों में, और गाँव-गाँव में, उनके अपने-अपने लीडर हो रहे थे, जो सामने दिखाई नहीं देते थे। राजनीति में

उनको दिलचस्पी नहीं थी। लेकिन राजनीतिक पार्टियाँ वोटों के लिए उन्हीं मुखियों के पास जाती थीं और जीतने के बाद फिर उस श्यामल जन–समुदाय को बड़े ठाठ से भूल जाया करती थीं।

सुनहरे चेहरेवाला हमारा साथी बड़ा मज़ेदार आदमी था। वह था मारवाड़ी का बच्चा, जिसके कई मकान बीकानेर में थे, लेकिन उसका घर इसी शहर से बहत्तर मील दूर एक गाँव में था। वह बड़ा ही फक्कड़ था। उसे एक जगह चैन नहीं पड़ता था। वह अपने आचार–विचार में, समाज के छोटे और समाज के बड़ों में भेद नहीं करता था। उसकी निरीक्षण–शक्ति अद्भुत थी। वह इस प्रदेश की जनता से घुला–मिला था और यहाँ की लोक–भाषा में ही उनसे बातचीत करता। यह उसके लिए कठिन भी नहीं था क्योंकि बाहर से आया हुआ यहाँ का सारा मध्यवर्ग निचली जाति से व्यवहार करते समय उसी लोक–भाषा का प्रयोग करता। बहुत–से मध्यवर्गीय परिवारों की वह मातृभाषा भी हो गई थी। सुनहरे चेहरेवाला हमारा साथी इस जनता को ख़ूब अच्छी तरह जानता था। उनके गन्दे और धुएँदार होटलों में चाय पीते उसे मज़ा आता। वह बहुत ही अपनेपन से उनसे पेश आता।

अब मुझे समझ में आया कि वह मुझे कहाँ ले जा रहा है। वह हमें इसी प्रकार के एक होटल में ले जा रहा था।

सुनहरे चेहरेवाले ने मुझसे कहा, ''अब आप हेमिंग्वे भूल जाइए। मैं आपको इस गन्दी जगह में बहुत ही अच्छी चाय पिलाने ले जा रहा हूँ।''

अब सड़क आ गई थी। होटल सड़क पर ही था। पानवालों की भी तीन दुकानें वहाँ थीं।

हम ज्योंही होटल में घुसे, जगत ने अपनी फर्राटेदार अँगरेज़ी में कहा, ''अगर बॉस ने देख लिया तो वह तुरन्त ही हमें इन्स्टीट्यूशन से निकाल बाहर करेगा। मैं तो मिस्टर भनावत को आगे कर दूँगा। कहूँगा कि यह मुझे वहाँ ले गया था, मैं तो भोला–भाला आदमी हूँ, मैं क्या जानूँ कि वह मुझे किसी 'डिसरेप्यूटेबिल जगह' पर ले जा रहा है...'' यह कहकर जगत ज़ोर से हँस पड़ा।

सुनहरे चेहरेवाले ने उसकी ओर आँखें गड़ाते हुए और गन्दी गाली देते हुए कहा, ''ज़बान बन्द करो। 'डिसरेप्यूटेबिल' तुम हो। साले, तुम्हारा ये 'डिसरेप्यूटेबिल' है, और...और तुम्हारा बॉस...'डिसरेप्यूटेबिल' है और तुम्हारी जेब 'डिसरेप्यूटेबिल' है।''

जगत ने इन गालियों को प्यार के फूलों की बरसात के रूप में ग्रहण करके सुनहरे चेहरेवाले की पीठ थपथपाते हुए कहा, ''मेरे उपन्यास का नया अध्याय तुम्हारे चरित्र से और इस होटल से शुरू होगा, मिस्टर भनावत!''

[5]

मिस्टर भनावत एक अज़ीब शख़्सियत रखता था। बॉस ने सबसे ज़्यादा अहसान उसी

पर किए थे और आज इस 'गन्दे होटल' की 'अच्छी चाय' पीते हुए वह बॉस की कठोर निन्दा कर रहा था। मुझे कुछ ख़ास अच्छा नहीं लगा। मज़ेदार बात है कि मैं ख़ुद उनकी आलोचना कर जाता था। तब मुझे बुरा नहीं लगता था। लेकिन उसके मुँह से उनकी बुराई सुन मुझे आश्चर्य और दुःख हुआ। मैंने गम्भीर होकर चाय की चुस्की लेते हुए उससे पूछा, "क्यों यार, तुम्हारा क़ानून क्या कहता है ? जो व्यक्ति तुम्हारी सहातया करता है उसकी आलोचना की जाए या नहीं ?"

मिस्टर भनावत को मेरे वाक्य की नोक पड़ गई। उन्होंने भजिये का कौर मुँह में डालते हुए कहा, "देखो भाई ! अपना बाप भी अच्छाइयों के साथ बहुत-सी बुराइयों का मालिक है। हम बाप की बुराइयों की, यानी बाप की, आलोचना अवश्य करेंगे। आख़िर क्यों न करें ? लेकिन इसका मतलब यह नहीं है कि हम बाप से प्यार नहीं करते। उसके लिए दौड़ जाएँगे। लेकिन उसकी बहुत-सी बातों को देखकर आग-बबूला भी हो जाएँगे, भले ही शाइस्तगी के नाते हम कुछ कहें नहीं।"

मैं मुसकरा उठा। मिस्टर भनावत के पिता, जो एक दुकान पर मुनीम थे, लड़के के हाथ में तराज़ू पकड़वाना चाहते थे। उन्होंने अपने बेटे को तिजारत के सब 'गुर' बता दिए थे। लेकिन लड़के ने बग़ावत कर दी। अपने पैरों पर खड़े होकर राजनीतिशास्त्र में एम.ए. किया और लोअर-डिवीज़न क्लर्क हो गया। और इस समय वह यहाँ हमारा साथी अध्यापक है।

उसकी बात समझ में आने लायक़ थी। लेकिन उत्सुकतावश मैंने उससे पूछा, "मान लीजिए कि बॉस को पता चल जाए कि तुम उस गली में बैठे-बैठे उन्हें गाली दे रहे थे ?"

उसने मुझसे कहा, "कोई मेरा दुश्मन ही वैसा करेगा।"

मैंने कहा, "लेकिन, तुम उस व्यक्ति की आलोचना करना बुरा नहीं समझते जिसने तुम पर बहुत-सारे उपकार किए हों ?"

उसने साफ़-साफ़ कहा, "बिलकुल नहीं। आख़िर, तुम्हीं बतलाओ, मिस्टर जगत ! किसी दूसरे में जो बुराइयाँ हमें महसूस होती रहती हैं, और काँटे-सी खटकती हैं, उनकी आलोचना क्यों न की जाए ?"

जवाब मैंने दिया, "मनुष्यता यह कहती है कि उपकार का बदला अपकार से न दिया जाए।"

भनावत ने ज़िद करके कहा, "लेकिन आलोचना यदि ग़लत हो तो अपकार है। उसे उपकार का ही एक रूप क्यों न समझा जाए ?"

मैंने बात और आगे बढ़ाई, "लेकिन बॉस तो वैसा नहीं समझता, दुनिया तो वैसा नहीं समझती, लोग तो वैसा नहीं समझते !"

भनावत ने अब ज़िद पकड़ ली। उसने कहा, "देखो भाई, यह साफ़-साफ़ बात है। यह हमारे-तुम्हारे बीच की बात है। जानते हो न कि हमारे बॉस साहब कौन हैं ?

इस शहर के नामी-गिरामी शैतान हैं। उनके ज़माने में मज़दूरों पर कितनी बार लाठी-चार्ज़ नहीं हुआ या गोलियाँ नहीं चलाई गईं! रियासत के ज़माने में अंग्रेज़ पोलिटिकल एजेंट के कहने से कितने ही कांग्रेसी जेल में सड़ा दिए गए और मार डाले गए। यह सब पुराना क़िस्सा है। लेकिन इस क़िस्से का एक प्रमुख पात्र कौन है—किसके ज़रिए यह सब किया जाता रहा है? हमारे बॉस के ज़रिए! ...आज भी देखो न बग़ीचे में से आँवले तोड़कर ले जानेवाले लड़कों को उस शख़्स ने, जिसे दो क़दम चलने में भी तक़लीफ़ होती है, कितना नहीं पीटा! और हमारे दरबार के लोग ताक़ते रह गए। रिश्वत देना, रिश्वत लेना तो बुराई है न! उसका प्रयोग करते हुए कितने काम नहीं किये-कराये जाते! लेकिन चोरी, और वह भी खाने-पीने की चीज़ों की, ज़मीन-जायदाद की, उसके लेखे जघन्य अपराध हैं। सामने के तालाब में फटेहाल लड़के मछली चुराने आते हैं। उन्हें किस तरह ठोंका-पीटा जाता है! क्यों? इसलिए कि वे फटेहाल हैं, एकदम ग़रीब हैं और उसके लेखे जो फटेहाल हैं, उनके लड़के चोर और आवारा हो ही जाते हैं। यह एक मनोवैज्ञानिक ग्रन्थि है, उसे उसके दिमाग़ का ऑपरेशन करके भी नहीं निकाल सकते।

"यही देखो न! मैं चाय पीने यहाँ कभी-कभी आता हूँ। मैं यहाँ इसलिए आता हूँ कि मुझे 'यहाँ की चाय' बहुत पसन्द है। लेकिन यहाँ इस गन्दे होटल में जो सब लोग आ-जा रहे हैं, ये उसके लेखे सब कमीन हैं। और कमीन लोग गुंडे होते ही हैं—यह सब उसकी मान्यताएँ हैं। इसलिए उसने अवन्तीलाल का मेरे साथ यहाँ आना बन्द करवा दिया। और अब वह तुम्हारे भी पीछे पड़ा है। उसके विद्या-केन्द्र का व्यक्ति यहाँ आकर चाय पिये! राम-राम! यह तो उस विद्या-केन्द्र की बदनामी है। लेकिन, जानते हो, मैंने इस होटल का क्या नाम रखा है? 'काफ़े-द-मज़दूर'। क्या बुरा नाम है यह? मैं मारवाड़ी का बच्चा हूँ और इन्हीं लोगों से ब्याज-बट्टा करके, उनकी ज़मीन क़ुर्क़ कराके, हमने अपने घर भरे हैं—मैं साफ़-साफ़ कहता हूँ कि इस बुरे काम में हमारा भी हाथ है। हम शैतान के बच्चे हैं। और अब इस समय मैं शैतान का नौकर हूँ। शैतान इसीलिए दूसरे पर मेहरबानी करता है कि वह भी शैतानी ढाँचे में फ़िट हो। मैं इस ढाँचे में फ़िट होने से इनकार कर देता हूँ।"

मैंने उसके लम्बे व्याख्यान पर एक गहरी उसाँस लेते हुए कहा, "लेकिन जब तुम बॉस के सामने हो जाते हो तब तो अपने को तुच्छ समझते हुए उसे महान मानकर काम करते हो।"

भनावत ने निर्लज्ज होकर जवाब दिया, "बिला शक! मुझे वैसा करना ही चाहिए।"

मैं अवाक् हो उठा, "भई, कैसे, क्यों, किस तरह?"

वह क्षण-भर चुप रहा। फिर उसने कहा, "कहा जाता है कि हममें 'व्यक्ति-स्वातन्त्र्य' है। लेकिन यह मान्यता झूठ है। हमें ख़रीदने और बेचने की, ख़रीदे जाने

की और बेचे जाने की आज़ादी है। हमने अपना व्यक्ति-स्वातन्त्र्य बेच दिया है, एक हद तक तो इसलिए...''

जगत झल्ला गया। उसने कहा, ''मैं इस बात से इनकार करता हूँ कि हमने अपनी स्वतन्त्रता बेच दी है।''

भनावत अज़ीब-सा हँसा। मुझे किसी अघोरपन्थी साधु की याद आ गई। उसने कहा, ''तुम क्या समझते हो और क्या नहीं समझते—इसका सवाल नहीं है। सवाल यह है कि क्या उस मज़लिस में अपने दिमाग़ में उठनेवाले या पहले से उठे हुए ख़यालों को ज्यों-का-त्यों ज़ाहिर करने की आज़ादी है?''

यह कहकर भनावत जगत की तरफ़ आँख गड़ाकर देखने लगा। तो मैंने इस बात का जवाब दिया, ''आख़िर किसी ने आपको अपने मन की बात कहने से रोका तो नहीं है!''

भनावत ने चाय पीने की समाप्ति का कार्यक्रम पान खाने से शुरू किया। पान खाते-खाते वह कहने लगा, ''तो तुम क्या यह सोचते हो कि अपने मन की बातें साफ़-साफ़ कहने से आपकी नौकरी टिक पाएगी? अजी, दो दिन में लात मारकर निकाल दिए जाएँगे। जनाब, यह मेरी चौदहवीं नौकरी है। ज़्यादा ख़तरा अब मैं नहीं उठा सकता। सच कहता हूँ, इसलिए बदमाश कहा जाता हूँ। मैं अब तक व्यक्ति, स्थिति और परिस्थिति को न देखकर बातें करता था। मैं बदमाश था। अब मैं सोच-समझकर, अपने को भीतर छिपाकर, 'मौक़ा' देख करके बात करता हूँ, इसलिए लोग मुझे 'अच्छा' समझते हैं। सवाल लिखित क़ानून का नहीं है। लिखित नियम तो यह है कि व्यक्ति स्वतन्त्र है। किन्तु वास्तविकता यह है कि व्यक्ति को ख़रीदने और बेचने की, ख़रीदे जाने और बेचे जाने की, दूसरों की स्वतन्त्रता को ख़रीदने की या अपनी स्वतन्त्रता को बेचने की, आज़ादी की मज़बूरी है। लिखित नियम और बात है, वास्तविकता दूसरी बात। खाने के दाँत दूसरे होते हैं, दिखाने के दाँत दूसरे। पूरे यथार्थ को मिलाकर देखिए। मैं तो मारवाड़ी का बच्चा हूँ। आप कवि लोग हैं। सच्ची आज़ादी उन्हें है, जिनके पास पैसा है। वे पैसों के बल पर दूसरों की स्वतन्त्रता ख़रीद सकते हैं...मैं ख़ुद ख़रीदता था।''

मिस्टर भनावत के वक्तव्य से हमारा समाधान नहीं हुआ। अगर मैं वही बात कहता तो दूसरे ढंग से कहता। ढंग बहुत ही महत्त्वपूर्ण होता है। सच है कि हम श्रम बेचकर पैसा कमाते हैं। लेकिन श्रम के साथ-ही-साथ हम न केवल श्रम के घंटों में, वरन् उसके बाहर भी, अपना-अपना संघर्ष-स्वातन्त्र्य, विचार-स्वातन्त्र्य और लिखित अभिव्यक्ति-स्वातन्त्र्य भी बेच देते हैं। और यदि हम अपने इस स्वातन्त्र्य का प्रयोग करने लगते हैं तो पेट पर लात मार दी जाती है। यह यथार्थ है। इस यथार्थ के नियमों को ध्यान में रखकर ही पेट पाला जा सकता है, अपना और बाल-बच्चों का।

तो क्या, भनावत सचमुच ठीक कहता है? क्या मेरी अपनी उन्नति के लिए, समाज

में मेरी बढ़ती के लिए, मुझे भी उसी तरह अपनी पूँछ हिलानी पड़ेगी ? वास्तविकता यह है कि अलग-अलग लोग, अलग-अलग ढंग से पूँछ हिलाते हैं। मेरा भी पूँछ हिलाने का अपना तरीक़ा है। मैं पहले अपने पंजे मालिक की गोद में रख दूँगा, और फिर दाँत निकालकर मालिक के मुँह की तरफ़ देखते हुए पूँछ हिलाऊँगा। दूसरे कुत्ते, दरवाज़े में खड़े होकर पूँछ हिलाते हैं। कुछ कुत्ते पास आने की लगन बताते हुए बीच-बीच में भौंकते हैं, गुर्राते हैं, और पूँछ हिलाते रहते हैं। मतलब यह कि स्थिति-भेद और स्वभाव-भेद के अनुसार पूँछ हिलाने की अलग-अलग शैलियाँ हैं। तो मैं यह नहीं कह सकता कि मैं पूँछ नहीं हिलाता। लेकिन, यह ज़रूर है कि मैं अपने मालिक के प्रति समर्पित नहीं हो पाता, जिस प्रकार राव साहब हैं, न अपने को उनके सामने तुच्छ देखता हूँ। होना तो यह चाहिए कि साफ़-साफ़ कहूँ। लेकिन, सवाल यह है कि झगड़ा कौन मोल ले, हमें क्या मतलब, हमसे क्या काम है !

लेकिन भनावत ? भनावत बदमाश है। वह यह धोखा खड़ा करना चाहता है कि वह उनका है। लेकिन मैं ऐसा नहीं कर सकता।

और, फिर भी भनावत ने जो बातें कहीं, उनमें बहुत कुछ सार दिखाई दिया।

हम ज्योंही पान खाकर रास्ते पर चलने लगे, मैंने भनावत से कहा, ''मिस्टर, हम ज़रा घूमते हुए आएँगे, तुम इधर से निकल जाओ।''

उसने जवाब दिया, ''क्यों, इंटरनेशनल बातें करनी हैं ! ख़ैर, जाओ। लेकिन वो लोग मुझे क्या कहेंगे ! ख़ैर, जाओ, मैं कह दूँगा कि वे इंटरनेशनल बातें करने निकल गए हैं।''

भनावत डग बढ़ाता हुआ निकल गया और मैं वहीं दो-चार क़दम इधर-उधर हुआ। मैंने कहा, ''तुम्हारे घर चलें ?'' जगत स्तब्ध खड़ा रहा। कोई जवाब नहीं दिया। मैं ताड़ गया कि वह दरबार में जल्दी-से-जल्दी हाज़िर होना चाहता है, जिससे कि वह फ़िज़ूल की बातचीत का विषय न बने।

[6]

भनावत जब आगे के चौराहे पर पहुँच गया होगा तब हम बिजली के चार-खम्भे के पीछे धीरे-धीरे पैर बढ़ा रहे थे। मैं बहुत उदास हो गया था, दिल भारी हो उठा था, लगता था कि पैर आगे नहीं उठ रहे हैं, अगर वहीं कहीं कोई बैठने की जगह होती तो मैं अवश्य बैठ जाता। एक ग़मगीन सूना दिल में घिर रहा था, दिमाग़ में अँधेरे के पंख भन्ना रहे थे, भयानक व्यर्थता का भाव रह-रहकर मँडरा आता था और अपनी असमर्थता का भान घुटनों में दर्द और दिल में कचोट पैदा करता था। मुझे ग़ालिब के शेर याद आए—

'कोई उम्मीद बर नहीं आती,
कोई सूरत नज़र नहीं आती।

मौत का एक दिन मुअय्यन है,
नींद क्यों रात-भर नहीं आती।'

अपने बचपन और नौजवानी में ऐसे ही किन्हीं क्षणों में, मुझे मृत्यु के अँधेरे में चिरकाल के लिए समा जाने की इच्छा होती थी। लेकिन अब में इस प्रकार के कल्पना-विलास की सुविधा नहीं उठा पाता। मुझे इन जलते रेगिस्तानों पर पैर रखते हुए ही चलना है।

...लेकिन मुझे अब आगे चलना दूभर हो गया। सामने अँधेरे में एक सिन्धी की चाय की दुकान पड़ती थी। उसके भीतर के कमरे में एकान्त था। उस एकान्त के लिए मैं तड़प उठा। एकान्त मेरा रक्षक है। वह मुझे त्राण देता है और बहते हुए ख़ून को अपने फावे से पोंछ देता है। जगत मेरी इच्छा समझ गया। अँधेरे भरे एकान्त कमरे में जिसके ऊपर एक रौशनदान से धुँधला प्रकाश आ रहा था, हम दोनों जाकर धप्-से बैठ गए। और लगभग दस मिनट तक चुपचाप बैठे रहे। पानी पिया और उसके बाद एक-एक कप चाय।

मैंने जगत से कहा, "हम कितने अकेले हैं! जीवन में कहीं कोई 'मीनिंग', कोई अर्थ चाहते हैं, और वह भी मिल नहीं पाता।"

जगत ने अंग्रेज़ी में कहा, "यह इसलिए है कि हममें संकल्पशक्ति नहीं है। अगर हम इन्हें दुतकार दें तो ये हमारा क्या कर लेंगे?"

मैं पल-भर चुप रहा। फिर कहा, "दुतकारना आसान है। मेरी भी यह पन्द्रहवीं नौकरी है। लेकिन पेट पालना बहुत मुश्किल है। मेरे घर में सारे दुर्भाग्य मौजूद हैं—लम्बे-लम्बे रोग, भारी क़र्ज़, कलह और मानसिक अशान्ति बीसियों साल से घर किए बैठे हैं। उन्होंने मुझे भी चुना है। बाल-बच्चों को सड़क पर फेंककर भले ही मैं कुछ कर जाऊँ, लेकिन मैं इतना कठोर नहीं हो पाता, शायद कोई भी नहीं हो सकता।" मैंने जगत से कहा, "हमें अपने वर्ग में रहने का मोह है, निचले वर्ग में जाने से डर लगता है। लेकिन क्रमशः हमारी स्थिति गिरते-गिरते उन-जैसी ही होती जाती है।...तो वहाँ सहर्ष ही क्यों न पहुँच जाएँ। लेकिन वहाँ भी मुक्ति नहीं है, क्योंकि उस स्थान पर उत्पीड़न घोरतर है।...

"और फ़ासले? कितने फ़ासले हैं, हमारे और तुम्हारे बीच में, तुम्हारे और भनावत के बीच में, भनावत के और किसी के बीच में! ये दिल मिलने नहीं देते।"

और ठीक इसी क्षण में जगत न मालूम किस स्फूर्ति से चल-विचल हो गया। वह बीच में कूद पड़ा। उसने मेरे आत्म-निवेदन में हस्तक्षेप किया और कहने लगा, "अमेरिकी लेखकों ने भी इसी तरह की परिस्थितियों का सामना किया है। यह कोई नई परिस्थिति नहीं है।"

मैं सिर्फ़ हँस दिया, यद्यपि जगत की बात में सत्य था।

और फिर हम मशीन की भाँति वहाँ से उठ खड़े हुए। कोई निश्चय—अस्पष्ट

और अधूरा—मेरे दिमाग़ में चल-विचल होने लगा।

मैंने मुँह लटकाकर रास्ते में जगत से कहा, "आदमी-आदमी के बीच के फ़ासले दूर कैसे होंगे?"

जगत ने एक गहरी साँस ली। उसने कहा, "उनको बातचीत से दूर नहीं किया जा सकता, क्योंकि वहाँ तरह-तरह के भेदों के दलदल हैं।"

तब मैंने मानो ज़ोर से चीख़कर कहा, "हाँ, हमें इस दलदल को सुखाना होगा। लेकिन उसके लिए तो किसी ज्वालामुखी की ही आग चाहिए।"

बातचीत और भी थकाए डाल रही थी। एक अबूझ और बेपहचान दर्द भर रहा था। लगता था, हम किसी अँधेरी सुरंग में भटकते-भटकते अब यहाँ पहुँचकर एक दीवार का सामना कर रहे हैं, जिसके आगे रास्ता नहीं है।

[7]

ज्योंही हम बग़ीचे में वापस पहुँचे, दूर से दिखलाई दिया, दरबार लगा हुआ है। एक गहरी झेंप हमारे चेहरे पर छाने का प्रयत्न करने लगी। केन्द्र में हमारे बॉस बैठे थे।

बॉस ठिंगने क़द और चौरस-चिकनी पीठ के व्यक्ति थे, जिनके गोल चेहरे पर तिकोनापन था। एक छोटी संवेदनशील नाक थी और छोटी-सी ठुड्डी। आँखें बड़ी-बड़ी और गोल थीं। एक क्षण-भर में वे क्रोध में उत्तेजित हो सकते और दूसरे ही क्षण ठंडे होकर मुसकराकर कोई मज़ेदार क़िस्सा सुना सकते थे। उन्हें देखकर मेरे हृदय में अनायास प्यार उमड़ता। उनके व्यक्तित्व में एक चमत्कार अवश्य था। वैसे वह बहुत बुलन्द आदमी थे और किसी के आगे झुकना उनसे न हो पाता, यद्यपि किसी भावावेश में आकर वे नम्र-हृदय भी हो सकते थे। इस समय उनके चेहरे पर एक मुसकराता प्रेम-भाव और आँखों में आर्द्र तल्लीन दृष्टि थी, जो यह बताती थी कि उनमें सुकुमार कल्पना-चित्र उत्तेजित होकर नए-नए कोमल भाव तरंगित करते रहते हैं।

उनके पास श्री भनावत बैठे हुए थे। ऐसा लगता था कि उन्होंने अपना बोलना अभी ही बन्द किया है और उनके मस्तिष्क में अब भी वाक्य-चित्र उभरते जा रहे हैं। जब ऐसा होता है तब वे साधारणतः अपनी एक जाँघ पर दूसरा पैर रखकर धड़ को आगे करके किसी उत्तेजित किन्तु गम्भीर भाव-प्रवण मुद्रा में सामने झुके हुए दिखाई देते हैं। इस समय भी उनकी मुद्रा इसी प्रकार की है।

उनके पास अपने को अस्तित्वहीन बनाकर, निःशेष बनाकर, एक नामहीन छाया बैठी हुई है, जो इतनी पीली है कि ऐसा लगता है, मरघट में से, चिता पर से अभी उठकर चली आई है। ये सज्जन गणितशास्त्री हैं। उनकी बग़ल में एक महोदय बैठे हुए हैं, जिनकी बैल की-सी मोटी गरदन पर एक नीला रूमाल लिपटा हुआ है। ये महोदय ठिंगने और चौड़े तो हैं ही, उनके चेहरे जड़ी हुई आँखें बहुत बारीक हैं और

एक आँख तो है भी नहीं। उनके माथे की ढाल ऊपर से नीचे की ओर जा रही है। माथा एकदम छोटा, तंग है; उसकी चौड़ाई तीन अंगुल से शायद ही बड़ी हो। सिर लगभग चपटा है और पीछे की तरफ़ एकदम समाप्त होता है, जिससे यह लगता है कि गरदन ही सिर पर चढ़ गई है। चेहरा ख़ूब भरा हुआ, गोल और छोटा है। नाक छोटी, तीखी और संवेदनशील है और होंठ छोटे-छोटे हैं। कुल मिलाकर लोग उनकी तरफ़ एकदम आकर्षित होते हैं, किन्तु उन पर उस व्यक्तित्व का प्रभाव बुरा पड़ता है। इस समय, उनके मुँह में चॉकलेट की गोलियाँ भरी हुई हैं—जेब में तो वे उन्हें हमेशा रखते ही हैं। उनके पास कुरसी पर एकदम दुर्बल-काय ऊँची लड़की बैठी हुई है जिसके लम्बे चेहरे पर चश्मा चढ़ा हुआ है। सारा चेहरा लम्बी सलवटों में बाँटा जा सकता है। और वह ऐसा बिगड़ा हुआ-सा लगता है मानो उन्होंने कोई निहायत कड़वी दवा अभी-अभी खाई हो और उसकी डकार ऊपर आ रही हो और आ न पाती हो। वे रसायनशास्त्री हैं।

उनकी बग़ल में एक भीमकाय व्यक्ति बैठे हुए हैं जिनकी पीठ कम-से-कम ढाई फ़ीट ऊँची होगी और ख़ूब चौड़ी। वे जब हँसते हैं तो ऐसा लगता है कि प्रति-ध्वनि की लहरों से कहीं दरख़्त ही न टूट पड़े। उनका चेहरा ऐसा भूरा-सफ़ेद है जैसे बैल का पुट्ठा हो; वह ऊपर से गोल, मांसल और नीचे से एकदम तिकोना और पुष्ट है। वे भी चश्मा पहने हुए हैं और ऐसा लगता है जैसे वे हर चीज़ को घूरकर देख रहे हों। वे भूरी नेहरू-जैकेट पहने हुए हैं और इस समय हाथ में रखे अपने डंडे को हिला-डुला रहे हैं। वे संस्कृत के विद्यावारिधि हैं। उन्होंने भारतीय संस्कृति पर एक शोध-ग्रन्थ भी लिखा है। वे यहाँ काफ़ी प्रतिष्ठित माने जाते हैं। सिर्फ़ मिस्टर भनावत उन्हें छेड़ते रहते हैं।

उनकी बग़ल में कुरसी पर दो दुबले-पतले सज्जन सिमटे-सिमटे बैठे हैं, मानो उन्हें यह नज़ारा भयभीत कर रहा हो। दोनों सूट-बूट से लैस हैं और लगता है कि उनमें से हरएक का सूट कम-से-कम ढाई-सौ रुपयों का तो होगा। उनमें से एक की नेकटाई लाल और दूसरे की नीली है और वे सिर्फ़ इस डर में हैं कि कहीं उनके सम्बन्ध में चर्चा न छिड़ जाए।

उनकी बग़ल में बड़ी ही गौरव-भावना और शालीनता के साथ कंजी आँखोंवाला एक गोरा नवयुवक बैठा हुआ है जिसके बारे में यह कहा जाता था कि कॉलेज के ज़माने में उस पर कई लड़कियाँ मरती थीं। वह इस समय सादी पोशाक में अपने प्रभावशाली व्यक्तित्व में खोया हुआ है, मुसकरा रहा है। वे दर्शनशास्त्री हैं। उनके पास कुरसी के एक हिस्से पर झुककर और तिरछे होकर राव साहब बैठे हुए हैं, जिनके मुख-मंडल पर श्रम की थकान के साथ-ही-साथ सन्तोष की स्निग्धता भी विराजमान है। उनके बाजू में चार-पाँच कुरसियाँ ख़ाली पड़ी हैं।

इस सब मंडली पर मौलसिरी के ऊँचे-पूरे, भरे-पूरे वृक्षों का सघन छाया-प्रकाश

गिर रहा है।

हमने बॉस को नमस्कार किया और चुपचाप अपनी कुरसियों पर जाकर बैठ गए। तीन-चार मिनट में हमने नए वातावरण में अपने-आपको जमा लिया, और अपेक्षा के भाव से चारों ओर देखने लग गए। किन्तु वातावरण पूर्ण प्रशान्त था। और मुझे समझ में नहीं आया कि ऐसा क्यों है।

इतने में राव साहब के पास बैठे हुए चमकदार दर्शनशास्त्री ने कहा, ''सा'ब, पारा-सायकॉलॉजी में यही पढ़ाया जाता है!''

मैं समझ गया कि कोई बात पहले हो चुकी है। मैं इसलिए चुप रहा कि संस्कृत के विद्यावारिधि महोदय अपनी गड़गड़ाती आवाज़ में पारा-सायकॉलॉजी का पुराना उदाहरण बताने लगे जो उन्हें किसी जगह पढ़ने को मिला था। असल में वह पिशाच-बोध का उदाहरण था। लोगों ने उनकी कहानी का अच्छा-ख़ासा रस लिया, साथ ही उनके व्यक्तित्व का भी। पता नहीं कैसे उनकी कहानी के सिलसिले में ही अपराधों की चर्चा चल पड़ी, जो एक बम्बइया अंग्रेज़ी साप्ताहिक में निकला करती थी। अपराधों पर से होती हुई वह धारा महाराजा तुकोजीराव होलकर तक गई और वहाँ से बहती हुई वेश्याओं तक आई। फिर संस्कृत के विद्यावारिधि ने गणिका और वेश्या का भेद बताया और फिर उन शहरों पर चर्चा चल पड़ी जहाँ वेश्याओं के प्रसिद्ध मुहल्ले हैं। फिर उन शहरों की अन्य विशेषताओं पर दृष्टि जाते ही यूनिवर्सिटियों के प्रशासन पर चर्चा चल पड़ी और फिर विद्यार्थियों की अनुशासनहीनता की घाटी में बहती हुई वह राजनीतिज्ञों पर गई और वहाँ से बम्बई चुनाव तक आ गई। कृष्ण मेनन के चेहरे पर भी चर्चा चली और वहाँ से वह अन्तर्राष्ट्रीय राजनीति का किनारा छूती हुई राजनीतिज्ञों द्वारा दी जानेवाली पार्टियों तक पहुँची। और उन पार्टियों से बहती हुई वह शराब की क़िस्मों तक आई और फिर वहाँ से अंग्रेज़ों के खान-पान से होती हुई वह महाराष्ट्रीय 'वरण' और 'पूरण पोली' तक पहुँची। और फिर एक विस्फोट की भाँति मोटी गरदनवाले अर्थशास्त्री से प्रश्न पूछा गया, (पूछनेवाले स्वयं बॉस थे) ''बताओ, तुम कितने रसगुल्ले खा सकते हो?''

मिस्टर रामभोज ने कहा, ''यही, लगभग दो सेर!''

बॉस ने कहा, ''तीन सेर खाओगे?''

रामभोज ने कहा, ''नहीं, इतना नहीं खा सकते।''

''अच्छा, तुम्हें पाँच रुपए दूँगा, अगर तुम इतना खा जाओ तो।''

''नहीं सा'ब, इतनी कम क़ीमत में इतनी तक़लीफ़ नहीं उठाई जा सकती।''

''अच्छा, दस रुपए दूँगा।''

मोटी गरदनवाले महोदय एकदम उठ खड़े हुए और कहने लगे, ''एकदम तैयार हूँ, इतनी मिठाई तो बचपन में खा जाता था।'' और ठहाका मारकर हँसने लगे।

मिस्टर रामभोज के लिए तीन सेर, हम सब लोगों के लिए दो सेर, मिठाई का

ऑर्डर दिया गया।

यद्यपि लोग उकताए हुए थे (क्योंकि इसी तरह की बातें ज़रा उलट-फेर के साथ रोज़ चलती थीं), मिठाई की प्रतीक्षा में बैठे रहे और उठ पड़ने के ज़बरदस्त मोह को दबा गए।

कि इतने में...

दूर से, एक चमकदार आदमी और उसके साथ दो-तीन आदमी और आते दिखाई दिए। वे अभी बोगनविला से लदे फ़ाटक के पास ही थे। चमकदार आदमी, काला महीन ऊनी पैंट और सफ़ेद बुश-कोट पहने हुए ऊँचा गोरा-चिट्टा व्यक्ति था। उसका चेहरा लम्बा था, जिस पर कुलीन आभिजात्य की आभा फैली हुई थी, जो उसकी आत्म-विश्वासपूर्ण चाल-ढाल, मज़ाक़-भरी मुसकराहट और उँगलियों में फँसी सिगरेट की राख झिड़कने की तरक़ीबों से प्रकट हो रही थी। काले फ्रेम के चश्मे के ऊपर, दो-चार रेखाओंवाले माथे के नीचे घनी-घनी भौंहें थीं और कान के ऊपर दो-चार लम्बे बाल ऊँचे उठे थे। वह इस तरह चल रहा था जैसे यहाँ का सारा इलाक़ा उसी का है। वह लम्बी आसान डगें बढ़ाता हुआ चला आ रहा था।

पीछे एक छोटे क़द का गोरे रंग का पचास-साला आदमी चल रहा था, जिसके आगे के दाँत टूटे हुए थे। उसका छोटा लम्बा चेहरा पान की पीक से भरा था। वह खद्दर की पोशाक में लैस यहाँ का कांग्रेसी एम.एल.ए. था। उसकी चाल-ढाल ऐसी थी कि लोगों को यह भय था कि कहीं फिर से यहाँ का चुनाव न हो।

उसके पीछे एक लम्बा काला पहाड़ी क़द का आदमी चल रहा था जिसका हर अंग सुडौल, मज़बूत और भरा-पूरा था। उसके चेहरे पर चिकने पत्थर की कठोर स्निग्धता थी। साथ ही उसका मुख-मंडल चमचमा रहा था। यद्यपि वह मुँह पर तेल नहीं लगाता था, लेकिन चेहरा तेलिया दिखता था। वह पैंट और बुश-कोट पहने हुए था। उसकी पोशाक गन्दी थी। वह ईसाई मोटर-ड्राइवर था। नए आगन्तुकों को देखकर हममें से कुछ लोग बेचैन होने लगे, कुछ अपनी सीट छोड़कर बेचैन होना चाहने लगे। नीले रूमालवाली मोटी गरदन ने इधर-उधर ताकना शुरू किया। मैं सबसे पहले उठकर मीटिंग भंग करने की पहलक़दमी करते हुए एक पेड़ की छाया में चहलक़दमी करने लगा। धीरे-धीरे इधर-उधर देखकर किसी-न-किसी गुन्ताड़े या बहाने से लोगों ने उठना शुरू किया।

मेरे पास जगत, भनावत और राव साहब आकर खड़े हो गए। राव साहब की चाँदी की डिबिया खुल गई। पान की लूट मची। हर आदमी ने दो-दो गिलौरियाँ मुँह में जमाईं—यहाँ तक कि जगत ने भी। डिब्बा ख़ाली होते देख हम सब प्रसन्न होकर हँसने लगे।

मुझे राव साहब का लाड़ आ गया। मैंने उन्हें एकाएक छाती से चिपका लिया और उनके सामने उनका दिया एक रुपया वापस करते हुए कहा, "भनावत ने चाय

पिला दी थी। मेरे पास भी चिल्लर थी। यह लीजिए, आपका एक रुपया वापस।''

''रखो न भई, रखो न भई! अभी तो बहुत ज़रूरत पड़ेगी।''

मिस्टर भनावत ने उद्दंडतापूर्वक उसे छीनना चाहा और कहा, ''समझते नहीं होंगे! अभी तो भोजन भी नहीं हुआ है। इस समय साढ़े बारह बजे हैं। महफ़िल चलेगी रात के कम-से-कम दस बजे तक। रुपया तो अपने को लगेगा ही—घूमने-घामने के लिए।''

राव साहब पान चबाते हुए प्रेमपूर्वक भनावत के चिबिल्लेपन को देख रहे थे। उसकी नोक उन्हें कई बार गड़ चुकी थी। लेकिन वे अब उसका आनन्द भी लेते थे।

असल चीज़ यह है कि मिस्टर भनावत लोगों के ऐब देखने में बहुत होशियार थे। अगर ये सिर्फ़ ऐबों को देखते रहते तब भी कोई बात नहीं थी; वे उन कमज़ोरियों को अपने क्रीड़ा-व्यवहार का विषय बनाते। यह बड़ी ख़तरनाक बात थी। ऐसे लोग दुश्मन पैदा कर लेते हैं। और अगर यहाँ उनके कोई शत्रु नहीं हुए तो इसका कारण यही था कि यहाँ के लोग अत्यन्त सदाशय थे और किसी की चार बातें सह लेना जानते थे।

भनावत ने बताया, ''यह जो बॉस के पास बैठे हुए सुनहरे और ऊँचे-पूरे व्यक्ति हैं, जो बुश-कोट पहने हुए हैं और बड़ी अदा-ओ-अन्दाज़ के साथ सिगरेट पी रहे हैं, वे यहाँ के एक रईस हैं। अपने शहर के पास की ज़मींदार (विधवा स्त्री है वह) के दीवान के वे लड़के हैं। उनकी अपनी कोई कमाई नहीं, उनकी अपनी कोई मेहनत नहीं है। उन्होंने सिर्फ़ विधवा ज़मींदारिन के साथ मेहनत की है (हम सब लोग हँसते हैं) उसी का शुभ परिणाम वे भोग रहे हैं। शहर में पूछ लीजिए, उनके अपने घरवालों से पूछ लीजिए, वे सब वही कहानी बताएँगे, क्यों राव साहब?''

राव साहब को काटो तो ख़ून नहीं। वे स्तब्ध हो उठे। और कुछ नहीं बोले। भनावत आगे कहता गया, ''यहाँ के कई रईसों को बिगाड़ने और धूल में मिला देने का कार्यक्रम उन्होंने सफल करके दिखाया। कई रईस उनकी सोहबत में प्रसिद्ध शराबी और रण्डीबाज़ होकर चौपट हो गए। अब वो अपने बॉस के साथ बिज़िनेस करना चाह रहे हैं। हर तीसरे साल कार बदलते हैं और हर दूसरे साल प्रेमिका!''

राव साहब ने खखारने की, गला साफ़ करने की चेष्टा की। नाक में से स्वर का एक विस्फोट किया और कहा, ''अपने बॉस उनके चक्कर में नहीं आ सकते।''

भनावत ने कहा, ''लेकिन, बिज़िनेस तो कर ही रहे हैं।''

राव साहब बोले, ''वो बॉस के सामने टिक नहीं सकते।...बिज़िनेस बिज़िनेस है!''

मुझे इस बातचीत से वितृष्णा हो उठी। मुझे बिज़िनेस नहीं दीखता था, वरन् मान-समुदाय दीखते थे जो विशेष-विशेष स्वार्थों और हितों की दिशा में कार्यशील थे। मुझे मानव-समुदायों में के ख़ास व्यक्ति और उनके व्यक्तित्व, उनके परस्पर-सम्बन्ध और

उनकी जीवन-प्रणाली दीखती थी। मन में उत्पन्न वितृष्णाजनक जीवन-चित्रों से मुक्ति पाने के लिए मैं वहाँ से हट गया और दूर फ़व्वारे की तरफ़ देखने लगा, जिसके कुंड में सिर्फ़ गली मिट्टी और सड़ा हुआ पानी था, जिसकी भीतर गई सीढ़ियों पर हाँफते हुए मेढक अपनी भद्दी, खुली-खुली, चमकीली बटननुमा आँखों से दुनिया को देख रहे थे। मैंने कई बार कहा था कि इस फ़व्वारे को चालू कर दिया जाए और उसकी टोंटी सुधार दी जाए और कुंड साफ़ किया जाए। लेकिन किसी ने मेरी बात नहीं सुनी।

फ़व्वारे के कुंड से हटकर ख़ुशनुमा मेहराब पर चढ़ी गुलाब की बेल के नीचे गुज़रता हुआ मैं बूढ़े युक्लिप्ट्स के उस पेड़ की ओर जाने लगा जिसका तना, सिर्फ़ तना, आम के दरख़्तों से ऊपर निकल आया था, और जिसकी शाखाएँ आकाशोन्मुख होती हुई फैल गई थीं। वहीं हरी चम्पा (मदनमस्त) के छोटे पेड़ थे, जिनकी घनी टहनियाँ प्रसन्न और शान्त दिखाई दे रही थीं। इस आशा से कि मैं उसका एकाध फूल तोड़ सकूँगा, वहाँ पहुँचा ही था कि उस पेड़ के पीछे से टेरिलिन की पैंट पहने हुए गठियल, ठिंगने, कंजी आँखवाले दर्शनशास्त्री का चमकीला चेहरा सामने आया, जिस पर उदासी और उकताहट की मटमैली आभा फैली हुई थी। मुझे देखकर अपने शरीर को ढील दे वे एक पैर पर ज़ोर देकर खड़े हो गए और चिन्ताशील आँखों से मुझे देखने लगे।

मैंने उनसे हाथ मिलाया और उस हाथ मिलाने में ही मुझे मालूम हो गया कि, पल-भर के लिए ही क्यों न सही, दिल मिल गया है। मैं क्षण-भर के लिए उन उदास शिथिल कंजी आँखों के कत्थई सितारे देखने लगा कि इतने में उसने अंग्रेज़ी में कहा, "मान लीजिए कि यहाँ एक हत्या हो गई है..."

चौंकते हुए मैंने जवाब दिया, "कितना बुरा विचार है!"

उसने कह डाला, "लेकिन कितना मौजूँ है। हम तो सा'ब ख़यालों की मौजूनियत देखते हैं।"

मैं मुसकरा उठा। किसी की हत्या हो या न हो, हमारी तो हो ही रही थी। यह साफ़ था। और मुझे देवकीनन्दन खत्री के उस तिलिस्म की याद आई जिसमें से बाहर निकलना असम्भव था, लेकिन जिसके भीतर के प्रांगणों में बग़ीचे भी थे, तहख़ाने भी थे और जिसमें कई नवयुवतियाँ और किशोरियाँ गिरफ़्तार रहती थीं। वे घूम-फिर सकती थीं, तिलिस्मी पेड़ों के फल खा सकती थीं, लेकिन अपनी हद के बाहर नहीं निकल सकती थीं। ये हदें वे दीवारें थीं जो पहले से ही बनी हुई थीं और जिनको तोड़ पाना लगभग असम्भव था, अथवा जिन्हें तोड़ने के लिए अपरिसीम साहस, कष्ट सहन करने की अपार शक्ति, और धैर्य तथा वीरता के अतिरिक्त विशेष कार्य-कौशल और गहरे चातुर्य की ज़रूरत थी। मेरी आँखों में उस गहरे अँधेरे तिलिस्म के तहख़ानों और कोठरियों के बाहर के मैदानों में घूमती हुई लाल-पीली और नीली साड़ियाँ अब भी दीख रही हैं, उनके मुरझाए गोरे कपोल और ढीली बँधी वेणियों की लहराती लटें भी

दीख रही हैं, और मन–ही–मन मैं कल्पना कर रहा हूँ कि क्या यहाँ फैले हुए बहुत–से लोगों की आत्माएँ इसी प्रकार की तो नहीं हो गई हैं।...लेकिन प्रश्न तो यह है कि यह तिलिस्म कैसे तोड़ा जाए!

मुझे अपने में खोया जान दर्शनशास्त्री ने पूछा, ''कहाँ गुम हो गए हो? लो, यह फूल लो!''

मदनमस्त का फूल सचमुच ख़ूब महक रहा था। उसकी मीठी–मीठी महक दिल की राख पर फैल तो गई लेकिन ज़हरीली हो गई और उस ज़हर को मैं धीरे–धीरे सूँघता रहा।

दर्शनशास्त्री मेरे सम्मुख उपस्थित हो गया और मेरा हाथ पकड़ बग़ीचे की उस मुँडेर की ओर जाने लगा जहाँ हमारे मकानों के पिछवाड़े में लगे हुए केले के लम्बे–लम्बे चमकदार पत्तोंवाले झाड़ झूम रहे थे। उसने मुझे अपने विश्वास में लेते हुए कहा, ''सुनो, मैं जल्दी ही यहाँ से चला जाऊँगा!''

''सचमुच?''

''हाँ।''

मैं एकदम चुप रह गया। अपने अकेलेपन का दुःख मुझे गड़ उठा। मुझे अभी से उस स्थिति की याद आने लगी, जब वह चला जाएगा और मैं निस्संग रह जाऊँगा। (यद्यपि मैं उसके साथ के बावजूद अकेला था!)

मैंने दर्शनशास्त्री मिस्टर मिश्रा से कहा, ''तुम जवान हो, तुम्हें तो ज़िन्दगी में ज़रूर साहस करना चाहिए और नई तलाश में जाना चाहिए। लेकिन...मैं? मैं कहाँ जाऊँगा! मेरे सात बच्चे हैं और माता–पिता की भी ज़िम्मेदारियाँ हैं। रोग, क़र्ज़ और तरह–तरह की उलझनें मुझ पर हैं!'' और मैं उसाँस लेकर चुप हो गया।

दर्शनशास्त्री कुछ नहीं बोला। वह मेरे घर की हालत जानता था। और मेरे सामने अब यह सवाल था कि मैं कहीं अगले संघर्षों में ही टूट तो नहीं जाऊँगा! क्योंकि अब मेरा शरीर भी साथ नहीं देता। तो क्या मैं अब यहीं बैठा रहूँ?

और मेरे सामने, आज के यथार्थ के काले भयानक अँधेरे चित्र आने लगे। मुझे वह आदमी याद आने लगा, जो परदेश में सालों से बीमार रहा, लेकिन अपने स्नेहियों से सिर्फ़ अपनी लाश उठवाने के लिए, अन्तिम क्षण में उनके स्पर्श के लिए, तरसता हुआ देश आ गया। और फिर उसी कुट्ठर में रहने लगा, जहाँ वह पहले रहता था, और अपने कुट्ठर–वास के दो दिन बाद ही उसकी मृत्यु हो गई। मैं आज से दस साल पहले अपने दफ़्तर जाते वक़्त उस रास्ते से गुज़रता जिस पर उस मिट्टी के अँधेरे कुट्ठर का दरवाज़ा खुलता था, और मेरी आँखें उस व्यक्ति की ओर आकर्षित हो चुकी थीं, क्योंकि वह एकदम पीला पड़ गया था और पाँव पसारे हुए हाथ के बल चलता था। कहीं ऐसी दशा मेरी भी न हो! हाय!

...कि इतने में किसी पेड़ से टूटा एक पत्ता मेरे शरीर पर आ गिरा। मैंने अनजाने

ही उसे उठा लिया और उसके घने-हरे रंग में टहलती हुई नसों को देखने लगा। उसमें जवानी थी। नया रक्त था। मुझे उस पत्ते को चूमने की और अपने ग़ालों पर उसे लगा लेने की तबीयत हुई गोकि मैंने संकोचवश वैसा किया नहीं।

इतने में जगत पीछे से दौड़ता हुआ आया और उसने हाँफते हुए समाचार दिया, "रूस ने एक और आदमी आसमान में छोड़ दिया! टिटोव! वह अब तक अठारह बार प्रदक्षिणा कर चुका है!"

दर्शनशास्त्री मिस्टर मिश्रा और जगत की होड़ लगा करती थी। मिश्रा ने पूछा, "तो तुम्हें तो बहुत बुरा लगा होगा, जगत। साला रूस क्यों आसमान में पहुँच रहा है! उसे तो नष्ट होना चाहिए था!"

मिश्रा ने जगत पर भद्दा अटैक किया था। मैं क्या कर सकता था? जगत चुप रहा। मिश्रा कहता गया, "लुमुम्बा की कविता जगत ने नहीं पढ़ी, पढ़ नहीं सका, उसके दोस्तों के विरुद्ध जाती थी। लोग कम्युनिस्टों को गालियाँ देते हैं कि वे रूस-चीन की ओर देखते हैं। लेकिन ये साले न सिर्फ़ ब्रिटेन-अमरीका की तरफ़ देखते हैं, उनके बैंकों में अपने रुपए रखते हैं। क्यों बे साले, तू ऑक्सफ़ोर्ड या हॉर्वर्ड जा रहा था न? तेरे पास इतना फ़ॉरेन एक्सचेंज कहाँ से आया? तेरा अन्तर्राष्ट्रीय पूँजीवाद (एक भद्दी गाली) साला, यहाँ से लेकर तो अमरीका तक एक ज़ंजीर में बाँधे हुए हैं, पैसों की ज़ंजीर में।"

बेचारा जगत! भूला-भटका जगत! ओफ़्! ग़ुस्से से लाल हो उठा। उसे महसूस हुआ कि उस पर झूठा आरोप लगाया जा रहा है। वह तो अमरीकी 'साहित्य' का प्रेमी है।

अकस्मात् जगत ने मिश्रा पर बुरी तरह अटैक कर दिया था। पीछे से उसकी मोटी कमर पकड़कर उसके सन्तुलन को बिगाड़ते हुए उसे नीचे गिरा दिया, कि इतने में मिश्रा ने उसे अपने आलिंगन में जकड़ लिया, इतनी ज़ोर से उसे कसा, और इतनी ज़ोर से हँस पड़ा कि जगत हक्का-बक्का रह गया!

मिश्रा ने कहा, "हमारे-तुम्हारे बीच कोई झगड़ा नहीं है, जगत! तुम्हारा-हमारा प्राकृतिक सह-अस्तित्व है क्योंकि हम दोनों एबी लॉर्ड्स हैं!"

एबी लॉर्ड! मेरे दिमाग़ में एक बिजली कौंध उठी! एक अर्थ मुझ पर वज्र-सा गिर पड़ा!

एबी लॉर्ड! शिखंडी सन्त जिसने अपनी जननेन्द्रिय को चाक़ू से काट दिया था! सन्त बने रहने के लिए![1]

और मैंने एकाएक अपनी दिल की धड़कन सुनी कि निर्बल होकर सन्त और...बनने

---

1. यहाँ तक का अंश 'बिपात्र' कहानी के रूप में ज्ञानोदय 1965 में और फिर 'काठ का सपना' संग्रह में प्रकाशित हुआ था। उपन्यास के रूप में प्रकाशित होने पर इस अंश के प्रभावी समापन के लिए अगली तीन पंक्तियाँ और जोड़ी गईं।—सं.।

के बजाय सबल होकर सृजन-शक्ति को तेज़, और तेज़ करूँगा, भले ही लोग मुझे आने के बाद बदनाम करें,...मगर मुझे इसे तेज़ रखना ही पड़ेगा।

[आगे का अंश यद्यपि 'बिपात्र' के उपन्यास रूप में सम्मिलित था, पर ऐसा जान पड़ता है कि यह इस लम्बी कथा का एक अलग प्रारूप है। इसके अन्त में चरित्रों के नाम में भी कुछ परिवर्तन मिलता है और उनकी मानसिकता में भी। इसलिए इसे मिलाकर 'बिपात्र' को एक लघु उपन्यास मानने की बजाय उसी कथा का एक अन्य रूप मानना अधिक समीचीन लगता है।—सं.]

दिमाग़ चलता है, दिल में हलचल होती रहती है, लेकिन उसके मुताबिक़ 'हलचल'

नहीं कर पाता, काम नहीं कर पाता! वे जो गतियाँ अन्दर-अन्दर होती हैं, बाहर प्रतिफलित नहीं हो पातीं। धरड़-खरड़, खरड़-धरड़ मशीन चलती है, चलती रहती है, उसमें स्याही लगी है लेकिन काग़ज़ नहीं है; इसलिए कुछ नहीं छपता। पुस्तक नहीं, पर्चा नहीं, अख़बार नहीं। पर, पूरी मशीन रफ़्तार के साथ धरड़-धरड़, खरड़-खरड़ चलती रहती है, सूने, अँधेरे-अकेले में। ओ फ़ोरमैन,...यदि चाय पीने नहीं गए हो तो स्विच ऑफ़ करो जिससे कि मशीन बन्द हो जाए। मशीन बन्द करो, मशीन बन्द करो, ओ फ़ोरमैन! बिजली का ईंधन बरबाद हो रहा है। ज़िन्दगी की बिजली फ़िज़ूल ख़र्च हो रही है। एक अजीब भयानक काला-काला साँड़ पल-क्षण की हरी-हरी घास चरता जा रहा है। ख़याली धुन्ध में जीते रहने की आदत बन गई है। बेकार छिछला भीतरीपन...और थोथा बाहरीपन। और लोग सोचते हैं कि मैं गम्भीर हूँ।

यह सिर्फ़ एक पहलू है। तार टूटता है, हाथों में टुकड़े रह जाते हैं। दो टुकड़ों के बीच अन्तराल हो जाता है, दूरी होती है, सूना होता है। सूनापन अज़ीब होता है। बदनसीब होता है। कोई नहीं पूछता है उसे! पर उसमें ख़यालों के रेशे उड़ते रहते हैं। उड़ते-तिरते जुड़ जाते हैं। एक चीज़ बन जाती है। मनोहर, ज़रीदार, सुन्दर वस्त्र। सूनापन ज़रूरी है, लेकिन कभी-कभी, हाँ, कभी-कभी। तो मैं ऐसी सुन्दर बुनावट कर सकूँ, ऐसी सुन्दर...! बशर्ते कि सूनापन दुनिया को ताज़ीम दे तो दुनिया भी मेरे सूनेपन को सुरक्षा दे, प्यार और सम्मान दे। बशर्ते कि...बशर्ते...कि...लेकिन शर्त पूरी नहीं होती।

मुझे बहुत काम करने हैं। मुझे बहुत-बहुत चिट्ठियाँ लिखनी हैं, दूर-दूर के पतों-ठिकानों पर—कलकत्ता और बम्बई, दिल्ली और इलाहाबाद, उज्जैन और गौहाटी। अपने दोस्तों से बहुत-सी बातें पूछनी हैं।

ओ इलाहाबाद के दोस्त, तुमने रात को बहुत अच्छा इरादा किया था और भले-भले सपने देखे थे! लेकिन, सुबह होते ही क्या हुआ? बिस्तर पर से उठते ही तुम इतने बदल क्यों गए? सबको मालूम है कि बहुत ईमानदार, सज्जन और प्रतिभाशाली हो। तो फिर इतने निष्क्रिय क्यों हो और जो प्रतिभाहीन नज़र आते हैं, वे इतने सक्रिय

क्यों? तुम काम क्यों नहीं कर पाते? जवाब साफ़ है। तुम ख़याली धुन्ध में खोए रहते हो।

ओ दिल्लीवासी मित्र, तुम इतने उखड़े-उखड़े क्यों नज़र आते हो? तुम्हारी भीतरी चेहरे पर शनिश्चरी छाया क्यों? तुम गाँव से आए, शहर में बसे। वहाँ बसकर, ख़ासा क़ीमती सूट पहनने लगे। गाँव के तुम्हारे जो साथी थे, वे अब गँवार महसूस हुए। तुम जितना ऊपर चढ़ते हो, अपने सगों से दूर क्यों हटते जाते हो? हर अगली सीढ़ी की ऊँचाई पर खड़े होकर तुम निचली सीढ़ी को हीन क्यों समझने लगते हो?

ओ गौहाटीवाले मित्र, तुम कितना अच्छा सोचते हो! तुम्हारी ज़बान कितनी अच्छी है! लेकिन तुम खुदरी या सदाबहार के पौदे की भाँति उगते और बढ़ते क्यों नहीं? फूलदार और फलदार क्यों नहीं हो पाते? उधर, तुमसे सैकड़ों मील दूर मैं अपनी खिड़की में से उन रास्तों को देखता रहता हूँ जो तुम तक निकल गए हैं! दरमियानी दूरियाँ बहुत-सी हैं, लेकिन उनको मापने और लाँघने के रास्ते भी कई-कितने हैं। साफ़ बात यह है कि जिस तरह एक लालटेन उजाला फैलाती है उसी तरह आज का सचेतन व्यक्ति—सजग तुम और सजग मैं—दरमियानी फ़ासले तैयार करते हैं। क्या यह सच नहीं है? सिर्फ़ चिट्ठियाँ लिखने से क्या होगा? सिर्फ़ टेलीफ़ोन पर बात करने से ज़िन्दगी की दूरियाँ नहीं मिटतीं। क्या इसका तजुर्बा तुम्हें नहीं है? क्या ये फ़ासले तुम्हें नहीं अखरते? बराबर...वे अखरते होंगे! बेशक...वे खटकते होंगे! लेकिन ऐसी न मालूम कितनी खटकनें और अख़रनें दिमाग़ी तल-घर के अटाले में डालकर रखते हैं।

सवाल ज़िन्दगी में होनेवाली ग़लतियों का नहीं है...सवाल उन फ़ासलों का है—जिन्हें बीचोबीच रखकर ग़लती नहीं सुधारी जा सकती। ऐसा क्यों? इसलिए कि हर एक को घमंड है कि उसके अपने पास कुछ है जो मूल्यवान् है। और अगर किसी ने उसे छू लिया तो शायद है कि वह छिन जाए या घट जाए या बिगड़ जाए।

और, इसमें सन्देह नहीं कि हर एक के पास कुछ-न-कुछ महत्त्वपूर्ण और मूल्यवान् अवश्य है। अवश्य है अर्थात् वह उसके वश में नहीं है, उसके वश के बाहर है, उसके वश के बावजूद है। हर एक मिट्टी में सोने के कण चमक रहे हैं। यहाँ तक कि दुर्लभ धातुएँ भी! किसी पत्थर में लोहा और मैंगनीज़, फ़ॉस्फ़ॉर और बॉक्साइट, एक-से-एक बहुमूल्य और उपयोगी द्रव्य। प्रतिभा से कोई ख़ाली नहीं। क्या इसीलिए सब एक-दूसरे से दूर-दूर हैं? ये दूरियाँ अक्षांश और देशान्तर दोनों बनाती हैं। हम अपनी ऊँचाई पर खड़े होकर नीचेवालों से फ़ासला रखते हैं, और समतल मैदान पर खड़े होकर अपने-जैसे दूसरे लोगों से। तो, इसलिए हम एक-दूसरे से परिचित होकर भी अपरिचित रह जाते हैं। परिचय ऊपरी है, सतही और छिछला है। अपरिचय में घनत्व है, वह गहरा है, साथ-ही-साथ कठोर और कड़ा भी।

हर आदमी चाहता है कि दूसरा उसे पहचाने, उसके भीतर पहुँचे, और उसकी आत्मा में जो मूल्यवान् तत्त्व हैं उन्हें मान्यता प्रदान करे। लेकिन हर एक को घमंड

है कि उसका आत्म–वैभव अद्वितीय है। और चूँकि वह अद्वितीय है इसलिए वह निर्मल और प्रदीप्त है। परिणाम यह होता है कि कोई किसी के भीतर पहुँच नहीं पाता, उसके अन्दर के फ़ॉस्फॉर और बॉक्साइट को शुद्ध करने का साहस फिर कौन करे? कौन फ़िज़ूल लड़ाई–झगड़ा मोल ले? यह एक मानी हुई बात है कि कोई भी व्यक्ति चाहे जितना भी आत्मालोचन कर सकने का सामर्थ्य रखता हो, वह अपने 'स्व' द्वारा 'निज' का परिष्कार और विकास नहीं कर सकता। मुक्ति अकेले में अकेले की नहीं हो सकती। मुक्ति अकेले में अकेले को नहीं मिलती।

ऊष्म सम्पर्कहीनता के कारण जब हृदय के वैभव का मानवीय उपयोग नहीं हो पाता तो मूल्यवान् स्वप्न तितर–बितर हो जाते हैं। वेदना कराहकर माथा ठोंक लेती है। महत्त्वपूर्ण भाव और मार्मिक विचार टूट–टाट जाते हैं। सृजनशील संकल्प शक्ति जाती रहती है। किसी प्राचीन ज्वलन्त–गृह के प्रस्तर–खंडों की भाँति व्यक्ति अपने शून्य पथ पर चलता रहता है! दरमियानी फ़ासले उस उन तमाम गरम चीज़ों से बचा देते हैं, जो छाती में किरनों का फैलाव पैदा करती हैं और दिल में एक गहरी हलचल उभारती हैं। परिणाम यह होता है कि मनुष्य की सृजनशील संकल्प–शक्ति के चिथड़े–चिथड़े हो जाते हैं। आदमी तक़लीफ़ों से नहीं डरता, वरन् वह बासीपन से, अपने बंजरपन से, हारकर ख़ुद को थका–हारा महसूस करता है। कॉफ़ी–हाउस में चार घंटे गप लगाने के बाद कभी–कभी मनुष्य को जो भयानक विरक्ति होती है, उसको ध्यान में रखने से मेरी बात समझ में आएगी।

दरमियानी फ़ासले ग़लत हैं—चाहे वे अक्षांशवाले हों, चाहे देशान्तरवाले। लेकिन, अक्षांशवाले फ़ासले सबसे ख़तरनाक हैं, क्योंकि इस प्रकार की दूरी ऊँच–नीच की भावना से बनती है। ऊँची निसैनी की सर्वोच्च सीढ़ी पर चढ़ा हुआ व्यक्ति जब उसी निसैनी की निचली सीढ़ी पर खड़े हुए व्यक्ति को अपने से नीचा और हीन समझने लगता है, तब निसैनी पर ही हाथा–पाई होने की नौबत आ जाती है। यदि ऐसी हाथा–पाई हुई तो दोनों को चोट लगती है। इससे तो यह अच्छा है कि ऊँच–नीच पैदा करनेवाली ख़तरनाक निसैनी टूट जाए!

वैसे मैं यह मानने के लिए तैयार हूँ कि आज का प्रत्येक संवेदनशील व्यक्ति प्रेम का भूखा है। प्रेम की यह भूख बढ़ती जा रही है। ज्यों–ज्यों मनुष्य की परिस्थिति बिगड़ती जाएगी, वह सहानुभूति के एक–एक कण के लिए तरसेगा। किन्तु साथ ही प्रेम प्रदान करने की उसकी शक्ति भी कम होती जाएगी। एक ओर मात्र अस्तित्व–रक्षा के संघर्ष के कारण हारे–थके लोग अपने आपमें बँधते चले जाएँगे तो दूसरी ओर धन–सम्पन्न व्यक्ति अपनी सम्पन्नता की दीवारों से घिरकर अधिकाधिक अहंबद्ध होते जाएँगे।

वासना और वेदना दोनों में एक विचित्रता है। वेदना की अधिकता, कष्टों तथा संकटों की बारम्बारता, मनुष्य को आत्म–बद्ध बना देती है। इस प्रकार आत्म–बद्ध

कि सारी दुनिया उसे परायी मालूम होती है, अपरम्पार दूरियाँ फैल जाती हैं। एक ओर अपनी निस्सहायता की भावना से आत्म-विश्वास का लोप होता है, तो दूसरी ओर अन्य जन पर विश्वास करने की क्षमता भी कम होती जाती है। वेदना बुरी होती है। वह व्यक्ति को व्यक्ति-बद्ध कर देती है। कहा जाता है, वेदना सबको एक कर देती है। लेकिन, यह ग़लत है। वेदना से प्रताड़ित और दमनग्रस्त आतंकित व्यक्ति की गतियाँ शिथिल हो जाया करती हैं। इसलिए विद्रोहियों का दमन किया जाता है। यही कारण है कि हज़ारों सालों से ग़रीब जनता ग़रीब हो रही है। वेदना स्वयं कर्म का उत्साह उत्पन्न नहीं कर सकती। मुझे अस्पताल का अनुभव है। हर बीमार अपनी कराहों से घिरा रहता है। एक बीमार की दूसरे बीमार से कोई सहानुभूति लक्षित नहीं होती, और यदि होती भी है तो यह कहा जाएगा कि उसकी वेदना ने उसकी आत्मा को नहीं कुचला है। बाहरी दुनिया आदमी को तक़लीफ़ देती है। तक़लीफ़ और कष्ट से वेदना उत्पन्न होती है। वेदना आत्मा को कुचल देती है। मनुष्य अपने को हीन और अक्षम अनुभव करने लगता है। किन्तु जिनकी वेदना आत्मा [को] कुचल नहीं पाती, उनमें तेजस्विता रहती है। वे लोग भी दुनिया में कुछ कर सकते हैं। वेदना आदमी को ढीला करती है। तेजस्विता उन्हें कस देती है।

वासना का विचित्र हाल है। लोग अपनी-अपनी वासनाओं की डींग मारते भी देखे गए हैं, (वेदनावाले भी अपनी-अपनी वेदनाओं की शेख़ी बघारते हैं) वेदना की भाँति ही वासना और उसकी अधिकता मनुष्य को घनघोर रूप से आत्म-बद्ध बना देती है, वासनाशील व्यक्ति अपने रंगीन सपनों की दुनिया में रहता है। वह निजबद्ध और आत्म-ग्रस्त हो जाता है। अपनी उस अहंबद्धता का वह आदर्शीकरण भी करता है। मेरा ऐसा ख़याल है कि बहुत-से कवियों की अपनी निस्संगता उनके वासना-संकुल अहं का परिणाम है। वेदना की, कष्टों और संकटों की बारम्बारता निचली श्रेणियों में पाई जाती है, क्योंकि वे अधिक अरक्षित है। वासना की संकुलता उपरली श्रेणियों में भी पाई जाती है, क्योंकि उन्हें मनोमय लीला करने की फ़ुरसत अधिक होती है।

व्यक्ति-बद्ध वेदना और व्यक्ति-बद्ध वासना—साहित्य के अनेक उद्‌गम स्रोतों में से स्वयं दो हैं। मज़ेदार बात यह है कि इन दो स्रोतों ने साहित्य में जो उपमाएँ और प्रतीक प्रदान किए हैं, उनमें भावों का औदार्य न सही तो भावों की तीव्रता बहुत अधिक होती है। काव्य-कला द्वारा ऐसे कलाकार अपनी व्यक्तिबद्ध वेदना या व्यक्तिबद्ध वासना का उदात्तीकरण और आदर्शीकरण भले ही कर लें, उनके व्यक्ति-चरित्र की मूल-ग्रन्थि तो बनी ही रहती है। दूसरे शब्दों में, कला तथा साहित्य में प्रकट जो सौन्दर्य है वह इस बात का विश्वसनीय प्रमाण नहीं हो सकता कि उस सौन्दर्य के सृजनकर्ता का वास्तविक निज चरित्र उदार, उदात्त और उच्च है। असल में हमारे वाक्-सिद्ध-साहित्यिक अपने-आपको बहुत 'प्रकट' करते हैं, इस तरह अपने-आपको ख़ूब छिपाते हैं। हमारा आत्मप्रकटीकरण बहुत कुछ अंशों में वस्त्र-परिधान है, वास्तविक

आत्मोद्‌घाटन नहीं। हमारी उच्चानुभूति के तथाकथित क्षण सुन्दर क्षौम वस्त्रों द्वारा आत्म–प्रच्छादन हैं। यही कारण है कि आए हुए आदमी से हाथ मिलाने के लिए अपने सफ़ेद बिस्तर पर से ज़रा उठकर हाथ बढ़ाने की कभी–कभी तबीयत तो होती है, लेकिन ताक़त और हिम्मत हमेशा साथ नहीं देती। लेटी हुई देह हाथ मिलाने के लिए कभी–कभी अपना धड़ कुछ ही ऊपर उठाती है कि इतने में धड़–से नीचे गिर पड़ती है। बढ़ा हुआ हाथ ढीला होकर ढुलक जाता है।

कि इतने में एक छाया मुसकराती हुई मेरे सामने आ जाती है। स्याह–नीला पैंट और सफ़ेद बुश–कोट! अब मैं इसका क्या करूँ? दरमियानी दूरी के उस किनारे वह खड़ी है! और मुसकरा रही है! मुसकराते–मुसकराते अंग्रेज़ी में वह कहती है, "मुझे दुःख है कि मैंने दख़ल दिया। आप तो लिख रहे थे!" मैं शून्यता की परतों को फाड़कर, दूरियों को चीरने का प्रयत्न करते हुए, उसके सामने हो जाता हूँ। उसका अभिवादन करता हूँ। शायद मेरे पीले उतरे चेहरे को देखकर वह छाया संकुचित होती है, शायद जाना चाहती है। उसके हाथ में एक किताब है जिसके चमकीले कवर पर लिखा है—से नो टु डेथ (मौत से इनकार करो)। मुझे यह नाम अच्छा लगता है, बहुत अच्छा।

मैं उसकी सूरत–शकल को देखता हूँ। वह मुझे आँखें गड़ाकर देखती है। और मैं उसके देखने को देखता हूँ। मुझे उस बच्चे की याद आ जाती है, जिसका माथा बड़ा और कन्धा आगे आया हुआ है और जो एक सूने बँगले के पोर्च में खड़ा हुआ देखता है कि उसके सामने बन्द कमरों की बन्द खिड़कियों के फूटे तावदान में से गुज़रकर उसकी नोकदार गिल्ली कहीं भीतर चली गई है, और चूँकि वह अन्दर के किसी अँधेरे कोने में चली गई है इसलिए वह अब मिलने की नहीं। वह क्षति और शून्यता का अनुभव करता है। उसे भय प्रतीत होता है। उसके हाथ में डंडा है—बिना गिल्ली का, प्रतिक्रियाहीन! वह भाग खड़ा होता है, लेकिन उसके पैर तेज़ी से उठ नहीं पाते। उस बँगले में से कोई अदृश्य शक्ति निकलकर उसे पीछे की ओर खींचती है। इस कारण वह और भी घबरा जाता है। मुझे देखकर मेरे सामने शायद जगत को भी ऐसा ही कुछ मालूम हुआ होगा।

जगत के आकार को देखते ही मैंने मकड़ी के जाले हटाकर फेंकना चाहे। अपने चारों ओर बने हुए वल्मीक में से मैं ऊपर उभर उठा। अपने को मैंने इस प्रकार चैतन्यमय बनाने का प्रयत्न किया जैसे कोई अपने कपड़ों पर से धूल झटककर स्वच्छ होने का प्रयत्न करे। उसने मुझे ख़ुद के पंजों से छुटकारा दिलाने का प्रयत्न किया। मैं हँस पड़ा। घर में आवाज़ लगाकर चाय बनाने की आज्ञा दी। सचमुच मैं दूसरे ही स्तर पर दूसरे ही देश–काल में चला आया। और जगत को देखकर मुसकराने लगा।

जगत जैसी संस्कृत बोलता है उससे और ज़्यादा धाराप्रवाह अंग्रेज़ी। वह 'सर्वज्ञ' है। उसकी जनरल नॉलेज बड़ी व्यापक है, और वह अमरीका, फ्रान्स और इटली में चलनेवाली अत्याधुनिक धाराओं का विशेषज्ञ है। वह एकान्तप्रिय है। घंटों कमरे में

बैठा रहता है। कई दिनों तक निकलता नहीं। भारत की विभिन्न देशी-विदेशी लायब्रेरियों में उसके पास उत्तमोत्तम ग्रन्थ आते हैं। वह भारत की सर्वोच्च 'इंगलिश टीचर्स एसोसिएशन' का सदस्य भी है। हाल ही मसूरी में हुए अमरीकियों के सेमिनार में वह गया भी था। अगर वह ऑक्सफ़ोर्ड या हार्वर्ड नहीं गया है, तो इसके पीछे कोई व्यक्तिगत बात है। मुझे उससे यह फ़ायदा होता है कि मैं उन भाव-धाराओं के सम्पर्क में आता हूँ, जो इस समय भारत की सर्वोच्च शिक्षित श्रेणी में चल रही हैं। साथ ही मुझे मान्य विचारकों और पण्डितों की पुस्तकें भी मिल जाती हैं।

पता नहीं क्यों, वह मुझ-जैसे छोटे आदमी से सम्पर्क बनाए रखता है। उसमें और मुझमें ज़मीन-आसमान का फ़र्क़ है। मैं एक पिटा हुआ शख़्स हूँ, वह ऊँचे घोड़े पर सवार उत्साही नवयुवक है। मेरी आधी ज़िन्दगी ख़त्म हो चुकी है, उसके सामने अभी पूरी ज़िन्दगी पड़ी है। मैं एक ग़रीब आदमी हूँ, पैसे-पैसे के लिए तरसता हूँ। उसकी स्थिति सिर्फ़ अच्छी ही नहीं है, वह लम्बी यात्राएँ (हो सके तो) हवाई जहाज़ से करता है। उसकी सारी शिक्षा-दीक्षा कॉन्वेण्ट स्कूल-जैसे विद्यालयों में हुई है। मैं म्यूनिसिपल प्रायमरी स्कूल-जैसी 'राष्ट्रीय' संस्थाओं से 'आगे बढ़ा' हूँ। उसका राजनीतिक दृष्टिकोण अलग है, मेरा अलग। इस क्षेत्र में हम एक-दूसरे के विरोधी हैं। हम खुलकर टकराते हैं। सम्भवतः इसीलिए हम एक-दूसरे की दृष्टि को अधिक विशद बना देते हैं। यह सच है कि हम एक-दूसरे को चाहते हैं, साफ़गोई बरतते हैं; और उन झूठे तर्कों और युक्तियों से सावधान रहते हैं जो ठंडी लड़ाई ने ईज़ाद की है। यह कहना मुश्किल है कि मैं उसे कहाँ तक समझ सका हूँ या वह मुझे कहाँ तक जान सका है।

फिर भी हम दोनों की जोड़ी अन्यों की ईर्ष्या का विषय हो गई है। हम सबकी नज़र में आ गए हैं। लोग यह कहते पाए गए हैं कि मैं जगत के कैरियर को नष्ट कर रहा हूँ। उनके इस ख़याल की क्या बुनियाद है, यह मैं धीरे-धीरे ही समझ सका। लेकिन मैं विश्वास दिलाता हूँ कि जगत बेवक़ूफ़ नहीं है, और वह अपना कैरियर पूरा करके रहेगा। बल्कि यह तो मैं ख़ुद भी चाहूँगा। मतलब यह कि हमने किसी-न-किसी अंश में एक-दूसरे पर विजय प्राप्त की है—दरमियानी फ़ासलों के बावजूद!

ऐसा क्यों हो सका?

इसका एक कारण वे मूल में संवेदनाएँ हैं, जिससे जीवन-मूल्य बनते हैं। उसने ये अपने जीवन-मूल्य उस अमरीकी साहित्य द्वारा प्राप्त किए हैं, जिसमें जन-साधारण के चेहरे उभरे हैं। फ़ॉकनर-जैसे अत्यन्त दुरूह और दुर्गम उपन्यासकार की मूल पीड़ा और उसकी परिस्थिति ने उसे क्या-क्या नहीं दिया! जैक लंडन और मार्क ट्वेन, स्टीफ़ेन, क्रेन और हेमिंग्वे की व्याख्या करनेवाला यह द्रविड़ पंडित जगत नवयुवक होते हुए भी कच्चा नहीं है। उसकी सहानुभूतियाँ व्यापक और विस्तृत हैं। उन साहित्यकारों ने जिन मानवीय, जनतन्त्रात्मक जीवन-मूल्यों को प्रधानता दी, उनमें भीग उठनेवाला व्यक्ति यदि सहज-प्रवृत्ति से मेरे साथ रहने का प्रयत्न करे तो इसमें मुझे

आश्चर्य नहीं होता। ज़िन्दगी अज़ीब है। विभिन्न वायु-मंडलों और दिक्-कालों में से आए हुए लोग भी एक ठंडे घने पीपल की छाया के नीचे विश्राम करते हुए गले मिलें तो इसमें मुझे प्रकृति का विशेष उद्देश्य ही दिखाई देता है।

मेरे मकान के तीनों ओर पानी है, तीन बड़े-बड़े तालाबों का। मैं एक तथाकथित क़िले के पुराने सिंहद्वार पर रहता हूँ। सिंहद्वार के बाएँ-दाएँ और ऊपर बड़े-बड़े कमरे बने हुए हैं। इन कमरों में लम्बी-लम्बी ऊँची मेहराबदार खिड़कियाँ हैं—एक नहीं, अनेक। सबसे बड़े कमरे में छह खिड़कियाँ हैं। आर-पार का विस्तृत पारदर्शी सूना प्रकाश, हरियाली-भरा सूनापन, मेरे कमरे में लहराता है। जगत बेंत की आराम-कुरसी पर बैठा हुआ है और मैं उसके सामने अपने लचकीले टेबिल के पास टिन की कुरसी पर जमा हुआ हूँ। मेरे पास एकमात्र बेंत की कुरसी है, वह मेरे कमरे का आभूषण है, यह मैं आपसे छिपाना नहीं चाहता।

हवा के झकोरे मेरे कमरे में चौकड़ियाँ भर रहे हैं। जगत उसकी खिलवाड़ से कुछ बेचैनी महसूस कर रहा है। तालाबों की लहरें कमरे की भीतों से छपाछप टकरा रही हैं। अपने आठ साल के बच्चे की फ़िक्र हो रही है, जिसे दमे के रोग ने पछाड़ रखा है। उसकी खाँसी की आवाज़ सुनकर मैं उसे स्वेटर पहनने का आदेश देता हूँ, और अब तक चुप बैठे हुए जगत की ओर ध्यान से देखता हूँ।

जगत खिड़की के बाहर देख रहा है। और मैं उसकी तरफ़ देख रहा हूँ। मैं उसे छेड़ने के लिए कहता हूँ, ''तो आज तुम्हें फ़ुरसत मिल गई?''

मेरे सवाल का जवाब देने की बजाय वह अंग्रेज़ी में कहने लगा कि जहाँ जाइए, वहाँ एक-न-एक सवाल पैदा हो ही जाता है। उसके चेहरे से लगता था कि वह परेशान और उकताया हुआ है। उसका मुँह खट्टा था।

उसने कहा, ''आगे से तो हम लोग घूमने जा ही नहीं सकते!''

मैंने जवाब दिया, ''क्यों, क्या दरबार लगा हुआ है?''

उसने कहा, ''मैं तो तंग आ गया। कल वो कह रहे थे कि तुम साढ़े नौ बजे रात को कहाँ 'लोफिंग' कर रहे थे! मतलब यह कि कहीं हम घूमने न जाएँ। बस, उनके पास बैठे रहा करें। और बातचीत भी क्या! मछलियाँ कितनी तरह की होती हैं! अंग्रेज़ों के लंच में कौन सी चीज़ें होती हैं। मैंने ऐसे कई लोग देखे जो खाने के शौक़ीन हैं। लेकिन खाने की चीज़ों के जिक्र के शौक़ीन तो मैंने कहीं नहीं देखे।''

मैंने मुँह बनाकर कहा, ''लेकिन बैठना तो पड़ता ही है। बॉस है न! वह भी ऐसा कि जो खाना खाने के लिए बुलाए और घंटों बैठाए। रोज़ पार्टी!''

उसने कहा, ''अज़ी, हद हो गई! एक तो बहस की एक-न-एक चीज़ वो ख़ुद छेड़ते हैं, और उनकी बात न मानने पर बिगड़ पड़ते हैं। ख़ुद तो बच्चे हो जाते हैं और बुज़ुर्गी का अधिकार चाहते हैं!''

यह कहकर जगत ने बहुत उदास होकर अपना मुँह लटका लिया। मैं उसके चेहरे

की तरफ़ देखता रहा। क्रमशः मेरी तरफ़ भी एक तेज़ाब-आग लपकने लगी थी। एक भाव है—जिसका नाम है नपुंसक क्रोध! इस भाव का अनुभव हर उस आदमी को होता है (यह लगभग अनिवार्य नियम है) जिसने अपने जीवन की रक्षा के लिए अपनी स्वतन्त्रता बेच खाई है। जिस समाज में जननेन्द्रिय भी बेची जाती है, वहाँ व्यक्तिगत स्वतन्त्रता भी बिकती है। आदमी तैयार रहते हैं कि आओ, हमें ख़रीदो। आत्मा की स्वतन्त्रता बेचनेवालों की संख्या असीम है। उतनी ही बड़ी संख्या है आत्मा को रेहन रखनेवालों की। एक बार हमारे बॉस ने हममें से हरेक को खाने के लिए तीन-तीन आम दिए। मैंने अपने पड़ोस के एक दरबारी से कहा कि एक आम का एक घंटा। बैठो बेटा अब तीन-तीन घंटे इस बूढ़े के साथ! मज़ा यह है कि हम सब लोग बराबर उतनी ही देर क्या, बल्कि उससे ज़्यादा बैठे। शाम को छह बजे से जो गोष्ठी शुरू हुई तो रात के ग्यारह बज गए!

हमारे बॉस के अनुसार यह हाई क्लास सोसायटी है। और हम उस सोसायटी के अंग हैं। वे कहते हैं कि हमें सोशल होना चाहिए।

बाज़ आए हम ऐसी सोसायटी से, और किसी भी सोसायटी से। मुझे मालूम है कि बहुत-से गप्पी, बहुत-से सभा-जीत, बहुत-से बैठक-बाज़ और महफिल-बाज़ लोग फ़ालतू की बातचीत को सौन्दर्य-कला का रूप देते हुए घंटों बैठ सकते हैं, और फिर भी अपने साथ बैठने-उठनेवालों के प्रति उनके हृदय में कोई विशेष या साधारण प्रेम-सम्बन्ध भी नहीं होता। वे अपनी 'सम्मिलन-वासना' को सामाजिकता समझते हैं। मैं ऐसे मिलन-प्रेमियों का उतना ही विरोधी हूँ जितना स्टालिन-ट्रॉट्स्की का!

फिर भी मैं बॉस के प्रति बेईमानी नहीं करनाचाहता। वे एक उच्चाशय व्यक्ति हैं। उन्होंने हमें बहुत मदद दी है। वे हमें अपना समझते हैं। हम भी उन्हें अपना समझते हैं। आत्मीयता दोनों ओर से है; इसलिए जब आग लगती है तो दोनों ओर लगती है, दोनों ओर से लगती है।

उनका हमारे प्रति निःस्वार्थ प्रेम-भाव है, कृपा-भाव है। किन्तु प्रेम के भीतर एक जो अधिकार-प्रियता रहती है, वह भी उनमें है। जीवन-भर वे शासक और अनुशासक रहे हैं। उनकी स्वाभाविक अधिकारप्रियता में यह स्नेहाधिकार भी आकर मिल जाता है, और हमें दोनों बरदाश्त करने पड़ते हैं। हमारे वे श्रद्धेय, जीवन में एकाकी हैं, निस्संग हैं। वे अपने अकेलेपन से घबराते हैं, ऊबते हैं, हर पल साथ चाहते हैं, संग चाहते हैं। वे वृद्धापकाल के समीप हैं; और अपने कर्मचारियों और अधिकारियों के सामीप्य द्वारा अपनी शून्यता और एकाकीपन को दूर करते हैं। तसवीर का यह एक पहलू है। दूसरा पहलू यह है कि अधीन कर्मचारी और सहायक-गण नवयुवक हैं और वे एक बुज़ुर्ग के साथ घंटों तक नहीं बैठ सकते। वे घूमना चाहते हैं, फिरना चाहते हैं, स्वतन्त्रतापूर्वक, ख़ासकर शाम को, रात को। बुज़ुर्ग के पास आख़िर आज़ादी बरती भी तो नहीं जा सकती, न उनकी बात में मज़ा आता है।

दोनों में दो ज़मानों का फ़र्क़ है; फिर दोनों के बीच बड़े फ़ासले हैं। फिर भी दरबार लगता है, जिसमें भूत-पिशाचों से लेकर कम्युनिस्टों तक, और साँप-बिच्छू से लेकर केन्द्रीय मन्त्रिमंडल तक, तथा ल्यूकीमिया और कॉरोनरी थ्रॉम्बॉसिस से सत्यनारायण की कथा तक—सब विषयों पर सही-ग़लत बातचीत होती है, मज़ाक़ होता है और झगड़े भी होते हैं। किन्तु अब ये सारे विषय और कांड इतनी बार हो चुके हैं कि ख़ास कहने-सुनने को किसी के पास कुछ भी नहीं रह गया है। फिर भी दरबार लगता ही है। और अगर उसमें न जाया जाए तो आदमी नज़र में आ जाता है। नज़र से गिर जाता है। और अब तो यह हालत हो गई कि सिर्फ़ डिनर, लंच और टी-पार्टी के भरोसे ही यह दरबार जैसे-तैसे चल रहा है।

आजकल एक मज़ाक़ चल पड़ा है। दरबारी लोग कहते हैं कि हमारे बॉस हमारे 'ख़ाविन्द' हैं और हम सब उनकी नौजवान रखैलें हैं। हाँ, इसमें सीनियर-जूनियर रखैलें भी हैं। और इन रखैलों में स्वभावतः ईर्ष्या-द्वेष भी। लेकिन उनमें से किसी में यह ताव नहीं है कि पूरी हालत मालिक को समझा दें! फिर भी भीतर-भीतर आग सुलग रही है। इस संघर्ष ने कई सवाल पैदा कर दिए हैं। उन सवालों में से कई और सवाल शाखाओं की भाँति फूट निकले हैं। आजकल दरबारियों में एक-दूसरे का छिद्रान्वेषण ख़ूब चल रहा है।

जगत ने एक अज़ीब बात कही, ''एक ओर तो हम सब अकेले हैं और चाहते हैं कि एक-दूसरे का गहरा साथ हो। लेकिन यह हो नहीं पाता, यह नहीं हो सकता।''

मैंने गोली दागकर कहा, ''नहीं होना भी चाहिए!''

जगत ने कोई आश्चर्य व्यक्त नहीं किया। वह सिर्फ़ अपनी उँगलियाँ तोड़ता रहा। फिर मैंने ही बात आगे बढ़ाई, ''वैसे हर आदमी भला है! बुरा कौन है!—कोई नहीं! और जो बुरे हैं वे इसलिए हैं कि उन्हें मालूम है कि खोटा सिक्का अच्छा चलता है। वे बुरे नहीं। चतुर हैं वे, सिर्फ़ चतुर! ये सब पढ़े-लिखे हैं। कोई एम.ए. तो कोई डॉक्टर! लेकिन ये किस मर्ज़ की दवा हैं!

''वे आते हैं, ख़ूब अच्छी बातें करते हैं, अच्छा आतिथ्य-सत्कार करते हैं। उनकी सबसे बड़ी इच्छा क्या है? वे सबकी दृष्टि में ऊँचे और अच्छे बने रहें और उनके प्रभाव का विस्तार हो। इसीलिए ये सब लोग बड़े आदमियों के चक्कर में हैं, दूर-दूर के लोगों से पत्र-व्यवहार करते हैं, उनके काम आते हैं। अगर ये देश का अध्ययन भी करते हैं, तो इसीलिए कि इस बहाने ही कुछ पैसा और प्रभाव हाथ आ जाए। ये लम्बी-चौड़ी बातें करते हैं; लेकिन अपनी बात निभा नहीं सकते। हम-सरीखे छोटे आदमी के प्रति—जनसाधारण के प्रति, उनकी दृष्टि ओछी और छिछली है। ये विचारों में रहते हैं। लेकिन वे हवा के रुख़ को देखकर ही विचार और भाव रखेंगे। हवा के रुख़ को देखकर ही ये बात बनाएँगे, बात बदल देंगे...''

मैं कहता गया, ''बाक़ी के जो ये पढ़े-लिखे लोग हैं, वे इस फ़िक्र में हैं कि

शार्कस्किन की पैंट और खद्दर की धोती कहीं ख़राब तो नहीं हो गई है। शिक्षित-संस्कृत लोग इस विशेष जीवन-प्रणाली के उपासक हैं। वह विशेष जीवन-प्रणाली ही उनके लिए सब कुछ है। वे अपनी उस उच्चतर जीवन-प्रणाली की रक्षा के लिए ही संघर्ष करते हैं। वही उनका आदर्श है। इसीलिए एक डी.एस.सी. (डॉक्टर ऑफ़ सायन्स) हमारे यहाँ एस.डी.ओ. (सब-डिवीज़नल ऑफ़िसर) है। कई फ़र्स्ट क्लास एम.ए. आजकल कलेक्टर हैं, आई.ए.एस. हैं। यह नहीं कि उन्हें विज्ञान के प्रति एकनिष्ठ अभिरुचि थी, इसीलिए वे डी.एस-सी. फ़र्स्ट क्लास एम.ए. हुए हैं; या उन्हें देश के कार्य-संचालन के प्रति विशेष अनुराग है, इसीलिए वे आई.ए.एस. हुए हैं। न, न, न। इसीलिए बिलकुल नहीं! वे डी.एस-सी. या आई.ए.एस. इसलिए हुए हैं कि उन्हें पैसा और प्रभाव मिले, पद और प्रतिष्ठा प्राप्त हो, ख़ूबसूरत ज़िन्दगी जीने को मिले! मैं यह नहीं कहता कि उनमें ऐसे लोग नहीं जिनमें भलमनसाहत है। उनमें बहुत-सी अशान्त आत्माएँ भी हैं! लेकिन कुल मिलाकर क्या है ? कुछ नहीं! उनसे हमारे जो दरमियानी फ़ासले बने हुए हैं, वे बने रहेंगे। हम उनके बीच अकेले हैं, अकेले रहेंगे!

"हाँ, यह सही है कि ऐसे पढ़े-लिखे लोग भी हैं जिन्हें देश की दशा को देखकर अपना कहीं ठिकाना लगता-सा मालूम नहीं होता। वे निराश इसलिए हैं कि वे किंकर्तव्यमूढ़ हैं। वे क्लर्क हैं, वे छोटे अफ़सर, छोटे दुकानदार हैं। वे कॉलेज के लेक्चरर हैं। वे अपनी जीवन-प्रणाली की रक्षा के लिए चाहे जो करते हैं, कोई रिश्वत खाता है तो कोई कुंजियाँ लिखता है, तो कोई पैसे लेकर फ़ेल को पास करता है! उनके लेखे, बेवक़ूफ़ वह है जिसकी कुछ नहीं चलती, जो अपने पेट को काटकर, बाल-बच्चों को तरसा-तरसाकर जीवन-यापन करता है। ऐसे ये लोग हैं! ये शिक्षित हैं, संस्कृत हैं! अपनी बर्बरता को ढाँकने के लिए रवीन्द्र की जयन्तियाँ मनाते हैं, अपने पशुत्व को छिपाने के लिए सुन्दर भावों से जंगली आत्मा को ढँकते हैं, पैसा और नाम दोनों कमाते हैं। हवा के रुख़ को देखकर बात करते हैं, सभा को देखकर टोपी बदलते हैं। और अमरीका जाते हैं, लेकिन अपने ही शहर की गन्दी बस्तियों के घरों में झाँककर नहीं देखते!

"उनमें से बहुतेरे बुद्धिमान् हैं, बहुतेरे ज्ञान-सम्पन्न भी हैं, कलाकार हैं और पंडित भी। लेकिन बड़ी-बड़ी किताबें लिखते हुए बंजर हैं, इसलिए कि उनकी आत्मा ऐसी जननेन्द्रिय के समान है जिसकी तिज़ारत होती है। आजकल का सेठ साफ़-साफ़ कहता है कि पैसों से मैं इन्हें ख़रीद लूँगा। वह जानता है कि इनसे चाहे जो करवाया जा सकता है। उधर ये ख़ुद ख़रीदे जाने का इन्तज़ार कर रहे हैं। कोई आए और उनकी बोली लगाए। इनसे हमारे दरमियानी फ़ासले बने रहेंगे, और बने रहने चाहिए, उन्हें बनाए रखना चाहिए। दुनिया के किसी अँधेरे अकेले कोने में मर जाना बुरा नहीं है!"

जगत स्तब्ध था। शायद वह अपनी ख़ुद की कोई परेशानी लेकर आया था। शायद

वह यह सोचता था कि वह अपनी कुछ जी की बातें कहकर दिल को हलका करेगा। लेकिन उसे मौक़ा नहीं मिला। मेरे दिल में उसाँस अभी बाक़ी थी, भाप अभी बाक़ी थी। वह निकलना चाहती थी। मैंने उससे कहा, "ज़्यादा-से-ज़्यादा ये लोग कौन सी अच्छाई करते हैं? भलाई का कौन-सा रूप उन्हें मुआफ़िक़ होता है? वह है अपनों की, या जिन पर उनकी कृपादृष्टि है उनकी, हर तरह से परवरिश करना, उनके लिए दया और करुणा से भीग उठना। मैं ख़ुद उनकी दया और करुणा, कृपा और सहानुभूति का उपयोग करके ज़िन्दगी चलाता हूँ। इसकी मुझे क़ीमत भी देनी पड़ती है। मैंने सिर्फ़ एक काम अच्छा किया है। बड़े आदमियों के ज़्यादा बड़े चक्कर में न पड़कर मैंने आम तौर से छोटे आदमियों का अहसान लिया है। वे छोटे आदमी यह नहीं कहते कि तुम अपनी आत्मा बेच दो।..."

"...ये लोग तो एक ओर व्यक्ति-स्वतन्त्रता का नारा लगाते हैं, लेकिन स्वतन्त्रता को ख़रीदने और बेचने की व्यवस्था को बरक़रार रखते हैं। अजी, सरकार ही नहीं, आजकल का सेठ भी स्क्रीनिंग करता है! देखा नहीं तुमने उस कलकतिए सेठ को? जिस समाज में व्यक्तिगत स्वतन्त्रता ख़रीदी और बेची जा सकती है, उस समाज में ख़रीदने और बेचने की स्वतन्त्रता है, व्यक्तिगत स्वतन्त्रता नहीं। इसलिए पश्चिमी देश उन देशों को भी स्वतन्त्र (फ़्री) कहते हैं जहाँ पूरी सैनिक तानाशाही है। वे ऐसा क्यों कहते हैं? वे इसलिए ऐसा कहते हैं कि उन देशों में ख़रीदने और ख़रीदे जाने, बेचने और बेचे जाने की, यानी कि मुनाफ़ा कमाने की, व्यापार की निजी पूँजी से आदमी को ग़ुलाम बनाने की, स्वतन्त्रता है। वही बुनियादी उसूल हमारे यहाँ भी एक अनिवार्य प्राकृतिक नियम की भाँति चला हुआ है।"

जगत मेरी तरफ़ देखता रहा। वह परेशान था कि मुझे क्या हो गया है! जी हाँ, मैंने कुछ नहीं कमाया, सिर्फ़ अकेलापन कमाया। मैं क्या करता! कौन मेरी बात सुने!

मैं क्या करता हूँ? ज़्यादा-से-ज़्यादा ढीमरों (कहारों), महारों और कुनबियों के मुहल्ले में चाय पीता हूँ। जी हाँ, मैंने वहाँ के दृश्य देखे हैं लेकिन साफ़ बात है कि मैं ख़ुद महार, कुनबी, ढीमर, मुसलमान या ईसाई नहीं हो सकता...जी हाँ, मेरे हमदर्दों ने मुझे हज़ार बार कहा कि यह छोटा शहर है, तुम यहाँ के बड़े आदमी हो, वहाँ जाकर चाय वग़ैरह न पिया करो। लेकिन मुझे वहाँ आराम मिलता है। कॉफ़ी-हाउसों में यूँ ही मेरे दिमाग़ में तनाव पैदा हो जाता है, बेहद तनाव पैदा होता है, और मुझे टी.एस. ईलियट की कुछ पंक्तियाँ याद आती हैं—

We are the hollow men
We are the stuffed men
    [हम पोले-पोचे आदमी हैं, हम भुसभरे लोग हैं]
We measure our life with coffee spoons
    [हम कॉफ़ी के चम्मचों से अपनी ज़िन्दगी मापते हैं]

और भी तरह-तरह के बुरे-बुरे ख़यालात मेरे दिमाग़ में आते हैं। उनसे छुटकारा मुझे मिलता है, ढीमरों (कहारों) के होटलों में जाकर ही। यह बात सही है कि अब मैंने वहाँ पहुँचने के लिए गलियाँ ढूँढ़ निकाली हैं, जिससे कि मैं उन आँखों से बच सकूँ जो मेरी निन्दा करती हैं। सस्ते कपड़े का सूट निकालकर फेंक देता हूँ और उन गलियों को रवाना हो जाता हूँ।

लेकिन मैं होटल में जाता ही क्यों हूँ? जवाब शायद आपको पसन्द नहीं आएगा, विश्वसनीय नहीं होगा। लेकिन यह सच है कि वहाँ जाकर आबोहवा बदल जाती है। अपनी ख़ुद की उस आबोहवा से छुटकारा मिलता है, जिससे हम तंग आए होते हैं। वह छुटकारे की और कभी-कभी पुनर्विचार की और स्वप्नालुता की जगह होती है। जिस आदमी के पैर के नीचे लगभग हमेशा सड़क होती है, उस आदमी से ज़रा पूछ-ताछ कीजिए और आपको सही हालात मालूम हो जाएँगे।

लेकिन, यह भी सही है कि हर एक को हर जगह प्रिय नहीं होती। पीले उतरे हुए चेहरोंवाले उत्तेजना प्रिय सौन्दर्यवादियों के स्थान मुझे अच्छे नहीं लगते! अपनी व्यक्तिगत प्रतिक्रिया के कारण मुझे ऐसे कई स्थान भ्रष्ट मालूम होते थे। वहाँ लम्बी जीभवाले राजनीतिक कार्यकर्तागण, उच्छृंखल क़ीमती सूटवाला विद्यार्थी समुदाय, तरह-तरह के उद्देश्योंवाले सर्वज्ञ पत्रकार, वकील और फ़ैशनेबल स्त्रियाँ और उनके पुरुष साथी आते हैं। तब उनके साथ सफ़ेदपोश गुप्तचर और कुछ एरिस्टोक्रैटिक जुआड़ी और व्यापारी भी आते हैं। ये सब बला हैं। इन सबके जमघट से मेरी नहीं बन सकती। मैं तो अपने विचारों में खोया हुआ चला चलता हूँ, और ऐसे ही निम्नवर्गीय चायघरों में जाकर बैठ जाता हूँ। और मुझे गहरा छुटकारा हासिल होता है।

ईंट, पत्थर, राख, धुआँ और गोबर, इन सबके अलग-अलग और तरह-तरह के रंगों को मिलाकर ही इन निम्नवर्गीय चायघरों का चित्र प्रस्तुत किया जा सकता है। मैं इन सबका आदर्शीकरण नहीं करना चाहता। फिर भी मैं यह कहूँगा कि वहाँ मुझे काफ़ी दोस्ती हासिल हुई। दिल खुले और मुझे लगा कि मैं जो यहाँ विद्या का पति हूँ (एम.ए.) और पढ़ाता हूँ, उनके लिए आदरणीय हूँ। इन छोटे-छोटों से—चाहे वे निम्न-मध्यवर्ग के ही क्यों न हों—मुझे बहुत बार सहायता भी प्राप्त हुई।

लेकिन साथ ही मैं यह भी कहूँगा कि इन स्थानों में से कुछ अवश्य दुराचार के अड्डे हैं। और यह जानकर आपको आश्चर्य होगा कि उच्चवर्गीय शिक्षित जनों में से कई लोग ज़ीने पर से नीचे उतरते हुए पैंट के बटन लगाते हुए यहाँ भी नज़र आए हैं।

इतना अच्छा है कि इन चाय-घरों में से सब ऐसे नहीं हैं, और जो हैं, वे बे-बोले सबको मालूम हैं (शुरू में मुझे मालूम नहीं था)। और यह जो दुराचार है उसकी ज़िम्मेदारी एक ओर ग़रीबी की वेदना और [दूसरी ओर] धन की अहं-ग्रस्त वासना के युग्मीकरण की स्थिति पर है।

जगत को ग़ौर से देखने की फ़ुरसत मुझे अब मिली। मैंने देखा कि उसका चेहरा, भावहीन, वर्णहीन दिखाई दे रहा है। वह एकदम कुरसी पर से उठकर कमरे के बीचोबीच खड़ा हो गया। ज़रा ऊपर देखने लगा और फिर मेरी ओर आँखें फिराईं। मैं कुछ कहने ही जा रहा था कि उसने मेरी ओर क़दम बढ़ाए। ऐसा लगा कि जैसे मुझे वह मारने जा रहा है, लेकिन वह मेरे बिलकुल क़रीब आकर पासवाली कुरसी पर धप्-से बैठ गया। तब मुझे ख़याल आया कि वह मेरी बातों से परेशान हो गया है। मैंने चिन्तित होकर पूछा, ''ओह, तुम तुम मेरी बातों से ऊब गए हो!''

उसने अंग्रेज़ी में कहा, ''नहीं, नहीं!''

इतने में अचानक ही कुरसी पर बैठे-बैठे पैर हिलाना शुरू किया। और कुछ क्षण के बाद वह गति भी बन्द कर दी। और पत्थर की बुत-जैसी आकृति बना ली।

चुप्पी का छोटा-सा हायफ़न एक लम्बी लकीर बनता गया। कमरे के सन्नाटे में अपने-अपने छुपे ख़यालों की आवाज़ें गूँजने लगीं।

मैंने सन्नाटा तोड़ने के लिए कहा, ''तुम्हें मेरी बातों पर विश्वास नहीं होता होगा।''

उसने अंग्रेज़ी में कहा, ''नहीं, नहीं!'' और तब मुझे मालूम हुआ कि उसके बोलने में फ़र्क़ आ गया है। वह इस तरह आवाज़ निकाल रहा है, जैसे उसके गले में कुछ अटक गया हो!

और तब अकस्मात् एक अनजाना तूफ़ान ऊँचा उठता, नीचे गिरता हुआ, ज़मीन-आसमान मिलाते हुए बहने लगा।

जगत ने धाराप्रवाह अंग्रेज़ी में कहना शुरू किया, ''तुम समझते हो कि यह समस्या तुम्हीं ने देखी है, तुम्हीं ने अनुभव की है। लेकिन यह ग़लत है। हिन्दुस्तान ही नहीं, पश्चिम के सच्चे और ईमानदार लोगों ने भी इसका अनुभव किया। न मालूम कितने साहित्यकारों और कलाकारों ने। लेकिन उन्होंने इस समस्या का चित्रण भी किया। यह कहना ग़लत है कि हर पढ़ा-लिखा आदमी, और सभी पढ़े-लिखे आदमी वैसे ही होते हैं, जैसा तुम कहते हो। यह एकदम ग़लत है। मुझे आश्चर्य है कि तुम ऐसा आख़िर कह ही कैसे सकते हो? हरेक पढ़े-लिखे आदमी के बारे में तुम वैसा नहीं कह सकते। तुम्हारी यह राय केवल तीव्र भावना से पैदा हुई है। मैं हज़ारों ऐसे आदमी बता सकता हूँ जो सचाई न सिर्फ़ पसन्द करते हैं, प्रत्युत उसकी लौ में रहते हैं। मैं चेतना की तीव्रता और चेतना के स्तर में अन्तर करता हूँ। उनकी चेतना का स्तर भले ही विकसित न हो, किन्तु जहाँ तक बुराई से ख़ुद के बचाव का सवाल है, वे तुमसे ज़्यादा अच्छे मिलेंगे। जी हाँ, एक तरह से वे भी अकेले हैं। हर आदमी अपने आन्तरिक जीवन में, एक क्षण में संग-रहित है—चाहे वह क्षण लम्बा ही क्यों न हो—और दूसरे क्षण संग-सहित है। प्रश्न यह है कि वह संग-हीनता कहाँ तक फलीभूत होती है और संग-सहित तत्त्व कहाँ तक फलीभूत होता है? यह प्रश्न जितना आन्तरिक है, उतना ही बाह्य! तुम उस आदमी की बात कर रहे हो जो कर्मशक्ति से शून्य है, साथ ही

जो अत्यधिक भावुक है। कर्म मनुष्य को उसकी परिस्थिति से तथा अन्य मनुष्यों से सिर्फ़ जोड़ता ही नहीं है, वह उन्हें मोड़ता भी है। सारे पढ़े-लिखे आदमी कर्मशून्य और निस्संग हैं, यह कहना ग़लत है। साथ ही यह भी कहना ग़लत है कि उनके जीवन-मूल्य ठीक-ठिकाने के नहीं हैं। यह मैं मानने के लिए क़तई तैयार नहीं हूँ। दूसरे, यह कहना भी निस्सार है कि तुम्हें अपना वर्ग पसन्द नहीं, इसलिए तुम निचले तबक़े में जाना चाहते हो—जैसा कि तुमने संकेत दिया (स्पष्ट शब्दों में तुमने यह नहीं कहा—यह ठीक है)। क्योंकि चाहिए तो यह कि तुम अपनी श्रेणी को नीचे की श्रेणी के साथ लाओ और उस स्थिति के लिए उसे तैयार कराओ, यह तुमसे नहीं होता, क्योंकि तुम अपनी श्रेणी को ही नहीं समझते। न तुम निचली श्रेणी को ही समझते हो, न इस तरह उसे समझोगे। मैं दुहराना चाहता हूँ कि चाहिए तो यह कि तुम अपनी श्रेणी को सामान्य जनता के उद्धार-लक्ष्यों और उद्देश्यों के समीप लाओ! लेकिन वह तुमसे नहीं होता। जिस तरह तुम इस समस्याको हल करना चाहते हो, वह उसके हल करने का तरीक़ा नहीं है। उससे सिर्फ़ तुम अपने लोगों से सामंजस्य और भी बिगाड़ लोगे। तुम्हारा जीवन और विच्छृंखल हो जाएगा, जब तक कि तुम अपने उद्देश्य तक पहुँचने का मार्ग न पा सको। वहाँ तक जाने के लिए अपने वर्ग का बायकाट करने की ज़रूरत नहीं है—कम-से-कम अभी नहीं है। वह निम्न-मध्यवर्ग है। उनमें से कुछ लोग थोड़े ऊपर पहुँच गए हैं, तो भी वह ग़रीब वर्ग है, भले ही वह तुम्हारे अनुसार 'भद्रता' से 'ग्रस्त' हो। यह सही है कि तुम उसका बायकाट कर उपरली श्रेणी में नहीं घुसना चाहते, वरन् निचली श्रेणी की ओर उन्मुख हो। लेकिन केवल इतना काफ़ी नहीं है। और भी बहुत-सी चीज़ें ज़रूरी हैं। हज़ारों पीढ़ियों से जो पुण्य एकत्र हुआ है, हमारे समाज में (पाप भी इकट्ठा हुआ है), उसका कुछ-न-कुछ प्रभाव पढ़े-लिखों पर भी मिलेगा। वे उस मानवीय सहानुभूति से इतने रिक्त नहीं हैं, जितना तुम समझते हो। हाँ, यह सम्भव है कि ऊपर-ऊपर से वैसा दिखता हो, मानो वे बिलकुल रिक्त हों। लेकिन ज़रा टटोलकर, भीतर घुसकर देखो तो तुम्हें पता चलेगा कि इस मझोली श्रेणी में सामाजिक न्याय की भावना पहले ही से कम या अधिक मात्रा में वर्तमान है। इसलिए जो मिलता है उसे प्राप्त करो, जो नहीं मिलता उसको उगाने के बीज बोओ। हाँ, यह सही है कि वहाँ बंजर ज़मीन भी मिलेगी। तो क्या हुआ! उतने को छोड़ दो या तोड़ दो। दिन में भी आसमान में तारे होते हैं। उनके प्रकाश की किरनें हमें दिखतीं नहीं। लेकिन पृथ्वी पर गिरती ज़रूर हैं, भले ही दिन का उजाला हो। इसी तरह अनगिनत मनुष्यों की अनगिनत अच्छाइयाँ भले ही हमसे ओझल रहें, हमें न दिखें, लेकिन वे किसी-न-किसी रूप में हम तक पहुँचती ज़रूर हैं, नहीं तो यह दुनिया न चलती। सृजन-प्रक्रिया स्वयं में एक शक्ति, सृजनशील शक्ति है—वह प्रसारशील भी है...हाँ, यह सही है कि वह भौतिक स्थिति के आधार पर टिकी है—अकाल में भूखी औरतें बच्चों को बेचती देखी गई हैं, और पेट के लिए स्त्रियाँ शरीर को बेचती हैं, और आदमी

अपनी अक़्ल को और मेहनत को बेचता है। तो उसी शक्ति का यह तक़ाज़ा है कि मनुष्य सामाजिक न्याय के लिए आगे आए; मैदान में आकर कर्मसूत्र सँभाले। सिर्फ़ दरमियानी फ़ासलों को देखकर उनसे घबराए नहीं, वरन् उन खाइयों को फाँदने के रास्ते और पुल तैयार करे। यह कार्य केवल कर्मशील व्यक्ति ही कर सकता है। केवल भावुक स्वप्नालु व्यक्ति नहीं। तुम कर्मशून्य हो, इसलिए निस्संग हो। यह भूलो नहीं। हाँ, यहाँ कर्म का अर्थ जीविका-निर्वाह का कर्म नहीं है, वरन् वह कर्म है, जहाँ [स्वार्थ] नहीं होता।''

जगत ने मेरी ओर देखा। उसकी आँखों में एक चिन्तापूर्ण उद्विग्नता थी। यह स्वाभाविक था, क्योंकि उसने मुझ पर व्यक्तिगत आक्षेप कर दिया था। वह मुझे कहता था कि मैं अपनी श्रेणी से ही किनारा करता हूँ, इसलिए मैं उसे समझ नहीं पाता। लेकिन क्या उसका यह कहना एक आरोप के रूप में उचित था? मेरा अभी तक यह ख़याल है कि निम्न-मध्यवर्ग या, उससे कुछ ऊपर के उच्च-मध्यवर्ग को अपने से फ़ुरसत नहीं। उसकी शिक्षा और संस्कृति केवल ऊँचे ढंग की जीवन-निर्वाह-प्रणाली के उद्देश्य की पूर्ति के निमित्त हैं। उदर से लेकर शिक्षण तक की पूर्तिवाला जो मात्र ऐन्द्रियिक जीवन है, उस पर एक अच्छी-खासी बौद्धिक क़लई है। बे-पढ़े-लिखे वर्ग के पास यह मुलम्मा नहीं है। पढ़े-लिखे वर्ग ने उसे संस्कृति का लक्षण बना लिया है। उनकी आदर्शपूर्ण राजनीति कमाई का एक ज़रिया है, व्यक्ति की अपनी आत्मा को सहलाने का एक तरीक़ा है—संस्कृति और संस्कृति की बातचीत। मतलब यह कि जगत की युक्तियाँ मुझे निराधार लगीं। मेरा जी भड़भड़ा रहा था। मैंने उससे कहा, ''आख़िर तुम आदमी से चाहते क्या हो?''

जगत कहने लगा, ''अलग-अलग लोग अलग-अलग अपेक्षाएँ रखेंगे।''

मैंने बात काटकर जवाब देना चाहा, ''पढ़े-लिखे आदमियों से स्वयं तुम्हारी क्या अपेक्षाएँ हैं?''

जगत ने उत्तर दिया, ''यही कि वे अपनी विद्या-बुद्धि द्वारा संस्कृति, समाज और मानवता के विकास में अपनी-अपनी प्रतिभा के अनुसार, किन्तु पूर्ण हृदय से, योग देंगे!''

मैंने कहा, ''तुम अपनी इस अपेक्षा-सम्बन्धी मान्यता पर टिके रहोगे न?''

जगत ने स्वीकृति की सूचना देते हुए सिर हिला दिया। मैंने कहा, ''इसके लिए उन्हें, एक ओर, जन-सामान्य के सुख-दुःख और स्थिति-परिस्थिति की ओर देखना होगा, और दूसरी ओर, अपने व्यक्तिगत हित को सामान्य हित के अनुरूप बनाना होगा, न? क्या वे ऐसा करते हैं? क्या उनमें इतनी सहानुभूति-क्षमता, इतनी सामाजिक-न्याय-भावना, इतनी जिज्ञासा और बुद्धि है? इतना विवेक है?''

जगत ने कहा, ''नहीं। और इसके कारण क्या हैं, तुम जानते हो? मौजूदा समाज में प्रभुत्व है धन का, व्यक्तिगत लोभ का, अपने हित के लिए पैसा कमाने का—

व्यक्तिगत लोभ-प्राप्ति ही प्रधान उद्देश्य। इसलिए एक कर्मचारी ज़्यादा-से-ज़्यादा पैसा लेना चाहेगा, कम-से-कम काम करेगा। उसी प्रकार उसका मालिक ज़्यादा-से-ज़्यादा काम लेना चाहेगा और कम-से-कम पैसा देगा। आजकल के पढ़े-लिखे एम.ए. पास निम्न-मध्यवर्गियों का भरण-पोषण भी मुश्किल से हो रहा है। इसलिए अपनी सारी सद्बुद्धि और प्रतिभा को दर-किनार कर वह मेहनत करता है, और पैसे के बारे में सोचता रहता है। इसमें उसका क्या दोष है?''

मैंने जवाब दिया, ''दोष का प्रश्न नहीं है। सवाल है कि वे अपने से उठकर और अपने से परे कुछ सोचने और कहने के लिए तैयार नहीं हैं। उन्होंने गुड-लिविंग, 'अच्छी ज़िन्दगी बसर करना' एक आदर्श बना लिया है। माना कि इसमें भी उनका दोष नहीं है। लेकिन इसका नतीज़ा यह होता है कि वे एक जड़-सत्ता के रूप में सामने आते हैं। साथ ही सोचने-विचारने की ताक़त का इस्तेमाल न करते रहने से वे उन ख़यालात का शिकार होते हैं, जो इस मझोले दर्जे के लोगों में फैलाए जाते हैं। विचारों के प्रचार [के लिए] आर्थिक और संगठनात्मक साधन और शक्ति उनके पास नहीं है। इतनी उन्हें दिलचस्पी भी नहीं है। लिहाज़ा, एक ओर, 'खाओ, पिओ, मौज करो' का सिद्धान्त जाने-अनजाने 'मारो-खाओ, हाथ मत आओ' के सिद्धान्त में बदल जाता है। परिणामत: मंच पर खड़े होकर भले ही ये लोग रवीन्द्र और गांधी जयन्तियाँ मना लें या श्रोता के सामने सिर हिलाते रहें, किन्तु ये लोग सिर्फ़ 'अच्छी ज़िन्दगी वसर करना' वाले सिद्धान्त को मानकर चलते हैं।

जगत ने कहा, ''मैं उनके सम्बन्ध में इतना निराश नहीं हूँ।''

मैंने खेदपूर्वक केवल अपना सिर हिला दिया। और फिर कहा, ''ख़ैर, ऐसे लोगों से मेरी नहीं पट सकती। समाज के सर्वोच्च स्तर पर ऐसी शक्तियाँ मौज़ूद हैं, जो मनुष्य को, एक ओर, पशु बनाना चाहती हैं, दूसरी ओर, उसकी विचारशक्ति को भ्रष्ट और फिर नष्ट करना चाहता हैं; और केवल उसे ऐन्द्रियिक उत्तेजना प्रदान करना चाहती हैं।''

अब जगत ने अपना आख़िरी दाँव निकाला और फेंका, ''लेकिन, तुम अगर यह सोचते हो कि गन्दे होटलों में चाय पीकर बड़ा जन-सम्पर्क स्थापित कर रहे हो तो यह एकदम बेबुनियाद बात है। यह सिर्फ़—तुम्हारा पलायन है, या ज़्यादा-से-ज़्यादा एक प्रकार का एनार्किक रोमैंटिसिज़्म है! इससे ज़्यादा कुछ नहीं।''

मैंने एक गहरी साँस खींची। जी धँस गया। और फिर उसे दिल की बात बताई, ''मैं जब छोटा था, मेरी माँ मुझे गन्दे बच्चों में खेलने पर डाँटती थी। जानते हो क्यों? इसलिए कि मैं एक बड़े अफ़सर का बेटा था। इसलिए कि मैं उन अति-सामान्यों से बहुत ऊँचे स्तर के परिवार का था। हाँ, यह सही है कि मैंने मूवमेण्ट में काम किया और फिर हट गया। लेकिन जब काम किया, पूरी भावना से किया। वह भावना अब भी है। आख़िर निचला आदमी हिक़ारत से क्यों देखा जाता है? काहे का सोशल-

स्टेटस ? क्या तुम्हारे कबीर ने यह पढ़ाया था ? या तुकाराम ने यह पढ़ाया था ? या चंडीदास ने ? जी हाँ, मैं कोई काम करता हूँ, पूरे दिल से करता हूँ। नहीं तो नहीं करता। मेरी माँ ख़ुद ग़रीब घर से आई थी; और ग़रीब घर तथा उसकी पिछड़ी संस्कृति हमारे पिता के घर में उपहास और निन्दा का विषय बनती थी। लेकिन वही जब अच्छे खाते-पीते परिवार की गृह-लक्ष्मी बनी, धीरे-धीरे अपनी ज़मीन को तिरस्कार से देखने लगी। क्यों ? उसी तरह हमारे ये बॉस और उनका क्या रुख़ है ? माना कि वे तुम्हारे और हमारे प्रति दयालु हैं, हमारी वे फ़िक्र करते हैं ! लेकिन क्या अच्छाई का सबूत यह है, क्या अच्छाई की कसौटी यह है, कि आदमी हमसे अच्छा व्यवहार करे, हमें सहायता करे, हमारे प्रति अनुराग रखे ? हम कहते हैं, फ़लाँ आदमी अच्छा है। सिर्फ़ इसलिए कि उसका हमारे प्रति अच्छा व्यवहार है ? क्या उसकी अच्छाई का यह अन्तिम और निर्णायक प्रमाण माना जा सकता है ? मेरे ख़याल से जो व्यक्ति सत्यपरायण और न्याय-भावना से प्रेरित है, साथ ही जिसका व्यक्तिगत हित जन-सामान्य के हित के ऊपर नहीं, उसके नीचे रहता है, और जिसके हृदय में हमारी ग़रीब जनता के लिए एक नदी लहराती है, वही मेरे ख़याल से अच्छा आदमी है; उसी में सच्चा सौजन्य है ! 'जनता' शब्द से घबराओ मत। आजकल यह शब्द 'असांस्कृतिक' हो रहा है, क्योंकि आजकल साहित्य के क्षेत्र में जनता का अर्थ 'भीड़' लिया जा रहा है। जी हाँ, पहले जन-सामान्य को ग़रीब रखो, शिक्षा और संस्कृति की उपलब्धि के लिए आर्थिक साधनों से उसे वंचित रखो, फिर उसे भीड़ कहो, उससे घृणा करो और ख़ुद इलाहाबादी प्रोफ़ेसर बनकर साल्वादोर द मादारिआगा की पंगत में बैठ जाओ ! संक्षेप में, उत्पीड़ित जनता से घृणा करो। और जो इस प्रवृत्ति का विरोध करे, उसे कम्युनिस्ट कहो, पेट पर लात मार दो, साले को भूखों मारकर मरवा डालो ! तुम्हारा-हमारा यह बॉस क्या करता है ? इस शिक्षा और संस्कृति के केन्द्र में तुम और हम हैं। हम उससे उपकृत हैं। हम उसके अहसानों के बोझ से दबे हुए हैं। हम उसे अच्छा आदमी कहते हैं। और वह एक अर्थ में अच्छा है भी। लेकिन इस केन्द्र की भूमि में पैर रखनेवाले—सदर बाज़ार से निकलकर इस केन्द्र में से गुज़रनेवाले—ग़रीब आदमियों के प्रति उसके दुर्व्यवहार को भी तुम देखो ! उसके लेखे, जो आदमी फटे-चिथड़े पहने है, वह या तो चोर और गुंडा है या चोर और गुंडे का सगा भाई है। मानो कि जैसे अच्छे-अच्छे नामी-गिरामी लोग इन-कमटैक्स की चोरी नहीं करते, रिश्वतख़ोरी नहीं करते, व्यभिचार नहीं करते, षड्यन्त्र नहीं करते—ये लोग जो धनी [हैं] और शिक्षा-संस्कृति की लीपा-पोती से सफ़ेद हो गए हैं ! अगर ऐसे नामी-गिरामी उसके अहाते में आए, तो वह दोनों हाथ बाँधे खड़ा रहेगा; ज़ाहिर करेगा कि उनसे मिलकर उसे ख़ुशी हुई है। लेकिन जब फटी चड्डीवाले इधर से गुज़रेंगे तो वह ऐसे गहरे सन्देह से, शक की नज़र से देखेगा ! कइयों को उसने पीटा है ! क्यों ? इसलिए कि कुछ फटीचर बच्चों ने उसके बग़ीचे के चार आम खा लिये ! और जब कॉलेज की लड़कियाँ फूल तोड़ लेती हैं और फल खा लेती हैं, तब ?

तब वह उनके पीछे-पीछे घूमता है ?

"और वह है कौन ? यहाँ की कई कम्पनियों का साझेदार है, उसके पास अपनी ज़मीन है। और माना कि वह इस केन्द्र का अवैतनिक अधिकारी और संचालक है! यह भी माना कि अपने वृद्धापकाल में वह सचमुच उदार-हृदय, उदार-चरित्र, उदारमना होने का प्रयत्न कर रहा है। बहुत बड़ी चीज़ है यह। इसलिए वह हमारा वन्दनीय भी है। उसके-जैसे ही, सब ऐसा नहीं करते। वह व्यक्तिगत रूप से निस्पृह है। और अब भी उसके व्यक्तित्व में कहीं-न-कहीं अन्तरात्मा निवास करती है। इसलिए जीवन के कुछ क्षणों में वह महान हो उठता है। लेकिन वह महान किसके लिए है ? हमारे लिए है, जिनके प्रति वह कृपाशील है, जिनके प्रति उसके हृदय में संवेदना है। लेकिन, निचली, फटीचर जनता के प्रति—चाहे वह शहर की हो या गाँव की हो, उसके हृदय में क्या भाव हैं ? इसे तुम ख़ुद जानते हो! उसके लेखे उनका स्थान सबसे नीचे है, सबसे नीचे रहना चाहिए, और अगर वे उभरे तो उन्हें कुचल देना चाहिए। वह कार्य-कुशल है, नियमानुशासी प्रशासक है, नियमों के अनुसार काम करता है, लेकिन अपनों के लिए उन्हीं को भंग किए। मैं भी उसी के अपराधों और दोषों का साझेदार हूँ। और सबसे बड़ी बात यह है कि जनतन्त्रात्मकता का बहाना भी नहीं करता। और इसलिए साफ़ उभरकर दमन-नीति को अंगीकार करता है। इसलिए हम उससे डरते हैं। क्या यह ठीक नहीं है ?

"और वह मुझसे कहता है कि इस सांस्कृतिक केन्द्र की प्रतिष्ठा की रक्षा के लिए हम और तुम उन गन्दे होटलों में न जाएँ, जहाँ ढीमर और महार, कुनबी और चमार, मज़दूर चाय पीने आते हैं। वह क्यों ऐसा कहता है कि उसके लेखे चमकदार सोसायटी में उठना-बैठना सभ्यता, शिक्षा और संस्कृति का, समाज के सर्वोच्च शिखर का प्रधान लक्षण है ? मिस्टर जगत, इसीलिए मैं जान-बूझकर होटलों में जाता हूँ और तुम भी मेरे साथ वहीं जाते हो और तुम्हें भी मालूम है कि मैं वहाँ क्यों जाता हूँ।

"इस मध्यवर्ग में जीवित रहते मेरे बाल सफ़ेद होने जा रहे हैं और मैं उसकी जन-घृणा को पहचानता हूँ, ख़ूब अच्छी तरह से। ज़िन्दगी में एक जगह नहीं, हज़ारों जगह मुझे ऐसे तजुर्बे मिले हैं—चाहे वह एम.बी.बी.एस. डॉक्टर हो, कॉलेज का प्रोफ़ेसर हो या हेडमास्टर हो। चाहे व्यापारी हो। मैं इन्हें ख़ूब पहचानता हूँ!

"और ये तर्क, ये युक्तियाँ, यह लॉजिक-फिलॉसॅफ़ी—साफ़ दिखनेवाले तथ्यों को, ज़िन्दगी को, जान-बूझकर तोड़-मरोड़कर पेश करने के तरीक़े हैं! तुम किसे सिखाते हो, जगत ?"

मैं बात करते-करते थक गया था। मस्तिष्क में एक उत्तेजना फैल गई थी। धीरे-धीरे मैं शान्त हुआ, स्तब्ध हो गया। और फिर शर्मिन्दा हो गया। मैं जगत को क्यों डाँट रहा हूँ ? जगत मेरे क्रोध का विषय थोड़े ही है!

जगत शान्त बैठा रहा—निर्विकार। जो मेरा अनुभव था, वह उसका भी था।

लेकिन उसने कम धक्के खाए थे, वह बड़े बाप का बेटा था; उसकी स्त्री एम.ए. पास नययुवती थी।

इतने में मैं देखता हूँ कि मेरे एक चिरंजीव मेरे सामने आ गए हैं और कह रहे हैं कि उन्हें अपनी गोदी में बैठा लूँ। पता नहीं, उसका भविष्य क्या होगा। पता नहीं, वह आज का लाड़ला और मैला बच्चा कल ईमानदार निकले या हरामख़ोर हो; बड़े आदमियों के सामने दुम हिलाए और छोटों को डाँट पिलाए! पता नहीं... !

और उसी समय मशीन की भाँति मैं जगत से कहता हूँ, "इसीलिए मुझे निस्संगता मिली है। जो मेरे अपने हैं, जिनके लिए व्यक्तिश: मेरे हृदय में स्थान है, वे मेरे विचारों के विरोधी, मेरे आन्तरिक जीवन से बहुत दूर हैं। और जो व्यक्तिश: मेरे नहीं हैं, नहीं हो सकते, उनकी ओर—उनके इर्द-गिर्द मेरे विचार, मेरी आत्मा मँडराती है। वे मुझे स्नेहदान नहीं कर सकते—क्योंकि मैं उनके जीवन-जगत् का अंग हूँ, उनसे प्राप्त हुए प्रेम और आदर से मैं हमेशा बचते रहने की कोशिश करता हूँ। लेकिन क्या करूँ, जब मैं बीस बरस का था, नौजवान था, मैंने शादी कर ली। आज सात बच्चों का बाप हूँ। उनकी परवरिश करना भी मुश्किल है। अपने बुढ़ापे में यह नौकरी मिली है। अब यहाँ से कहाँ जाऊँ? हर चीज़ मेरे लिए लायबिलिटी है—परिवार, परिस्थिति और विचार, सभी—कोई मेरी उन्नति में योग नहीं देती। लेकिन मुझे इसकी चिन्ता है। अँधेरे में रहकर अँधेरे में मर जाना ठीक समझता हूँ, लेकिन फटीचरों से घृणा करना नहीं चाहता। चाहता हूँ कि मेरे हाथ से कोई अच्छा-सा काम हो जाए तो भर पाऊँ। और ये दरमियानी फ़ासले और निस्संगता तो रहेगी ही। लेकिन इसका भी दूसरा एक पहलू है जिसे तुम जानते हो!"

अब एक लम्बी चुप्पी छा गई। चुप्पी की एक दीवार हम दोनों के बीच में आकर खड़ी हो गई। हम दोनों एक-दूसरे के दिमाग़ पर बोझ थे। और एक लम्बी चुप्पी के बाद, लगभग दो फ़र्लांग दूरी तय करने पर, विषय बदलने के लिए जगत ने एक अमरीकी कवयित्री एड्ना विसेंट मिले की चर्चा आरम्भ कर दी। असल में बात यह थी कि मेरे पास अमरीकी कविताओं का एक संकलन है, जिसकी भूमिका में मिले की कड़ी आलोचना की गई है, किन्तु पुस्तक में उसको स्थान नहीं दिया गया। इस बीच मैंने डॉरॉथी रॉमसन नामक एक अमरीकी लेखिका की पुस्तक पढ़ी, जिसमें मिले पर एक बहुत ही सुन्दर लेख था। मुझे आश्चर्य हुआ कि आख़िर मेरे पास की पुस्तक में मिले की कविताएँ क्यों नहीं हैं! इस पर जगत ने मिले के सम्बन्ध में और भी कुछ पढ़ा। और वह बहुत पुरानी छूटी हुई बातचीत को आगे बढ़ाने का प्रयत्न करने लगा।

लेकिन मेरी आँखें बाहर फैली हुई थीं। तालाबों और रास्तों, खुले हुए मैदानी फैलावों से बने हुए ये दृश्य और उनमें तरह-तरह से अँगड़ाई लेते हुए या खड़े हुए वृक्ष-व्यक्तित्व भारतीय प्रकृति के नम्र, अवनत, शालीन, और आत्मीय रूप का परिचय

दे रहे थे। इनकी दरमियानी दूरियाँ, दूरियाँ न मालूम होती थीं वरन् लीलाभूमि या विचरण-क्षेत्र-सी लगती थीं (क्या मनुष्य-मनुष्य के बीच जो फ़ासले हैं, वे किसी लीला-भूमि के, अर्थात् किसी परस्पर-सम्बन्ध को क्रियावान करते हुए पाटे नहीं जा सकते? क्या मनुष्यता हमेशा ही भेद-ग्रस्त और विषमता-ग्रस्त रहेगी?)

इतने में हम देखते हैं कि बाईं ओर के तालाब के पास एक घना-घना हाथ उठाए हुए पेड़ के छायादार तल में एक प्रेमी-युगल बैठा हुआ है। हमें दूर से सफ़ेद साड़ी की एक लाल किनारी दीख रही है और मैले सफ़ेद कुरते की पीठ दिखाई दे रही है। उनका मुँह तालाब की तरफ़ है, लेकिन वे ऐसा एक कोण साधकर बैठे हुए हैं जिससे कि उनके क़रीब गुज़रता हुआ रास्ता भी उन्हें दिखाई दे सके। अब हम आधी दूर आ चुके हैं, हमें लड़की की पीठ पर लहराते बालों का एक गुच्छा दिखाई दे रहा है। यह साफ़ झलकता है कि वह केश-गुच्छ जान-बूझकर ढीला रखा गया है, जिससे कि एक उच्छृंखल चंचलता का आभास हो। उधर, उसके पास, ज़रा ज़मीन छोड़कर बैठे हुए नवयुवक की पीठ मज़बूत मालूम नहीं होती। लगता है कि वह दुबला है। अब हमारा रास्ता उन दोनों के पास से गुज़रा और देखते ही हम उन्हें तुरन्त पहचान गए। लेकिन उनके आनन्द-लोक में विघ्न उपस्थित न करने के उद्देश्य से दूसरी दिशा की ओर मुँह किए आगे बढ़ने लगे।

उस समय शाम घिर चुकी थी। साँवला नीलापन सब ओर फैल रहा था। फिर भी अभी प्रकाश काफ़ी था। हम दोनों आगे बढ़ते ही जा रहे थे कि हमें देखकर वह प्रेमी-युगल उठ खड़ा हुआ।

अब वे दोनों हमारे सामने आ गए। युवक के कपड़े साधारण हैं। लड़की उसके पीछे ज़रा दूरी पर खड़ी हुई है।

युवक ने मुझे नमस्कार किया। वह कहीं किसी हाईस्कूल में टीचर है। चेहरे पर ग़रीबी की हीनता पूरी विराजमान है। अस्वास्थ्य और दारिद्र्य की मलिनता की पार्श्व-भूमि में उसकी मुसकराहट चमक उठती थी। उस मुसकराहट में एक ताज़गी थी, जीवन का उत्साह था। उसकी आँखों में हमारे प्रति श्रद्धा और स्नेह के भाव थे। उसने हमें बहुत बड़ाआदमी समझ रखा था, और सम्भवतः वह यह सोचता था कि हम लोग सचमुच बड़े प्रभावशाली और श्रेष्ठ हैं।

उसकी इस भाव-मुद्रा को देख मुझमें भी परिवर्तन होता गया। मुझे लगा कि मेरे चेहरे की सलवटें तन रही हैं और स्नायु अधिकाधिक कसते जा रहे हैं। मुझे महसूस हुआ कि मैं बड़ा आदमी बन रहा हूँ। मेरा सिर आसमान से टकराने लगा। मेरी बातचीत का तौर, मेरा तर्ज़े-अमल, सबकुछ बदलने लगा। ऐसा मुझे महसूस हुआ।

उधर जगत के चेहरे पर कठोर भाव-हीनता और अलगाव दिखाई देने लगा। किन्तु उसकी मुख-मुद्रा मुझे भली मालूम नहीं हुई। स्वयं के महत्त्व की अनुभूति स्निग्धता ला सकती है; किन्तु, अन्यों के महत्त्व की भावना बहुत-से दर्शकों को

अनुकूल प्रतीत नहीं होती।

किन्तु वह युवक तो दोनों को सम्मान दे रहा था, अपने से बहुत ऊँचे स्थान पर वह हमें बैठा चुका था, इसलिए मैं विशेष प्रसन्न था। अब दोनों के बीचोबीच एक हरी चिक का परदा पड़ गया—ऐसा परदा जो अफ़सरों के दरवाज़ों पर पड़ा होता है। किन्तु जब मैंने यह देखा कि वह जगत की ओर विशेष उन्मुख है तो मेरा चेहरा फ़ीका ज़रूर पड़ गया था। उस समय मेरी बुझती हुई मनःस्थिति की रक्षा उस लड़की ने की। वह आगे आई। उसने मुझे नमस्कार किया और पूछा कि मेरी किताब छप गई है या नहीं। यह तो सही है कि उसमें नवयौवनोचित आकर्षण था। किन्तु वह सुन्दर नहीं थी। उसके चेहरे पर गम्भीर रमणीयता थी। किन्तु मेरी किताब के सम्बन्ध में उसकी जिज्ञासा मुझे अच्छी नहीं लगी। प्रतीत हुआ कि वह अनधिकार चेष्टा है। स्त्री द्वारा इस प्रकार की अनधिकार चेष्टा मुझे अच्छी नहीं लगती। ज्योंही उसने किताब की बात छेड़ी तो मैं इधर-उधर देखने लगा। इसलिए कि मैं उसे अयोग्य और अपात्र समझता था। मेरा अपना ख़याल है कि स्त्रियाँ आम तौर से निर्बुद्धि होती हैं, किन्तु बुद्धिहीन नहीं। सिर्फ़ यह भेद है कि उनकी बुद्धि किसी दूसरे स्तर पर दूसरे ढंग से चलती है। विशुद्ध जिज्ञासा और किसी अमूर्त और अरूप के लिए जूझ पड़ने का साहस उनमें नहीं होता। यह मेरी धारणा है।

केवल नारी-सम्मान की भावना से प्रेरित होकर मैंने कहा कि मेरी पुस्तक सम्भवतः छह महीने में निकल जाएगी। मेरा उत्तर पाते ही उसने मुझे सूचित किया कि प्रसादजी का उसने विशेष अध्ययन किया है।

उधर जगत सूक्ष्म भाव के गहरे तैश में थे। वे ज़ोर-ज़ोर से उस युवक को समझाते जा रहे थे। मुझे लगा कि उनकी बात में रंग आ रहा है। और यह देखकर कि उन्हें समय और लगेगा, लड़की अपनी उकताहट हटाने के लिए मुझे बात करते हुए अपना समय काट रही है।

इस शंका के उदय होते ही मैं हतबुद्धि हो गया। मैं उसके मनोरंजन का विषय क्यों बनूँ! ज्योंही उन दोनों की बातचीत ख़तम हुई, जगत मेरे पास चले आए। मेरी और उस स्त्री की बातचीत थोड़ी देर और आगे बढ़ी, टूटती-जुड़ती रही। नमस्कार आदि को बीच में लाकर हम एक-दूसरे से विदा हुआ।

लेकिन मैं ढीला पड़ गया। एक मनोहर अस्तित्व का लोप हो गया। उस लड़की ने मेरे मन में कुछ ऐसी तसवीरें तैरा दी थीं, जो मेरे मन के लोक में न मालूम कहाँ छिपी थीं। किसी गली के ठंडे अँधियारे पर चाँदनी बिखर रही है। वहीं कहीं एक घर और उसका अहाता मुझे दिख रहा है। अहाते के अन्दर बेलें हैं। बेलों के उलझाव में कहीं एक दरवाज़ा झाँक रहा है। एक लड़का दरवाज़े के बाहर खड़ा है और एक लड़की चौखट के ऊपर खड़ी है। लड़का एक किताब आगे बढ़ा रहा है। लड़की उस किताब को छुए हुए लड़के से (शायद उस लेखक के बारे में) कुछ पूछती है। लड़का

बीच-बीच में कुछ जोड़ता जाता है।

सब ओर सघन आत्मीय नीला एकान्त फैला हुआ है। और उसके अँधेरे-नीले नील में फूटे-टूटे आँगन में खिली हुई रातरानी महक रही है और मैं उस अहाते में जो पीली धुन्ध-भरी खिड़की है उसमें से मैं...सड़क पर हूँ...झाँककर देखना चाहता हूँ कि बात क्या है!

यह दृश्य मेरे अन्तःकरण में संस्कारशील ग़रीबी की सारी वेदना, कष्ट, ममता, भावावेश, आलिंगन-चुम्बन, निस्सहायता और कठोर निर्मम आत्म-नियन्त्रण के मानव-चित्रों के साथ जुड़ा हुआ है। दिल फाड़ देनेवाले रोमांस, पल-पल पर, क़दम-क़दम पर नैतिक प्रश्नों के सींग उठानेवाली जीवन-परिस्थितियाँ, मानअस्तित्व की रक्षा के लिए सब कुछ न्यौछावर कर डालनेवाले संघर्ष—और बेतहाशा आँसू, भद्दे लगनेवाले आँसू और उन्हें थामकर रखनेवाली ज़बरदस्त डाँट। दिल के भीतर बैठा हुआ एक चाबुकबाज़ हेडमास्टर जो उच्छृंखल प्रवृत्तियों को मुर्ग़ा बनाकर खड़ा कर देता है, तरह-तरह की और एक-दूसरे को काटने-लपेटनेवाली उलझनें—इन सबसे मिलकर उस निम्न-मध्यवर्ग का जीवन बना है, जिसमें अतीत की भावना और आगामी की चिन्ता और दुश्चिन्ता, चेतना और संस्कार—दोनों सम्मिलित हैं। अन्तर के केन्द्र में सिमटा हुआ जितना वैविध्य मुझे इस श्रेणी में दिखाई देता है, उतना और कहीं नहीं। मैं प्रत्यक्षतः इसी वर्ग का पुत्र हूँ, यद्यपि अब उससे अलग हो गया-सा दिखाई दे रहा हूँ। (जगत सम्पन्न कुल का होते हुए भी, माँ की तरफ़ से उस पर ग़रीबी का संस्कार है।)

किन्तु इसके बावजूद जब वे दोनों सामने खड़े थे, हमारे और उनके बीच एक गहरा परदा पड़ा हुआ था, वही परदा जो एक अफ़सर के दरवाज़े पर पड़ा रहता है। मैं इस तथ्य को जानता था, और जगत उसे महसूस करता था।

पता नहीं क्यों, जगत ने फर्राटेदार अंग्रेज़ी में एड्ना विन्सेंट मिले पर बात करना शुरू की। उस कवयित्री का प्रारम्भिक जीवन-संघर्ष, सामान्य-मानव और जन-साधारण के प्रति उसकी प्रेम-भावना, एक लिरिकल पोएट के रूप में मिलनेवाली आकस्मिक ख्याति, राजनीतिक-सामाजिक प्रश्नों में गहरी अभिरुचि, जन-साधारण के समर्थन का आवेश, दो इतालवी पत्रकारों के जनतन्त्रवादी मतों के समर्थन में स्वयं की जेल-यात्रा, फ़ासिज्म के विरोध में साहित्य-निर्माण, (यह कहते हुए कि कोई बात नहीं यदि मैं पहले-जैसा कोई सुन्दर साहित्य निर्माण नहीं कर सकी, लेकिन जिस ध्येय के प्रति मैं निष्ठावान् हूँ उसका प्रचार तो कर सकी, सच तो कह सकी। जगत कहता है कि रद्दी साहित्य लिखने की हिम्मत भी एक हिम्मत होती है—क्योंकि उसके पीछे भी एक महान प्रेरणा होती है), अपने संरक्षक पति की मृत्यु के उपरान्त, मिले द्वारा सारे दुःख को समेटते हुए पुनः साहित्य-निर्माण और तदनन्तर मृत्यु! जगत कहता है कि उसके साहित्य के सर्वोच्च उत्कर्ष के दो शिखर थे। एक तो प्रारम्भिक—जबकि

वह महान लिरिक कलाकार के रूप में लोकप्रिय हो गई और एक मृत्यु के पूर्व की दीप्ति! जिसमें उसने यदि अपना सर्वश्रेष्ठ नहीं तो अत्यन्त श्रेष्ठ साहित्य प्रदान किया।

जगत ने उसके जीवन तथा कृतित्व की कहानी इतने अच्छे ढंग से कही कि मुझे अँधेरे घर दिखाई दिए, जिनमें दीये टिमटिमा रहे हैं, कोई छोटा बच्चा रो रहा है, और बड़े बच्चे आँगन में धूम मचा रहे हैं। निस्सन्देह मिले मूलत: एक प्रेम कवयित्री थी। स्त्रीजनोचित, स्त्री-सुलभ उसका काव्य था, और उसमें प्राप्त प्रतिमाएँ सामान्य जन-जीवन से आकर अत्यन्त हृदयस्पर्शी हो उठी थीं। उसने जीवन-भर मृत्यु से संघर्ष किया। वह निराशावादी नहीं थी।

उसी झोंक में जगत कोनरेड आइकेन पर बात करता गया। उसकी 'द नेम-लेस वन्स' नामक कविता उसे कंठस्थ थी। उसका अन्तिम चरण तो मानो हम सभी को लपेट रहा था। जी हाँ, यह वही जीवन है जो आज चेतना-सम्पन्न संस्कारशील जन-साधारण जी रहे हैं।

जगत के लिए काव्य-सौन्दर्य केवल एस्थेटिक महत्त्व ही नहीं रखता था, वरन् जीवन-निष्कर्ष-पूर्ण महत्त्व भी रखता था, जिसके अनुसार वृत्तियां बनाई जा सकें और आचरण किया जा सके। उसके सामने अमरीकी कार्यों की केवल कृतियाँ ही नहीं थीं, वरन् उनका जीवन भी था।

लेकिन इसके बावजूद, कुछ ही मिनट पहले जब वे युवक-युवती मिले तो हमारे-उनके बीच का भेद—दरमियानी फ़ासला उभरकर फैल गया। इस तरह के फ़ासले (जो मनुष्य-मनुष्य के बीच खाई पैदा कर देते हैं और उसे बढ़ा देते हैं) हमें अच्छे नहीं लगे। भारतीय अभिजात वर्ग का एक सदस्य होते हुए भी जगत का भाग्य अच्छा नहीं है, भले ही वह अपने बल-बूते, ऑक्सफ़ोर्ड या हार्वर्ड हो आए और डॉक्टरेट ले ले। क्योंकि वह ज़मीन का भूखा है, जहाँ किसी जाति या देश के सर्वोत्तम फल-फूल खिलते हैं, उसे सबसे पहले वह ज़मीन चाहिए। एड्ना मिले और कोनेरेड आइकेन-जैसे अनगिनत कवियों के अनुभवी हृदयों को जीवन-मूल्यों का सौन्दर्य है, उन्हीं को लेकर वह आगे बढ़ना चाहता है। (कहना न होगा कि उनके काव्य में जन-जीवन की अनगिनत अनुभव-दग्ध प्रतिमाएँ हैं।)।

आख़िर मैंने जगत से पूछा, ''वह युवक तुमसे क्या बात कर रहा था?''

उसने कहा, ''वह शॉ के ड्रामा **आर्म्स एंड द मैन** के बारे में पूछ रहा था। वह बहुत बुद्धिमान मालूम होता है, यद्यपि वह अंग्रेज़ी में बहुत कमज़ोर है। मैंने उससे कहा कि 'तू रोज़ दो सफ़े अंग्रेज़ी के लिखकर लाया कर।' '' जगत कहता गया, ''मैं तो ख़ुद एक प्रायमरी स्कूल खोलनेवाला हूँ, जिसमें नाक बहते बच्चे और फटीचर बच्चे आया करेंगे।''

लेकिन मैं किसी दूसरी ही धुन में था। उनके अन्तिम वाक्य को न सुनते हुए मैंने कहा, ''हाँ, आजकल तालीम की भूख बहुत बढ़ गई है। बीस हज़ार आबादीवाले

क़स्बों में आर्ट्स एंड सायन्स कॉलेज खुल रहे हैं और आगे भी खुलते जाएँगे। ग़रीब–से–ग़रीब भी अपने बच्चे को ऊँची तालीम दिलाना चाहता है। एक बहुत बड़ा वर्ग आगे चलकर शिक्षित होकर जब सामने आएगा तब उसका बहुत प्रभाव होगा।''

जगत मेरी तरफ़ देखने लगा, मुसकरा उठा। वह मेरी भावना समझ गया। शायद आज की स्थिति से घनघोर प्रतिक्रिया करके कोई महान साहित्यिक जन्म ले! भारत में हर दसवें साल ज़माना बदलता है! तब कितना बदल जाएगा!

लेकिन जब मैं घर पहुँचा तब बात उलटी हो उठी। दरमियानी फ़ासले फिर फैल गए। मनुष्यों के बीच रहते हुए भी मैं अकेला हो उठा। दरमियानी फ़ासलों में जो तसवीरें तैर रही थीं, उनसे मन का सन्तोष कब तक करूँ! हाँ, यह सही है कि बाहर से जब तक संवेदनाएँ या प्रेरणाएँ प्राप्त नहीं होतीं तब तक ज़िन्दगी में जान नहीं आती! सम्पूर्णत: आत्म–निर्भर व्यक्ति सम्पूर्ण शून्य होता है। आध्यात्मिक साधना का ध्येय भले ही सम्पूर्ण शून्य की प्राप्त हो, कला का ध्येय तो यह नहीं है, न उसका यह स्वभाव ही। अन्तर और बाह्य की परस्पर क्रिया से जनित जो भी जीवन है, वह कला का इष्ट है। इसके बिना वह शून्य है। मैं शून्यता की साधना से इनकार करता हूँ।

शायद इसी शून्य से भागने के लिए मेरे बॉस ने अपना दरबार लगा रखा है, जिनकी आलोचना मैंने की। लेकिन वे शून्य से भागने की तरकीब नहीं जानते। आई वाण्ट टु बी इन दि थिक ऑफ़ थिंग्स, ऐज़ मिले ट्राइड टु बी; यस, टु बी इन दि थिक ऑफ़ थिंग्स।

[सम्भावित रचनाकाल 1963–64]

तीसरा क्षण

आज से कोई बीस साल पहले की बात है। मेरा एक मित्र केशव और मैं दोनों जंगल-जंगल जाया करते। पहाड़-पहाड़ चढ़ा करते, नदी-नदी पार किया करते। केशव मेरे-जैसा ही पन्द्रह वर्ष का बालक था। किन्तु वह मुझे बहुत ही रहस्यपूर्ण मालूम होता। उसका रहस्य बड़ा ही अज़ीब था। उस रहस्य से मैं भीतर-ही-भीतर बहुत आतंकित रहता।

केशव ने ही बहुत-बहुत पहले मुझे बताया कि इड़ा, पिंगला और सुषुम्ना किसे कहते हैं। कुंडलिनी-चक्र से मुझ बड़ा डर लगता। उसने हठयोगियों की बहुत स्त्री बातें बड़े ही विस्तार के साथ वर्णन कीं।

केशव का सिर पीछे से बहुत बड़ा था। आगे की ओर लम्बा और विस्तृत था। माथा साधारण और घनी-घनी भौंहों के नीचे काली आँखें, बहुत गरी, मानो दो कुएँ पुतली के काँच से मढ़े हुए हों। यह भी लगता कि उसकी आँखें तलघर हैं। यह भी महसूस होता कि उसकी आँखों के नीचे कोई दूसरी आँखें और जमी हुई हैं। आँखों के बीच, नाक की शुरुआत पर घनी-घनी भौंहों की दोनों पट्टियाँ नीचे झुलकर मित्र जाती थी। कभी-कभी नाई द्वारा वह इस मिलन-स्थल पर भौंहों के बाल कटवा लेता। लेकिन उनके रोएँ फिर उग आते। आँखों के नीचे फ़ीका-पीला, लम्बा, शिथिल और उकताया हुआ, थका चेहरा था।

केशव मझोले कद का बालक था जिसे खेलने-कूदने से कोई मोह नहीं था। उसका गणित विषय अच्छा था। इसलिए केशव मेरे लिए मिडिल और मैट्रिक में ज़रूरी हो उठा था।

फिर भी मैं केशव के प्रति विशेष उत्साहित नहीं था। मुझे प्रतीत हुआ कि वह मेरे प्रति अधिक स्नेह रखता है। वह मेरे पिताजी के श्रद्धेय मित्र का लड़का था, इसलिए उसके यहाँ मेरा काफ़ी आना-जाना था।

केवल एक ही बात उसमें और मुझमें समान थी। वह बड़ा ही घुमक्कड़ था। मैं भी घूमने का शौक़ीन था। हम दोनों सुबह-शाम और छुट्टी के दिनों में तो दिन-भर दूर-दूर घूमने जाया करते।

इसके बावजूद, उसका लम्बा चेहरा फ़ीका और पीला रहता। किन्तु वह मुझसे

अधिक स्वस्थ था, उसका डील ज़्यादा मज़बूत था। वह निस्सन्देह हट्टा-कट्टा था। फिर भी उसके चेहरे की त्वचा बहुत फीकी पीली रहती। पीले लम्बे चेहरे पर घनी भौंहों के नीचे गहरी-गहरी काली चमकदार कुएँ-नुमा आँखें और सिर पर मोटे बाल और गोल अड़ियल मज़बूत ठुड्डी मुझे बहुत ही रहस्य-भरी मालूम होती। केशव में बाल-सुलभ चंचलता न थी। वह एक स्थिर-प्रशान्त पाषाण-मूर्ति की भांति मेरे साथ रहता।

मुझे लगता कि भूमि के गर्भ में कोई प्राचीन सरोवर है। उसके किनारे पर डरावने घाट, आतंककारी देव-मूर्तियाँ और रहस्यपूर्ण गर्भकक्षोंवाले पुराने मन्दिर हैं। इतिहास ने इन सबको दबा दिया। मिट्टी की तह-पर-तह, परतों-पर-परतें, चट्टानों-पर-चट्टानें छा गईं। सारा दृश्य भूमि में गड़ गया, अदृश्य हो गया। और उसके स्थान पर युकलिप्टस के नए विलायती पेड़ लगा दिए गए। बँगले बना दिए गए। चमकदार कपड़े पहने हुई ख़ूबसूरत लड़कियाँ घूमने लगीं। और उन्हीं-किन्हीं बँगलों में रहने लगा मेरा मित्र केशव, जिसने शायद पिछले जन्म में, या उसके भी पूर्व के जन्म में, उसी भूमि-गर्भस्थ सरोवर का जल पिया होगा, वहाँ विचरण किया होगा।

मनुष्य का व्यक्तित्व एक गहरा रहस्य है—इसका प्रथम भान मुझे केशव द्वारा मिला—इसलिए नहीं कि केशव मेरे सामने खुला मुक्त-हृदय नहीं था। उसके जीवन में कोई ऐसी बात नहीं थी, जो छिपाई जाने योग्य हो। इसके अलावा वह बालक सचमुच बहुत दयालु, धीर-गम्भीर, भीषण कष्टों को सहज ही सह लेनेवाला, अत्यन्त क्षमाशील था। किन्तु साथ ही वह शिथिल, स्थिर, अचंचल, यन्त्रवत् और सहज-स्नेही था। उसमें सबसे बडा दोष यह था कि उसमें बालकोचित, बाल-सुलभ, गुण-दोष नहीं थे। मुझे हमेशा लगा कि उसका विवेक वृद्धता का लक्षण है।

जब हम हाई-स्कूल में थे, केशव मुझे निर्जन अरण्य-प्रदेश में ले जाता। हम भर्तृहरि की गुहा, मछिन्दरनाथ की समाधि, आदि निर्जन किन्तु पवित्र स्थानों में जाते। मंगलनाथ के पास क्षिप्रा नदी बहुत गहरी, प्रचंड, मन्थर और श्याम-नील थी। उसके किनारे-किनारे हम नए-नए भौगोलिक प्रदेशों का अनुसन्धान करते। क्षिप्रा के किनारों पर गैरव और भैरव साँझें बिताईं। सुबहें और दुपहर अपने रक्त में समेट ली। सारा वन्य प्रदेश श्वास में भर लिया। सारी पृथ्वी वक्ष में छिपा ली।

मैंने केशव को कभी भी योगाभ्यास करते हुए नहीं देखा, न उसने कभी सचमुच ऐसी साधना की। फिर भी वह मुझसे योग की बातें करता। सुषुम्ना नाड़ी के केन्द्रीय महत्त्व की बात उसने मुझे समझाई। षट्चक्र की व्यवस्था पर उसने पूर्ण प्रकाश डाला। मेरे मन के अँधेरे को उसके प्रकाश ने विच्छिन्न नहीं किया। किन्तु मुझे उनके योग की बातें रहस्य के मर्मभेदी डरावने अँधेरे की भाँति आकर्षित करती रहतीं, मानो मैं किन्ही गुहाओं के अँधेरे में चला जा रहा हूँ, और कहीं से (किसी स्त्री की) कोई मर्मभेदी पुकार मुझे सुनाई दे रही है!

मैंने अपने मन का यह चित्र उसे कह सुनाया। वह मेरी तरफ़ अब पहले से भी अधिक आकर्षित हुआ। बहुत सहानुभूति से मेरी तरफ़ ध्यान देता। धीरे-धीरे मैं उसके अत्यन्त निकट आ गया। उसकी सलाह के बिना काम करना अब मेरे लिए असम्भव हो गया था।

साधारण रूप से, मेरे मन में उठनेवाली भाव-तरंगें मैं उसे कह सुनाता— चाहे वे भावनाएँ अच्छी हों, चाहे बुरी, चाहे वे खुली करने लायक़ हों, चाहे ढाँकने लायक़। हम दोनों के बीच एक ऐसा विश्वास हो गया था कि तथ्य का अनादर करना, छपाना, उससे परहेज़ करके दिमाग़ी तलघर में डाल देना, न केवल ग़लत है, वरन् उससे कई मानसिक उलझनें उत्पन्न होती हैं।

एक बात कह दूँ। अपने ख़याल या भाव कह्ते समय मैं बहुत उच्छ्वसित हो उठता। मुझे लगता कि मन एक रहस्यमय लोक है। उसमें अँधेरा है, अँधेरे में सीढ़ियाँ हैं। सीढ़ियाँ गीली हैं। सबसे निचली सीढी पानी में डूबी हुई है। वहाँ अथाह काला जल है। उस अथाह जल से स्वयं को ही डर लगता है। इस अथाह काले जल में कोई बैठा है। वह शायद मैं ही हूँ। अथाह और एकदम स्याह-अँधेरे पानी की सतह पर चाँदनी का एक चमकदार पट्टा फैला हुआ है, जिसमें मेरी ही आँखें चमक रही हैं, मानो दो नीले मूँगिया पत्थर भीतर उद्दीप्त हो उठे हों।

मेरे मन के तहखाने में उठी हुई ध्वनियों उसे आकर्षित करतीं। धीरे-धीरे वह मुझमें ज़्यादा दिलचस्पी लेने लगा। मैं जब उसे अपने मन की बातें कह सुनाता, तो बहु क्षण-भर अपनी घनी भौंहोंवाली प्रशान्त-स्थिर आँखों में मेरी तरफ़ देखता रहता। साधारण बातें, जो कि हमारे समाज की विशेषताएँ थीं, हमारी चर्चा का विषय बनतीं। यद्यपि उसकी ज्ञान-सम्पत्ति अल्प ही थी, हमारी चर्चाएँ विविध विषयों पर होतीं। मुझे अभी तक याद है कि उसने मुझे पहली बार कहा था कि गाँधीवाद ने भावुक कर्म की प्रवृत्ति पर कुछ इस ढंग से ज़ोर दिया है कि सप्रश्न बौद्धिक प्रवृत्ति दबा दी गई है। असल में यह गाँधीवादी प्रवृत्ति प्रश्न, विश्लेषण और निष्कर्ष की बौद्धिक क्रियाओं का अनादर करती है। यह बात उसने मुझे तब कही थी जब सन् तीस-इकतीस का सत्याग्रह ख़त्म हो चुका था और विधान-सभाओं में घुसने की प्रवृत्ति ज़ोर पकड़ रही थी। तब हम स्थानीय इंटरमीडिएट कॉलेज के फ़र्स्टईयर में पढ़ते थे। तभी हमने रूस के पंचवर्षीय आयोजन का नाम सुना था।

इसके बाद हम डिग्री कॉलेज में पहुँचे—किसी दूसरे शहर में। मुझे नहीं मालूम था कि केशव ने भी वही कॉलेज ज्वायन किया है। मैंने उसके बारे में जानकारी लेने की कोई कोशिश भी नहीं की थी। सच तो यह है कि मेरा उसके प्रति कोई विशेष स्नेह नहीं था, न कोई आकर्षण। ऐसे पाषाणवत्, प्रशान्त, गम्भीर व्यक्ति मुझे पसन्द नही। हाँ, उसके प्रति मेरे मन में सम्मान और प्रशंसा के भाव थे। और, चूँकि वह मुझे बहुत चाहता था, इसलिए मुझे भी उसे चाहना पड़ता था। शायद उसे मेरी यह स्थिति

मालूम थी। लेकिन कभी उसने अपने मन का भाव नहीं दरशाया इस सम्बन्ध में।

और, एक बार, जब हम दोनों फोर्थ ईयर में पढ़ रहे थे, वह मुझे कैंटीन में चाय पिलाने ले गया। केवल मैं ही बात करता जा रहा था। आख़िर वह बात भी क्या करता—उसे बात करना आता ही कहाँ था! मुझे फ़िलॉसफ़ी में सबमें ऊँचे नम्बर मिले थे। मैंने प्रश्नों के उत्तर कैसे-कैसे दिए, इसका मैं रस-विभोर होकर वर्णन करता जा रहा था। चाय पीकर हम दोनों आधी मील दूर एक तालाब के किनारे जा बैठे। वह वैसा ही चुप था। मैंने साइकोऐनेलिसिस की बात छेड़ दी थी। जब मेरी धारा-प्रवाह बात से वह कुछ उकताने लगता, तब वह पत्थर उठाकर तालाब में फेंक मारता। पानी की सतह पर लहरें बनतीं और डुप्प-डुप्प की आवाज़।

साँझ पानी के भीतर लटक गई थी। सन्ध्या तालाब में प्रवेश कर नहीं रही थी। लाल-भड़क आकाशीय वस्त्र पानी में सूख रहे थे। और मैं सन्ध्या के इस रंगीन यौवन से उन्मत्त हो उठा था।

हम दोनों उठे, चले, और दूर एक पीपल के वृक्ष के नीचे खड़े हो रहे। एकाएक मैं अपने से चौंक उठा। पता नहीं क्यों, मैं स्वयं एक अज़ीब भाव से आतंकित हो उठा। उस पीपल-वृक्ष के नीचे अँधेरे में, मैंने उससे एक अज़ीब और विलक्षण आवेश में कहा, "शाम, रंगीन शाम, मेरे भीतर समा गई है, बस गई है। वह एक जादुई रंगीन शक्ति है। मुझे उस सुकुमार ज्वाला-ग्राही जादुई शक्ति से—यानी मुझसे मुझे डर लगता है।" और सचमुच, तब मुझे एक कँपकँपी आ गई।

इतने में शाम साँवली हो गई। वृक्ष अँधेरे के स्तुप-व्यक्तित्व बन गए। पक्षी चुप हो उठे। एकाएक सब ओर स्तब्धता छा गई। और, फिर इस स्तब्धता के भीतर से एक चम्पई पीली लहर ऊँचाई पर चढ़ गई। कॉलेज के गुम्बद पर और वृक्षों के ऊँचे शिखरों पर लटकती हुई चाँदनी सफ़ेद धोती-सी चमकने लगी।

एकाएक मेरे कन्धे पर अपना शिथिल ढीला हाथ रख केशव ने मुझसे कहा, "याद है एक बार तुमने सौन्दर्य की परिभाषा मुझसे पूछी थी ?"

मैंने उसकी बात की तरफ़ ध्यान न देते हुए बेरुखी-भरी आवाज़ में कहा, "हाँ।"

"अब तुम स्वयं सौन्दर्य अनुभव कर रहे हो।"

मैं नहीं जानता कि मैं क्या अनुभव कर रहा था। मैं केवल यही कह सकता हूँ कि किसी मादक अवर्णनीय शक्ति ने मुझे भीतर से जकड़ लिया था। मैं केवल इतना ही कह सकता हूँ कि उस समय मेरे अन्तःकरण के भीतर एक कोई और व्यक्तित्व बैठा था। मैं उसे महसूस कर रहा था। कई बार उसे महसूस कर चुका था। किन्तु अब तो उसने भीतर से मुझे बिलकुल ही पकड़ लिया था। "मैं जो स्वयं था वह स्वयं हो गया था। अपने से 'बृहत्तर', विलक्षण, अस्वयं!"

एकाएक उस पाषाण-मूर्ति मित्र की भीतरी रिक्तता पर मेरा ध्यान हो आया। वह मुझसे कितना दूर है, कितना भिन्न है, कितना अलग है—अवांछनीय रूप से भिन्न!

वह मुझसे पंडिताऊ भाषा में कह रहा था: किसी वस्तु, या दृश्य या भाव से मनुष्य जब एकाकार हो जाता है तब सौन्दर्य-बोध होता है। सब्जेक्ट और ऑब्जेक्ट, वस्तु और उसका दर्शन, इन दो पृथक् तत्त्वों का भेद मिटकर जब सब्जेक्ट ऑब्जेक्ट से तादात्म्य प्राप्त कर लेता है तब सौन्दर्य भावना उद्‌बुद्ध होती है।

मैंने उसकी बात की तरफ़ कोई ध्यान नहीं दिया। सौन्दर्य की परिभाषा वे करें जो उससे अछूते हैं; जैसे मेरा मित्र केशव! उनकी परिभाषा सही हो तो क्या! ग़लत हो तो क्या! इससे क्या होता-जाता है! दिन गुज़रते गए। एक ही गाँव के हम दो साथी, भिन्न प्रकृति के, भिन्न गुण-धर्म के, भिन्न दिशाओं के। एक-दूसरे से उकता उठने के बावजूद हम दोनों मिल जाते। चर्चा करने लगते। मेरी ज़बान कतरनी-जैसी चलती। केशव साँकल से लगे हुए, फिर भी खुले हुए, ढीले ताले-सा प्रतीत होता। कोई मकान के अन्दर जाए, देख-भाल ले, चोरी-चपाटी कर ले, लेकिन जाते वक़्त साँकल में ताला ज़रूर अटका जाए, वह भी खुला हुआ; चाबी लगाने की ज़रूरत नहीं। ताला भीतर से टूटा है, चाबी लग ही नहीं सकती।

लेकिन इस ताले में एक दिन अकस्मात् चाबी भी लग गई। छुट्टी का दिन। वृक्षों के समीप धूप अलसा रही थी। मैं घर में बैठे-बैठे 'बोर' हो रहा था। मैंने साइकिल पर आते हुए और धूप में चमकते हुए एक चेहरे को दूर से देखा।

इधर मैंने काफ़ी कविताएँ लिख ली थीं। सोचा, शिकार ख़ुद ही जाल में फँसने आ रहा है। केशव का चेहरा उत्तप्त था। चेहरे पर कुछ नई बात थी जिसको मैं पहचान नहीं पाया। कविताओं से मुझे इतनी फ़ुरसत नहीं थी कि मैं केशव की तरफ़ ध्यान दे सकूँ। मैं तो अपने नशे में रहता था।

अगर मैं बोलना न शुरू करता तो चुप्पी काली होकर घनी और घनी होकर और भी काली और लम्बी हो जाती। इसलिए मैंने ही बोलना शुरू किया, "कैसे निकले ?"

केशव गरदन एक ओर गिराकर रह गया। उसके बाल तब आधे माथे पर आ गए। मुझे लगा, वह आराम करना चाहता है।

उसने आरम्भ किया, "मैंने बहुत-बहुत सोचा कि एस्थेटिक एक्सपीरिएन्स क्या है! आज मैंने इसी सम्बन्ध में कुछ लिखा है, तुम्हें सुनाने आया हूँ।"

भीतर दिल में मेरी नानी मर गई। मैं ख़ुद कविताएँ सुनाने की ख़्वाहिश रखता था। अब यह केशव अपनी सुनाने बैठेगा। मेरी सारी दुपहर ख़राब हो जाएगी। शीः।

मैंने प्रस्ताव रखा, "अपने उस विषय पर बात ही क्यों न कर लें।"

"ज़रूर; लेकिन तुम्हें डिसिप्लिन से बात करनी होगी।" यह कहकर वह मुसकरा दिया।

यह मुसकराहट मुझे चुभ गई। तो क्या मैं इतना पागल हूँ कि बात करने में भटक जाता हूँ! इस साले ने बहुत ध्यानपूर्वक मेरे स्वभाव का अध्ययन किया होगा।

शायद मैं ही इसे बहुत 'बोर' करता रहा हूँगा। अपने स्वभाव के अध्ययन के इतने अधिक और इतने प्रदीर्घ अवसर किसी को देना शायद उचित नहीं था। मैं तो उल्लू-सरीखा बोलता जाता हूँ, और ये हज़रत अपने दिमाग़ की नोटबुक में मेरी हर ग़लती टीप लेते है!

मैंने विश्वास दिलाने की ज़बरदस्त चेष्टा और कुचेष्टा करते हुए कहा, "बात बिलकुल ढंग से ही होगी।"

उसने कहा, "मैंने तुम्हें बताया था कि 'निज' और 'पर', 'स्व-पक्ष' और 'वस्तु-पक्ष' दोनों जब एक हो जाते हैं तब तादात्म्य उत्पन्न होता है!"

उसके भावों की गम्भीरता कुछ ऐसी थी, चेहरा उसने इतना सीरियस बना रखा था कि मुझे अपनी हँसी दाब देनी पड़ी। पहली बात तो यह है कि मुझे उसकी शब्दावली अच्छी नहीं लगी। यह तो मैं जानता हूँ कि सारे दर्शन का मूल आधार सब्जेक्ट-ऑब्जेक्ट रिलेशनशिप की कल्पना है—स्व-पक्ष और वस्तु-पक्ष की परिकल्पनाएँ—और उन दो पक्षों के परस्पर सम्बन्ध की कल्पना के आधार पर ही दर्शन खड़ा होता है। अथवा यूँ कहिए कि ज्ञान-मीमांसा खड़ी होती है। एपिस्टेमॉलॉजी अर्थात् ज्ञान-मीमांसा की बुनियाद पर ही परिकल्पनाओं के प्रासाद की रचना की गई है। इस दृष्टि से देखा जाए तो मुझे वाक्य पर हँसने की ज़रूरत नहीं थी। मैं उसकी स्थापना को विवाद्य मान सकता हूँ, हास्यास्पद नहीं।

फिर भी मैं हँस पड़ा—इसलिए कि मुझे उसके शब्दों में उसके स्वयं के विचित्र व्यक्तित्व की झलक दिखलाई दी। वही बोझिल, गतिहीन, ठंडा, पाषाणवत् व्यक्तित्व!

उसकी भौंहें कुछ आकुंचित हुईं। फ़ीका, पीला चेहरा, किंचित् विस्मय से मेरी ओर वही ठंडी दृष्टि डालने लगा-मानो वह मेरे रुख़ का अध्ययन करना चाहता हो।

मैंने कहा, "भाई, मुझे तादात्म्य और तदाकारिता की बात समझ में नहीं आई। सच तो यह है कि मैं किसी वस्तु में तदाकार नहीं हो पाता। तदाकारिता की बात का मैं खंडन नहीं करता, किन्तु मैं उसको एक मान्यता के रूप में ग्रहण नहीं करना चाहता।"

उसने कहा, "क्यों ?"

मैंने जवाब दिया, "एक तो मैं वस्तु-पक्ष का ठीक-ठीक अर्थ नहीं समझता। हिन्दी में मन से बाह्य वस्तु को ही वस्तु समझा जाता है—ऐसा मेरा ख़याल है। मैं कहता हूँ कि मन का तत्त्व भी वस्तु हो सकता है। और अगर यह मान लिया जाए कि मन का तत्त्व भी एक वस्तु है तो ऐसे तत्त्व के साथ तदाकारिता या तादात्म्य का कोई मतलब नहीं होता, क्योंकि वह तत्त्व मन ही का एक भाग है। हाँ, मैं इस मन के तत्त्व के साथ तटस्थता के रुख़ की कल्पना कर सकता हूँ, तदाकारिता की नहीं।"

मेरे स्वर और शब्द की हलकी-धीमी गति ने उसे विश्वास दिला दिया कि मैं उसकी बात उड़ाने के लिए बात नहीं कर रहा हूँ, वरन् उसकी बात समझने में महसूस होनेवाली कठिनाई का बयान कर रहा हूँ।

आखिरकार वह मेरा मित्र था, बुद्धिमान और कुशाग्र था। उसने मेरी ओर देखकर किंचित् स्मित किया और कहने लगा, ''तुम एक लेखक की हैसियत से बोल रहे हो इसलिए ऐसा कहते हो। किन्तु सभी लोग लेखक नहीं हैं। दर्शक हैं, पाठक हैं, श्रोता हैं। वे हैं, इसलिए तुम भी हो—यह नहीं कि तुम हो इसलिए वे हैं! वे तुम्हारे लिए नहीं हैं, तुम उनके सम्बन्ध से हो। पाठक या श्रोता तादात्म्य या तन्मयता से बात शुरू करे तो तुम्हें आश्चर्य नहीं होना चाहिए।''

मेरे मुँह से निकला, ''तो?''

उसने जारी रखा, ''तो यह कि लेखक की हैसियत से, सृजन-प्रक्रिया के विश्लेषण के रास्ते से होते हुए सौन्दर्य-मीमांसा करोगे या पाठक अथवा दर्शक की हैसियत से, कलानुभव के मार्ग से गुज़रते हुए सौन्दर्य की व्याख्या करोगे? इस सवाल का जवाब दो।''

मैं उसकी चपेट में आ गया। मैं कह सकता था कि दोनों करूँगा। लेकिन मैंने ईमानदारी बरतना ही उचित समझा। मैंने कहा, ''मैं तो लेखक की हैसियत से ही सौन्दर्य की व्याख्या करना चाहूँगा। इसलिए नहीं कि मैं लेखक को कोई बहुत ऊँचा स्थान देना चाहता हूँ, वरन् इसलिए कि मैं वहाँ अपने अनुभव की चट्टान पर खड़ा हुआ हूँ।''

उसने भौंहों को सिकोड़कर और फिर ढीला करते हुए जवाब दिया, ''बहुत ठीक। लेकिन जो लोग लेखक नहीं हैं वे भी तो अपने ही अनुभव के दृढ़ आधार पर खड़े रहेंगे और उसी बुनियाद पर बात करेंगे। इसलिए उनके बारे में नाक-भौं सिकोड़ने की ज़रूरत नहीं, उन्हें नीचा देखना तो और भी ग़लत है।''

उसने कहना जारी रखा, ''इस बात पर बहुत कुछ निर्भर करता है कि आप किस सिरे से बात शुरू करेंगे। यदि पाठक, श्रोता या दर्शक के सिरे से बात शुरू करेंगे तो आपकी विचार-यात्रा दूसरे ढंग की होगी। यदि लेखक के सिरे से सोचना शुरू करेंगे तो बात अलग प्रकार की होगी। दोनों सिरे से बात होगी सौन्दर्यमीमांसा की ही। किन्तु यात्रा की भिन्नता के कारण अलग-अलग रास्तों का प्रभाव विचारों को भिन्न बना देगा।

'दो यात्राओं की परस्पर-भिन्नता, अनिवार्य रूप से, परस्पर-विरोधी ही है—यह सोचना निराधार है। भिन्नता पूरक भी हो सकती है, विरोधी भी।

'यदि हम यथा-तथ्य बात भी करें, तो भी बल (एम्फ़ैसिस) की भिन्नता के कारण विश्लेषण भी भिन्न हो जाएगा।

'किन्तु सबसे महत्त्वपूर्ण बात यह है कि प्रश्न किस प्रकार उपस्थित किया जाता है। प्रश्न तो आपकी विचार-यात्रा होगी। यदि इस विचार-यात्रा को रेगिस्तान में विचरण का पर्याय नहीं बनाना है, तो प्रश्न को सही ढंग से प्रस्तुत करना होगा। यदि वह ग़लत ढंग से उपस्थित किया गया तो अगली सारी यात्रा ग़लत हो जाएगी।''

उसने मेरी तरफ़ ध्यान से देखा। शायद वह यह देखना चाहता था कि मैं उसकी

बात गम्भीरतापूर्वक सुन रहा हूँ या नहीं। शायद उसका यह विश्वास था कि मैं अत्यधिक इम्पल्सिव, सहज-उत्तेजित हो उठनेवाले एक बेचैन आदमी की तरह हूँ। किन्तु मैं शान्त था। मेरे मन की केवल एक ही प्रतिक्रिया थी, और वह यह कि केशव यह समझता है कि मैं प्रॉब्लम (समस्या या प्रश्न) को ठीक तरह से प्रस्तुत करना नहीं जानता। असल में उसकी यह धारणा मुझे बहुत अप्रिय लगी। मैं उसकी इस धारणा को बहुत पहले से जानता था। वह कई बार उसे दुहरा भी चुका था। असल में वह बौद्धिक क्षेत्र में अपने को मुझसे उच्चतर समझता था। उसका ठंडापन, उसके फलस्वरूप हम दो के बीच की दूरी, दूरी का सतत भान, और इस भान के बावजूद हम दोनों का नैकट्य—परस्पर घनिष्ठता—और इसके विपरीत, दूरी के उस भान के कारण मेरे मन में केशव के विरुद्ध एक झख मारती हुई खीझ और चिड़चिड़ापन—इन सब बातों से मेरे अन्तःकरण में, केशव से मेरे सम्बन्धों की भावना विषम हो गई थी। सूत्र उलझ गए थे। मैं केशव को न तो पूर्णतः स्वीकृत कर सकता था, न उसे अपनी ज़िन्दगी से हटा सकता था। इस प्रकार की मेरी स्थिति थी। फिर भी चूँकि ऐसी स्थिति बहुत पहले से चली आई थी, इसलिए मुझे उसकी आदत पड़ गई थी। किन्तु इस अभ्यस्तता के बावजूद कई बार मेरा विक्षोभ फूट पड़ता, और तब केशव की आँखों में एक चालाक रोशनी दिखाई देती, और मुझे सन्देह होता कि वह मेरी तरफ़ देखकर मुसकराता हुआ कोई गहरी चोट कर रहा है! उस समय उसके विरुद्ध मेरे हृदय में घृणा का फोड़ा फट पड़ता!

किसी-न-किसी तरह मैंने अपने को सामंजस्य और मानसिक सन्तुलन की समाधि में गाड़ लिया—यह बताने के लिए कि मैं उसकी बातें ध्यानपूर्वक सुन रहा हूँ। मैंने उसके तर्कों और युक्तियों के प्रवाह में डूबकर मर जाना ही श्रेयस्कर समझा, क्योंकि इस रवैये से या रुख़ से मेरे आत्म-गौरव की रक्षा हो सकती थी। इस बीच मेरा मन दूर-दूर भटकने लगा। बाहर से शायद मैं धीर-प्रशान्त लग रहा था।

मैंने ऐसे बहुत से व्यक्ति देखे हैं जो हिमाच्छादित पर्वत-शिखर की भाँति शान्त निःशब्द, गम्भीर और भव्य लगते हैं। किन्तु अब मुझे इस बात का गहरा सन्देह होने लगा है कि असल में ऐसे लोगों का सिर ख़ाली होता है। उनकी बाहरी शक्ति और गम्भीरता भीतर के ख़ालीपन को ढाँकने की खोल है। मुझे ही देखिए, न। मैं कैसी समाधि लगाकर उसके शब्द (शब्द नहीं, केवल नाद) सुन रहा हूँ!

किन्तु मेरा मन बाहर उड़-उड़ जा रहा है। जैसे झरोखे से, कभी-कभी, हवा के झोंके भीतर चले आएँ, इस प्रकार उसके कुछ वाक्य मेरे भीतर घुस आते हैं। बाहर उसका नाद-प्रवाह जारी है, जैसे कोई प्राकृतिक प्रवाह बह रहा हो। मैं केवल कुछ लहरों को ही चीन्ह पाया हूँ। ऐसा हूँ मैं। तब क्यों न मैं अपने से ही विरक्त हो उठूँ?

और मैं ज़बरदस्ती की इस ध्यान-समाधि में लीन होकर ख़ुद ही से क्षुब्ध हो उठता हूँ।

ऐसी क्षुब्ध अवस्था में मैं सहसा उत्तेजित होकर उससे कहता हूँ, ''ज़रा चाय ले आऊँ, दो मिनट में आता हूँ।'' यह कहकर मैं घर के भीतर ग़ायब हो गया और पन्द्रह–बीस मिनट बाद हाथ में चाय की ट्रे लेकर वापस आया। तब मुझे सहसा सुनाई दिया, ''विभिन्न व्यक्तियों के लिए सृजन–प्रक्रियाएँ भिन्न–भिन्न हैं, विभिन्न युगों में सृजन–प्रक्रियाएँ अलग–अलग होती हैं। विभिन्न साहित्य–प्रकारों के लिए भी सृजन–प्रक्रियाएँ भिन्न–भिन्न होती हैं।''

मैंने चाय की ट्रे टेबिल पर रखी और हलके–से गम्भीरतापूर्वक कहा, ''मुझे इस बात पर सोचने के लिए अवकाश दो, समय दो। क्या ख़याल है ? तुम्हारी बात बहुत महत्वपूर्ण है इसलिए ?'' उसने अपनी रजामन्दी ज़ाहिर की।

मेरे दिल से एक वज़न उठ गया। मैं छुटकारा पा गया। मैं थोड़ा–सा ख़ुश भी हुआ।

उसने मेरी तरफ़ देखकर सिर्फ़ इतना ही कहा, ''मैं चाहता हूँ कि साहित्य–सम्बन्धी धारणाएँ वास्तविक साहित्य में विश्लेषण के आधार पर बनाई जाएँ। जिस प्रकार विज्ञान में इंडक्शन से डिडक्शन पर आया जाता है—तथ्यों के संग्रह से, उनके विश्लेषण द्वारा, उनके सामान्यीकरण से अनुमान और निष्कर्ष निकाले जाते हैं—उसी प्रकार साहित्य में इंडक्शन से डिडक्शन पर क्यों न आया जाए ? इंडक्शन का क्षेत्र केवल हिन्दी साहित्य तक ही सीमित क्यों रहे ? उपन्यास क्या है, यह पढ़ाते समय हम विश्व के प्रमुख उपन्यासों के उपरान्त ही यह ठहराएँ कि उपन्यास किसे कहते हैं, और उसका शिल्प क्या है, अथवा उसके प्रधान अंग क्या होते हैं...इसी प्रकार साहित्य में सौन्दर्य किसे कहते हैं, इस प्रश्न के ऊहापोह का क्षेत्र केवल हिन्दी की आत्मपरक कविता और हिन्दी साहित्य तक सीमित न रखें। यदि हमने क्षेत्र विस्तृत किया तो हम पाएँगे कि सौन्दर्य–सम्बन्धी हमारी परिभाषा अस्पष्टता के दोष से अथवा अव्याप्ति और अतिव्याप्ति के दोषों से रहित होगी। मुझे गहरा सन्देह है कि आजकल की सौन्दर्य–परिभाषा (यदि उसे व्याख्या कहें तो) केवल कविता, और वह भी आत्मपरक कविता की विशेषताओं के आधार पर बनाई जा रही है। सौन्दर्य–सम्बन्धी इन व्याख्याओं का प्रकट या अप्रत्यक्ष उद्देश्य आज की काव्य–दृष्टि का डिफ़ेंस है...किन्तु ये व्याख्याएँ कुछ इस प्रकार से, कुछ इस ठाठ से और शान से बनाई जाती हैं, मानो वे सार्वभौम सत्य की सार्वकालिक स्पन्दनाएँ हों। इस पोज़ और पॉस्चर की ज़रूरत न हो। यह अवैज्ञानिक दृष्टि है। अगर साहित्यिक सौन्दर्य–सम्बन्धी मीमांसा करनी है तो आपको अपनी दृष्टि केवल आत्मपरक कविता—वह भी आजकल की कविता— तक ही सीमित नहीं करनी चाहिए। और यदि ऐसी ही व्याख्या करनी है तो वह पोज़ और पॉस्चर त्याग देना चाहिए। मुझे इस पोज़ से चिढ़ है।''

पूरी बातचीत में मेरा रुख़ एक श्रोता का था। इच्छा तो यह थी कि गौण पात्र की भूमिका अदा न कर उसकी बातों को हिट करूँ। उस पर प्रत्याक्रमण करूँ। मुझे सन्देह

हो रहा था कि वह पंडिताऊ ढंग से सौन्दर्य–सम्बन्धी बात करना चाह रहा था। मुझे इस विषय को आगे बढ़ाने की इच्छा ही नहीं थी। बहरे के सामने क्या बीन बजाएँ!

मैंने बात बदलने के लिए कहा, "और कैसा क्या चला हुआ है?"

उसने कोई जवाब नहीं दिया। वह क्या कहता!

हम उठने को हुए। उठे और चलने लगे। मैंने कहा, "मैं तुम्हें वहाँ तक पहुँचा देता हूँ।"

तब तक शाम हो चुकी थी। मेरे घर के सामने सफ़ेद चम्पा के फूल उज्ज्वल दीपों–जैसे खिले हुए थे। वातावरण में घास की वन्य गन्ध फैल रही थी। शाम अपना साँवला प्यार–भरा आँचल पसार रही थी।

बीच ही में हमारे विस्तृत अहाते के भीतर एक मन्दिर पड़ता था। उसने कहा, "आओ, थोड़ी देर बैठें।"

मेरे भीतर वातावरण की मस्ती छाने लगी। वक्ष के रोम पुलकित हो रहे थे। जाँघों में किरनों की सुनहली धारा–सी बहने लगी। बाहुओं की मांस–पेशियों में से मानो कोई नशा बहकर, दौड़कर, हृदय में शराब बन रहा था। मात्र प्राकृतिक–शारीरिक आनन्द मुझ पर हावी हो रहा था। एक उन्मत्तस्फूर्ति, एक सहज शक्ति–चेतना मेरी आखों को निर्मल और दीप्त कर रही थी।

किन्तु मेरा मित्र वैसे ही शिथिल, शान्त और पाषाणवत् बैठा था। मैं अपनी शारीरिक शक्ति के आनन्द से ही चमत्कृत था, भीतर से मन्त्रित और मन्त्र–मुग्ध।

उसने धीरे–धीरे बहुत ठंडक से कहना शुरू किया। मुझे लगा कि बर्फ़ की कोई सिल मेरी त्वचा पर फेरी जा रही है। इस बीच उसके नाद–प्रवाह में मैंने कोई परिचित नाम सुना। मैंने चौंककर पूछा, "क्या?"

"हमने कल तय कर लिया कि इस गरमी में विवाह कर लेंगे।"

मैंने बहुत विस्मय से पूछा, "क्या!...किससे?"

"केटी से।"

"कौन केटी?"

वह कुछ नहीं बोला। किन्तु धीरे–धीरे मन में एक इसकी आभा प्रकाश का रूप धारण करती गई।

मुझे आश्चर्य का इतना बड़ा धक्का कभी नहीं लगा था। केशव ऐसा कर भी सकता है! असम्भव! तो उसके बारे में मेरा निरीक्षण–परीक्षण ग़लत हो गया— एक ही झटके में! अच्छा हुआ कि यह ग़लत हो गया!

मेरा सारा चेहरा आश्चर्य और आनन्द की लहरों में बँध गया। मैंने मजाक़–मजाक़ में कहा, "तो इसीलिए तादात्म्य और तदाकारिता की बात कर रहे थे! क्यों हज़रत ?"

उसने तड़ाक से जवाब दिया, "केवल तटस्थ व्यक्ति ही तदाकार हो सकता है,

समझे?'' उसने गम्भीरता से कहा। उसके स्वर में अतिरिक्त बल था। किन्तु उसके इस वाक्य का मैं अर्थ नहीं समझ सका। असल में मुझे इतना आनन्द हुआ था कि मैंने केशव को चिपका लिया। उसका चेहरा लाल और शायद गरम हो गया था। लज्जा से गरम। ऐसी स्थिति में मैं भला उसके वाक्य का अर्थ कैसे समझ सकता था?

समय गुज़रता गया। उसे अपनी ज़िन्दगी में विशेष सफलता नहीं मिली। 'मारो—खाओ, हाथ मत आओ!' के इस ज़माने में उस-जैसे आदमी की क्या चलती! समय ने हम दोनों के चेहरों पर सूखेपन और अनाशा की कालिख पोत दी थी। दुनिया की आँखों से दूर, अकेलेपन के अँधेरे में, हम दोनों अलग-अलग पृथ्वी के दो छोरों पर साँस ले रहे थे।

इसके बावजूद जब-जब मैंने उससे रुपए मँगवाए उसने तुरन्त भेज दिए। साथ ही यह भी लिखा कि जब कभी ज़रूरत हो, मैं उससे अवश्य माँग लिया करूँ। किन्तु पाँच वर्ष हुए मैंने उसे न कोई पत्र लिखा, न रुपए मँगवाए। न मुझे उसके बारे में कुछ मालूम हुआ, न उसने ही मुझे कुछ लिखा।

मानो किसी तालाब में से भाफ निकलती हो, भाफ की ऊँची उठती हिलकोरती लहरें एक मनुष्याकार धारण कर ऊँची-ऊँची होती हुई आपके पास आने लगती हों तो आपको कैसा लगेगा? मुझे तो डर लगेगा। आपको?

जब मुझे यह सूचना मिली कि केशव इसी गाड़ी से यहाँ आ रहा है, तो मुझे भी वैसा ही लगा। मुझे लगा कि एक भाफ मनुष्याकार धारण कर मेरे पास-पास आती जा रही है। मैं आतंकित हो उठा।

पहले तो मैं इस उलझन में रहा कि उसका स्वागत करने स्टेशन जाऊँ या घर की मनहूसियत दूर करने के उपाय खोजूँ। किन्तु दयालु पत्नी ने जब घर का विद्रूप दूर करने का आश्वासन दिया तब मुझे थोड़ी-सी राहत मिली। अगर केशव को मेरे यहाँ आना ही था, तो तार से पहले सूचना देनी थी, जिससे हमें बड़ी सहूलियत हो जाती। संकट-काल में मेहमान दुश्मन होता है। विशेषकर वह जिसने मुझे पहले बहुत अच्छी, सुघर, सम्पन्न और सुव्यवस्थित स्थिति में देखा हो! केशव बहुत बदल गया था। तमाम बाल सफ़ेद हो गए थे। चेहरे पर गहरी लकीरें बन गई थीं। वह बुड्ढा हो गया था। इसके बावजूद, उसका स्वास्थ्य बहुत अच्छा था। उसका वक्ष भरा हुआ था। भुजाओं की मांस-पेशियाँ दृढ़ थीं। लगता था कि पिछले छह-सात साल से वह डंड-बैठक मारता आ रहा हो। उसने तैरने की अच्छी-ख़ासी आदत डाल ली थी। संयमहीन तो वह कभी नहीं रहा था। किन्तु फिर भी अब उसमें पहले से अधिक स्फूर्ति थी। उसकी प्रशान्त-गम्भीरता कम नहीं हुई थी, लेकिन बोलता ज़्यादा था। उसकी शारीरिक हलचल स्फूर्ति-युक्त प्रतीत होती। मुझे लगा कि उसने अपनी परिस्थितियों का ज़्यादा मज़बूती और अधिक आत्म-विश्वास से मुकाबला किया है। वह काफ़ी हँसता भी था, फ़ब्तियाँ भी कसता था। मुझे लगा कि उसका अध्ययन भी विस्तृत हो गया है। इधर उसने काफ़ी

पढ़ा है। मुझे बराबर यह भान होता रहा कि मैं पिछड़ गया हूँ और वह मुझसे बहुत आगे बढ़ गया है।

जब हम दोनों भोजन को बैठे तो बनियान के भीतर उसके गोरे, सुघर, कसे हुए शरीर को देखकर मैं सन्न रह गया—प्रसन्न नहीं हुआ। गोरे शरीर पर एक बूढ़ा सफ़ेद-भूरा चेहरा! केशव बहुत ख़ूबसूरत मालूम हुआ। निश्चित रूप से, हाँ, चिन्ता की रेखाएँ उसके चेहरे पर थीं। वे काफ़ी गहरी भी थीं। लेकिन क्या वे चिन्ता की थी ? या चिन्तन की ? मैं इसका निर्णय नहीं कर सका।

भोजन के दौरान उसने एक बड़ी मज़ेदार बात कही। उसने हाथ में कौर लेकर मेरी तरफ़ देखते हुए कहा, "तुममें और मुझमें एक बड़ा भेद है। विचार मुझे उत्तेजित करके क्रियावान् कर देते हैं। विचारों को तुम तुरन्त ही संवेदनाओं में परिणत कर देते हो। फिर उन्ही संवेदनाओं के तुम चित्र बनाते हो। विचारों की परिणति संवेदनाओं में और संवेदनाओं की चित्रों में। इस प्रकार, तुममें ये दो परिणतियाँ हैं। अगर तुम्हारी कविताएँ किसी को उलझी हुई मालूम हों तो तुम्हें हताश नहीं होना चाहिए...मैं तुम्हारी कविताएँ ध्यान से पढ़ता हूँ।"

मैंने डरते-डरते पूछा, "मेरी कविताएँ तुम्हें अच्छी लगती हैं ?"

"उनमें और सफ़ाई की ज़रूरत है। किन्तु मैं उन लोगों का समर्थक नहीं हूँ जो सफ़ाई के नाम पर, सफ़ाई के लिए, 'कांटेंट' (काव्य-तत्व) की बलि दे देते हैं।"

फिर एक लम्बे समय तक हम दोनों चुप रहे। दो व्यक्ति-बिन्दुओं के बीच की दूरी बढ़ती रही। एक क्षण बाद, दो बिन्दुओं के बीचोबीच समान रूप से दीर्घ दूरी पर एक मध्य-बिन्दु-अणु बना। उस अणु से एक हाथ की तरफ़ एक सीधी अणु-रेखा निकली। उसी बिन्दु के दूसरे हाथ की तरफ़ दूसरी सीधी-सरल अणु-रेखा फूट पड़ी। दोनों रेखाएँ आगे बढ़ने लगीं और उसने हम दो व्यक्ति-बिन्दुओं को एक अणु-प्रशस्त मार्ग-रेखा द्वारा जोड़ दिया।

मैंने किसी आकस्मिक उत्साह से कहा, "मेरे ख़याल से महत्त्वपूर्ण बात यह है कि कला के तीन क्षण होते हैं। यदि उनमें ज़रा-सी भी भीतरी कमज़ोरी रही तो —चाहे वह बौद्धिक आकलन की कमज़ोरी हो या संवेदन-क्षमता की हो—कृति पर उसका तुरन्त प्रभाव होगा।"

वह मेरी बात सुनकर देर तक सोचता रहा। मैं भी चुप ही बैठा था। फिर उसने धीरे-से कहा, "अपनी बात स्पष्ट करो।"

मैंने जवाब दिया, "कला का पहला क्षण है जीवन का उत्कट तीव्र अनुभव-क्षण। दूसरा क्षण है इस अनुभव का अपने कसकते-दुखते हुए मूलों से पृथक् हो जाना, और एक ऐसी फ़ैंटेसी का रूप धारण कर लेना, मानो वह फ़ैंटेसी अपनी आँखों के सामने ही खड़ी हो। तीसरा और अन्तिम क्षण है इस फैंटेसी के शब्द-बद्ध होने की प्रक्रिया का आरम्भ और उस प्रक्रिया की परिपूर्णावस्था तक की गतिमानता। शब्द-

बद्ध होने की प्रक्रिया के भीतर जो प्रवाह बहता रहता है वह समस्त व्यक्तित्व और जीवन का प्रवाह होता है। प्रवाह में वह फ़ैंटेसी अनवरत रूप से विकसित परिवर्तित होती हुई आगे बढ़ती जाती है। इस प्रकार वह फ़ैंटेसी अपने मूल रूप को बहुत कुछ त्यागती हुई नवीन रूप धारण करती है। जिस फ़ैंटेसी को शब्द-बद्ध करने का प्रयत्न किया जा रहा है वह फ़ैंटेसी अपने मूल रूप से इतनी अधिक दूर चली जाती है कि यह कहना कठिन है कि फ़ैंटेसी का यह नया रूप अपने मूल रूप की प्रतिकृति है। फ़ैंटेसी को शब्द-बद्ध करने की प्रक्रिया के दौरान जो-जो सृजन होता है-जिसके कारण कृति क्रमशः विकसित होती जाती है—वही कला का तीसरा और अन्तिम क्षण है। प्रथम क्षण निस्सन्देह अनुभव का क्षण है। उसके बिना आवेग और आगे की गति असम्भव है। मानसिक प्रक्रिया को आत्माभिव्यक्ति की ओर ले जाने के लिए आवश्यक पहला ज़बरदस्त धक्का यह प्रथम क्षण ही देता है। वह उस गति को दिशा निर्धारित करता है। साथ ही, वह उसके तत्त्व रूपायित करता है अर्थात् वह उनको एक आकार प्रदान करता है। साथ ही, मज़ा यह है कि यह अनुभव, विचित्र रूप से अन्य मनस्तत्त्वों से जुड़ता हुआ, मनस्पटल पर स्वयं को प्रक्षेपित कर, स्वयं ही बदल जाता है। ज्यों ही यह घटना होती है, अनुभव के मूल अपनी दुखती हुई भूमि से पृथक् हो जाते हैं। अर्थात् वे निरे वैयक्तिक न रहकर अपने से परे हो उठते हैं। जो फ़ैंटेसी अनुभव की व्यक्तिगत पीड़ा से पृथक् होकर अर्थात् उससे तटस्थ होकर अनुभव के भीतर की ही संवेदनाओं द्वारा उत्सर्जित और प्रक्षेपित होगी, वह एक अर्थ में वैयक्तिक होते हुए भी दूसरे अर्थ में नितान्त निर्वैयक्तिक होगी। उस फ़ैंटेसी में अब एक भावात्मक उद्देश्य की संगति आ जाएगी। इस भावात्मक उद्देश्य के द्वारा ही वस्तुतः फ़ैंटेसी को रूप-रंग मिलेगा। किन्तु यह होते हुए भी वह फ़ैंटेसी यथार्थ में भोगे गए वास्तविक अनुभव की प्रतिकृति नहीं हो सकती। वैयक्तिक से निर्वैयक्तिक होने के दौरान ही उस फ़ैंटेसी ने कुछ ऐसा नवीन ग्रहण कर लिया कि जिससे वह स्वयं भी वास्तविक अनुभव से स्वतन्त्र बन बैठी। फ़ैंटेसी अनुभव की कन्या है और उस कन्या का अपना स्वतन्त्र विकासमान व्यक्तित्व है। वह अनुभव से प्रसूत है इसलिए वह उससे स्वतन्त्र है।''

''कला का यह दूसरा क्षण है'', मैंने कहना जारी रखा। ''किन्तु इस फ़ैंटेसी को शब्द-बद्ध करने या चित्रित करने की प्रक्रिया के दौरान में ही वह फ़ैंटेसी पिघलकर उस प्रक्रिया के प्रवाह में बहने लगती है। उस आदिम प्रवाह में फ़ैंटेसी के सारे रंग घुलकर बहने लगते हैं, सारा व्यक्तित्व और उसकी समस्त चेतना उस फ़ैंटेसी के बहते रंगों के साथ बहने लगती है। और शब्द-बद्ध होने पर अथवा चित्रित होने पर जो कृति या रचना तैयार होती है, वह कृति या रचना कला के दूसरे क्षण की फ़ैंटेसी की पुत्री है, प्रतिकृति नहीं। इसीलिए मूल फ़ैंटेसी से उसका व्यक्तित्व स्वतन्त्र, विचित्र और पृथक् है। कला का यह तीसरा या अन्तिम क्षण है। इन तीन क्षणों के बिना कला असम्भव है। इन तीनों क्षणों की विकास-गति के अपने-अपने अलग नियम हैं।''

मैंने कहना जारी रखा, "यदि तुम्हें इस प्रश्न का उत्तर पाना है कि सौन्दर्य क्या है, अथवा सौन्दर्य-प्रतीति क्या है, सौन्दर्यानुभव क्या है, और वह किस प्रकार वास्तविक अनुभव से भिन्न है, तो तुम्हें कला के इन तीन प्रधान क्षणों के मनोविज्ञान ही का अध्ययन करना होगा। उनका अध्ययन किए बिना तुम उस सवाल को हल नहीं कर सकते..."

इतना कहकर मैं ठहर गया। मेरी साँस ख़त्म हो गई। और मैं उत्तर की तलाश में उसकी ओर देखने लगा। किन्तु जवाब इतनी जल्दी मिलनेवाला नहीं था।

दिन बीत गया। हम अपनी-अपनी ज़िन्दगियों की रिव्यू करने लगे। इस पर्यवलोकन के मूड में हम न मालूम क्या-क्या कहते और सुनते जाते।

दूसरे दिन जब हम रात को सोने को थे कि इतने में उसने कहा, "कला के तीन क्षण! अच्छा हाइपॉथेसिस है! उस पर सोचना पड़ेगा।"

फिर उसने बल देते हुए कहा, "एक बात निश्चित है। सौन्दर्य-प्रतीति का सम्बन्ध सृजन-प्रक्रिया से है। सृजन-प्रक्रिया से हटकर सौन्दर्य-प्रतीति असम्भव हो जाती है।

वह कहता गया, "प्राकृनिक सौन्दर्य या नारी-सौन्दर्य का अवलोकन व्यक्ति-बद्ध होने से सही अर्थों में सौन्दर्यानुभव नहीं कहा आ सकता।"

मैंने बीच में जोड़ दिया, "असलियत यह है कि सौन्दर्य तब उत्पन्न होता है जब सृजनशील कल्पना के सहारे, संवेदित अनुभव ही का निस्तार हो जाए। कलाकार का वास्तविक अनुभव और अनुभव की संवेदनाओं द्वारा प्रेरित फ़ैंटेसी इन दोनों के बीच कल्पना का एक रोल होता है। वह रोल—वह भूमिका एक सृजनशील भूमिका है। वही कल्पना उसे वास्तविक अनुभव की व्यक्ति-बद्ध पीड़ाओं से हटाकर, उस अनुभव ही को दृश्यवत् करके, उसी अनुभव को नए रूप में उपस्थित कर देती है। किन्तु, यह अनुभव दृश्यवत् होते ही मूल अनुभव से पृथक् होकर भिन्न हो जाता है। इस दृश्यवत् उपस्थित और विस्तृत अनुभव या फ़ैंटेसी में, (जो कला का तुम्हारा दूसरा क्षण है) अनुभविता अर्थात् फ़ैंटेसी का जनक-दर्शक, जीवन के नए-नए अर्थ ढूँढ़ने लगता है, अनुभव-प्रसूत फ़ैंटेसी में जीवन के अर्थ खोजने और उसमें आनन्द लेने की इस प्रक्रिया में ही जो प्रसन्न भावना पैदा होती है, वही एस्थेटिक एक्सपीरिएंस का मर्म है।"

अब मैंने प्रोत्साहित होकर उसकी बात को और स्पष्ट करते हुए कहा, "आत्मा अनुभवप्रसूत फ़ैंटेसी में दार्शनिक या व्याख्यात्मक ढंग से जीवन का अर्थ नहीं खोजती, वरन् वह स्वयं, आप-ही-आप, नए-नए संकेत और नए-नए अर्थ आकलन करने लगती है। इस प्रक्रिया में जो प्रसन्न भावना पैदा होती है वही एस्थेटिक एक्सपीरिएंस का एक तत्त्व है। पूरे एस्थेटिक एक्सपीरिएंस में इस प्रसन्न भावना के अतिरिक्त नए-नए अर्थ-महत्त्व की प्राप्ति भी शामिल है। एस्थेटिक एक्सपीरिएंस एक सृजनशील प्रक्रिया है। पाठक या दर्शक स्वयं जब कोई काव्य, उपन्यास या नाट्य देखता है, तो

जब तक उसे नए-नए अर्थ-महत्त्व और अर्थ-संकेत प्राप्त न होते जाएँ, तय तक उसको एस्थेटिक एक्सपीरिएंस प्राप्त हो ही नहीं सकता। हाँ, यह सही है कि पाठक या श्रोता को, वैसे ही फ़ैंटेसी के जनक को, फ़ैंटेसी में, जो नए-नए अर्थ-महत्त्व या अर्थ प्राप्त होते हैं, वे अपनी-अपनी उत्तेजित जीवन-संवेदनाओं द्वारा ही मिलते हैं। ये संवेदनाएँ ज्ञानात्मक होती हैं। कला के दूसरे क्षण में अनुभय-प्रसूत फैंटेसी में जब तक आत्मा को नए-नए महत्त्व और अर्थ दिखाई नहीं देंगे, तब तक वह आत्मा आतुर-आकुल भावना में बहकर उस फ़ैंटेसी को शब्द-बद्ध करने की ओर प्रवृत्त ही नहीं होगी। इस दृष्टि से देखने पर, कलाकार को कला के तीनों क्षणों में, भिन्न रूपों से, अलग-अलग प्रकार से, सौन्दर्य-प्रतीतियाँ होती रहती हैं। असल में ये सौन्दर्य-प्रतीतियाँ महत्त्व-प्रतीतियाँ हैं, भावनामय अर्थानुभव है...पाठक या श्रोता अपने ढंग से ये अर्थ-प्रतीतियाँ करता है और कलाकार अपन ढंग से।''

यहाँ आकर मैं चुप हो गया। केशव ने स्वीकृति के स्वर में कष्ट से कुछ घरघराहट-सी की! मैं सन्देह से ग्रस्त होने लगा।

मैं उसे ख़ुश करने की भावना से उसे सैर-सपाटे पर ले गया। सिनेमा दिखाया, किन्तु उसने फिर वह विषय नहीं छेड़ा। हमने अपनी-अपनी ज़िन्दगियों के बारे में कहना शुरू किया। न मालूम क्या-क्या कहते गए हम लोग! एक बार चाय पीते-पीते उसने कहा, ''अब तुम्हारा माद्दा काफ़ी बढ़ गया है। किन्तु, मुझे ऐसा लगता है कि तुम्हारी बातों में मुझे कुछ संशोधन करना पड़ेगा!...पहली बात तो मुझे यह कहनी है कि कला के प्रथम क्षण की कुछ व्यापक परिभाषा होनी चाहिए। हाँ, यह ठीक है कि उसमें अनुभव-तत्त्व ही प्रधान हैं, किन्तु, उसमें भी दर्शकत्व का कुछ-न-कुछ अंश ज़रूर रहता है। तुमने कला के दूसरे क्षण में फ़ैंटेसी के उदय और फ़ैंटेसी ही के रंगों में अनुभव के विस्तार की जो बात कही है, वह महत्त्वपूर्ण है। वहाँ भोक्तृत्व और दर्शकत्व दोनों साथ हैं। किन्तु, इन दोनों के मूल, कला के प्रथम क्षण में, अर्थात् अनुभव-तत्त्व की आदिम प्रधानता में, ही खोजे जाने चाहिए। कला के प्रथम क्षण में जब वे प्रच्छन्न होंगे, तभी वे दूसरे भाग में उदित, व्यक्त और विकसित होंगे। असल हालत यह है कि सृजन-प्रक्रिया द्वन्द्वात्मक है, इसलिए सौन्दर्य-प्रतीति द्वन्द्वात्मक है!''

मैंने भौंहें चढ़ाईं और मैं चीख़ उठा, ''द्वन्द्वात्मक? डोंट इंट्रोड्यूस कंफ्यूजिंग टर्म्स! फालतू के शब्द मत बढ़ाओ।''

उसने मुझको मानो दबाते हुए कहना शुरू किया, ''सुनो तो! पहली बात तो यह मान लो कि सारी सृजन-प्रक्रिया में एक प्रवहमान गति है। और, अगर हम फ़िज़िक्स की कुछ कल्पनाओं का सहारा लें, तो हम इस निष्कर्ष पर आएँगे कि हमारे लिए यह कहना कठिन है कि मनस्तत्त्व कहाँ, किस जगह, वस्तुतः, एक तत्त्व हैं, और कहाँ, किस जगह, वह शुद्ध गति है, अर्थात् कहाँ वह 'पार्टिकल' और कहाँ वह 'वेव' है। दूसरे शब्दों में, हमें केवल अस्पष्टता के लोक में ही विचरण करना है।...लेकिन, चूँकि

तुमने, हाँ! तुमने। उसकी गति को मापने का कुछ प्रयत्न करना चाहा है, तो मैं भी उसमें कुछ नई व्यवस्था लाने की कोशिश करूँ, तो उसमें बुराई क्या है!''

केशव की कोई भी बात मेरी समझ में नहीं आई। वह कहना क्या चाहता है! वह किस ओर मुझे घसीट रहा है! इसकी मुझे सचमुच चिन्ता हो गई!

असल बात यह थी कि मैं सोचता था कि मेरी थियॅरी पर मेरा अधिकार है, उसमें केशव का संशोधन मैं क्यों स्वीकार करूँ! सबसे बड़ा डर तो यह था कि वह मेरे मन को परिवर्तित कर देगा तो मेरी थियॅरी गड़बड़ हो जाएगी!

लेकिन केशव को टालना मुश्किल था। उसमें थियॅरिटीशियन की सृजनशील सैद्धान्तिक कल्पना तथा वस्तु-तथ्यों के प्रति मुझसे अधिक सजगता, और गड़बड़ होने पर अपने बने-बनाए खिलौनों को तोड़ देने की सावधानी और तत्परता के गुण, मुझसे कहीं अधिक मात्रा में मौजूद थे।

लेकिन, वह स्वयं मेरे सामने प्रत्यक्ष है। उसे अब टाला नहीं जा सकता।

उसने कहना शुरू किया, ''पहले क्षण में ही भोक्ता और दर्शक के गुणों का आविर्भाव होना चाहिए। दूसरे क्षण में, जो फ़ैंटेसी उत्पन्न होती है, जैसा कि तुमने बताया है, उस फ़ैंटेसी के दर्शक की जो महत्त्व-प्रतीति होती है, उसके बीज पहले क्षण में ही होना आवश्यक है। यदि कला के प्रथम क्षण में प्राप्त अनुभव के भीतर, अनुभव के महत्त्व की भावना नहीं है, तो वह क्षण कला के दूसरे क्षण में परिणत नहीं होगा! मतलब यह है कि कला के प्रथम क्षण का अनुभव जीवन के अन्य साधारण अनुभवों से भिन्न होता है। उसमें अनुभव और अनुभव के महत्त्व की भावना दोनों बीज रूप में रहने से, दर्शकत्व और भोक्तृत्व की स्थिति-मुक्तता और स्थिति-बद्धता के परस्पर-विरोधी बिन्दु रहते हैं।''

उसने ठंडे दिल से दुहराया, ''तुमको यह मानना होगा कि कला के प्रथम क्षण में ही अनुभव और अनुभव की महत्त्व-प्रतीति होती है, अर्थात् दर्शकत्व और भोक्तृत्व का योग होता है। यदि वह न हुआ तो वह कला का प्रथम क्षण नहीं है। साक्षात् अनुभव और उससे घुला-मिला उसकी महत्त्व-प्रतीति का अनुभव, दोनों एक साथ जब न होंगे तो भोक्तृत्व में दर्शकत्व की स्थिति, अनुभव में कल्पना का (आगे चलकर) योग ही न होगा। अर्थात्, वह कला का प्रथम क्षण न होकर, जीवन का कोई अन्य साधारण अनुभव है! यह मानते हो? अनुभव और अनुभव के महत्त्व की संवेदना, दोनों एक साथ होना कला के प्रथम क्षण में आवश्यक है-डोंट् यू थिंक सो?''

मैं चुप रहा, बिलकुल चुप। फिर कहा, ''हाँ!''

वह कहता गया, ''व्यक्तित्व में अनुभविता की स्थिति-बद्ध संवेदना और दर्शक की स्थिति-मुक्त दृष्टि एक समन्वित इकाई बनकर एक नए क्लाइमैक्स तक पहुँच जाती है। यदि शुरू में ही, कलाकार की संवेदन-क्षमता और स्थिति-मुक्त दर्शन-क्षमता की मिली-जुली और सन्तुलित एकीभूत स्थिति, असन्तुलित और अनेकी-भूत

हुई तो वह कलाकार अच्छी रचना नहीं कर सकता।

''कला के दूसरे क्षण में एक मज़ा और होता है। स्थिति-ग्रस्त आक्रमणकारी संवेदनाएँ और स्थिति-मुक्त दृष्टि, दोनों एक-दूसरे के विरुद्ध हैं, किन्तु ये दोनों विरोधी बातें एक-दूसरे पर प्रतिक्रिया करती हुई एक उच्चतर बिन्दु पर फ़ैंटेसी खड़ी कर देती हैं। इन दोनों की क्रिया-प्रतिक्रिया से परिष्कृत होकर कला का दूसरा क्षण आगे बढ़ता जाता है। जब यह क्षण बहुत आगे तक प्रवाहित हो जाता है, तब आत्मपरकता में भी एक निर्वैयक्तिकता और निर्वैयक्तिकता में भी एक आत्मपरकता उत्पन्न हो जाती है, मानो स्थिति-बद्ध संवेदना ने स्थिति-मुक्त दृष्टि को अपनी स्थिति-बद्धता प्रदान कर, उससे अपने लिए स्थिति-मुक्तता ले ली हो। दूसरे शब्दों में, वे अपने-अपने गुण-धर्मों को एक-दूसरे को प्रदान कर देते हैं...''

केशव के इन प्रवचन में मेरी सूझ-बूझ उत्तेजित होने लगी। मुझे प्रतीत हुआ कि पूरी प्रक्रिया में मेरी पैठ अब और गहरी-गहरी हो रही है। मैं उसकी बात बहुत ध्यान से सुनने लगा।

वह कहता गया, ''कला के क्षणों के भीतर, प्रातिनिधिकता क्यों उत्पन्न होती है? क्यों कलाकार को यह प्रतीत होता है कि उसकी बात सभी के लिए महत्त्वपूर्ण है? मैं पूछता हूँ—ऐसा क्यों?''

''यह इसलिए होता है कि दृष्टि की स्थिति-मुक्त वैयक्तिकता और संवेदना की स्थिति-बद्ध वैयक्तिकता का समन्वय होकर वह समन्वय अपने से उच्चतर स्थिति में पहुँच जाता है। इसीलिए फ़ैंटेसी में संवेदनात्मक ज्ञान और ज्ञानात्मक संवेदनाएँ रहती हैं। कृतिकार को लगातार महसूस होता रहता है कि उसका अनुभव सभी के लिए महत्त्वपूर्ण और मूल्यवान है। तो मतलब यह कि भोक्तृत्व और दर्शकत्व का द्वन्द्व एक समन्वय में लीन होकर एक-दूसरे के गुणों का आदान-प्रदान करता हुआ सृजन-प्रक्रिया आगे बढ़ा देता है। दर्शक का ज्ञान और भोक्ता की संवेदना, परस्पर विलीन होकर, अपने से परे उठने की भंगिमा को प्रोत्साहित करती रहती है। इस प्रकार सृजन-प्रक्रिया के विशिष्ट में सर्वसामान्य महत्त्व प्रतिबिम्बित होता-सा प्रतीत होता है। दूसरे शब्दों में, संवेदना के स्थिति-बद्ध गहरे रंग, दृष्टि के स्थिति-मुक्त रूप से परिष्कृत होकर प्रतिनिधिक हो उठते हैं। मेरा ऐसा ख़याल है। कला के दूसरे क्षण में उपस्थित फ़ैंटेसी की इकाई में संवेदनात्मक ज्ञान और ज्ञानात्मक संवेदना कुछ इस प्रकार समाई रहती है कि लेखक उन्हें शब्द-बद्ध करने के लिए तत्पर हो उठता है।

यहाँ से कला के तीसरे क्षण का आरम्भ होता है। अब मज़ा देखिए! मेरी बात ध्यान से सुनना।

'अब यहाँ से एक नए संघर्ष की कहानी शुरू होती है। लेखक ज्यों ही फ़ैंटेसी शब्दों में व्यक्त करने लगता है, फ़ैंटेसी के रंग घुलने लगते हैं, और सतत प्रवाहित होने लगते हैं। व्यक्त करने के दौरान में, प्रकट करने की प्रक्रिया में, फ़ैंटेसी बदलने

लगती है...ऐसा क्यों होता है ?''

कुछ देर तक चुप्पी रही। वह आगे नहीं बोल सका। उसने प्रश्न उपस्थित कर दिया, जवाब नहीं दे सका। वह मेरी तरफ़ देखने लगा। बात को आगे चलाने के लिए मैंने कहना शुरू किया, ''होता यह है कि फ़ैंटेसी को शब्द-बद्ध करने की प्रक्रिया में बहुत-से नए तत्त्व उससे आ मिलते हैं। ये तत्त्व उसे लगातार संशोधित करते रहते हैं। ध्यान रखो कि यह फ़ैंटेसी अनुभव-प्रसूत होते हुए भी अनुभव-बिम्बित होती है। इस फ़ैंटेसी में वस्तुतः एक भावनात्मक उद्देश्य समाया रहता है। उसमें एक संवेदनात्मक दिशा रहती है। फ़ैंटेसी के भीतर यह दिशा और उद्देश्य उस फ़ैंटेसी का मर्म-प्राण है।

''दिशा और उद्देश्य के मर्म-प्राण को धारण कर फ़ैंटेसी गतिहीन नहीं रह सकती। फ़ैंटेसी गतिहीन स्थिर-चित्र नहीं है। उद्देश्य और उद्देश्य की दिशा के कारण ही वह गतिमय है। फ़ैंटेसी डायनेमिक होती है। कला के प्रथम क्षण के अन्तिम सिरे पर उत्पन्न होते ही उसकी गतिमानता शुरू हो जाती है। फ़ैंटेसी जो शुरू में एक आभास-रूप होती है, वह तुरन्त ही अनेक चित्रों की सुसंगत पाँत बनने लगती है। एक-एक मर्म के आस-पास ये चित्र संगठित होकर प्रवहमान होते

''महत्त्व की बात (यह) है कि ज्यों ही यह फ़ैंटेसी शब्द-बद्ध होने लगती है, फ़ैंटेसी का भावनात्मक उद्देश्य, या कहिए कि फ़ैंटेसी की प्रधान पीड़ा, अपना समर्थन, संरक्षण और पोषण करनेवाले अन्य अनेक जीवनानुभवों के तत्त्वों को समेटने लगती है। फ़ैंटेसी के भीतर का वह मर्म—जिसमें एक उद्देश्य है, एक पीड़ा है, और एक दिशा है—अनेक जीवनानुभवों से समर्थित, संवर्धित और पुष्ट होकर प्रकट होना चाहता है। इन जीवनानुभवों के चित्र, भाव और स्वर फ़ैंटेसी के मर्म में घुलने लगते हैं। फ़ैंटेसी की गतिमानता की धारा में वे प्रवाहित होकर उस धारा को अधिक सार्थक और पुष्ट करते हैं...

''...चूँकि फ़ैंटेसी के मर्म को शब्द-बद्ध करते समय अनेक अनुभव-चित्र, भाव और स्वर तैर आते हैं, इसलिए फ़ैंटेसी के उद्देश्य और दिशा के निर्वाह के लिए कलाकार को भाव-सम्पादन करना पड़ता है, जिससे कि केवल मर्म के अनुकूल और उसको पुष्ट करनेवाले स्वर, भाव तथा चित्र ही कविता में आ सकें, और इस बीच यदि कोई अन्य अनुकूल मार्मिक अनुभव तैर आए, तो उसे भी फ़ैंटेसी के मर्म की उद्देश्य-दिशा में प्रतिपादित कर दिया जाए, अर्थात् भाषा-प्रवाहित कर दिया जाए।

''महत्त्व की बात यह है कि कला के तीसरे क्षण में फ़ैंटेसी का मूल मर्म, अनेक सम्बन्धित जीवनानुभवों से उत्पन्न भावों और स्वरों से युक्त होकर, इतना अधिक बदल जाता है कि लेखक उस पूरी फ़ैंटेसी को एक नई रोशनी में देखने लगता है। मेरा मतलब है, मूल फ़ैंटेसी का मर्म, जो सिकुड़ा हुआ एक दर्द था, अब फैलकर एक पर्सपेक्टिव का रूप धारण करने लगता है। इस पर्सपेक्टिव से समन्वित मूल मर्म शब्द-बद्ध होने

की प्रक्रिया में बदल जाता है। वह पुराना मर्म न रहकर अब नया बन जाता है। उसमें नए मनस्तत्त्व आ जाते हैं। शब्द-बद्ध होने की प्रक्रिया के दौरान में, जब तक उस मर्म में ओज और बल क़ायम है, तब तक यह नए तत्त्व समेटता रहेगा। किन्तु जब वह चुक जाएगा, तब गति बन्द हो जाएगी, उद्‌देश्य समाप्त हो जाएगा। कविता वहाँ पूरी हो जानी चाहिए। यदि वह पूरी नहीं हुई, तो मर्म के साक्षात्कार में कहीं कुछ कमी रह गई, दिशा-ज्ञान ठीक नहीं रहा है, उद्‌देश्य में कुछ कमज़ोरी आ गई है—ऐसा मानना होगा।''

यहाँ मैं रुक गया। इससे अधिक मैं कुछ भी नहीं कह सका।

रात काफ़ी हो गई थी। सड़कों पर रोशनी के बावजूद अँधेरा बस गया था। सूनापन बोल रहा था। हवा देह से चिपक रही थी। मन बहक गया था। मेरा मित्र चुप था। क्यों था ?

ज़िन्दगी ही ऐसी है। कोई विचार, किसी के कहने से, अपने ख़ुद के कहने से, मन में उदित नहीं होता। मेरा मित्र अब मुझसे बिदा हो गया है। अपने मत को प्रकट न करते हुए अब वह बहुत दूर चला गया है। उसके साथ दिन अच्छे कटे।

बहुत दिनों बाद उसकी चिट्‌ठी आई। चिट्‌ठी नहीं थी, वह थीसिस थी। केवल अन्त में, 'भाभी को प्रणाम, बच्चों को प्यार' आदि लिखा था। मैंने चिट्‌ठी पढ़ी नहीं। टेबिल की दराज़ में डाल दी जिससे कि फ़ुरसत के वक़्त अध्ययन कर सकूँ। किन्तु मैं समय मिलने पर भी उसे पढ़ नहीं पाया। इतने में उसका रिमाइंडर भी आ गया। मैंने उसको भी दराज़ में डाल दिया।

असल में उन दिनों घर में बीमारियों ने कई बिस्तर बिछा रखे थे। ज़िन्दगी में मुझे उन बातों की तालीम लेनी पड़ी है कि जिन बातों को मेरे स्वभाव के विरुद्ध कहा जा सकता है। फलतः स्वभाव-विरुद्ध बातों की अनिवार्यतः तालीम लेने की भीषण प्रक्रिया में मेरी तबियत भी ख़राब हो गई।

फिर एक रात को जब कराहें सोई हुई थीं, और घर के आले में रखा दीया शान्त रोशनी फैला रहा था, तब मैं अशान्त मन में ज़िन्दगी के बारे में सोचने लगा। मैं बहुत उदास हो उठा। लगा कि मेरी ज़िन्दगी असफलता की डाढ़ों में पड़ी हुई एक बेबस आँत है!

ऐसे ही ख़यालों में डूबता-उतराता मैं अन्तर्राष्ट्रीय घटना-चक्रों की तसवीरों तक पहुँच गया। अख़बारनवीस होने के नाते मैं नए विचारों को टीप लिया करता था। काग़ज़ की तलाश में टेबिल की दराज़ खोली तो उसमें मित्र का पत्र और पत्र का रिमाइंडर दोनों मिले। मित्र की याद ने दिल हलका किया। मैं उसकी चिट्‌ठी कई बार पढ़ गया। वह चिट्‌ठी एक ठंडे दिमाग़ की उपज थी। फिर भी मुझे वह गुलाब के इत्र से तर मालूम हुई। कहना न होगा कि पत्र की पृष्ठ-संख्या कोई पच्चीस थी। बारीक, सुडौल अक्षर, सुन्दर-स्वच्छ लिखावट, और जहाँ आवश्यक हो वहीं-वहीं पैरे—इस प्रकार

में शोभायमान वह चिट्ठी थी, या चिट्ठी का बाप 'चिट्ठा' था—नहीं कह सकता।

दिन बीतते गए और अब मेरे सामने मेरे जवाब का जवाब पड़ा हुआ है। केशव ने बहुत ठाठ से लिखा है—

"...यह सच है कि शब्द-बद्ध होने की प्रक्रियाओं में फ़ैंटेसी बदलने लगती है। यह कैसे होता है?

"मेरे ख़याल से इसके दो कारण हैं। दोनों कारण एक-दूसरे से जुड़े हुए हैं।"

"कला का तीसरा क्षण कला का अत्यन्त महत्त्वपूर्ण और पूर्ण क्षण है। यहाँ से फ़ैंटेसी साहित्यिक, कलात्मक अभिव्यक्ति का रूप धारण करने लगती है।"

"यहाँ से शब्द-साधना शुरू होती है। शब्द के अपने ध्वनि-अनुषंग होते हैं, जिनमें चित्र और ध्वनि दोनों शामिल हैं। कलाकार अपने हृदय के तत्त्व के रंग, रूप, आकार के अनुसार, अभिव्यक्ति का रंग, रूप और आकार तैयार करना चाहता है। इसलिए उसे अपने हृदय की भाव-ध्वनियों की, शब्दों की, अर्थ-ध्वनियों से अनवरत तुलना करनी पड़ती है।

"इसके दो परिणाम होते हैं: (1) भाव-ध्वनियों को उपलब्ध शब्द-ध्वनियों के कटघरे में फँसाने का प्रयत्न, जिसके फलस्वरूप काफ़ी से मनस्तत्त्व अपना मौलिक और मूल तेज़ त्यागकर एक नए सन्दर्भ से सम्बद्ध आकार में प्रकट होते हैं। कई कवि तो भाषा की चमक और सफ़ाई के लिए अपने भाव-तत्त्वों का बलिदान भी कर देते है। इस प्रकार हम देखते हैं कि शब्द-बद्ध होने की प्रक्रिया में फ़ैंटेसी की ही काट-छाँट होने लगती है। (2) किन्तु इसके विपरीत दूसरी महत्त्वपूर्ण बात यह है कि अभिव्यक्ति-साधना के दौरान में स्वयं अभिव्यक्ति फ़ैंटेसी को सम्पन्न और परिपूर्ण करने लगती है। फ़ैंटेसी अपने को प्रकट करने के लिए समानार्थ-वाचक शब्दों को लाती है। भाषा एक जीवित परम्परा है। शब्दों में एक स्पन्दन है। शब्दों में जो अर्थ-स्पन्दन है, वह फैंटैसी द्वारा उद्‌बुद्ध होकर नई भाव-धाराएँ बहा देता है। ये भाव-धाराएँ फ़ैंटेसी की समीपवर्ती भाव-धाराएँ हैं। वे फ़ैंटेसी के जगत् को और भी विस्तृत कर देती हैं, उसके मौलिक तेज़ को और भी फैला देती हैं। इन भाव-धाराओं में अनेकों नए-पुराने अनुभव, अपने-पराए भाव, सब प्रवाहित होते रहते हैं। फ़ैंटेसी के जगत् की अर्थमत्ता तो उनसे बढ़ जाती है, साथ ही उनके द्वारा फ़ैंटेसी को एक नया पर्सपेक्टिव प्राप्त हो जाता है। इस पर्सपेक्टिव से संयुक्त होकर फ़ैंटेसी एक तेजोवलय में चमकने लगती है। फ़ैंटेसी अब पूर्णरूप से सार्वजनीन हो जाती है।

"ऐसा क्यों? भाषा सामाजिक निधि है। शब्द के पीछे एक अर्थ-परम्परा है। ये अर्थ जीवनानुभवों से जुड़े हुए हैं। फ़ैंटेसी अपने अनुकूल शब्दों में स्थित अर्थ-स्पन्दन को उद्‌बुद्ध करती है। इन शब्दों के ढाँचों में फ़ैंटेसी को फिट करना पड़ता है, इसलिए फ़ैंटेसी का मौलिक तेज़ काफ़ी कट-छँट जाता है। शब्दों के पीछे की अर्थ-परम्परा फ़ैंटेसी के मूल रंगों को छांट देती है, उसके आकार में परिवर्तन कर देती है, उसकी

मौलिक गहराई को भिन्न बना देती है, उसकी मौलिक गहनता अर्थात् व्यक्तिगत सन्दर्भ भी तराश देती है, कई कवि शब्दों की अर्थ-परम्परा से आच्छन्न होकर, भाषा की सफ़ाई और चमक के निर्वाह के लिए, प्रकटीकरण के हेतु आतुर भाव-तत्त्वों को ही काट देते हैं।

''इसके विपरीत फ़ैंटेसी द्वारा उद्बुद्ध शब्दों के अर्थ-अनुषंग और उनसे सम्बद्ध चित्र नई भाव-धाराएँ बहा देते हैं। भाव-धाराएँ फ़ैंटेसी के अनुकूल और समीपवर्ती होती हैं। उन भाव-धाराओं में अनेकों नए-पुराने अनुभव और अपने-पराए भाव होने से फ़ैंटेसी की अर्थमत्ता का विस्तार हो जाता है। साथ ही इस विस्तृत क्षेत्र में, ये भाव-धाराएँ फ़ैंटेसी पर, और फैंटैसी इन भाव-धाराओं पर क्रिया-प्रक्रिया करने लगती है। इस क्रिया-प्रतिक्रिया से फैंटेसी का क्षेत्र और विस्तृत हो जाता है, अनुभव को पर्सपेक्टिव प्राप्त हो जाता है। फ़ैंटेसी के भीतर के मूल उद्देश्य और दिशा में विस्तार भर उठता है।

''शब्दों में, कला के तीसरे क्षण में सृजन-प्रक्रिया ज़ोरों से गतिमान होती है। कलाकार को शब्द-साधना द्वारा नए-नए भाव और नए-नए अर्थ-स्वप्न मिलने लगते हैं। पुरानी फ़ैंटेसी अब अधिक सम्पन्न, समृद्ध और सार्वजनीन हो जाती है। यह सार्वजनीनता, अभिव्यक्ति-प्रयत्न के दौरान में शब्दों के अर्थ-स्पन्दनों द्वारा पैदा होती है। अर्थ-स्पन्दनों के पीछे सार्वजनिक सामाजिक अनुभवों की परम्परा होती है। इसलिए अर्थ-परम्पराएँ न केवल मूल फ़ैंटेसी को काट देती हैं, तराशती हैं, रंग उड़ा देती हैं, वरन् उसके साथ ही, वे नया रंग चढ़ा देती हैं, नए भावों और प्रवाहों से उसे सम्पन्न करती हैं, उसके अर्थ-क्षेत्र का विस्तार कर देती हैं।

''इसीलिए अभिव्यक्ति-प्रयत्न के दौरान में, कवि को नए साक्षात्कार होने लगते हैं। एक ओर, मूल फ़ैंटेसी के मूल-मर्म की अभिव्यक्ति पर उस सम्पूर्ण व्यक्तित्व का केन्द्रीकरण हो जाता है, तो दूसरी ओर इस केन्द्रीकरण के फलस्वरूप उसके व्यक्तित्व का विस्तार होने लगता है। उसे नए-नए साक्षात्कार होने लगते हैं। एक साक्षात्कार कई भाव-सत्यों का उद्घाटन करता है। एक साक्षात्कार कवि को दूसरे साक्षात्कार तक पहुँचा देता है। इस प्रकार यह प्रक्रिया चालू रहती है।

''इस मनोवैज्ञानिक प्रक्रिया के पीछे भाषा की अगाध अनवरत साधनाशक्ति है। भाषा फ़ैंटेसी को काटती-छाँटती है, और इस प्रक्रिया के विपरीत फ़ैंटेसी भाषा को सम्पन्न और समृद्ध भी करती है।

''कवि की यह फैंटैसी भाषा को समृद्ध बना देती है, उसमें नए अर्थ-अनुषंग भर देती है, शब्द को नए चित्र प्रदान करती है। इस प्रकार, कवि भाषा का निर्माण करता है। जो कवि भाषा का निर्माण करता है, विकास करता है, वह निस्सन्देह महान् कवि है।

''इस प्रकार कला के तीसरे क्षण में मूल द्वन्द्व है—भाषा तथा भाव के बीच। इन

दोनों की परस्पर प्रतिक्रिया और संघर्ष बहुत उलझे हुए होते हैं और वे उन दोनों को बदलते रहते हैं। इन दोनों में संशोधन होता जाता है। यह द्वन्द्व अत्यन्त महत्त्वपूर्ण और सृजनशील है। भाषा, एक परम्परा के रूप में, फ़ैंटेसी के मूल रंग को विस्तृत कर देती है, किन्तु साथ ही उस फ़ैंटेसी में संशोधन भी उपस्थित करती जाती है। साथ ही फ़ैंटेसी अपने मूल रंगों के निर्वाह के लिए, अपने मूल रंगों की अभिव्यक्ति के लिए, भाषा पर दबाव लाती है, उसके शब्दों और मुहावरों में नई अर्थमत्ता, नई अर्थ-क्षमता, नई अभिव्यक्ति भर देती है। कला के तीसरे क्षण में यह महत्त्वपूर्ण द्वन्द्व है।

"इसीलिए कलाकार को यह महसूस होता रहता है कि जो उसे कहना था, वह पूर्ण रूप से नहीं कह सका, और ऐसा बहुत कुछ कह गया जो, शुरू में, उसे मालूम नहीं था कि कह जाएगा! क्या यह भावना तुम्हें नहीं होती ?"

केशव के पत्र के मैंने कुछ अंश यहाँ प्रस्तुत किए। पत्र पढ़कर मुझे दुख भी हुआ, सुख भी। दुख इसलिए कि इस बीच मैं स्वयं उलझ गया था। और सुख इसलिए कि केशव ने मेरी बात बहुत आगे बढ़ा दी। मेरा ख़याल है कि केशव इन बातों का अब परीक्षण और पुनः परीक्षण करता होगा।

निस्सन्देह, केशव एक दिलचस्प आदमी है। किन्तु सबसे बड़ी बात है कि वह मेरा मित्र है। निस्सन्देह उसके साथ कोई नया काम शुरू करना आवश्यक है। मुझे बडी मदद होगी।

(वसुधा में प्रकाशित, नवम्बर 1958। एक साहित्यिक की डायरी, में संकलित।)

शमशेर : मेरी दृष्टि में

शमशेर का काव्य अनेक दृष्टियों से मुझे आकर्षित करता रहा है—शिल्प के कारण, काव्य-व्यक्तित्व के कारण। प्रश्न यह है कि काव्य-व्यक्तित्व के भीतर की वह कौन सी सक्रिय आवश्यकता है, जिसने अपनी अभिव्यक्ति के शिल्प का विकास किया ? शमशेर के काव्य के सम्बन्ध में यह प्रश्न और भी सही है। कहना न होगा कि शिल्प की दृष्टि से शमशेर हिन्दी के एक अद्वितीय कवि हैं।

अपने स्वयं के शिल्प का विकास केवल वही कवि कर सकता है, जिसके पास अपने निज का कोई ऐसा मौलिक विशेष हो, जो यह चाहता हो कि उसकी अभिव्यक्ति उसी के मनस्तत्त्वों के आकार की, उन्हीं मनस्तत्त्वों के रंग की, उन्हीं के स्पर्श और गन्ध की ही हो। दूसरे शब्दों में, अभिव्यक्ति के लिए आतुर हो उठनेवाला मौलिक-विशेष आत्मचेतस् भी होना चाहिए। यदि यह मौलिक-विशेष आत्मचेतस् न हुआ, तो उसका तो यह आग्रह नहीं रहेगा कि उसके मनस्तत्त्वों की अभिव्यक्ति उसी के आकार और काट की हो। ऐसा कवि नए शिल्प का विकास न कर सकेगा।

इस मौलिक-विशेष के दो आयाम हैं-एक, मनोरचना अर्थात् आत्मा का भूगोल और दूसरे, मनस्तत्त्व अर्थात् आत्मा का इतिहास। इस भूगोल और इतिहास से मौलिक-विशेष का निर्माण हुआ है। यह मौलिक-विशेष आत्मचेतस् होकर अपनी सत्ता स्थापित करता है। उसकी आत्म-प्रस्थापना का एक रूप शिल्प का विकास है। दूसरे शब्दों में, शिल्प का विकास काव्य-व्यक्तित्व से, अटूट रूप से जुड़ा हुआ है, और उस शिल्प में व्यक्तित्व की क्षमता और सीमा, भाव और अभाव, सामर्थ्य और कमज़ोरी, ज्ञान और भ्रम, सभी प्रत्यक्ष-अप्रत्यक्ष रूप से प्रकट होते हैं।

मनोरचना की शैली-विशेष जिस प्रकार कवि के काव्य-व्यक्तित्व को एक रूप देती है, उसी प्रकार कवि के जीवन और चरित्र का विकास उसके आग्रहशील अनुरोधपूर्ण काव्यमनस् और उसके तत्त्वों को निर्धारित करता है। इस दिक् और काल, भूगोल और इतिहास के परस्पर प्रतिक्रियान्वित रूप का अध्ययन काफ़ी मनोरंजक और महत्त्वपूर्ण है। किन्तु इस मार्ग पर चलने से शमशेर के काव्य के विश्लेषण का कर्त्तव्य बहुत लम्बा हो जाएगा, और, सम्भवतः, उस कर्त्तव्य को सफलतापूर्वक पूरा कर भी न सकूँगा।

अतएव, शमशेर के सम्बन्ध में मैं अपनी कुछ बुनियादी प्रतिक्रियाओं को ही यहाँ रखना चाहूँगा। शमशेर एक समर्पित कवि हैं। उन्होंने अपने जीवन का सर्वोत्तम भाग और प्रदीर्घ काव्यक्षण काव्यसाधना में बिताए हैं—निःस्वार्थ भाव से, यश—प्रार्थी न होकर। शमशेर की आत्मा ने अपनी अभिव्यक्ति का एक प्रभावशाली भवन अपने हाथों तैयार किया है। उस भवन में जाने से डर लगता है—उसकी गम्भीर प्रयत्नसाध्य पवित्रता के कारण। भाषा के विकास-स्तर का नीचापन, अपने अनुकूल सिद्ध हो सकनेवाली और सहायता दे सकनेवाली किसी परम्परा का अभाव, रसज्ञ आलोचकों और मर्मज्ञ पाठकों के स्थान पर विरोधी वातावरण, आदि अनेक असुविधाओं और कठोर उपेक्षाओं के बीच, जिस आत्मा ने दुर्निवार रूप से, दुनिया की परवाह न करते हुए, सस्ती ख्याति के चक्कर में न पड़कर, जो अभिव्यक्ति-शिल्प तैयार किया वह हिन्दी साहित्य को एक अनूठी देन है। शमशेर निःसन्देह, एक अद्वितीय कवि हैं। उनकी काव्य-आत्मा नितान्त स्वाभाविक है, बिलकुल खरी है, साथ ही वह रसमय होते हुए उलझी हुई है—उतनी ही उलझी हुई, जितनी कि, और जैसी कि, प्रत्येक वास्तविकता, अपनी मौलिक विशिष्टता में, उलझी हुई होती है।

शमशेर की मूल मनोवृत्ति एक इम्प्रेशनिस्टिक चित्रकार की है। इम्प्रेशनिस्टिक चित्रकार अपने चित्र में केवल उन अंशों को स्थान देगा जो उसके संवेदना-ज्ञान की दृष्टि से, प्रभावपूर्ण संकेत-शक्ति रखते हैं। वह दृश्य-चित्र में उन्हीं अंशों को स्थान देता है, कि जो उसके संवेदना-ज्ञान की दृष्टि से उस दृश्य के अत्यन्त महत्त्वपूर्ण, अतः प्रगाढ़, प्रभावपूर्ण, अंग हैं। केवल कुछ ही ब्रशेज़ में वह अपना काम करके दृश्य के शेष अंशों को दर्शक की कल्पना के भरोसे छोड़ देता है। दूसरे शब्दों में, इम्प्रेशनिस्ट चित्रकार दृश्य के सर्वाधिक संवदेनाघात करनेवाले अंशों को प्रस्तुत करेगा और यह मानकर चलेगा कि यदि यह संवेदनाघात दर्शक के हृदय में पहुँच गया तो दर्शक अचित्रित शेष अंशों को अपनी सृजनशील कल्पना द्वारा भर लेगा।

शमशेर ने अपने हृदय में आसीन चित्रकार को पदच्युत कर कवि को अधिष्ठित किया है। इससे एक बात यह हुई है कि कार्यक्षेत्र (स्कोप) बढ़ गया है। इम्प्रेशनिस्टिक ढंग का चित्रकार जीवन की उलझी हुई स्थितियों का चित्रण नहीं कर सकता—वह उसके किसी दृश्य-खंड को ही प्रस्तुत कर सकता है। उस विचित्र दृश्य-खंड में भी, वह दृश्य के सूक्ष्म पक्षों को प्रस्तुत नहीं कर सकता। किन्तु कवि वैसा कर सकता है।

शमशेर ने अपने कवि को यही टेकनीक प्रदान किया है, मनोवृत्ति प्रदान की है, शैली प्रदान की है। और उस प्रकार उसे न्यस्त करते हुए, जीवन का अथाह समुन्दर मापने के लिए उसे छोड़ दिया है। दूसरे शब्दों में, पदच्युत चित्रकार के जिस सिंहासन पर कवि विराजमान है, वह सिंहासन अपनी जादुई शक्ति से कवि को बाध्य करता है कि वह इम्प्रेशनिस्टिक टेकनीक और मनोवृत्ति अपनाए और इस प्रकार इम्प्रेशनिस्टिक चित्रकला के मूल नियमों को काव्यकला में गुप्त रूप से संस्थापित करे। किन्तु चित्रकार

से कवि का कार्यक्षेत्र बड़ा है। केवल इम्प्रेशनिस्टिक कला उसके लिए अधूरी है। फिर भी, चूँकि वह पदच्युत चित्रकार के सिंहासन पर बैठा है, इसलिए उसका टैक्स तो देना ही होगा, फ़ीस तो चुकानी ही होगी, उस सिंहासन की परम्परा को आगे बढ़ाना ही होगा। संक्षेप में, इम्प्रेशनिस्टिक कला ने शमशेर से त्याग करवाया है, साथ ही उन्हें बहुत कुछ मौलिक और विशिष्ट गुण भी दिए हैं, जो किसी अन्य कवि में नहीं पाए जाते।

कभी-कभी पदच्युत चित्रकार के सिंहासन और उस पर विराजमान कवि में झगड़ा हो जाता है। कवि चाहने लगता है कि सिंहासन के चंगुल से छूटकर स्वतन्त्र जीवन व्यतीत करे। और तब शमशेर, एकदम कुलाँट खाकर, क्लासिकल पूर्णता की तरफ़ अग्रसर होते हैं, और बहुत बार वे सफल होते-से नज़र आते हैं। उनकी 'शान्ति' कविता इसका अत्यन्त महत्त्वपूर्ण और सफल उदाहरण है। वे अपने से कितना अधिक हट सकते हैं, इसका वह एक प्रभावशाली प्रमाण है। यह बिलकुल निश्चित है कि शमशेर क्लासिकल पूर्णता के प्रति हमेशा आकर्षित रहेंगे और इस पूर्णता से प्रभावित होते रहेंगे। इसका कारण ही यह है कि वह आकर्षण और प्रभाव भीतर ही एक अपूर्णता की पूर्ति करते हैं।

फिर भी, चित्रकार के सिंहासन ने काफ़ी हद तक कवि के काव्य-व्यक्तित्व का निर्माण किया है और उसे अभिनव सफलताओं से ज्योतिर्मान बना दिया है। किन्तु साथ ही, उसने शमशेर की सीमाएँ भी निर्धारित कर दी है। क्षमता और सीमा का यह मनोहर योग शमशेर को अत्यन्त मौलिक और अद्वितीय कवि के रूप में प्रस्तुत करता है। शमशेर का निरालापन बहुत ही स्वाभाविक और अत्यन्त दुर्लभ है।

सबसे बड़ी बात यह है कि इम्प्रेशनिस्टिक स्वभाव ने शमशेर को 'विशिष्ट' के प्रति प्रेरित किया है। ऐसा चित्रकार वस्तु-दृश्य को प्रस्तुत करता है। किन्तु शमशेर बाह्य-दृश्य के भीतर, भाव-प्रसंग को उपस्थित करते हैं। अन्य कवि केवल भावना व्यक्त करते हैं। यह भावना अनेक भावनाओं की, वस्तुतः, एक श्रेणी अर्थात् एक सामान्यीकृत भावना होती है। इसके विपरीत शमशेर वास्तविक भाव-प्रसंग में उपस्थित संवेदनाओं का चित्रण करते हैं। संवदेनाएँ वास्तविकता का एक भाग हैं—जो एक वास्तविक परिस्थिति के अन्तर्गत वास्तविक भाव-प्रसंग में उद्‌बुद्ध होती हैं। वे संवदेनाएँ वास्तविक अर्थात् जीवन-प्रसंग से बद्ध हैं। यह जीवन-प्रसंग वास्तविकता का एक मूर्त्त और शक्तिशाली भाग है।

इसके विपरीत, अन्य कवियों में होता यह है कि मन के कोने में पड़ी हुई प्रस्तुत भावनाएँ जाग्रत होकर एक भाव-तरंग बन जाती हैं। ये भावनाएँ मन के कोने में पड़े हुए संचित अनुभव से जुड़ी रहती हैं। कविता लिखते समय, उन अनुभवों का समान्यीकरण होकर, भावनाएँ भी सामान्यीकृत हो जाती हैं। दूसरे शब्दों में, यह आवश्यक नियम नहीं है कि वे भावनाएँ अपने-अपने विशिष्ट वास्तविक प्रसंगों के

ताने-बाने में बिंधी हुई ही प्रकट हों, प्रसंगबद्ध रूप में उपस्थित हों। संचित अनुभव के अंगरूप में होने के कारण, वे प्रसंग के बजाय, एक रुख़ (एटीट्यूड) के साथ प्रकट होती हैं। यह रुख़ भावनाओं को सामान्यीकरण कर देता है। वे विशिष्ट प्रसंगबद्ध भावनाएँ नहीं हैं, वरन् सामान्यीकृत भावनाएँ हैं। सामान्यीकरण से मेरा मतलब रस-सिद्धान्त के साधारणीकरण से नहीं है। यह नहीं कहा जा सकता कि ऐसी भावना अमुक विशेष प्रसंग में उपस्थित वास्तविक भावना है।

परिस्थिति के भीतर प्रसंग उपस्थित होते हैं। परिस्थिति एक विशिष्ट चीज़ है, सामान्यीकरण नहीं। उसमें अनेक प्रभावों और प्रवृत्तियों के सूत्र व्यक्ति-चरित्र और परिस्थिति के सूत्र, आपस में उलझे हुए होते हैं। इस परिस्थिति के अन्तर्गत जीवन-प्रसंग विशिष्ट होते हैं, सामान्यीकृत नहीं। इन प्रसंगों में जीवन-कथा के अनेक तत्त्व आपस में उलझे हुए होते हैं। इन प्रसंगों के विभिन्न तत्त्व एक-दूसरे पर प्रतिक्रिया करते रहते हैं। प्रसंग एक वास्तविक जीवित चीज़ हैं। वे प्रसंग आत्मप्रेरक कवि के एक भाव-प्रसंग हो उठते हैं। बाह्य जीवन-प्रसंगों की भाँति ये भाव-प्रसंग वास्तविक होते हैं। यह भाव-प्रसंग, जीवन-प्रसंग के अन्तर्गत उसका एक अटूट अंग हैं। वे वास्तविकता का अखंडनीय भाग हैं। वास्तविकता के ताने-बाने में वे बिंधे हुए हैं। वास्तविकता हमेशा, अनिवार्य रूप से अटूट नियम की भाँति उलझी हुई होती है। उसमें दिक् और काल, भूगोल और इतिहास, व्यक्ति और समाज, चरित्र और परिस्थिति, आलोचक मन और आलोचित आत्म-व्यक्तित्व, आदि-आदि घनिष्ठ रूप से बिंधे हुए होते हैं।

वास्तविकता एक फ़ार्मूला नहीं है। जीवन-प्रसंग अनेक सूत्रों से, अनेक तत्त्वों से, उलझे हुए होते हैं। उनके अन्तर्गत, भाव-प्रसंग उलझे हुए सूत्रों और परस्पर प्रतिक्रियाशील तत्त्वों से बने हुए ज्वलन्त अग्निखंड हैं। उनमें स्वपक्ष और परपक्ष के परस्पराघात से एक मन:स्थिति और परिस्थिति बन जाती है। ये भाव-प्रसंग शमशेर के काव्य-विषय हैं। ये भाव-प्रसंग विशिष्ट हैं। ये काव्य-विषय विशिष्ट हैं। भाव-प्रसंग की मौलिक विशिष्टता के भीतरी ताने-बाने शमशेर को अकुलाते रहते हैं। शमशेर सामान्यीकृत भावनाओं और सामान्यीकृत रुख़ों के कवि नहीं हैं।

शमशेर पर लगाया गया यह दोषारोप कि वे उलझे हुए हैं और उनकी बात समझ में नहीं आती, उस आदत को सूचित करते हैं, जिसे हम सामान्यीकरण की आदत कह सकते हैं। चिन्तन के अनुशासन से विहीन व्यक्ति भी बहुत आत्म-विश्वास के साथ सामान्यीकरण करता रहता है। सामान्यीकरणों की इस आदत को ही हम यान्त्रिक विचार-शैली कहते हैं। यान्त्रिक विचारणा विशिष्ट के आन्तरिक ताने-बाने, उसकी मौलिक विशेषताओं और उसके समृद्ध रूप-तत्त्व की उपेक्षा करके चलती है। यान्त्रिक विचारणा से अनेक हानियाँ हुई हैं। साहित्य-चिन्तन में यान्त्रिक विचारणा की कमी कभी नहीं रही। विशिष्ट की मौलिकता की क़ीमत पर, अर्थात् उसकी मौलिकता की

उपेक्षा करते हुए, जो सामान्यीकरण होगा, वह छिछला, सतही और यान्त्रिक होगा।

कविता, विशेषकर आत्मपरक कविता ने हिन्दी साहित्य-चिन्तन-धारा को अत्यधिक प्रभावित किया है। हिन्दी की आत्मपरक कविता, व्यक्तिनिष्ठ भले ही हो, उसमें वास्तविक भाव प्रसंगों की मौलिक विशिष्टता का बहुत कम चित्रण किया गया है। यही कारण है कि आधुनिक हिन्दी काव्य में वास्तविक प्रणय-भावना बहुत थोड़ी जगह और बहुत अल्प मात्रा में है। प्रणय-जीवन के वास्तविक मनोवैज्ञानिक चित्रण की कमी बहुत खेदजनक है। प्रणय-जीवन के सर्वोत्तम कवि आज भी मीरा और सूर हैं। उनके उद्गार हमें भीतर से हिला देते हैं, इसलिए कि वे विशिष्ट भाव-प्रसंगों का सहारा लिए हुए हैं। विशेष भाव-प्रसंगों की रूपरेखाओं की विस्मृति और प्रणय-जीवन के वास्तवकि मनोवैज्ञानिक चित्रों की कमी यह सूचित करती है कि विशुद्ध व्यक्तिनिष्ठता अपने ही उद्देश्य को पराजित कर देती है। वास्तविक भाव-प्रसंगों में क्रमबद्ध और सक्रिय संवेदनाओं के चित्रण के अभाव में, केवल सामान्यीकृत भावना, प्रकृति पर मन के रंगों का आरोप, केवल एक मूड और एक भावनात्मक रुख और लगभग गणितशास्त्रीय यान्त्रिक शिल्प—यही तथाकथित आधुनिक रोमैंटिक कविता की उपलब्धि हैं। वास्तविक प्रणय-जीवन काव्य का 'ह्यू मैनाइज़िग इफ़ेक्ट' हमें आधुनिक रोमैंटिक कविता में अधिक प्राप्त नहीं होता। यह एक महत्त्वपूर्ण तथ्य है।

ऐसे काव्य-साहित्य ने साहित्य-चिन्तन-धारा को बहुत अधिक प्रभावित किया है। फलतः, 'चिन्तकों' को सामान्यीकृत भावनाएँ चट से समझ में आ जाती हैं—चाहे वे दुरूह छायावादी शैली में ही क्यों न लिखी गई हों। किन्तु, प्रसंग-विशिष्ट संवेदनाएँ, जो एक कथानक और नाटक उपस्थित करती हैं, वे उन्हें समझ में नहीं आतीं। इसीलिए कहा जाता है कि शमशेर के काव्य में उलझन है। वह अस्पष्ट और दुरूह है। इसके लिए, कुछ हद तक, स्वयं शमशेर ज़िम्मेदार हैं और कुछ हद तक बिलकुल नहीं हैं। बाख़ के संगीत पर उनकी कविता अत्यन्त सुन्दर, बिलकुल स्पष्ट और दुरूहताहीन है। फिर भी एक पत्रिका में उस पर बहुत बुरा 'अटैक' किया गया; और कहा गया कि वह दुरूह है।

शमशेर की संवेदनशील दृष्टि भाव-प्रसंग के 'विशिष्ट' पर टिकती है। यह 'विशिष्ट' वास्तविकता का अटूट अंग है। वास्तविकता के सूत्रों में यह गुम्फित और ग्रंथित है। इस विशिष्ट में एक नाटक है, एक कथानक है, कुछ पात्र हैं, एक पार्श्वभूमि है।

शमशेर इस भाव-प्रसंग की वास्तविकता पर अपने मन का रंग नहीं चढ़ाते। वे मनोवैज्ञानिक यथार्थवादी हैं। उनकी मनोवैज्ञानिकता भाव-प्रसंग के चुनाव में, तथा अपनी मानसिक प्रतिक्रियाओं और बाह्य के संवेदनाघातों के चित्रण में है। उनकी यथार्थवादिता भाव-प्रसंग में, मानसिक प्रतिक्रियाओं की प्रसंगबद्धता के निर्वाह में है। ऐसी स्थिति में, यदि मानव-प्रसंग भीतर से बहुत हिला देनेवाला और महत्त्वपूर्ण हुआ,

तो शमशेर की प्रतिक्रियाएँ भी तीव्र व्याख्यात्मक रूप से प्रकट होती हैं। शमशेर की प्रतिभा वहाँ अत्यन्त मौलिक और उज्ज्वल रूप में प्रकट होती है। किन्तु यदि वास्तविकता ने भाव-प्रसंग ही कम महत्त्वपूर्ण पेश किया तो वहाँ शमशेर का काव्य भी फ़ीका हो जाएगा। कवि-स्वभाव की दृष्टि से ही यह निश्चित होगा कि कौन-सा भाव-प्रसंग उनके लिए विशेष महत्त्वपूर्ण और कौन-सा कम महत्त्वपूर्ण है। दूसरे शब्दों में, विषय की प्रेरणा-शक्ति पर, काव्य की ऊँचाई-निचाई निर्भर करती है। कई कवियों के सम्बन्ध में यह बात सही है। अतएव, शमशेर की मामूली कविताओं को लेकर, उनके विरुद्ध आघात करने से कुछ नहीं होगा। हर कवि साधारण और साथ ही असाधारण कविताएँ लिखता है।

शमशेर मनोवैज्ञानिक यथार्थवादी कवि होते हुए भी आत्मपरक हैं। उनकी आत्मपरकता उन्हें भाव-प्रसंग के भीतर उपस्थित अपनी संवेदनाओं के चित्रण के लिए बाध्य करती है। उनकी संवेदना वास्तविक है। वह प्रसंगबद्ध है। प्रसंग उस संवेदना के रूप को निर्धारित करता है। शमशेर संवेदनाओं के प्रसंग-विशिष्ट गुणों का बहुत सफलतापूर्वक चित्रण करते हैं। इस चित्रण के बिना इस भाव-प्रसंग का ताना-बाना प्रस्तुत नहीं किया जा सकता। सामान्यीकृत भावनाएँ प्रकट करना बहुत आसान है, किन्तु भाव-प्रसंग के साक्षात् संवेदनाओं के वास्तविक चित्रण के लिए अनेक नए प्रयोग अत्यन्त आवश्यक हो उठते हैं।

इम्प्रेशनिस्टिक चित्रकार तथा अन्य चित्रकारों की भाँति, शमशेर संवेदनाओं के गुण आत्मचेतस् रूप से जानते हैं। वे न केवल रूप, स्पर्श, रस, गन्ध की संवेदनाएँ पहचानते हैं—यह मामूली बात है—वरन् वे संवेदनाओं के रूप-स्पर्श, रस-गन्ध का चित्रण करते हैं। वास्तविक संवेदनाओं का चित्रण हिन्दी में बहुत ही कम हुआ है। एक भाव-प्रसंग में विभिन्न संवेदनाओं के प्रभावकारी गुणों के चित्र प्रस्तुत करना शमशेर ही का काम है। वे एक संवेदना की कोमलता को दूसरी संवेदना की कोमलता से पृथक् कर दोनों की विभिन्न कोमलताओं के चित्र प्रस्तुत करते हैं। शमशेर का संवेदना-ज्ञान और संवेदन-चित्रण अद्वितीय है।

शमेशर संवेदन-चित्रण मुख्यतः दो प्रकार से करते हैं। संवेदन की तीव्रता बताने के लिए वे बहुत बार नाटकीय विधान प्रस्तुत करते हैं। संवेदन के विभिन्न गुण-चित्र प्रस्तुत करने के लिए वे मनःप्रतिमाओं का, इमेजेज़ का, सहारा लेते हैं। ये इमेजेज़ उनके अवचेतन-अर्धचेतन से उत्पन्न होती हैं। उन इमेजेज़ में उनके अवचेतन का गहरा रंग होता है। इसके अलावा, शमशेर का शब्द-संकलन अत्यन्त सचेत, और संवेदनानुगामी होता है।

लोगों की शमशेर का काव्य शिल्पग्रस्त प्रतीत होता है तो इसका एक कारण शमशेर के कथ्य की नवीनता है। अभी तक पाठकों और आलोचकों की आत्म-चेतना इतनी विकसित नहीं हुई है कि वे अपने जीवन में प्राप्त विभिन्न भावना-गुण और प्रभाव पहचान

पाएँ। एक चित्रकार होने के नाते, शमशेर की संवेदना-शक्ति और संवेदना-ज्ञान अत्यन्त विकसित है। उन्हें बारीक-से-बारीक संवेदनाओं के सूक्ष्म प्रभावों की पहचान है। प्रसंग-विशिष्टता के कारण संवेदनाओं की भिन्नता और विशिष्टता का चित्रण कर वे यह सोच लेते हैं कि संवेदनाओं की इस विशिष्टता के चित्रण से प्रभावित होकर, पाठक तथा आलोचक उन संवेदनाओं के प्रेरक भाव-प्रसंगों का पूर्ण चित्र मन-ही-मन तैयार कर लेंगे। किन्तु पाठक और आलोचक अभी तक सक्षम और समर्थ नहीं हैं कि संवेदनाओं की विशिष्टता से प्रसंगों की विशिष्टता का आसानी से अनुमान कर सकें। हमारे पाठकों और आलोचकों की आत्म-चेतना अभी काफ़ी कुहरिल है। उनकी आत्म-चेतना के भौगोलिक प्रदेश पर कुहरा होने से, उन्हें अपने मन के ही पहाड़ और घाटियाँ, जंगल और मैदान, धुन्ध के रूप में ही दिखाई देते हैं। कलाकारों का यह कर्त्तव्य है कि वे उस आत्म-चेतना को अधिक भिन्नीकृत स्पष्ट और मूर्त्त बनाएँ। पाठकों और आलोचकों की वैसी प्रतिक्रिया होना स्वाभाविक ही है।

इस आत्म-चेतना को विकास के प्रश्न की दृष्टि से देखा जाए, तो यह कहना होगा कि शमशेर आत्मपरक साहित्य की यूरोपीय परम्परा से काफ़ी प्रभावित हैं। इस प्रकार, वस्तुतः वे नई कविता के साहित्य की श्रीवृद्धि में बड़ा योग दे रहे हैं। इसका अर्थ यह नहीं है कि उनकी कला या उसके मनस्तत्त्व, प्रतिमाएँ और मुहावरे, कथन की शैली अथवा चित्रण की भंगिमा, यूरोप से उधार ली गई है। इसका अर्थ यह है कि उनकी आत्मा पर, उनकी भावात्मक संस्कृति पर, यूरोपीय आत्मपरक उपलब्धियों का रचनात्मक और प्रशंसनीय प्रभाव पड़ा है। और अगर, शमशेर के काव्यशिल्प से किसी को आपत्ति हो सकती है, या होगी, तो उसका कारण यूरोपीय प्रभाव में नहीं खोजना चाहिए, वरन् शमशेर की मनो-रचना के भीतर चित्रकार के सिंहासन पर आसीन कवि (की) सीमाओं में ही खोजना होगा।

शमशेर के आभ्यन्तर सिंहासन से पदच्युत चित्रकार, इम्प्रेशनिस्टिक चित्रकार है। वह एक विशेष प्रकार का, विशेष स्वभाववाला, विशेष सीमाओंवाला चित्रकार है। इम्प्रेशनिस्टिक चित्रकला के अनुसार, शमशेर पार्श्वभूमि को महत्त्व नहीं देते। वे केवल उन्हीं संवेदनाघातों का चित्रण करते हैं, जो अत्यन्त प्रभावकारी तो हैं ही, साथ ही जो कवि की समझ से विशेष संकेत-महत्त्व रखते हैं।

किन्तु, इम्प्रेशनिस्टिक कला की कुछ अपनी ऐसी विशिष्ट सीमाएँ हैं, जो समुद्र-मन्थन के सारे अनुभूत सत्यों को एक साथ प्रकट नहीं होने देतीं। कवि का कार्य-क्षेत्र चित्रकार से अधिक विस्तृत है। इसलिए शमशेर चित्रकार के सिंहासन पर बैठकर, उस सिंहासन की जादुई शक्ति से संचालित होकर, अर्थात् चित्रकला से प्राप्त संस्कारों के वशीभूत हो, कवि—कर्म करते हुए, उन विशेष क्षेत्रों में विचरण करने जाते हैं, जहाँ उनकी चित्रकलात्मक संवेदना और दृष्टि अधिक कारगर साबित नहीं हो सकती। उदाहरण के लिए, शब्द-ध्वनि रंग-शक्ति नहीं है। केवल एक शब्द की एक ध्वनि

तुरन्त ही मनस्पटल पर रंगों-आकारों और रूपों में प्रकट नहीं हो सकती। शब्द, वस्तुत:, अमूर्त होते हैं। वे प्रकृति की सूचनाओं की प्रथम संकेत-व्यवस्था के भाग न होकर, द्वितीय संकेत-व्यवस्था के भाग हैं। बाह्य (जो भी हो, चाहे दर्शक मन का मनस्तत्त्व ही सही) और प्रकृति से प्राप्त संवेदनाएँ और उनकी विभिन्न गुत्थियाँ और प्रकार, प्रथम संकेत व्यवस्था हैं। इस प्रथम संकेत-व्यवस्था को सम्पूर्ण सामाजिक रूप में अर्थात् साधारणीकृत रूप में, सूचित करनेवाली व्यवस्था द्वितीय संकेत-व्यवस्था है। भाषा द्वितीय संकेत-व्यवस्था है। वह मूलभूत सूचनाओं की सूचना है। यह सूचना प्रथम की तुलना में काफ़ी अमूर्त है, ऐब्स्ट्रैक्ट है। इसलिए, जब तक विशेष और विस्तृत और जटिल उपाय अमल में न लाए जाएँ, तब तक द्वितीय संकेत-व्यवस्था द्वारा दी गई सूचनाएँ प्रथम संकेत-व्यवस्था का उद्दीपन और उत्तेजन नहीं कर सकतीं। अतएव, चित्रकला में, रंग-संकेत जितने कारगर हों उतने केवल शब्द-संकेत काम न कर सकेंगे, जब तक कि विशेष उपाय अमल में न लाए जाएँ। फलत:, केवल रंगों अथवा केवल ध्वनियों द्वारा सूचित और संकेतित अर्थों को उत्तेजित करने के लिए, जटिल उपाय अमल में लाना आवश्यक हो जाता है। केवल एक-एक शब्द को एक-एक वाक्य का अर्थ देकर संक्षेपीकरण करते रहने से बहुत बार बात नहीं बन पाती। मेरा ख़याल है कि शमशेर शब्द-संकेत को रंग-संकेत का स्थानापन्न मान बैठते हैं। कवि को चित्रकार का स्थानापन्न बना देने से, और उस स्थानापन्न कवि के सम्मुख कार्यक्षेत्र विस्तृत कर देने से, शमशेर की रचनात्मक प्रतिभा ने बहुत बार घोटाला कर दिया है—ऐसा मेरा ख़याल है। शायद यह अनुमान ग़लत हो। ग़लत हो तो अच्छा ही है। इस सम्बन्ध में मैं भी अपना समाधान करने का इच्छुक हूँ।

दूसरे, शमशेर के शिल्प के सम्बन्ध में यह बात भी मुझे कहनी है कि प्रसंगबद्ध भावना की प्रसंग-विशिष्टता सुरक्षित रखकर, प्रसंग की पार्श्वभूमि में हटाते हुए उसको बिलकुल ही उड़ा देने से, काव्य के रसास्वादन में कुछ तो बाधा होती ही है। जीवन विभिन्न प्रसंग उपस्थित करता है। केवल संवेदना-चित्रों के सहारे पाठक को प्रसंग-कल्पना करनी पड़ती है। वह बहुत बार, सुनिश्चित मूर्त्त संकेत-चित्रों के अभाव में, प्रसंग-कल्पना ठीक-ठीक ढंग से नहीं कर पाता। यदि पार्श्वभूमि कुछ अधिक रेखांकित (न) हो तो पाठक को कवि की संवेदना, जो बिलकुल विशिष्ट है सामान्यीकृत नहीं, सहज रूप से हृदयगम्य नहीं होती है। यदि प्रसंग अत्यधिक विशिष्ट है तो पार्श्वचित्र और भी अधिक महत्त्वपूर्ण हो उठते हैं। पार्श्वभूमि के सहारे, पाठक प्रसंग-कल्पना बहुत आसानी से कर सकता है। किन्तु शायद शमशेर बेपर्दगी बरतना नहीं चाहते।

शमशेर, मुख्यत: प्रणय-जीवन के प्रसंगबद्ध रसवादी कवि हैं। शायद इसीलिए, वे आधुनिक दृष्टिकोण के फलस्वरूप बेपर्दगी नहीं कर सकते। सम्भवत:, संक्षेपीकरण की उनकी प्रवृत्ति विशेष तत्त्वों के बारे में अधिक सक्रिय है। यह संक्षेपीकरण सामाजिक, राजनैतिक तथा प्रणय-जीवन से हटे हुए अन्य विषयों के क्षेत्र में अधिक सक्रिय नहीं

रहता। वहाँ वे क्लासिकल पूर्णता की ओर अधिक झुकते हैं। ऐसे क्षेत्रों में, यदि उन्होंने संक्षेपीकरण किया भी, तो भी वह युक्ति-युक्त होता है।

इसका अर्थ केवल यह है कि शमशेर के सृजन-प्रक्रियात्मक सेंसर्स काफ़ी महत्त्वपूर्ण हैं। जो बातें वे नहीं कहते, वे सन्दर्भ की दृष्टि से प्रधान हैं। उनकी प्रधानता गोपन रखने के लिए संक्षेपीकरण की व्यवस्था है।

किन्तु इन कमियों की पूर्ति शमशेर बहुत कुशलता से करते हैं। संवेदनाओं की तीव्रता बताने का उनका नाटकीय विधान और इमेजेज़ (प्रतिमाएँ) तथा अत्यन्त सचेत, शब्द-संकलन प्रभावशाली रूप से सफल होता है।

असल में, शमशेर की आत्मा एक रोमैंटिक क्लासिकल प्रकार की है। किन्तु इम्प्रेशनिस्टिक होने के कारण, उनका ज़ोर संवेदन-विशिष्टता और संवेदनाघात [पर]—और केवल इसी पर—होने से, वे नई कविता के एक अद्वितीय कवि के रूप में हमारे सामने आते हैं। महत्त्व की बात यह है कि यह इम्प्रेशनिज़्म केवल बहुत ही विषयों—प्रणय-जीवन सम्बन्धी बातों—के सम्बन्ध में अधिक तीव्रता से सक्रिय रहता है।

प्रश्न यह है कि शमशेर की प्रधान उपलब्धियाँ कौन सी हैं? मेरे मत से, प्रणय-जीवन के जितने विविध और कोमल चित्र वे प्रस्तुत करते हैं उतने चित्र शायद, और किसी नए कवि में दिखाई नहीं देते। उनकी भावना अत्यन्त स्पर्श-कोमल है। प्रणय-जीवन में भाव-प्रसंगों के आभ्यन्तर की विविध सूक्ष्म संवेदनाओं के जो गुण-चित्र वे प्रस्तुत करते हैं, वे न केवल अनूठे हैं, वरन् अपने वास्तविक खरेपन के कारण प्रभावशाली हो उठे हैं। सूक्ष्म संवेदनाओं के गुण-चित्र उपस्थित करना बड़ा की दुष्कर कार्य है। किन्तु शमशेर उसे अपनी सहानुभूति से सम्पन्न कर जाते हैं। विशिष्ट भाव-प्रसंगों की मौलिक विशिष्टता के अन्तर्गत, इन सूक्ष्म, कोमल किन्तु महत्त्वपूर्ण संवेदनाओं के ये वास्तव-चित्र कहीं ढूँढ़ने पर भी नहीं मिलेंगे। बाख़ के संगीत की स्वर-लहरियों द्वारा उत्तेजित संवेदनाओं का चित्रण जो शमशेर ने किया है, वह उनके अनुपम काव्य-सामर्थ्य तथा वास्तवोन्मुख भावना का एक श्रेष्ठ उदाहरण है। शमशेर ने संवेदनाओं के गुण-चित्र उपस्थित करने के क्षेत्र में जो महान सफलताएँ प्राप्त की हैं, कि वे उस क्षेत्र में अत्यन्त दुर्लभ हैं।

मैं यहाँ शमशेर की उन कविताओं को नहीं भूल सकता जिन्हें हम, व्यापक अर्थ में सामाजिक और संकुचित अर्थ में राजनैतिक, कह सकते हैं। मनोवैज्ञानिक वस्तुवादी कवि जब सामाजिक भावनाओं तथा विश्व-मैत्री की संवेदनाओं से आच्छन्न होकर मानचित्र प्रस्तुत करता है, तब वह उसी प्रकार अनूठा और अद्वितीय हो उठता है, जैसे कि किसी क्षेत्र में भिन्न तथा अन्य कवि कदापि नहीं। 'शान्ति' पर लिखी शमशेर की कविता क्लासिकल ऊँचाइयों की उपलब्धि कर चुकी है। इससे यह सिद्ध होता है (कि) शमशेर की वास्तवोन्मुख दृष्टि और वास्तव-प्राप्त संवेदनाएँ और भी अधिक

साहित्यिक उपलब्धियाँ प्राप्त कर सकती हैं। सच तो यह है कि शमशेर के पास जादुई कीमियागिरी नहीं है, वास्तव का संवेदनात्मक ग्रहण है। इन वास्तव संवेदनाओं के सूक्ष्म की पकड़ इतनी ज़बर्दस्त है कि उनकी शक्ति को देखते हुए यह अपेक्षा की जानी चाहिए कि शमशेर आधुनिक अन्तर्राष्ट्रीय भावना और राष्ट्रीय प्रगतिशील चेतना के और भी उत्तमोत्तम भाव-प्रसंग प्रस्तत करेंगे। शमशेर का काव्य एकदम खरा है, अपने विशेष गुणों के कारण मौलिक है, अपने शिल्प के कारण अद्वितीय है, और ये ही बातें उन्हें श्रेष्ठ कवि सिद्ध करती हैं।

(कृति, अक्टूबर 1958, में प्रथम बार प्रकाशित।
नई कविता का आत्मसंघर्ष, में संकलित)

पत्र

नागपुर
4.3.58

प्रिय नेमि बाबू,

बहुत परेशानी में पड़ गया हूँ। एक ओर आपसे मिलने की हार्दिक इच्छा और आपके निरन्तर सम्पर्क का लाभ, दूसरी ओर आज तक के अनुभवों के आधार पर बनी मनोवृत्ति—दोनों मुझे दो विपरीत दिशाओं की तरफ़ खींच रहे हैं।

राजनांदगाँव कालेज में मेरी नियुक्ति हो चुकी है। वहाँ के लोग मुझे चाहते हैं। वहाँ एक दल का दल है, जो अपने यहाँ अच्छे-अच्छे आदमियों को बुलाना चाहता है। बढ़ता-उभरता हुआ कालेज है। कुछ ही वर्षों में, समीपवर्ती रायपुर में एक विश्वविद्यालय खुलनेवाला है। इस बात की पूरी सम्भावना है कि मुझे वहाँ लाभप्रद स्थान मिले। अब मैं आयु में प्रौढ़ हो जाने के कारण नई पीढ़ी के लोग मुझे हर तरह प्रोत्साहन देते रहते हैं। मेरे प्रति इस क्षेत्र में बहुत प्रेम और आदर है। शायद मैं ऐसे स्थानों में ही अपने को अधिक उपयोगी सिद्ध कर सकता हूँ।

इसके विपरीत वह लगभग एकान्त स्थान है। एक या दो साल के भीतर ही, वहाँ से मेरा मन उकता जाएगा। किन्तु, साथ ही, वहाँ आराम से आमदनी हो सकती है। वहाँ के लोग चाहते हैं कि मैं अधिक-से-अधिक कमा सकूँ।

दूसरे, पिछले कई दिनों से मेरा स्वास्थ्य जर्जर है, रगें कमज़ोर हो गई हैं। दवाओं से विशेष लाभ नहीं हो पाया। शरीर आराम और शान्तिपूर्ण व्यवसाय माँगता है। शरीर पर अधिक बोझ पड़ते ही, मानसिक थकान और अवसन्नता आ घेरती है। फालतू की झंझटों से मन पर भार रहने के फलस्वरूप लिखाई होना बहुत मुश्किल हो जाता है। मुझे आशा है कि राजनांदगाँव पहुँचकर मुझे कुछ आराम मिलेगा और स्वयं के साहित्यिक कार्य के लिए कुछ फ़ुरसत मिलेगी। शहर छोटा होने के कारण ज़िन्दगी का अस्तित्व बनाए रखने का संघर्ष भी कुछ कम होगा। नेमि बाबू, मेरी कहानी बड़ी उदास है; कहने से क्या लाभ!

नौ वर्ष की सरकारी नौकरी ने कुछ नहीं दिया, तोहमत दी, राजनैतिक और सामाजिक तोहमत। प्राइवेट कम्पनियों की नौकरी पर भी अब भरोसा नहीं रहा। माया

मिली न राम! ऊपर से मानसिक और शारीरिक स्वास्थ्य चौपट हो गया। मैंने कभी किसी से झगड़ा-झाँसा नहीं किया, साथ ही अपने अधिकारियों को ख़ुश रखने की अज़हद कोशिश की, फिर भी, हानि की हानि।

इस पार्श्वभूमि में आप मेरा राजनांदगाँव जाना देखिए। वहाँ के लोगों ने—छोटे-छोटे लोगों ने—मेरी नियुक्ति के लिए बड़े-बड़े प्रयत्न किए। वहाँ की लेक्चररशिप छोटी ही सही, किन्तु अपेक्षाकृत शान्तिपूर्ण है। संघर्ष भी कम tortuous होंगे। दूसरे, एक अर्से से लेक्चररशिप की मेरी इच्छा रही है, वह भी पूर्ण हो जाएगी। यह भी बिलकुल ठीक है कि राजनांदगाँव में मैं अधिक दिनों टिक नहीं पाऊँगा। मैं अभी से कहे देता हूँ। किसी काम से जल्दी ही उकता जाने का मेरा स्वभाव है। इसी भावना में जब मैं डूब रहा था कि आपका पत्र आया और उसने मेरी कमज़ोर जगह पर चोट कर दी और मैं दिल्ली की तरफ़ जाने का सपना देखने लगा। लेकिन, तजुर्बा खींच रहा है, आज तक मैं अपनी क्षमता और सीमा का ग़लत अन्दाज़ लगाता रहा। यदि मैं दिल्ली के संघर्ष में फँस जाऊँ तो मैं वहाँ नागपुर का बृहत्तर संस्करण हो जाऊँगा। ढाक के पत्ते तीन, चौथा कहाँ से उगे।

मेरी पत्नी दिल्ली जाने के लिए अकुला उठी है। बड़ा लड़का रमेश राजनाँद-गाँव Prefer करता है और मैं दोनों के बीच डाँवाडोल हो रहा हूँ।

फिर भी मेरा ख़याल है कि एक-दो साल के लिए आप मुझे छोटी जगह रहने दें। इसका मतलब यह नहीं है कि मैं उन्नति के अन्य क्षेत्रों से मुहँ मोड़ रहा हूँ। मैं कमज़ोर आदमी हूँ और आपका स्नेह, सहायता और सक्रिय सहानुभूति का चिरन्तन अभिलाषी हूँ। यदि इस बीच मेरी एक-दो पुस्तकें निकल सकें तो मेरी नौकरी में तरक्की की सम्भावना भी बढ़ सकती है। साथ ही मैं अब कुछ प्रकाश भी चाहता हूँ।

आज तक मैं केवल वानस्पतिक जीवन बिताता रहा। लिखूँ कैसे!! अगर मैं परिस्थिति के अनुसार काम न करूँ तो नैया एकदम डूब ही जाएगी!! फिर बाल-बच्चों का और मेरा क्या होगा। मैं अपने परिवार को भाइयों के भरोसे एक महीने-भर भी रख नहीं सकता। यह असम्भव है। बेकारी के दिन मैंने अपने घर पर बिताए। थोड़ा सा काम-धन्धा करता रहा। कुछ आमदनी की। उन्हीं दिनों बच्चों की बीमारियों ने ज़ोर आज़माया। नहीं तो मैं वैसी हालत में भी ख़ुश था।

इन कामों में यहाँ की माध्यमिक शालाओं की पाठ्य-पुस्तकें लिखना भी शामिल है। जुलाई के अन्त तक पूरा काम हो जाएगा। मैं हिन्दी में लिखता हूँ, उसका अनुवाद मराठी में होता है और अनुवादित पृष्ठ प्रेस जाता है। इस प्रकार हर रोज़ मेरा लिखना, लिखे का प्रतिदिन अनुवाद और अनुवाद का प्रतिदिन मुद्रण होता रहता है। इस काम को अधूरा छोड़ने का अर्थ प्रकाशक को हज़ारों का नुक़सान है। मैं उसे कैसे धोखा दूँ!! एकदम दिल्ली कैसे चला आऊँ!! उसी के पैसों के बल पर मैं अपने परिवार को राजनांदगाँव स्थानान्तरित कर सकूँगा। ऐसी आशा है कि आगे भी मुझे इस प्रकार का काम मिलता रहेगा।

राजनांदगाँव
2.5.60

बन्धुवर,

आपके पास मैं श्री विनोद कुमार शुक्ला की कविताएँ प्रकाशनार्थ भेज रहा हूँ। उनकी कविताएँ मुझे पसन्द हैं। लेकिन चूँकि मैं दैनन्दिन प्रकाशित होनेवाली काव्य-धाराओं से पूर्णत: परिचित नहीं रहता, इसलिए चाहता हूँ कि आप उन्हें scrutinize कर लें, कहीं उनमें उधार ली हुई गूँजें और अनायास आगमित छायाएँ तो नहीं हैं!

मेरे ख़याल से श्री विनोद कुमार मेधावी तरुण हैं और उनमें विशेष काव्य-प्रतिभा है।

फिर भी, हीरे को गढ़ना होगा, चोटें ज़रूरी हैं। इसीलिए, मैं आपसे एक बार पढ़वा लेना चाहता हूँ।

यदि पसन्द आईं तो आप अवश्य प्रकाशित कीजिएगा। पत्र लिखिएगा। मुझे भी और एक चिट्ठी उन्हें भी।

यह पत्र मैं उन्हें बता चुका हूँ।

आपका
ग. मा. मु.

●

14 नवम्बर, 63

प्रिय श्रीकान्त भाई,

बहुत पहले आपकी चिट्ठी आई थी। **कल्पना** में आपका लेख भी ध्यान से पढ़ गया। हृदय के बहुत तीव्र आवेग से आपने उसे लिखा था। उसी के इर्द-गिर्द, लहर के विश्व काव्यवाले अंक में आपकी कविता पढ़ी।

तब से आपके बारे में सोचता ही रहा। वह कविता निसन्देह पढ़नेवाले में दर्द पैदा करती थी। इसीलिए, सोचना पड़ा। शायद ही, ऐसी दर्दवाली कविता मैंने हिन्दी में पढ़ी हो। अगर सिर्फ़ दर्द ही दर्द होता तो शायद सोचने को मजबूर न होना पड़ता। उसमें एक भयानक निराशा का स्वर था। यह बात ज़रूरत से ज़्यादा चुभी कि मूर्ख सोचते हैं कि हमारा कोई देश है, हमारा तो कोई देश नहीं। मैंने इसका अर्थ यही लिया कि एक विशेष मन:स्थिति में यह बात कही गई है। और, उस मन:स्थिति के सन्दर्भ से ही वह बोलती है।

उस कविता को पढ़कर आपकी ज़िन्दगी का ख़याल आना स्वाभाविक था। छत्तीसगढ़ का यह मेरा प्यारा कवि क्या का क्या हो गया, (आपके जीवन के सम्बन्ध

में चिन्ता सताने लगी) उस छत्तीसगढ़ में, जहाँ मुझे मेरे प्यारे छोटे-छोटे लोग मिले, जिन्होंने मुझे सम्मान और सत्कार प्रदान करके, संकटों से बचाया। मैं उन्हीं के कारण—आप सबके कारण—हाँ, आपके कारण, मनुष्यता में विश्वास खो नहीं पाता—मैं सैद्धान्तिक बात नहीं बता रहा हूँ। उस छत्तीसगढ़ का मैं ऋणी हूँ, जिसने मुझे और मेरे बाल-बच्चों को शान्तिपूर्वक जीने का क्षेत्र दिया। उस छत्तीसगढ़ की भूमि ने जो अत्यन्त प्रतिभाशाली पुत्र पैदा किया, वह दिल्ली जाकर—इतना अधिक विपद-ग्रस्त हो गया कि दु:ख होता है।

अपना रोना नहीं रोऊँगा। तीव्रतम मनुष्य-निर्मित निराशात्मक परिस्थितियों में रहनेवाले मुझ-जैसे के हार्दिक अन्धकार की जो आँखें हैं, वे उस कविता के दर्द को पहचानती हैं, लेकिन नहीं चाहतीं कि ऐसी हालत आप में रहे।

इस तरह देखा जाए तो वह कविता अत्यन्त प्रभावोत्पादक है। उसका विन्यास, उसका गठन, उसकी शब्द-रचना एकदम निराली। मैं तो दंग रह गया।

लहर के ताज़े अंक में, दूसरी कविता भी देखी। उसमें भी वही बात है, फ़र्क़ यह है कि उसमें cynicism अधिक है, और सघनता पहलेवाली कविता जैसी नहीं है। फिर भी, एकदम बेजोड़ और निराले ढंग की कविता है वह।

यानी कि एक हालत चल रही है, ज़ारी है, एक जीवन-दशा, एक मनोदशा, एक मनोधारा। काश, मैं आपके पास होता तो सम्भवत: ज़्यादा जान सकता!!

ज्ञानोदय का वह अंक देखने को मिला, जिसमें आपने नामवर सिंह को तेज़-तेज़ जवाब दिया था। पिछले अंक देखने को नहीं मिले, जिनमें उनका लेख है। मैंने मँगवाए हैं। उनके बारे में, **कल्पना**वाले शिवदान सिंह चौहान पर लिखे आपके निबन्ध के सम्बन्ध में फिर लिखूँगा, लेख रूप में, कभी किसी वक़्त।

आशा है, अपने बारे में आप कभी लिखेंगे और मेरी किसी बात का बुरा न मानेंगे।

आपका ही
ग. मा. मु.

●

मार्फ़त, डॉ. तेजबहादुर चौधरी
पोस्ट नवागढ़, ज़िला दुर्ग, मध्यप्रदेश

25.1.61

प्रिय मुक्तिबोध,

तुम्हें मालूम ही है कि मैं यहाँ हूँ? नहीं मालूम होगा। तो सुनो मैं काफ़ी अरसे से यहाँ हूँ। मगर थका हुआ, बहुत थका हुआ, और एक अजब ऊब-सा भरा, और अन्दर-अन्दर बड़ी कड़वाहट। तेजबहादुर, मेरे भाई, मेरा इलाज करते रहे। अब काफ़ी ठीक-

ठाक हूँ। सोच रहा हूँ, इधर किसी दिन आकर तुमसे मिल लूँ। दो-एक दिन कुछ गप-शप रहेगी, अच्छा रहेगा। बहुत-सी बातें होंगी। कुछ आज के साहित्य के बारे में, कुछ प्रकाशन के और कुछ यही अपने सुख-दुख की।

तेजबहादुर सोच रहे हैं कि कोई प्रकाशन छोटा-मोटा, शुरू किया जाए। कुछ अपनी किताबें हो जाएँगी, तेज़ की अपनी, और कुछ मसलन तुम्हारी। तुम्हारा क्या ख़याल है?

विष्णु के निश्चय ही तुम्हें पत्र मिले होंगे, उस कवितावाली सीरीज़ के सम्बन्ध में। वह तो है ही, यह अलग से प्रकाशन के बारे में सोच रहे हैं। तुम इसके लिए उत्साहित न हो? मैं जिन चीज़ों की सोच रहा हूँ वह मैं मसलन तुम्हारी कविताएँ, तुम्हारी आलोचनाएँ, डायरियाँ, तेजबहादुर की कहानियाँ और उपन्यास, मेरी कविताएँ और कुछ गद्य।

मैं सम्भवत: हफ़्ते-भर के अन्दर आऊँगा ऐसा समझता हूँ। इतने पास होकर तुमसे मिलने की इच्छा का पूरा न होना अजब-सा होगा, है न? अस्तु। तुम्हारे पत्र की प्रतीक्षा रहेगी। उत्तर शीघ्र देना, हाँ आशा है सपरिवार अच्छे होंगे, यानी जितना आजकल हमा-शुमा के लिए सम्भव है। बच्चों को बहुत प्यार और आशीष।

तुम्हारा सप्रेम
शमशेर

यहाँ एक टाइपराइटर रखा हुआ है उस पर यह पत्र तुम्हें लिख लिया है। यों ही कौतुकवश भी उत्साहित होकर—तु. श.

●

प्रिय भाई,

यह प्रकाशन की योजना धीरे-धीरे इस पूरे अगले साल तक में 5-6 किताबें या सम्भव हुआ तो अधिक प्रकाशित करने की है—तेज का ख़याल है कि वह इसके लिए सुविधा प्रस्तुत कर सकेंगे।

तुमसे और भी बहुत-सी बातें समझनी है। नागार्जुन का मासिक पत्र अभी तक मिला नहीं, पता नहीं क्यों।

3-4 दिनों में रायपुर जाने का विचार है। उधर से ही एक दिन के लिए राजनांदगाँव के लिए भी जाया जा सकता है। लिखो कि कुछ दिनों के लिए, तुम यहाँ छुट्टी लेकर आ सकते हो या नहीं।

तुम्हारा सप्रेम
शमशेर

●

C/o डॉ. तेजबहादुर चौधरी
पोस्ट नवागढ़, दुर्ग, मध्यप्रदेश
***— *—61**

प्रिय मुक्तिबोध,

कार्ड मिला। भई मैंने रायपुर पहुँचते ही एक तार तुम्हें भेज दिया था कि बिस्तर मिल गया है। जानता था कि परेशान होंगे। क्या वह नहीं मिला ? ख़ैर। बिस्तर रायपुर पहुँचते ही एक बस की छत पर रखा देखा। फ़ौरन उतारा। जी हलका हुआ। अस्तु, इसमें दोष सरासर बस का ही था; तुम्हारा-हमारा नहीं। बस एकदम जो चल दी थी बिना पूरे यात्रियों की टोह लिए। ख़ैर।

राजनांदगाँव के वे छह दिन सदा स्मरणीय रहेंगे। बहुत कुछ मैंने देखा और आशा से कहीं अधिक पाया—तुम्हारे कृतिकार व्यक्तित्व में: उन तीनों कविताओं... 'the central.poem, love poem' और वह—तुम जानते हो मुझे शीर्षक नहीं याद आ रहा है। उनकी प्रतिलिपि मुझे भेजो भाई। मैं धीरे-धीरे उनका रस लेता रहूँगा। वास्तव में वहाँ सिर्फ़ नरेश की और महिमा की कमी थी, बस। भाभी जी भी कैसी समर्थ भाभीजी हैं। ईश्वर सदैव उन्हें सुखी रखे और ख़ूब सुखी रखे (...यानी तुम्हें!) पिताजी का भी गम्भीर, सहज व्यक्तित्व भूल नहीं सकूँगा।*

और बख़्शीजी क्या लाजवाब बुज़ुर्ग हैं। उन्हें सादर प्रणाम।

पिताजी को सादर प्रणाम। भाभी को सस्नेह प्रणाम। सब बच्चों को ख़ूब-ख़ूब प्यार एवं आशीष।

बहुत स्नेह सहित
तुम्हारा
शमशेर

* नोट : कार्ड के पतेवाले हिस्से पर पानी गिरने से शब्द अस्पष्ट हैं जो पढ़े नहीं जा सकते।

—सम्पादक

गजानन माधव मुक्तिबोध
प्राध्यापक
दिग्विजय महाविद्यालय, राजनाँदाँव

23/डी-1, सत्यमार्ग,
चाणक्यपुरी
नई दिल्ली-21
6.1.64

प्रिय मुक्तिबोध जी,

आज आपकी कविता और वक्तव्य मिला। दोनों को बड़ी उत्कंठा से पढ़ गया हूँ। और कविता प्रभाकर माचवे तथा भारतभूषण अग्रवाल को भी सुना दी है, बड़ी अच्छी कविता है और उससे 'सप्तक' के दूसरे संस्करण की शोभा बढ़ेगी।

वक्तव्य के साथ एक कठिनाई है आपने "पुनश्च" और जीवन सम्बन्धी तथ्यों को एक साथ ही मिला दिया है, और वक्तव्य भी है भी बहुत छोटा। अब छोटे को तो मैं बढ़ा नहीं सकता; लेकिन मैंने यह प्रयत्न किया है कि जीवनी-अंश को अलग करके यथा स्थान जोड़ दिया जाए, और वक्तव्य-अंश को अलग रूप दे दिया जाए। समय बचाने के लिए मैंने ऐसा किया है, लेकिन बिना आपके द्वारा प्रमाणीकरण के इसे छापने नहीं भेज दूँगा। नए मसविदे के साथ संलग्न है। अब इन्हें देखकर केवल सूचित कर दिया जाए कि ये ठीक हैं। यों वक्तव्य-अंश में आप कुछ और भी कहना चाहें तो अवश्य कहें।

पुस्तक के सम्बन्ध में नई जानकारी मुझे हुई। मुझे तो इस सारे कांड का कुछ पता ही नहीं था। क्या उस पुस्तक (भारत : इतिहास और संस्कृति) की प्रति कहीं से मिल सकती है?

पिताजी के स्वास्थ्य की ख़बर से चिन्ता हुई। आशा है उसमें सुधार हो रहा है। आपके पत्र की प्रतीक्षा रहेगी।

सस्नेह आपका
वात्स्यायन

संलग्न :

श्री गजानन माधव मुक्तिबोध
हिन्दी विभाग,
दिग्विजय महाविद्यालय, राजनांदगाँव

विविध

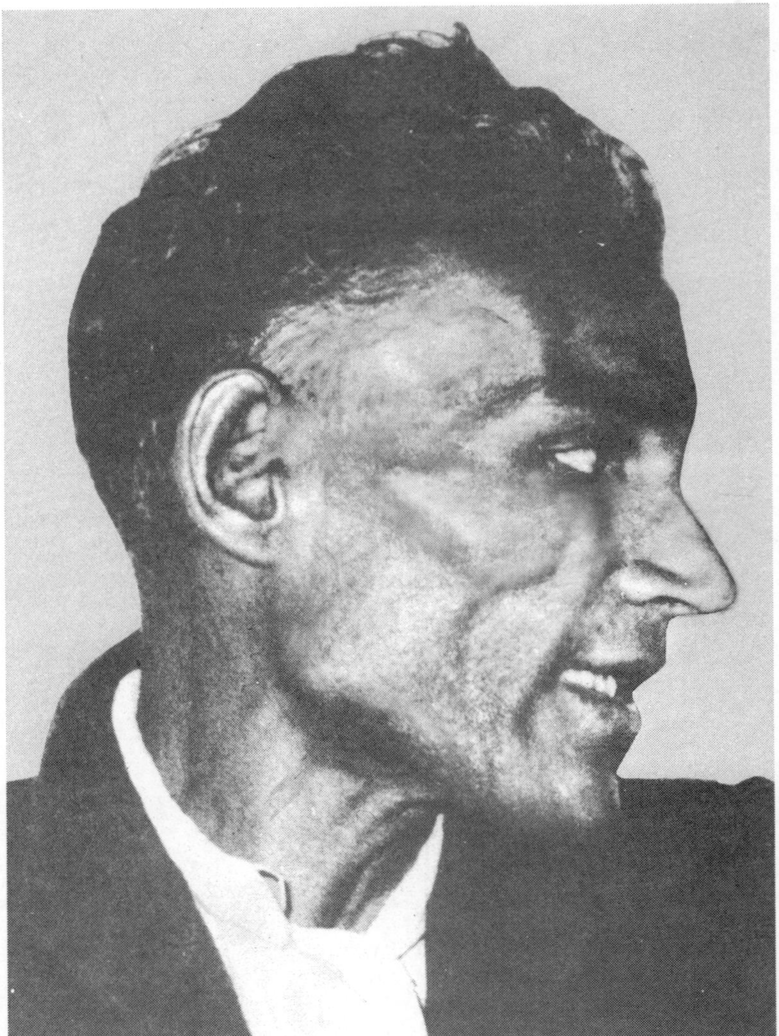

झरने पुराने पड़ गए

पुराने ज़माने में
भयानक परिपाटी–सी
एक घाटी थी।
उसकी वह माटी भी अजीब थी
बहुत ग़रीब बहुत बदनसीब थी
वहाँ कई लड़ाइयाँ हुई थीं
ख़ूब ठठरियाँ फैली थीं
टूटी हुई हड्डियों के टुकड़े
अभी भी देखे जा सकते हैं
निरखे जा सकते हैं, परखे जा सकते हैं।
लेकिन कौन इस धन्धे में पड़े!
तो हाँ, वहाँ हज़ारों किसान मारे गए थे
बड़े युद्धवीर थे
इसीलिए तलवार के घाट उतारे गए थे
और भी दूसरे कई–कई लोग थे
बड़े लड़ाकू थे मरण–संयोग थे।
उन्होंने गढ़ और गढ़ियाँ
दुर्ग और क़िले ढहा दिए
बड़े–बड़े अहंकार और गर्व बहा दिए।
आज उसी एक क़िले के हिस्से में
मेरा यह कालेज है
टेबल और मेज़ है
आर्ट्स और साइंस, कॉमर्स हैं
मुझको यह हर्ष है
कि उसी क़िले के एक महत् सिंहद्वार के
ऊपर और नीचे के कक्षों में
मुझको बसाया गया
क्वार्टर्स बन गए।

छत्तीसगढ़ में नई कविता

छत्तीसगढ नई कविता के क्षेत्र में भी उर्वर रहा है। हमारे छत्तीसगढ़ में स्व. सतीश चौबे की केवल कुछ कविताओं ने ही, हिन्दी संसार का ध्यान अपनी ओर आकर्षित किया। आज इसी छत्तीसगढ़ के श्रीकान्त वर्मा, नई कविता के क्षेत्र में नवीन उपलब्धियाँ प्रस्तुत कर रहे हैं। हिन्दी काव्यजगत् उनसे पूर्णतः परिचित है। नाम गिनाना ग़लत ख़तरे से ख़ाली नहीं है, क्योंकि बहुत से नाम छूट भी सकते हैं। किन्तु श्री हरि ठाकुर का नाम भुलाना नहीं चाहूँगा, जिनके अथक प्रयत्नों के फलस्वरूप 'नए स्वर' नामक दो काव्य-संग्रह प्रकाशित हुए, जिनमें नई काव्य-प्रवृत्ति को विशेष स्थान दिया गया। आज श्री नारायणलाल परमार, श्री विश्वेन्द्रनाथ ठाकुर तथा मेरे अन्य मित्र इसी क्षेत्र में काम करते जा रहे हैं। यह इस बात का सूचक है कि छत्तीसगढ़ का यह क्षेत्र नई काव्यधारा से पूर्णतः परिचित है।

(नई कविता और आधुनिक भाव-बोध
खंड-5/पृष्ठ 306 से)

समाजवादी निर्माण

श्रीमती अध्यक्षा महोदया

उपस्थित सज्जनों तथा महिलाओं,

आज आपने मुझे आपके सम्मेलन में दो शब्द बोलने के लिए जो प्रेरित किया, वह आपके स्नेह का प्रतीक है। मेरी योग्यता का वह लक्षण नहीं है। आशा है, आप मेरी कमियों और कमज़ोरियों को उदातरतापूर्वक क्षमा करेंगे।

किन्तु, आपने मुझे दो शब्द कहने का जो अवसर प्रदान किया, उसका मैं समुचित उपयोग कर लेना चाहता हूँ।

कोई भी व्यक्ति जिसे अपने देश का ज़रा भी मान है, वह इस बात को ख़ूब अच्छी तरह जानता है कि देश में हमें अनवस्था के दृश्य दिखाई दे रहे हैं। क्या यह बात सही नहीं है कि हम सब आजकल देश की बिगड़ी हुई हालत पर सोचते हैं? पिछड़े-से-पिछड़ा हुआ व्यक्ति भी यह स्वीकार करता है कि देश की हालत अच्छी नहीं है। अलग-अलग स्वार्थ अपने-अपने अलग-अलग लक्ष्यों की ओर उसे खींचना चाहते हैं। स्वार्थ-परायणता, अनाचार और निन्दा-प्रचार का बाज़ार गर्म हो गया है। इसीलिए, भारत के राष्ट्रपति, महान् शिक्षक डॉक्टर राधाकृष्णन् ने कहा था कि देश में आज क्राइसिस ऑफ़ कैरेक्टर—चारित्रिक संकट, और क्राइसिस ऑफ़ कलचर—सांस्कृतिक संकट छाया हुआ है।

आज यह संकट और भी सघन होता जा रहा है। हमारा शिक्षक इस संकट की छाया में रहता है। उसका भी हृदय है, उसका भी मन है। वह संवेदनशील होकर क्रिया-प्रतिक्रियाएँ करता है। वह अपनी और जगत् की हालत पर सोचने की क्रिया-प्रतिक्रिया करता है। वह अपनी और जगत् की हालत पर सोचने के लिए मजबूर हो जाता है।

यह एक सही बात है कि जीवन के विभिन्न क्षेत्रों में जो असंगत आचार या अनाचार है—जिसे डॉक्टर राधाकृष्णन् ने चारित्रिक संकट कहा—उसकी तुलना में शिक्षा का क्षेत्र इन सारी बुराइयों से बहुत कुछ हद तक अभी अप्रभावित है। शिक्षा का क्षेत्र एक पवित्र क्षेत्र है, यह सभी मानते हैं। विद्या-दान पवित्र क्यों न होगा? शिक्षक के हृदय-मन में विद्या के संस्कार होते हैं। अपने भौतिक जीवन के अतिरिक्त,

उसका एक मानसिक जीवन भी होता है। किन्तु प्रेमचन्दजी की 'नमक का दारोग़ा' कहानी के प्रधान पात्र को सही बात, सच्ची बात कहने-करने का जो दण्ड मिला, क्या वैसा ही बदला शिक्षक को नहीं मिलता!! ज़िन्दगी ने शिक्षक के साथ अच्छा सलूक़ नहीं किया।

हमेशा कहा जाता है कि शिक्षक पर विद्यार्थियों के चरित्र-निर्माण का गुरुतर भार है। हमेशा यह कहा जाता है कि राष्ट्र के भावी नागरिकों को उत्तरदायी बनाने का कार्य भी उसे ही करना है। यह बात सही है, एकदम सच्ची है। लेकिन नाकाफ़ी है, अपर्याप्त है। उसमें केवल एक खण्ड-सत्य है।

किन्तु वह खण्ड-सत्य होते हुए भी अत्यन्त महत्त्वपूर्ण है। उस खण्ड-सत्य के महत्त्व को कम करके नहीं आँका जा सकता। शिक्षक का गौरव और शिक्षक की गरिमा इसी में है कि उसके विद्यार्थी, उसके शिष्य, समाज में अपने-अपने पदों पर पहुँच जाने पर भी अपने गुरुजी का नाम याद रखें, उनके प्रति पूज्य-भाव रखें।

किन्तु यह केवल विद्या-दान से नहीं हो सकता। उसके लिए दृष्टि-दान करना होगा। विद्यार्थियों को दृष्टि प्रदान करनी होगी। अपना हृदय विशाल कर उनके सामने रखना होगा, अपना सारा जीवन-विवेक, अपने सारे जीवनानुभव का निचोड़ उनके सामने रखने से ही, सम्भवतः, कुछ काम हो सकता है। यह दृष्टि-दान विद्यार्थी की पात्रता पर भी निर्भर है। विद्यार्थियों के स्तर अलग-अलग हैं। उसी हिसाब से यह काम हो सकता है। उसको प्रदान करने की विधियाँ भी अलग-अलग हो सकती हैं।

आज की ज़िन्दगी का हिसाब यह है कि बिना हाथ-पैर पटके कुछ नहीं होता। शिक्षा के क्षेत्र में जहाँ-जहाँ भी जो-जो असंगतियाँ और त्रुटियाँ हैं, उन्हें दूर करने के लिए संगठित रूप से प्रयत्न करने होंगे—चाहे वे पाठ्यपुस्तकों के सम्बन्ध में हों; पाठ्यक्रम के सम्बन्ध में हों तथा ऐसी ही दूसरी बातें हों। शैक्षणिक जीवन में जब तक हम अत्यधिक क्रियाशील नहीं होंगे, जब तक हम दबाव नहीं डालेंगे तब तक सुधार नहीं होगा। केवल निराशाग्रस्त और अगतिक होकर बैठने से काम नहीं चलेगा। इसके विपरीत, जितने ही हम अधिक क्रियाशील होंगे, और शिक्षा के प्रश्नों के बारे में समाज को भी अपने विश्वास में लेने का प्रयत्न करेंगे, उतना ही प्रभाव शिक्षक-समुदाय का बढ़ता जाएगा।

समाज में शिक्षक-वर्ग का प्रभाव बढ़ना अत्यन्त आवश्यक है, न केवल उनके वर्गीय हितों की दृष्टि से, वरन् समाज के अपने हितों की सुरक्षा के लिए भी यह आवश्यक है।

आज समाज में एक शिक्षक-वर्ग ही ऐसा है, जिसमें चरित्र-सम्बन्धी गौरव का भान अधिक विकसित है। ऐसी स्थिति में, यदि शिक्षक-वर्ग अधिक क्रियाशील हो उठे, और यदि वह अपनी क्रियाशीलता के फलस्वरूप देश में एक नवीन

सांस्कृतिक-नैतिक वातावरण उत्पन्न कर सके, तो इससे अधिक सुखकर कोई चीज़ नहीं होगी।

दुःख की बात यह है कि समाज की प्रधान गतिविधियों में बुद्धिजीवी वर्ग का विशेष भाग नहीं रहा है। बुद्धिजीवी वर्ग में से जो लोग कुछ स्वतन्त्र व्यवसाय कर रहे हैं वे ही कुछ अंश तक उसमें हिस्सा भी लेते हैं। सम्भवतः शिक्षक, व्यक्तिगत रूप से, स्वयं नौकरीपेशा होने के कारण अधिक स्वतन्त्रतापूर्वक भाग नहीं ले सकेगा। किन्तु उसका संगठन और उस संगठन के कर्ता-धर्ता अवश्य ही जनमत को रचनात्मक उद्देश्यों की ओर प्रेरित कर सकते हैं।

मेरा अपना मत यह भी है कि शिक्षक-संगठन के अन्तर्गत, विभिन्न विषयों पर शिक्षकों की विचार-गोष्ठियाँ भी हों और उनमें बाहर के लोगों को भी आमंत्रित किया जाए। विचारों के आदान-प्रदान द्वारा नवीन बौद्धिक और आत्मिक जागृति अवश्य ही उत्पन्न की जा सकती है।

पण्डित जवाहरलाल नेहरू के नेतृत्व में, देश समाजवादी निर्माण की ओर चल पड़ा है। जो लोग यह सोचते हैं कि हम उस प्रवृत्ति को ख़त्म कर सकते हैं वे बड़े भारी भ्रम में है। देश ही नहीं, सम्पूर्ण जगत् में जनता जाग्रत हो उठी है और अपनी चेतना के स्तर के अनुसार स्वयं अपने मुक्ति-मार्ग पर चल पड़ी है।

भारत पूरे जगत् का एक अंश है। अतएव, यह आवश्यक है कि शिक्षक-वर्ग भी परिवर्तन की शीघ्रतर होनेवाली प्रक्रिया को समझे और अपने कार्य तथा उद्यम से समाज में नवीन वातावरण उत्पन्न करने का प्रयास करे।

यह कार्य सरल नहीं है। किन्तु किसी भी ढंग की निष्क्रियता और भी ख़तरनाक है। शिक्षक-वर्ग के हित देश-हित का अंग है। देश-हित का अर्थ है, कोटि-कोटि जनता का हित।

इस विशेष अर्थ में यदि हम शिक्षक-वर्ग के कर्त्तव्यों का निरूपण करेंगे तो हमें पता चलेगा कि विद्यार्थी के चरित्र-निर्माण का क्या अर्थ है। उसका अर्थ है विद्यार्थी में सामान्य जनता के हितों का भान कराना, उसमें उस दृढता का निर्माण कराना जिससे कि वह वास्तविक जन-हित की कभी भी उपेक्षा न कर सके। आज हमें डॉक्टर राधाकृष्णन् और पण्डित जवाहरलाल नेहरू का नेतृत्व प्राप्त है। यदि हम उन्हीं के विचारों को हृदयंगम करके उन्हीं के विचारों का प्रचार-प्रसार कर सकें तो बहुत बड़ी बात होगी। संक्षेप में, समाज के वातावरण को सुधारने का बहुत बड़ा काम यदि शिक्षक-वर्ग के हाथ से हो सके तो निःसन्देह उसकी उपेक्षणीय स्थिति दूर हो सकेगी और वह समाज में पुनः प्रभावशाली हो सकेगा।

संक्षेप में, शिक्षक-वर्ग को, यानी हमें, अधिक जागरूक, अधिक उद्बुद्ध, अधिक क्रियाशील होना है। अपनी सांस्कृतिक परम्परा को भी, आज की परिस्थिति के अनुकूल अधिकाधिक सार्थक और प्रभावशाली बनाना है।

शिक्षक-वर्ग, नि:सन्देह, एक उत्पीड़ित वर्ग है। इसलिए, उसकी चेतना भारतीय जन की सामान्य स्थिति को अधिक सूचित करती है। उसका उत्पीड़न तभी दूर हो सकेगा, जब वह स्वयं प्रभावशाली हो।

मैं आशा करता हूँ कि आपके ये जो सारे कार्य हैं, और सारी माँगें हैं, वे आपके अपने उद्योग और प्रयत्नों के द्वारा पूरी होंगी। लेकिन, यह एक लम्बा रास्ता है। और इस रास्ते पर चलने के लिए दृढ़ प्रतिज्ञ और कार्यशील होना होगा। मेरा अपना विचार है कि हम सब अपने लक्ष्य में अवश्य ही सफल होंगे—केवल दो ही बातें आवश्यक हैं—अनवरत प्रयास!! अनवरत जागृति!! निरन्तर जागृति, निरन्तर प्रयास!!

इससे अधिक मैं और क्या कहूँ! आप ख़ुद मुझसे ज़्यादा जानते हैं। आप ख़ुद मुझको बहुत-सी बातें समझा देंगे। मैं अवश्य ही आपसे शिक्षा ग्रहण करूँगा।

यह कहकर मैं अपना स्थान ग्रहण करूँगा।

मोर ले आज सल्लाह झन ले

''मोर ले आज सल्लाह झन ले
अपबरित हवँ वो दिन असन
जेमा नुनहा धुर्रावाला परदा झरझर के
जमो अगास ला
धुँधराहा कर देथें
पन सुरुज के गरमी कमती नइ होवय
वोकर अँजोर हा मटियाहा होथे।

आज मोर ले बात झन कर
काबर के एक अजब इच्छा अऊ अजब माँग
कोनो बिन मूड़-गोड़वाला मूड़ उप्पर गोड़ मड़ाके
उप्पर कोत उठथे त उठतेच जाथे ख़ास अगास तक
पन वो अजब बिन मूड़-गोड़हा पन ला, मुड़ेचला
रउँदे नइ, काटके फेंकय नइ
वोला बनाके रखथे
अपन बर एक ठन सीढ़िया असन।

आज मोर ले बाता-चीती नइ होय
काबर के भीतर के जम्मो पोठपन के बाद भी
मयँ वो कुधरीहा—मुलुक आँव
जउन हर बुराई
हर कमी
हर रुकावट ला
मया ले राखे हे
एकरे सेती अपन ले उप्पर उठना
अपन ले खाल्हे गिरइ के बरोबर आय।

आज मँय तोर ले भेंट नइ करवँ
काबर के तयँ उहिच कहिबे
जउन ला मयँहा हज़ारों बरिस ले सुनत आय हवँ।

— अनुवाद : जीवन यदु

(मूल शीर्षक–'मुझसे आज सलाह न लो' का छत्तीसगढ़ी अनुवाद)

दिग्विजय महाविद्यालय को हिन्दी के व्याख्याता पद के लिए दिया गया आवेदन पत्र : अंग्रेज़ी/अनुवाद

To,
The Principal
Digvijai Mahavidyalaya,
Rajnandgaon

Sir,
Having given to understand that a post of lecturer in Hindi is lying vacant under youg kind control, I beg to offer myself as a candidate for the same.
As for my qualifications, I beg to submit the following :
(A) I passed my M.A. examination in Hindi in Second Division from Nagpur University in the year 1953.
(B) I am a well known Hindi writer and have a long literary career to my credit.
The following points in this regard deserve special notice :
(1) I have been a pioneer of modernist trend in Hindi poetry, which is now dominating the scene. The first book तार सप्तक representing the trend includes sixteen poems of mine. The book published in 1943 was destined to the entire course of Hindi poetry in a absolutely new direction.
(2) The need of Literary defence of the new trend led me into the field of criticism proper. I made a deep study of contemporary literary thinking and contributed something of my own which was deemed significant by high literary quarters. I started a reappraisal of old literary values and brought into relief new aesthetic values

crystallised by the new changing life pattern of individual and society.

(3) I made an absolutely new approach to कामायनी, the celebrated book of जयशंकर प्रसाद। Earlier I had written an article on the same subject in हंस. The popularity of the article can be gauged by the fact that a rehash of the same with certain new additions was published in the reputed quarterly आलोचना. The very same article was later incorporated in हिन्दी के गौरव ग्रन्थ... Besides, the self-same article was included in another book 'जयशंकर प्रसाद'।

(4) I have also written a book of criticism on कामायनी which has been printed but could not be published so far.

(5) Now, I enjoy literary reputation. Quotations from my poems are often given in articles on new Hindi poetry. An article on my poetry was written a year ago by a very known Hindi critic. My poems have been included in संकेत, निकष, हंस, सन् पचपन की सर्वश्रेष्ठ कविताएँ, काव्यधारा etc. It may be specially mentioned that the golden treasury of खड़ी बोली poetry prepared by मैथिलीशरण गुप्त, सुमित्रानन्दन पंत and others (कवि भारती as it is named) included my poems also.

(6) I have broadcast talks on literary subjects from All India radio, Nagpur. I have broadcast my poems from Allahabad and Nagpur stations on All India radio. I have also given speeches on literary subjects in Nagpur, Bilaspur and Raipur colleges. I am fairly acquainted with classics of European languages. I have a working knowledge on Indian and European philosophy.

So far as minimum salary acceptable is considered, I beg to state that I am father of four children and hence a sum of rs.200 per month plus dearness allowance in the usual scale should not be considered too high a sum particularly for a man who is entirely devoted to letters.

A few testimonials are attached herewith.

If given a chance to work as a lecturer in your college under your kind control, I shall do my best to prove to your entire satisfaction.

Faithfully yours.

G.M. Muktiboth

हिन्दी के व्याख्याता पद के लिए मुक्तिबोध द्वारा अंग्रेजी में दिए गए आवेदन का अनुवाद

सेवा में,
प्रधानाचार्य
दिग्विजय महाविद्यालय
राजनांदगाँव

महोदय,

यह जानकर कि हिन्दी व्याख्याता का एक रिक्त पद आपके नियन्त्रणाधीन है, इस पद के लिए मैं अपनी उम्मीदवारी प्रस्तुत करता हूँ।

(अ) मैंने नागपुर विश्वविद्यालय से वर्ष 1953 में एम.ए. (हिन्दी) की परीक्षा द्वितीय श्रेणी में उत्तीर्ण की है।

(ब) मैं हिन्दी का सुपरिचित साहित्यकार हूँ और मैं लम्बे समय से साहित्य-सेवा कर रहा हूँ।

इस बारे में निम्नलिखित बिन्दु विचारणीय हैं :

(1) मैं हिन्दी कविता के वर्तमान साहित्यिक परिदृश्य में प्रभावी आधुनिकतावादी रुझान का अगुआ रहा हूँ। इस रुझान का प्रतिनिधित्व करनेवाले प्रथम ग्रन्थ 'तार सप्तक' में मेरी सोलह कविताएँ शामिल हैं। 1943 में प्रकाशित यह ग्रन्थ समग्र हिन्दी कविता को पूरी तरह नई दिशा प्रदान करने में निर्णायक है।

(2) इस नई साहित्यिक प्रवृत्ति के संरक्षण की ज़रूरत ने मुझे समालोचना के क्षेत्र में ला खड़ा किया। मैंने समकालीन साहित्यिक चिन्तन का गहन अध्ययन किया और अपनी ओर से इसमें जो योगदान किया, उसे प्रतिष्ठित साहित्यिक जगत् में महत्त्वपूर्ण माना गया। मैंने प्राचीन साहित्यिक मूल्यों का पुनर्विवेचन आरम्भ किया और कतिपय नए सौन्दर्यबोध की अवधारणा सृजित कर इसे व्यष्टि एवं समष्टि की नवीन परिवर्तनशील जीवन-शैली से जोड़ा।

(3) मैंने जयशंकर प्रसाद की प्रसिद्ध कृति 'कामायनी' का एकदम नए तरीक़े से अनुशीलन किया। इससे पूर्व 'हंस' में मैंने इसी विषय पर एक आलेख

लिखा था। इस आलेख की लोकप्रियता का अन्दाज़ा इस तथ्य से किया जा सकता है कि थोड़े फेर के साथ इसे प्रतिष्ठित त्रैमासिक पत्रिका 'आलोचना' में पुनः प्रकाशित किया गया। बाद में यही आलेख 'हिन्दी के गौरव ग्रन्थ' में समाहित किया गया। अलावा इसके, इसे 'जयशंकर प्रसाद' नामक एक अन्य पुस्तक में भी लिया गया।

(4) मैंने 'कामायनी' पर एक आलोचनात्मक पुस्तक भी लिखी है, जो मुद्रित हो चुकी है पर अभी उसका प्रकाशन नहीं हो पाया है।

(5) अब मेरी साहित्यिक प्रतिष्ठा है। प्रायः हिन्दी कविता के आलेखों में मेरे उद्धरण लिए जाते हैं। साल-भर पहले हिन्दी के एक अत्यन्त प्रसिद्ध समीक्षक ने मेरी कविता पर एक आलेख लिखा था। मेरी कविताएँ संकेत, निकष, हंस, सन् पचपन की श्रेष्ठ कविताएँ, काव्यधारा आदि में छपी हैं, विशेषरूप से उल्लेखनीय है कि मैथिलीशरण गुप्त, सुमित्रानन्दन पंत व अन्य कवियों की रचनाओंवाले खड़ी बोली के स्वर्ण भंडार काव्य संग्रह 'कवि भारती' में मेरी कविताएँ भी शामिल की गई हैं।

(6) ऑल इंडिया रेडियो, नागपुर से साहित्यिक विषयों पर मेरी वार्ताएँ प्रसारित हुई हैं। ऑल इंडिया रेडियो के इलाहाबाद व नागपुर केन्द्रों से मेरी कविताएँ भी प्रसारित हुई हैं। मैंने नागपुर, बिलासपुर व रायपुर के महाविद्यालयों में साहित्यिक विषयों पर व्याख्यान भी दिए हैं। मैं यूरोपीय भाषाओं के प्राचीन साहित्य से भली-भाँति परिचित हूँ। भारतीय एवं यूरोपीय दर्शन का मुझे व्यावहारिक ज्ञान है।

जहाँ तक न्यूनतम स्वीकार्य वेतन पर विचार का प्रश्न है, मैं चार सन्तानों का पिता हूँ। अस्तु 200 रु. प्रतिमाह तथा महँगाई भत्ता को बहुत बड़ी रक़म नहीं माना जाना चाहिए, ख़ासकर ऐसे आदमी के लिए, जो साहित्य के प्रति पूर्णतः समर्पित हो।

इसके साथ कुछ प्रमाण-पत्र संलग्न हैं। इस महाविद्यालय में आपके कृपापूर्ण नियन्त्रण में काम का अवसर मिलने पर मैं आपकी सम्पूर्ण सन्तुष्टि का सर्वोत्तम प्रयास करूँगा।

आपका विश्वासभाजन

जी. एम. मुक्तिबोध

●●●

पत्नी के साथ मुक्तिबोध

अपने परिवार के साथ मुक्तिबोध

दिग्विजय महाविद्यालय में मुक्तिबोध का आवास

मुक्तिबोध का आवास

मुक्तिबोध की अपनी चीज़ें : रोशनी, काग़ज़ और रोशनाई